高等院校精品课程系列教材

高电压技术

王 伟 屠幼萍 ◎编著

High Voltage Technology

本书的主要内容包括气体放电的基本物理过程，气体介质的电气强度，高电压绝缘中气体、固体、液体和组合绝缘的电气特性，电气设备绝缘预防性试验，电气设备绝缘在线监测，输电线路和绕组中的波过程，雷电及防雷保护装置，输电线路的防雷保护，发电厂和变电站的防雷保护，电力系统内部过电压，以及电力系统的绝缘配合原则等。

本书可作为普通高等学校电气工程及其自动化专业或相关专业的本科教材，也可作为高职高专教材和工程技术人员的参考用书。

封底无防伪标均为盗版
版权所有，侵权必究

图书在版编目（CIP）数据

高电压技术／王伟，屠幼萍编著 .—北京：机械工业出版社，2011.1（2025.9 重印）
（高等院校精品课程系列教材）

ISBN 978-7-111-33081-3

Ⅰ.高… Ⅱ.①王… ②屠… Ⅲ.高电压-高等学校-教材 Ⅳ.TM8

中国版本图书馆 CIP 数据核字（2011）第 007057 号

机械工业出版社（北京市西城区百万庄大街 22 号 邮政编码 100037）
责任编辑：王　颖
北京中科印刷有限公司印刷
2025 年 9 月第 1 版第 12 次印刷
185mm×260mm · 15 印张
标准书号：ISBN 978-7-111-33081-3
定价：45.00 元

客服电话：(010) 88361066　68326294

前言

本书为普通高等教育"十一五"第二批规划教材。为了适应现代电子信息与电气学科的教学改革，满足学科发展和人才培养的要求，坚持"因材施教，注重理论联系实际"的教学原则，依据教育部高等学校电子信息与电气学科教学指导委员会制定的"专业规范和基本要求"，本书把高电压技术的内容重新做了整合、精简和补充，着重介绍高电压技术最基本的概念、理论和实用方法。

本书的主要内容包括气体放电的基本物理过程，气体介质的电气强度，高电压绝缘中气体、固体、液体和组合绝缘的电气特性，电气设备绝缘预防性试验，电气设备绝缘在线监测，输电线路和绕组中的波过程，雷电及防雷保护装置，输电线路的防雷保护，发电厂和变电站的防雷保护，电力系统内部过电压，以及电力系统的绝缘配合原则等。

本书分为"高电压绝缘及试验"和"电力系统过电压及保护"两篇，第一篇由王伟教授编写，第二篇由屠幼萍教授编写。

本书为高等学校电气类专业的教科书或参考书，也可作为其他专业选修课程的参考教材，并可作为有关专业工程技术人员的参考书。在使用过程中可参考教学建议，根据自身的要求和情况选择相关的教学内容和学时。

由于编者的水平有限，不妥和错误之处在所难免，敬请读者批评指正。

教学建议

教学内容	学习要点及教学要求	课时安排	
		全部讲授	部分选讲
第1章 气体放电的基本物理过程	• 弄清气体中带电粒子的产生与消失 • 弄清气体放电过程的一般描述 • 掌握均匀电场间隙的击穿特性 • 掌握不均匀电场间隙的击穿特性 • 了解雷电放电特性 • 了解沿面放电特性	4~6	4
第2章 气体介质的电气强度	• 弄清放电时间和冲击电压下间隙的伏秒特性及击穿电压的概率分布 • 弄清大气条件对间隙击穿特性的影响及其校正 • 掌握均匀与稍不均匀电场间隙的击穿特性 • 掌握极不均匀电场间隙的击穿特性 • 掌握提高气体介质电气强度的方法 • 了解影响气体沿面闪络电压的因素和提高闪络电压的方法	4~6	4
第3章 电介质的电气特性	• 掌握电介质的极化、电导和损耗特性 • 弄清固体电介质的电气强度特性 • 弄清液体电介质的电气强度特性 • 了解电介质的其他性能	6~8	6
第4章 电气设备绝缘预防性试验	• 掌握绝缘电阻、吸收比和泄漏电流的测量方法 • 掌握介质损耗角正切的测量方法 • 了解局部放电的测量 • 了解绝缘油中溶解气体的色谱分析 • 了解绝缘耐压试验	4~8	4
第5章 电气设备绝缘在线监测	• 了解介损的在线监测 • 了解局部放电在线监测 • 了解油中气体含量在线监测	2~4	2
第6章 输电线路和绕组中的波过程	• 弄清波沿均匀无损单导线的传播特性 • 掌握行波的折射和反射规律 • 掌握行波的多次折、反射规律 • 弄清波在多导线系统中的传播特性 • 了解波在有损线路中的传播特性 • 了解变压器绕组中的波过程特性	4~8	4
第7章 雷电及防雷保护装置	• 弄清雷电参数 • 弄清避雷针、避雷线的保护范围 • 掌握避雷器原理及特性 • 弄清接地装置原理	2~4	2

(续)

教学内容	学习要点及教学要求	课时安排	
		全部讲授	部分选讲
第8章 输电线路的防雷保护	• 弄清输电线路的感应雷过电压计算方法 • 掌握输电线路的直击雷过电压和耐雷水平计算方法 • 了解输电线路的雷击跳闸率的计算方法 • 掌握输电线路的防雷措施	2~4	2
第9章 发电厂和变电所的防雷保护	• 弄清发电厂、变电所的直击雷保护 • 掌握变电所内避雷器的保护作用 • 掌握变电所的进线段保护方法 • 了解三绕组变压器和自耦变压器的防雷保护 • 了解变压器中性点保护 • 了解旋转电机的防雷保护	2~6	2
第10章 电力系统内部过电压	• 了解工频过电压 • 了解操作过电压 • 了解谐振过电压	2~6	2
第11章 电力系统的绝缘配合	• 了解绝缘配合的原则 • 了解绝缘配合的方法 • 了解架空线路绝缘水平的确定	2~4	2
	教学总学时建议	34~64	34

说明：本教材为电气工程学科本科专业"高电压技术"课程教材，理论授课学时数为 34~64 学时（相关配套实验另行单独安排学时），不同专业根据不同的教学要求和计划教学时数可酌情对教材内容进行适当取舍。

目 录

前言
教学建议

第一篇　高电压绝缘及试验

第1章　气体放电的基本物理过程 …… 2

1.1　气体中带电粒子的产生与消失 … 2
　1.1.1　带电粒子的产生 ………… 2
　1.1.2　带电粒子在气体中的运动 … 5
　1.1.3　带电粒子的消失 ………… 6
1.2　气体放电机理 ………………… 7
　1.2.1　非自持放电与自持放电 … 7
　1.2.2　汤逊理论 ………………… 8
　1.2.3　流注理论 ………………… 11
1.3　不均匀电场中的放电过程 …… 14
　1.3.1　稍不均匀电场和极不均匀
　　　　 电场的放电特征 ………… 14
　1.3.2　电晕放电 ………………… 14
　1.3.3　极不均匀电场气隙中的击
　　　　 穿、极性效应 …………… 16
1.4　雷电放电 ……………………… 19
1.5　沿面放电 ……………………… 20
　1.5.1　均匀电场中的沿面放电 … 21
　1.5.2　极不均匀电场具有强垂直
　　　　 分量时的沿面放电 ……… 22
习题 ………………………………… 23

第2章　气体介质的电气强度 ……… 25

2.1　放电时间和冲击电压下空气间隙的
　　 伏秒特性及击穿电压的概率分布 … 25
2.2　均匀与稍不均匀电场间隙的
　　 击穿特性 ……………………… 30

2.3　极不均匀电场间隙的击穿特性 … 31
　2.3.1　直流电压下的击穿电压 … 32
　2.3.2　工频电压下的击穿电压 … 32
　2.3.3　冲击电压下的击穿电压 … 32
2.4　大气条件对间隙击穿特性的影响
　　 及其校正 ……………………… 35
　2.4.1　对空气密度的校正 ……… 35
　2.4.2　对湿度的校正 …………… 36
　2.4.3　对海拔高度的校正 ……… 36
2.5　提高气体介质电气强度的方法 … 36
　2.5.1　改进电极形状以改善
　　　　 电场分布 ………………… 36
　2.5.2　利用空间电荷畸变电场
　　　　 的作用 …………………… 37
　2.5.3　极不均匀电场中屏障
　　　　 的作用 …………………… 38
　2.5.4　高气压的作用 …………… 40
　2.5.5　高真空的作用 …………… 42
　2.5.6　高电气强度气体的作用 … 43
2.6　影响气体沿面闪络电压的因素和
　　 提高闪络电压的方法 ………… 46
　2.6.1　影响气体沿面闪络电压
　　　　 的因素 …………………… 46
　2.6.2　提高间隙沿面闪络电压
　　　　 的方法 …………………… 52
习题 ………………………………… 59

第3章　电介质的电气特性 ………… 60

3.1　电介质的极化、电导和损耗 … 60
　3.1.1　电介质的极化 …………… 60
　3.1.2　电介质的介电常数 ……… 62
　3.1.3　电介质的电导 …………… 66
　3.1.4　电介质的损耗 …………… 69

3.2 液体电介质的电气强度 …… 73
  3.2.1 液体电介质的击穿过程 … 73
  3.2.2 影响液体电介质击穿电压
       的因素 …… 74
  3.2.3 提高液体电介质击穿电压
       的方法 …… 76
3.3 固体电介质的电气强度 …… 77
  3.3.1 固体介质的击穿过程 …… 77
  3.3.2 影响固体电介质击穿电压
       的主要因素 …… 79
  3.3.3 提高固体电介质击穿电压
       的方法 …… 81
3.4 电介质的其他性能 …… 81
  3.4.1 热性能 …… 81
  3.4.2 机械性能 …… 83
  3.4.3 吸潮性能 …… 83
  3.4.4 化学性能及抗生物特性 …… 83
习题 …… 83

第4章 电气设备绝缘预防性试验 …… 85
4.1 绝缘电阻、吸收比和泄漏电流
    的测量 …… 86
  4.1.1 泄漏电流和绝缘电阻 …… 86
  4.1.2 绝缘电阻的测量 …… 88
  4.1.3 泄漏电流测量 …… 90
4.2 介质损耗角正切的测量 …… 91
  4.2.1 测 $\tan\delta$ 用的西林电桥 …… 92
  4.2.2 测 $\tan\delta$ 的功效 …… 94
  4.2.3 测 $\tan\delta$ 时应注意的事项 …… 94
4.3 局部放电的测量 …… 95
4.4 绝缘油中溶解气体的色谱分析 … 97
4.5 绝缘耐压试验 …… 98
  4.5.1 工频交流耐压试验 …… 98
  4.5.2 直流耐压试验 …… 99
  4.5.3 冲击耐压试验 …… 101
习题 …… 106

第5章 电气设备绝缘在线监测 …… 107
5.1 介损的在线监测 …… 107

5.2 局部放电在线监测 …… 109
5.3 油中气体含量在线监测 …… 110
习题 …… 110

第二篇 电力系统过电压及保护

第6章 输电线路和绕组中的波过程 … 112
6.1 波沿均匀无损单导线的传播 … 112
  6.1.1 波过程的物理概念 …… 113
  6.1.2 波过程计算的基本方程 … 115
6.2 行波的折射和反射 …… 117
  6.2.1 折射波和反射波的计算 … 118
  6.2.2 等值集中参数定理
       （彼得逊法则） …… 120
  6.2.3 行波通过串联电感与旁过
       并联电容 …… 122
6.3 行波的多次折、反射 …… 125
  6.3.1 用网格法计算波的
       多次折、反射 …… 125
  6.3.2 多次折、反射波过程
       的特点 …… 126
6.4 波在多导线系统中的传播 …… 128
  6.4.1 波在平行多导线系统中的
       传播（大地为理想导体）… 128
  6.4.2 平行多导线的等值
       波阻抗 …… 129
  6.4.3 平行多导线的耦合系数 … 130
6.5 波在有损线路中的传播 …… 131
  6.5.1 线路电阻和线路对地电导
       的损耗 …… 132
  6.5.2 冲击电晕对波过程
       的影响 …… 132
6.6 变压器绕组中的波过程 …… 134
  6.6.1 单绕组中的波过程 …… 134
  6.6.2 绕组间波的传递 …… 138
  6.6.3 变压器的内部保护 …… 139
习题 …… 139

第7章 雷电及防雷保护装置 …… 141
7.1 雷电参数 …… 141

- 7.1.1 雷电放电过程 …………… 141
- 7.1.2 雷电放电的计算模型 …… 142
- 7.1.3 雷电流的等值波形 ……… 143
- 7.1.4 雷电参数的统计数据 …… 144
- 7.2 避雷针、避雷线的保护范围 …… 145
  - 7.2.1 避雷针（线）的保护原理 …………… 145
  - 7.2.2 避雷针（线）的保护范围 …………… 146
- 7.3 避雷器 ………………………… 149
  - 7.3.1 避雷器保护原理和基本类型 ………… 149
  - 7.3.2 保护间隙和管式避雷器 … 150
  - 7.3.3 阀式避雷器 …………… 151
  - 7.3.4 氧化锌避雷器 ………… 156
- 7.4 接地装置 ……………………… 159
  - 7.4.1 接地装置及其功能 …… 159
  - 7.4.2 接地分类 ……………… 160
  - 7.4.3 接地电阻的定义及其特性 …………… 160
  - 7.4.4 输电线路杆塔接地 …… 162
  - 7.4.5 发电厂和变电所的接地 …… 163
- 习题 ………………………………… 163

第8章 输电线路的防雷保护 ……… 164

- 8.1 输电线路的感应雷过电压 …… 164
  - 8.1.1 雷击线路附近大地时，线路上的感应雷过电压 164
  - 8.1.2 雷击线路杆塔时，导线上的感应过电压 ……… 166
- 8.2 输电线路的直击雷过电压和耐雷水平 ……………… 166
  - 8.2.1 雷击杆塔塔顶时的过电压和耐雷水平 ………… 166
  - 8.2.2 雷击导线时的过电压和耐雷水平 ……………… 169
  - 8.2.3 雷击避雷线档距中央时的过电压 …………… 170
- 8.3 输电线路的雷击跳闸率 ……… 171
  - 8.3.1 建弧率 ………………… 171
  - 8.3.2 有避雷线线路雷击跳闸率的计算 …………… 171
- 8.4 输电线路的防雷措施 ………… 172
- 习题 ………………………………… 174

第9章 发电厂和变电所的防雷保护 … 175

- 9.1 发电厂、变电所的直击雷保护 ………………………… 175
  - 9.1.1 独立避雷针 …………… 176
  - 9.1.2 构架避雷针 …………… 176
- 9.2 变电所内避雷器的保护作用 … 177
  - 9.2.1 避雷器安装在设备旁 … 177
  - 9.2.2 避雷器安装在距设备一定距离处 …………… 178
- 9.3 变电所的进线段保护 ………… 183
  - 9.3.1 35 kV 及以上变电所的进线段保护 ………… 183
  - 9.3.2 35 kV 小容量变电所的简化进线保护 ……… 185
- 9.4 三绕组变压器和自耦变压器的防雷保护 …………… 185
  - 9.4.1 三绕组变压器的防雷保护 …………………… 185
  - 9.4.2 自耦变压器的防雷保护 … 186
- 9.5 变压器中性点保护 …………… 187
- 9.6 旋转电机的防雷保护 ………… 188
  - 9.6.1 直配电机防雷 ………… 188
  - 9.6.2 非直配电机防雷 ……… 191
- 习题 ………………………………… 191

第10章 电力系统内部过电压 ……… 192

- 10.1 工频过电压 ………………… 192
  - 10.1.1 空载长线路电容效应引起的工频过电压 … 193
  - 10.1.2 不对称接地引起的工频过电压 …………… 196

10.1.3 甩负荷引起的工频过电压 …………………… 197
10.2 操作过电压 …………………… 198
 10.2.1 空载线路合闸过电压 … 199
 10.2.2 切除空载线路过电压 … 201
 10.2.3 切除空载变压器过电压 … 202
 10.2.4 间歇电弧接地过电压 … 204
 10.2.5 操作过电压的限制措施 … 205
10.3 谐振过电压 …………………… 208
 10.3.1 谐振的类型 …………… 208
 10.3.2 铁磁谐振过电压 ……… 209
习题 …………………………………… 211

第 11 章 电力系统的绝缘配合 ……… 212
11.1 绝缘配合的原则 …………… 212
11.2 绝缘配合的方法 …………… 215
11.3 架空线路绝缘水平的确定 … 218
11.4 变电站电气设备绝缘水平的确定 …………………………… 220
习题 …………………………………… 222

附录 ………………………………………… 223

参考文献 …………………………………… 227

第一篇 高电压绝缘及试验

- 第1章 气体放电的基本物理过程
- 第2章 气体介质的电气强度
- 第3章 电介质的电气特性
- 第4章 电气设备绝缘预防性试验
- 第5章 电气设备绝缘在线监测

第1章

气体放电的基本物理过程

气体可作为绝缘介质并起到绝缘作用,但当电场强度达到一定数值后,气体会失去绝缘能力而造成击穿。为了能正确理解和掌握气体绝缘,就需要了解气体的放电过程。本章将着重介绍气体击穿的理论分析,如带电粒子的产生、运动和消失的规律及气体击穿过程的发展等。对气体放电过程的研究也有助于阐明固体及液体电介质的放电过程。

1.1 气体中带电粒子的产生与消失

为了说明气体放电过程,首先需要了解气体中带电粒子的产生、运动和消失的过程及条件。

1.1.1 带电粒子的产生

在电场作用下气体间隙中能发生放电现象,而在气体空间和从金属电极产生带电粒子是气体放电现象的首要前提。

1. 原子的激励和电离

气体原子有若干个电子沿一定轨道绕原子核旋转,原子中绕核旋转的电子具有确定的能量(位能和动能),处于离核最近轨道上的电子位能最小。当原子获得外加能量时,一个或若干个电子可跃迁到离核较远的轨道上,处于能量较高的状态,这个过程称为激励,该原子称为激励状态的原子。产生激励所需的能量等于该轨道和常态轨道的能级差,称为激励能。原子处于激励状态的时间大致为 $10^{-7} \sim 10^{-8}$ s,经过这样一段时间后,电子将自动返回常态轨道,这时产生激励所吸收的外加能量将以辐射出相应能量的光子形式放出。

原子在外界因素作用下,使其一个或几个电子脱离原子核的束缚而形成自由电子和正离子的过程称为原子的电离,所谓正离子是指原子失去一个或几个电子而形成的带正电的质点。

表 1-1-1 列出了常见气体的激励能和电离能值,通常以电子伏(eV)表示。

表 1-1-1 常见气体的激励能和电离能

气体	激励能 W_e/eV	电离能 W_i/eV	气体	激励能 W_e/eV	电离能 W_i/eV
N_2	6.1	15.5	CO_2	10.0	13.7
O_2	7.9	12.2	H_2O	7.6	12.7
H_2	11.2	15.4	SF_6	6.8	15.6

原子先经过激励阶段，接着发生电离的情况称为分级电离，这时所需外来能量小于使原子直接电离所需的能量。

2. 气体中的电离形式

气体分子的电离有三种形式：1) 电子或正离子与气体分子的碰撞产生的碰撞电离；2) 各种光辐射产生的光电离；3) 高温下气体的热能产生的热电离。

（1）碰撞电离

气体放电中，碰撞电离主要是由电子和气体分子碰撞而引起的。当电子从电场获得的动能等于或大于气体分子的电离能时，就有可能因碰撞而使气体分子分裂为电子和正离子，即电子的能量满足下式是引起电离的必要条件：

$$\frac{1}{2}m_e v_e^2 \geqslant W_i \quad (1-1-1)$$

式中，m_e 为电子的质量；v_e 为电子的速度；W_i 为气体分子的电离能。

电子的碰撞电离与电场强度和电子的平均自由行程大小有关。与电子相比，离子碰撞中性分子并使之电离的可能性很小，因此在分析气体放电过程中，往往只考虑电子所引起的碰撞电离。

（2）光电离

当气体分子受到光辐射作用时，如光子能量满足下列条件即可能引起光电离：

$$h\gamma \geqslant W_i \quad (1-1-2)$$

式中，h 为普朗克常数，$h=6.62\times 10^{-34}$ J·s；γ 为光子的频率（s^{-1}）。

导致气体光电离的光子可以由自然界（如空中的紫外线、宇宙射线等）或人为照射（如紫外线、X射线等）提供，也可以由气体放电过程本身引起。在气体放电过程中，异号带电质点会不断复合为中性质点，这时电离能将以光子形式释放出来（见 1.2 节）。激励状态的分子回复到正常状态，也将以光子形式释放出激励能。虽然分子由激励状态回复到正常状态时释放出的光子不能直接电离同类分子，但有可能引起分级电离。此外气体中还可能存在多重电离的分子或者激励状态的离子，它们具有很大的位能，可释放出能量很大的光子。

由此可知，频率很高的光辐射也可来自气体放电本身，由气体放电过程引起光电离后又可促成放电的进一步发展。所以，气体放电中光电离是很重要的电离方式。

（3）热电离

一切因气体热状态引起的电离称为热电离。

由于气体分子热运动的统计性，分子瞬间运动速度大小不一，其动能也大小不一，气体温度是其分子热运动剧烈程度的标志，气体分子的平均动能和气体温度的关系为

$$W_m = \frac{3}{2}KT \quad (1-1-3)$$

式中，K 为波尔兹曼常数，$K=1.38\times 10^{-23}$ J/K；T 为绝对温度。

随着温度的升高，气体分子动能增加，它们相互碰撞时就可能引起激励或电离；气体空间里交织着热辐射，热辐射光子的平均能量随温度升高而加大，这样，高温下热辐射光子也

能造成气体的电离。

由一切热电离过程所产生的电子也处于热运动中,因此,高温下电子也能由热运动靠碰撞作用而造成分子的电离。

由此可见,从本质上说,热电离和前述碰撞电离及光电离是一致的,都是能量超过临界数值的粒子或光子碰撞分子,使之发生电离,只是直接的能量来源不同而已。热电离由热能决定(在气体放电中热能由电能转化而来),这时粒子做无规则热运动;而电场中造成碰撞电离的电子由电场获得能量,在电场方向做定向运动,这时与无规则的热运动完全不同。

3. 金属电极的表面电离

除了发生在气体中的空间电离外,气体放电中还存在着金属电极发射电子的过程,称为金属电极表面电离。

能使金属表面释放出电子的能量,称为逸出功。逸出功和金属的微观结构有关,不同金属的逸出功也各异。逸出功和金属表面状态(氧化层、吸附层等)也有很大关系。逸出功和金属的温度基本上没有关系。表 1-1-2 中列出了一些金属和金属氧化物的电子逸出功。

表 1-1-2　一些金属和金属氧化物的电子逸出功

金属和金属氧化物	逸出功/eV
铝	1.8
银	3.1
铂	3.6
铜	3.9
铁	3.9
氧化钡	1.0
氧化铜	5.34

比较表 1-1-1 和表 1-1-2 可看出,金属表面的逸出功要比气体分子的电离功小很多,这表明金属电极表面电离比气体空间电离更易发生。在不少场合,阴极发射电子的过程在气体放电过程中起很重要的作用。随着供给电子逸出金属所需能量的形式不同,金属电极表面电离的方式也不同。

(1) 正离子碰撞阴极

正离子碰撞阴极时将动能传递给电子而使其逸出金属。逸出的电子中有一个和正离子结合成为原子,其余的成为自由电子。所以正离子必须撞击出一个以上电子时才能出现自由电子。

同时正离子的位能对电子的逸出也起作用,当正离子和电子中和时,所放出的电离能必须至少等于两倍的逸出功,才有可能引起阴极表面电离。比较表 1-1-1 和表 1-1-2 可知,大多数情况下是可以满足这个条件的。

在气体放电中,平均每个正离子从金属表面释放出的自由电子的概率数量级为 10^{-2}。

(2) 光电效应

金属表面受到光的照射时会产生光电效应,当光子的能量大于逸出功时,金属表面就会放射出电子。

光照射到金属表面时,有相当一部分光子被反射而并不引起光电效应。金属所吸收的光能中也有一大部分转为金属的热能,只有一小部分可使电子逸出。所以释放出来的电子数比相应的入射光子数少很多,其比值不超过 10^{-2} 数量级。

(3) 强场发射(冷发射)

当阴极表面附近空间存在很强的电场(10^7 V/cm 数量级)时,能使阴极放射出电子。

强场发射在一般气体间隙的击穿过程中不会发生,但对高气压、高真空及其某些电弧放电有重要意义。

（4）热电子放射

当阴极被加热到很高温度时，其中的电子获得巨大动能而逸出金属。

热电子放射对某些电弧放电有重要意义。电子、离子器件中常用热电子放射来驱动电子逸出。

4. 负离子的产生

在气体放电过程中，除电子和正离子外，还存在带负电的离子（负离子）。这是因为，有时电子和气体分子碰撞非但没有电离出新电子，反而电子附着于分子上形成负离子。

有些气体形成负离子时可释放出能量，这些易于产生负离子的气体称为电负性气体（如氧、氟、氯等）。已发现的负离子有 O^-、O_2^-、OH^-、H_2^-、F^-、Cl^-、Br^-、I^-、SF_6^- 等。

负离子的形成可使自由电子数减少，对气体放电起抑制作用。后面章节介绍的某些特殊的电负性气体（如 SF_6）对电子具有很强的亲和性，其电气强度远远大于一般气体，因而被称为高电气强度气体。

1.1.2 带电粒子在气体中的运动

1. 带电粒子的平均自由行程

通常情况下气体中的分子和带电粒子都处于热运动之中，相互之间会发生碰撞，当有外加电场时，其中的带电粒子将沿着电场做定向移动，如图 1-1-1 所示。带电粒子在相继两次碰撞之间自由地通过的距离称为自由行程，由于气体单位体积中带电粒子数较分子数少很多，带电粒子自身相互间的碰撞可以忽略不计，因此气体中电子和离子的自由行程是指它们和气体分子发生碰撞时的行程。而两次碰撞间的自由行程也长短不一，具有统计特性，引入平均自由行程 λ 的概念，将 λ 定义为带电粒子自由行程的平均值。

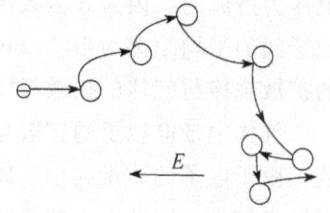

图 1-1-1 在电场作用下气体中电子的运动轨迹

在气体放电时碰撞过程产生带电粒子。电子在其自由行程内从外电场获得动能，当外电场足够强时，电子的动能可达很大数值，以致在和分子碰撞时能使分子分解出自由电子，这样能不断引起带电粒子增多，从而导致气体间隙击穿。显然，电子从电场中获得的能量除由电场强度决定外，还和其自由行程的大小有关。

电子的尺寸及质量比分子的小很多，离子是分子失去电子或获得电子而形成的带电粒子，所以其尺寸及质量都和分子的差不多。由于电子的尺寸小，运动中不易发生碰撞，所以电子的平均自由行程要比分子和离子的大很多。

气体分子的密度 n 越大，其中的带电粒子就越容易发生碰撞，它们的自由行程也就越小，对于同一种气体：

$$\lambda \propto \frac{T}{p} \tag{1-1-4}$$

即带电粒子的平均自由行程 λ 与气体的压力 p 成反比，与气体的绝对温度 T 成正比，这是一个很重要的关系。

在标准大气压和常温下，空气中电子的平均自由行程在 10^{-3} cm 数量级。

2. 带电粒子的迁移率

在外加电场作用下带电粒子将沿着电场做定向移动，逐渐由一个电极移向另一个电极，但此定向运动的速度不会持续增加。因为带电粒子一方面受电场加速而获得动能，另一方面又因和气体分子碰撞而损失动能。在电场作用下，带电粒子初始速度较低，以后逐渐增加。但随着其速度的增加，碰撞时损失掉的能量也在增加。因此，在一定电场强度下带电粒子的运动将达到一种稳定状态，其平均速度也将保持不变，这一平均速度称为带电粒子的驱引速度 v_d，它决定了通过该气体间隙的传导电流。

驱引速度 v_d 与外加电场强度 E 成正比，一般写为

$$v_d = bE \tag{1-1-5}$$

式中的比例系数 b 称为迁移率，表示单位电场强度下带电粒子的驱引速度。

由于电子的平均自由行程比离子的大很多，而电子的质量比离子的小很多，更易加速，所以电子的迁移率远大于离子的。电子的驱引速度与 E^n 成正比，其中 $0.5 < n < 1$。

离子的迁移率在很大范围内与电场强度无关，但在很强的电场中与电场强度有关，迁移率和气体状态及离子种类有关，气体压力越大或者离子质量越大，离子的迁移率就越小。同一种气体的正、负离子的迁移率相差不大。在标准状态下，干燥空气中正、负离子的迁移率分别为 $1.36 (\text{cm} \cdot \text{s}^{-1})/(\text{V} \cdot \text{cm}^{-1})$ 及 $1.87 (\text{cm} \cdot \text{s}^{-1})/(\text{V} \cdot \text{cm}^{-1})$。

3. 带电粒子的扩散

如果气体中带电粒子分布不均匀，会出现带电粒子的扩散，带电粒子会从浓度较高的地方向浓度较低的地方移动，趋向是使带电粒子的分布变得均匀。带电粒子的扩散通常不是静电斥力造成的，因为大多数情形下气体中带电粒子的浓度不超过 10^{12} 个/cm^3，这相当于带电粒子间的平均距离为 10^{-4} cm，在这样的距离下，相互间的静电斥力很小。所以，带电粒子的扩散规律与气体的扩散规律相似，都是由热运动造成的。

气体中带电粒子的扩散与气体状态有关，气体压力越大或者温度越低，扩散过程也就越弱。由于电子的质量远小于离子的质量，所以电子的热运动速度很高，它在热运动中受到的碰撞也较少，因此电子的扩散过程比离子的要强。

1.1.3　带电粒子的消失

带电粒子的消失主要有三种方式：

1) 带电粒子在电场作用下作定向运动，到达电极时，消失于形成的外电路的电流中。

2) 带电粒子因扩散现象而逸出气体放电空间。

3) 当气体中异号的带电粒子相遇时，发生电荷的传递与中和，还原为原子或分子的过程称为复合，它是与形成带电粒子的电离过程相反的物理过程。

带电粒子的复合过程会发生光辐射，在一定条件下这种光辐射又可能成为导致电离的因素。正、负离子复合后形成两个原子，以光子形式释放出来的能量为电离能与从负离子剥夺电子所耗能量之差，离子的动能则变为复合后原子的动能。电子与正离子复合时形成一个原子，这时的电离能和电子的动能将一起以光子的形式释放出来，正离子的动能则将变为复合后原子的动能。

并不是异号的带电粒子每次相遇时都能引起复合。只有在参加复合的异号带电粒子相互接近一定时间后，复合过程才能实现。粒子间的相对速度越大，其相互作用的时间越短，复合的可能性也越小。气体中电子的速度比离子的要大很多，所以正、负离子间的复合概率比离子与电子间的复合概率大很多，因此放电过程中离子间的复合更为重要。

带电粒子的复合强度与正、负带电粒子的浓度有关，浓度越大，复合进行得越激烈。复合与电离过程可以同时发生。

1.2 气体放电机理

汤逊理论和流注理论是气体放电的重要理论，这两种理论互相补充，可以说明广阔的 pd （气体压力和间隙距离的乘积）范围内的气体放电现象。

1.2.1 非自持放电与自持放电

气体放电通常可分为非自持放电和自持放电两类。如去掉外电离因素的作用后放电随即停止，就称为非自持放电；反之，能仅由电场的作用而维持的放电称为自持放电。放电会随外施电压的增加由非自持放电转入自持放电。

图 1-2-1 所示为测定气体中电流的电路，两平行板电极间在施加电压前，电极间气体受外部光源（天然辐射或人工光源，如紫外线）照射会发生电离而不断产生正、负带电粒子，同时正、负带电粒子又不断复合，两种过程的作用使得气体间隙产生一定浓度的自由带电粒子并处于一种动态平衡状态。当电极间施加电压后，带电粒子沿电场运动，回路中出现电流，外施电压 U 逐渐升高时，电流 I 也发生变化，如图 1-2-2 所示。起初随着外施电压的升高，间隙中带电粒子的运动速度加大，因复合导致带电粒子消失的数目减少，而带电粒子消失于电极的数目加大，使回路中的电流增大。当电压升到 U_A 附近时，间隙中因电离产生的带电质点已全部落入电极，此时的电流趋于饱和，电流仅和外电离因素有关而与电压无关。如果取消外电离因素，电流会消失，这类放电称为非自持放电。饱和电流密度数值很小（在 10^{-19} A/cm^2 数量级），这时的气体间隙仍然处于良好的绝缘状态。

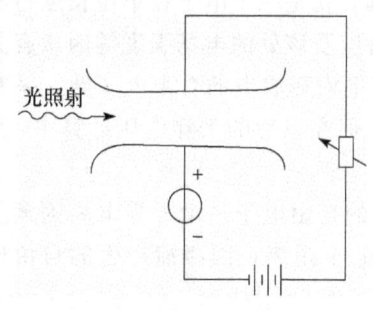

图 1-2-1　测定气体中电流的电路

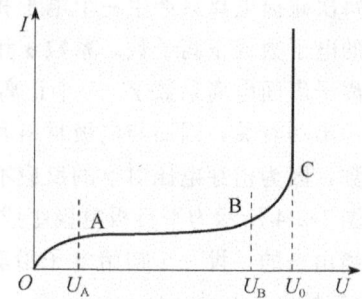

图 1-2-2　气体中电流和电压的关系

当电压增加到 U_B 附近时，又出现电流增长，这时间隙中出现新的电离因素，电子在足够强的电场作用下，已积累了足以引起碰撞电离的动能，即产生电子的碰撞电离。当电压达到 U_0 后，电流急剧增大，气体中发生强烈的电离，此时的电离过程只靠电场的作用已可自行维持，而不再继续需要外电离因素了，这种放电形式称为自持放电。非自持放电转入自持放电时的电压称为起始电压，如电场比较均匀，间隙将被击穿，起始电压 U_0 也就是击穿电压 U_b。如果间隙中的电场不均匀，则当放电由非自持转入自持时，在曲率半径小的电极表面电场集中的区域将发生电晕放电，即间隙中电场集中的局部区域的气体被击穿，而间隙中大部分区域的气体还处于绝缘状态，这时的起始电压是间隙的电晕起始电压，而间隙的击穿电压可能比电晕起始电压高很多。显然，电晕放电是一种自持放电。

气体间隙被击穿时，间隙中的气体转入良好的导电状态，并伴有明显的外部特征，如发光、发声等。

1.2.2 汤逊理论

20世纪初，汤逊（J. S. Townsend）根据大量的试验，提出了比较系统的气体放电理论，阐述了放电的过程，并在一系列假设的前提下，提出了放电电流与击穿电压的计算公式。实验表明，汤逊理论虽然只是对 pd 较小的放电比较适用，但其描述的基本过程具有普遍意义。

1. 电子崩的形成

如图 1-2-2 所示，当电压超过 U_B 后，电流急剧增长，气体受电场的影响开始出现电子碰撞电离过程。由于外电离因素光辐射的作用，气体间隙中存在自由电子。由于表面光电效应较空间光电离强烈得多，这些起始电子主要是由光电效应从阴极产生的。在电场作用下，电子在其奔向阳极的过程中得到加速，动能增加。当电场很强，电子的动能达到足够数值后，就能引起碰撞电离。分子电离后产生的新电子和原来的电子一起又将从电场获得动能，继续引起电离。这样就出现了连锁反应：一个起始电子从电场获得一定动能后，会产生碰撞电离生成一个第二代电子；这两个电子作为新的第一代电子又将电离生成新的第二代电子，这时空间已存在 4 个自由电子；这样一代一代不断增加的过程将使电子数目迅速增加，如同雪山上发生的雪崩一样，故称之为电子崩，如图 1-2-3 所示。由于在强电场中出现电子崩过程，带电粒子剧增，所以放电电流也随之剧增。

2. 均匀电场中的击穿电压

（1）自持放电条件

电子的碰撞电离系数 α：一个电子沿着电场方向行走 1 cm 长度，平均发生的碰撞电离次数。设每次碰撞电离只产生一个电子和一个正离子，其 α 就是一个电子在单位长度行程内新电离出的电子数或正离子数。系数 α 和气体的性质、密度及该处的电场强度等因素有关。

正离子表面电离系数 γ：一个正离子碰撞阴极表面平均释放出的自由电子数。系数 γ 与电极的逸出功有关，因而与电极材料和表面状态有关。但在以后的击穿电压计算中，常把 γ 视为常数，因为击穿电压对 γ 的反应不灵敏。

如图 1-2-4 所示为平行板电极组成的均匀场。最初的自由电子是由外界电离因素从阴极表面电离出来的。设一个初始电子沿着电场从阴极行走 x 距离，因碰撞产生的自由电子数（包括该初始电子）为 n。

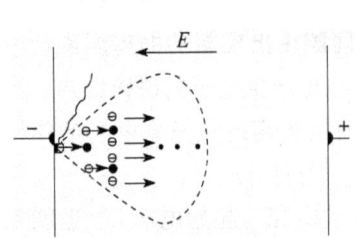

图 1-2-3　电子崩形成示意图

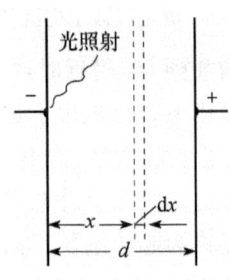

图 1-2-4　自持放电

根据碰撞电离系数 α 的定义，n 个电子前进 dx 产生的新电子数为：

$$dn = n\alpha dx \text{ 或 } \frac{dn}{n} = \alpha dx$$

所以，一个电子从阴极到阳极产生的电子数为：
$$N = e\int_0^d \alpha dx = e^{\alpha d}$$

一个电子从阴极到阳极产生的正离子数为：
$$e^{\alpha d} - 1$$

即 $e^{\alpha d}-1$ 个正离子到达阴极，从阴极电离出 $\gamma(e^{\alpha d}-1)$ 个电子。

如果
$$\gamma(e^{\alpha d} - 1) \geqslant 1 \tag{1-2-1}$$

则表示一个起始电子经一次上述过程后，能从阴极产生的新电子数不少于原有的那一个起始电子。新的电子又可继续在空间产生碰撞电离，重复前面的过程。也就是说，每个电子在阳极消失时，都能由于自身引起的过程重新从阴极产生出新的电子，这样不再凭借外电离因素，而依靠间隙自身的过程就能使电离持续发展，形成自持放电。因此，式（1-2-1）为自持放电条件。

下面再来讨论碰撞电离系数 α。

电子在均匀电场中行走 x 距离获得的能量为 $q_e Ex$，因此电子能产生碰撞电离的条件是：
$$q_e Ex \geqslant W_i \text{ 或 } Ex \geqslant V_i$$

式中，q_e 为电子的电荷量；E 为电场强度；V_i 为气体分子的电离电位。

因此，电子能产生碰撞所行走的最小距离 $x_i = \dfrac{W_i}{q_e E} = \dfrac{V_i}{E}$，如果电子的平均自由行程长度为 λ，自由行程大于 x_i 的概率为 $e^{-x_i/\lambda}$，电子在行走 1 cm 的距离内与气体分子发生碰撞的次数为 $1/\lambda$，其中只有 $(1/\lambda)e^{-x_i/\lambda}$ 次产生电离，于是电离系数
$$\alpha = (1/\lambda)e^{-x_i/\lambda} = (1/\lambda)e^{-V_i/(E\lambda)} \tag{1-2-2}$$

当气体温度不变时，平均自由行程 λ 和气压 p 成反比，将 $1/\lambda = Ap$ 代入式（1-2-2），并令 $AV_i = B$，可得
$$\alpha = Ape^{-(Bp/E)} \tag{1-2-3}$$

式中，A、B 是两个与气体种类和温度有关的常数。

由式（1-2-3）不难看出：1）电场强度 E 增大时，α 急剧增大；2）p 很大（λ 很小）或 p 很小（λ 很大）时，α 值都比较小。这是因为，λ 很小（气压高）时，单位长度上的碰撞次数很多，但能引起电离的概率很小；反之，当 λ 很大（低气压或真空）时，虽然电子很容易积累足够的动能，但总的碰撞次数很少，因此 α 值也不大。可见，在高气压和高真空的条件下，气体间隙都不易发生放电现象，即具有较高的电气强度。

（2）气体间隙的击穿电压与 pd 的函数关系、巴申定律

根据自持放电条件可以导出击穿电压，从中可以看出它和气体状态等因素间的关系。将 α 的计算公式（1-2-3）代入自持放电条件公式（1-2-1），且因均匀电场中场强 E 和外施电压间的关系为 $E=U/d$，于是可得：
$$U_b = \dfrac{Bpd}{\ln\left[\dfrac{Apd}{\ln\dfrac{1}{\gamma}}\right]} = f(pd) \tag{1-2-4}$$

式中，U_b 为均匀电场中气体的击穿电压。

对式（1-2-4）中的 γ 需取两次对数，因 U_b 对 γ 的变化不敏感，所以 γ 可取常数。由式（1-2-4）可知，温度不变时，均匀电场中气体的击穿电压 U_b 是气体压力和电极距离乘积的函数。这个规律在碰撞电离学说提出之前，就已从实验中总结出来，称为巴申（Paschen）定律。巴申定律可用碰撞电离学说进行阐述，因此反过来也就成为这一学说的有力支持。

图 1-2-5 为均匀电场中几种气体击穿电压 U_b 和 pd 关系的实验结果。

图 1-2-5 表明，随着 pd 的变化，击穿电压 U_b 将出现极小值。对于空气，对应于击穿电压极小值的 pd 值为 0.57（cm·133 Pa），这时如设 $d=1$ cm，与此对应的气压为 0.57（133 Pa），已远小于大气压力。

击穿电压 U_b 具有极小值可用汤逊理论解释。为使放电达到自持，每个电子在从阴极到阳极的行程上需引起足够多的碰撞电离次数。设 d 不变，改变压力 p，当压力很小时

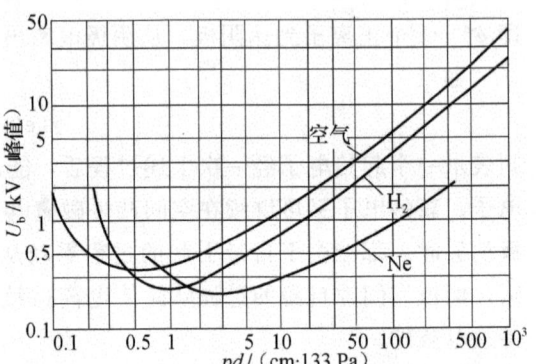

图 1-2-5　均匀电场中几种气体击穿电压和 pd 的关系

（小 pd 范围），气体稀薄，λ 很大，这时虽然电子在两次碰撞间可积累起很大动能，容易引起电离，但碰撞次数太少，因此随着 p 进一步减小（pd 减小），击穿电压势必增大；当压力很大时（大 pd 范围），气体密度很大，λ 很小，这时虽然碰撞次数增多，但电子不易积累动能，引起电离的可能性大减，故随着 p 继续加大（pd 增大），击穿电压同样也将增大。因此随着 pd 变化，击穿电压必将出现极小值。

由此可知，为了提高间隙的介电强度，可以抽成真空或加大气压，这两种措施在工程实践中都有采用。

3. 汤逊理论的适用范围

汤逊理论是在气压较低、pd 值较小条件下进行的放电实验的基础上建立起来的，是一种辉光放电现象。pd 过小或过大，汤逊理论都不适用。

在图 1-2-5 中的极小值左边，当 pd 越来越小时，U_b 将越来越大，过小的 d 实际上是不采用的，所以 pd 极小时相当于气压极低的情况。气压极低时，电子的自由行程可远大于极间距离，碰撞电离几乎不会发生，但阴极会出现强场发射而导致击穿，即高真空下击穿机理改变了。这时按式（1-2-4）求得的 U_b 计算值和实验值的偏差会越来越大。

工程上经常接触到的是气压较高的情况（从一个大气压到数十个大气压），实验表明，当 $pd>200$（cm·133 Pa）后，击穿过程将发生改变。很多实验现象都无法用汤逊理论解释，两者的主要差异概述如下：

（1）放电外形

在汤逊理论范围，气体放电在整个间隙均匀连续发展，充满整个电极空间，是一种辉光放电。但大气压力下气体击穿时出现的却是带有分支的明亮细通道，是一种火花放电。

（2）放电时间

在汤逊理论范围，间隙完全击穿需要数次这样的循环：形成电子崩，电子崩中的正离子到达阴极造成二次电离，这些电子崩又形成更多的电子崩，由正离子的迁移率可以计算出完

成击穿所需要的时间，计算值与实际放电时间比较一致。但大气压力下气体放电时的放电时间实测值要大很多。

（3）击穿电压

在汤逊理论范围，选择适当的 γ 值，根据汤逊自持放电条件求得的击穿电压和实验值比较一致，但在 pd 值很大时，如仍采用原来的 γ 值，则击穿电压计算值和实验值将有很大出入。

（4）阴极材料的影响

在汤逊理论范围，阴极材料的性质对击穿电压有一定影响。但大气压力下空气中实测得到的击穿电压却和阴极材料无关。

1.2.3 流注理论

高电压技术所面对的往往不是前面所说的低气压的情况，而是压力较高气体的击穿，如大气压力下空气的击穿。当 $pd>200$（cm·133 Pa）时，间隙中就能发生流注，间隙的放电过程应该采用流注理论来说明。这一理论的特点在于它认为电子碰撞电离和空间光电离是维持自持放电的主要原因，并强调了空间电荷畸变电场的作用。流注理论目前还很粗糙，实际上只限于放电过程的定性描述。

1. 空间电荷对原有电场的影响

如图 1-2-6a 所示，电子崩中的电子由于其迁移率远大于正离子，所以绝大多数电子都集中在电子崩的头部，由于电子的扩散作用，电子崩在其发展过程中半径逐渐增大，而正离子相对于电子来说则基本上停留在产生时的原始位置，移动不多。这样，电子崩中出现了大量的空间电荷，电子崩头部最前面集中的是电子，其后直到尾部则是正离子，其外形酷似球头的锥体。空间电荷分布是不均匀的，如图 1-2-6b 所示。这样，当电子崩发展到一定程度后，空间电荷将使外电场明显畸变，大大加强了电子崩头部的电场，也加强了电子崩尾部的电场，却削弱了电子崩头内正、负电荷区域之间的电场，如图 1-2-6c 和图 1-2-6d 所示。

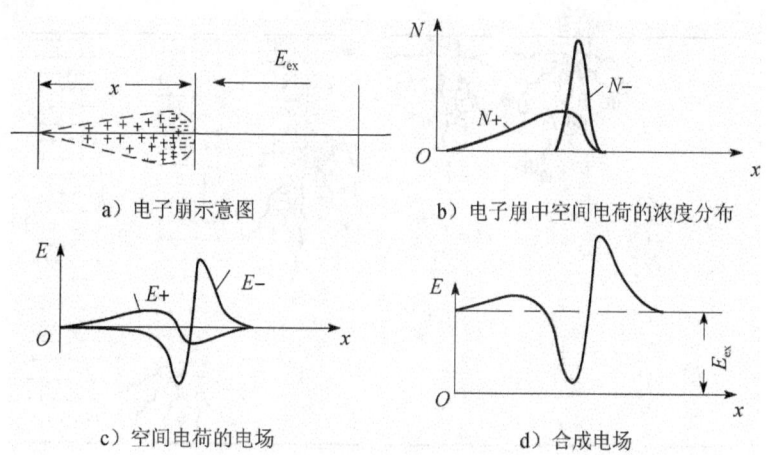

图 1-2-6　平板电极间的电子崩空间电荷对外电场的影响

电子崩头部电荷密度很大，电离过程很强烈，再加上电场分布产生上述畸变，结果电子崩头将放射出大量光子；电子崩头前后的电场明显增强，有利于发生分子和离子的激励现象，当它们从激励状态回复到正常状态时，将发射出光子；电子崩头内部正、负电荷区域之间的电场大大削弱，有助于发生复合，也会发射出光子。这些都将成为引发新的空间光电离的辐射源。

2. 流注的形成

当电场足够大，达到击穿场强时，上述的初始电子崩（也叫主电子崩）中释放的光子将引起二次电离，二次电子崩汇入主电子崩将形成由大量的正、负带电质点构成的等离子体，即为流注。

（1）正流注

如图 1-2-7a 所示，当外施电压达到击穿电压时，随着主电子崩向前发展，主电子崩头部的电离过程越来越强烈。当其走完整个间隙后，头部空间电荷密度很大，大大加强了尾部的电场，并向周围放射出大量光子，如图 1-2-7b 所示。这些光子引起了空间光电离，新形成的光电子被主电子崩头部的正空间电荷所吸引，在受到畸变而加强的电场中，又激烈地造成了新的电离，形成二次电子崩，如图 1-2-7c 所示。二次电子崩汇入主电子崩，其头部的电子进入主电子崩头部的正空间电荷区（主电子崩的电子大部分已经进入阳极了），由于这里电场强度较小，电子大多形成负离子，大量的正、负带电质点构成的等离子体即为流注，如图 1-2-7d 所示。由等离子体构成的流注通道，其中正、负粒子密度大致相等，电导良好，其内部场强不大；又由于其头部是二次电子崩形成的正电荷，因此流注头部前方出现了很强的电场。同时，由于很多二次电子崩汇集的结果，流注头部电离过程蓬勃发展，向周围放射出大量光子，继续引起空间光电离。于是在流注前方出现了新的二次电子崩，它们被吸引向流注头部，从而延长了流注通道，如图 1-2-7e 所示。这样，流注不断向阴极推进，且随着流注接近阴极，其头部电场越来越强，因而其发展也越来越快。当流注发展到阴极后，整个间隙就被电导良好的等离子通道所贯通，放电转为火花放电或电弧放电，即形成主放电通道，于是间隙的击穿完成，如图 1-2-7f 所示。这种由正电极向负电极发展的流注称为正流注。

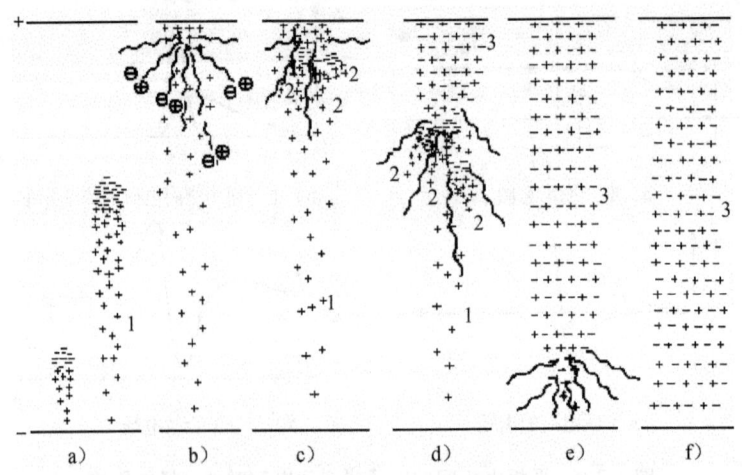

图 1-2-7 正流注的产生及发展
1—起始电子崩（主电子崩） 2—二次电子崩 3—流注

(2) 负流注

以上介绍的是电压较低，电子崩需经过整个间隙方能形成流注的情况。如果外施电压比击穿电压高，则电子崩不需经过整个间隙，其头部电离程度已足以形成流注了，如图 1-2-8 所示。流注形成后，向阳极发展，所以称为负流注。负流注发展中，由于电子的运动受到电子崩留下的正电荷的牵制，所以其发展速度较正流注的要小。当流注贯通整个间隙后，击穿就完成了。

3. 流注理论对 pd 很大时放电现象的解释

流注理论可以解释汤逊理论不能说明的 pd 很大时的放电现象。

(1) 放电外形

pd 很大时，放电具有通道形式，这从流注理论可以得到说明。流注中的电荷密度很大，电导很大，故其中电场强度很小。因此流注出现后，将减弱其周围空间内的电场，但加强其前方电场，并且这一作用伴随着其向前发展而更为增强。因而电子崩形成流注后，当某个流注由于偶然原因发展更快时，

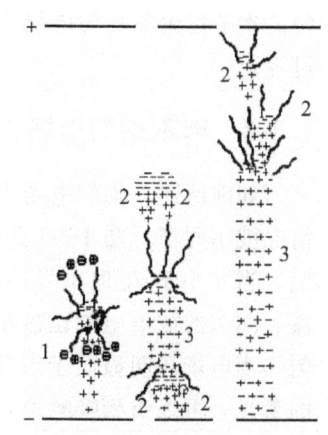

图 1-2-8 负流注的产生及发展
1—起始电子崩（主电子崩）
2—二次电子崩 3—流注

它将抑制其他流注的形成和发展，并且随着流注向前推进，这种作用将越来越强烈。由于二次电子崩在空间的形成和发展带有统计性，所以火花通道常是曲折的，并带有分支。这从图 1-2-9 中可以看得很清楚，开始流注很短时有三个，随后减为两个，而最后只剩下一个流注贯通整个间隙了。汤逊放电中的电子崩则不然，由于其中电荷密度较小，故电场强度还很大，因而不致影响到邻近空间内的电场，所以不会影响其他电子崩的发展。这就可以说明，汤逊放电呈连续一片的辉光放电，而 pd 很大时放电具有细通道的火花放电或电弧放电形式。

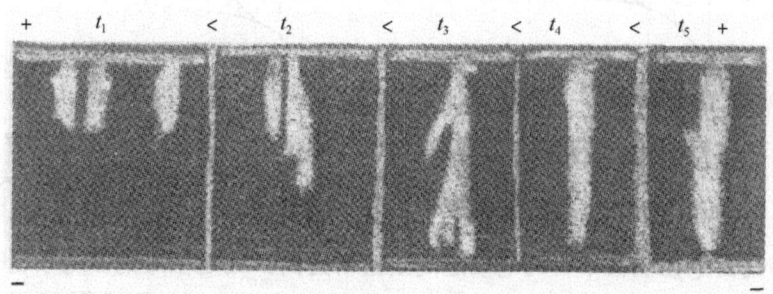

图 1-2-9 在电离室中得到的阳极流注发展过程的照片

(2) 放电时间

光子以光速传播，所以流注发展速度极快，这就可以说明 pd 很大时放电时间特别短的现象。

(3) 阴极材料的影响

根据流注理论，维持放电自持的是空间光电离，而不是阴极表面的电离过程，这可说明为何大 pd 下击穿电压和阴极材料基本无关。

流注理论和汤逊理论互相补充，可以说明广阔的 pd 范围内放电的不同实验现象。

1.3 不均匀电场中的放电过程

在电气设备的绝缘结构中，电场大多是不均匀的，而且通常间隙距离很大，电场极不均匀。本节讨论不均匀电场中气体击穿的发展过程，包括极不均匀电场中的电晕放电和击穿过程。

1.3.1 稍不均匀电场和极不均匀电场的放电特征

如前所述，均匀电场中，流注形成，放电达到自持，间隙就被击穿。而在不均匀电场中情况就不同了。图 1-3-1 为间隙距离 d 在很大范围内变动时球间隙的工频放电电压的变动情况。当 d 小于 d_0 时电场还比较均匀，随着电压升高，击穿以前间隙中看不到什么放电迹象，流经间隙的放电电流也极小，这和均匀电场中的击穿情况相似。当 d 大于 d_0 后电场已不均匀，当电场还明显低于击穿电压时，在紧贴电极、电场强度局部增强的区域内将出现白紫色的晕光，可以听到咝咝声，间隙中的放电电流也增大到工程仪表可以测得的数值，但电流还是很小，按照工程观点，间隙还保持其绝缘性能。不均匀电场中的这种局部放电现象称为电晕放电，导致电晕放电的电压称为电晕起始电压。随着电压升高，电晕层逐渐扩大，咝咝声增大，然后开始出现刷状的细火花，咝咝声中不时伴随有拆裂声，这种放电形式称为刷状放电。电压继续升高，刷状火花越来越长，最终导致间隙完全击穿。$d<d_0$ 时，击穿电压和电晕起始电压重合，而当 $d>d_0'$ 时，电晕起始电压已开始变得低于击穿电压了。d_0 和 d_0' 之间是过渡区域，放电过程不很稳定，击穿电压分散性很大。d_0 和 d_0' 与球电极直径 D 等因素有关，$d_0 \approx 2D$、$d_0' \approx 4D$。

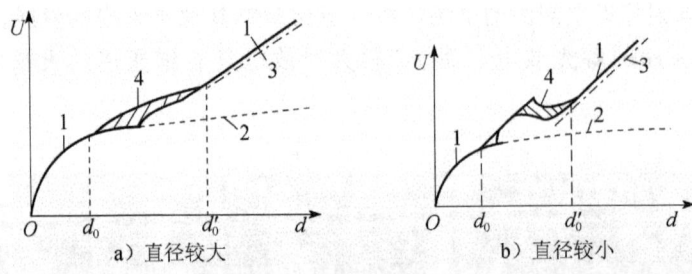

图 1-3-1　直径较大及较小的球电极间电晕起始电压及击穿电压和间隙距离的关系
1—击穿电压　2—电晕起始电压　3—刷状放电电压　4—过渡区域

要在稍不均匀电场和极不均匀电场之间划出清楚的界线是困难的。为了比较各种结构的电场的均匀程度，引入电场不均匀系数 f，它是最大场强 $E_{\max}$ 和平均场强 E_{av} 的比值：

$$f = \frac{E_{\max}}{E_{av}}$$

式中，$E_{av} = \frac{U}{d}$；U 为电极间的电压；d 为极间距离。

根据放电的特征，大致可以这样区分：不均匀系数 $f<2$ 时，还是稍不均匀电场，而当 $f>4$ 后，极不均匀电场的特点就开始明显地表现出来了。

1.3.2 电晕放电

如前所述，极不均匀电场中，在空气间隙完全击穿之前，大曲率电极附近会发生电晕放电。在黑暗中可以看到该电极周围有薄薄的发光层，有些像"月晕"，称这种放电现象为"电晕"放电。这种特殊的晕光是由电离区的放电过程造成的。电离区中的电离、复合、从激励状态恢复到正常状态等过程都可能产生大量的光辐射。电晕电极周围的电离层称为电晕层，电晕层以外电场很弱，因而不发生电离过程的空间称为外区。爆发电晕放电时，还可听到咝咝的声音，闻到臭氧的气味，回路中电流明显增加（但绝对值仍很小），可以测量到能量损失。

电晕放电可以是极不均匀电场气隙击穿过程的第一阶段，也可以是长期存在的稳定放电形式。这种放电对于超高压和特高压输电线路具有特殊的重要性，与这些线路的导线选择、电能平衡、环境影响等均有密切的关系。

电晕放电是极不均匀电场所特有的一种自持放电形式。开始爆发电晕时的电压称为电晕起始电压 U_c，而电极表面的场强称为电晕起始场强 E_c。若电极很光滑，则电晕爆发时，各种现象的变化十分急剧，容易凭视觉、听觉及一般仪表判断出起始电压 U_c 的数值。但若电极粗糙不平，具有许多电场局部加强的地方，则随着电压增加，电晕将在这些地方陆续发生，现象的变化就比较平缓，起始电压也就不太容易确定了。

由于影响电晕起始电压 U_c 的因素很多，很难从理论上精确地推算出来，所以通常利用实验的方法来求取，然后根据表面电场强度与所加电压的关系，推导出相应的计算电晕起始场强 E_c 的经验公式。

以输电线路的导线为例，在半径为 r 的单根导线离地高度为 h 的情况下，导线表面电场强度 E 与对地电压 U 的关系如下：

$$E = \frac{U}{r \ln \frac{2h}{r}}$$

对于两根线间距离为 D、半径为 r 的平行导线来说，如线间电压为 U，则

$$E = \frac{U}{2r \ln \frac{D}{r}}$$

所以测得 U_c 后，即可求得 E_c。在众多研究者所提出的经验公式中，皮克公式被采用得最多，它的电晕起始场强 E_c 近似计算公式为

$$E_c = 30.3 m \delta \left(1 + \frac{0.298}{\sqrt{r\delta}}\right) (\text{kV/cm})$$

式中，m 为导线表面粗糙系数，光滑导线 $m=1$，全面电晕 $m=0.82$，局部电晕 $m=0.72$；δ 为空气相对密度；r 为导线半径，单位为 cm。

显然，电晕起始场强 E_c 与电极尺寸、气候条件及导线表面状态等很多因素有关。

在雨、雪、雾等不良天气时，导线表面会出现许多水滴，它们在强电场和重力的作用下，将克服本身的表面张力而被拉成锥形，从而使导线表面的电场发生变化，结果在较低的电压和表面电场强度下就会出现电晕放电。电晕放电会消耗能量，因此电晕损耗是超高压输电线路设计时必须考虑的因素，不良天气时的电晕功率损耗要比好天气时大得多。

电晕放电所引起的光、声、热等效应及使空气发生化学反应，会对绝缘介质产生腐蚀作用，使绝缘介质老化。其次，在电晕放电过程中，由于电子崩和流注不断消失和重新出现所造成的放电脉冲会产生高频电磁波，从而对无线电和电视广播产生干扰。此外，电晕放电还

会产生可闻噪声，并有可能超出环境保护所容许的标准。

要防止或减轻电晕放电的危害，最根本的途径显然是设法限制和降低电极的表面电场强度。通常在选择导线的结构和尺寸时，应使好天气时的电晕损耗接近于零，对无线电和电视的干扰亦应限制到容许水平以下。对于超高压和特高压线路来说，为了满足上述要求，所需的导线直径往往大幅超过按经济电流密度所选的数值，虽然可以采用扩径导线或空芯导线来解决这个问题，但更加合适的措施是采用分列导线，即每相都用若干根直径较小的平行分列导线来替换大直径单导线。当分列数超过两根时，这些分列导线通常被布置在一个圆的内接正多边形的顶点上。

对于 330～750 kV 的超高压线路来说，按额定电压的不同，通常取分列数为 2～4。但对 1 000 kV 及以上的特高压线路来说，就将不可避免地采用更多的分列数（例如取分列数为 8 或更大）。至于 220 kV 及以下的输电线路，由于电晕放电所引起的损耗和干扰都不严重，所以没有必要采用结构比较复杂的分列导线来代替单导线。

虽然电晕放电可引起以上危害，但它也有有利的一面，例如在输电线上传播的雷电过电压波将因电晕而衰减其幅值和降低其波前陡度；操作过电压的幅值也会受到电晕的抑制；电晕放电还在静电除尘器、静电喷涂装置、臭氧发生器等工业设施中获得广泛的应用。

1.3.3 极不均匀电场气隙中的击穿、极性效应

如前所述，在极不均匀电场中，电压还不足以导致击穿时，大曲率电极附近的电场最强处已可产生电离现象。极不均匀电场中，空间电荷的积聚在放电发展过程中起着很重要的作用。

棒-板间隙是典型的极不均匀电场，这种间隙中，电离过程总是先从棒电极附近开始。棒的极性不同时，空间电荷的作用是不同的，存在着极性效应。

1. 电晕放电阶段

电晕起始前棒极附近已产生相当强烈的电离过程。

1) 当棒为正极性时，间隙中出现的电子向棒运动，进入强电场区，开始引起电离现象而形成电子崩，如图 1-3-2a 所示。随着电压逐渐上升，到放电达到自持、爆发电晕之前，这种电子崩在间隙中已相当多了。当电子崩达到棒极后，其中的电子就进入棒极，而正离子仍留在空间，相对来说缓慢地向板极移动。于是在棒极附近，积聚起正空间电荷，如图 1-3-2b 所示，从而减少了紧贴棒极附近的电场，而略微加强了外部空间的电场，如图 1-3-2c 中曲线 2 所示（图中曲线 1 为外电场的分布）。这样，棒极附近的电离被削弱，难以造成流注，这就使得自持放电即电晕放电难以形成。

2) 当棒为负极性时，阴极表面形成的电子立即进入强电场区，造成电子崩，如图 1-3-3a 所示。当电子崩中的电子离开强电场区后，就不再能引起电离了，而以越来越慢的速度向阳极运动。一部分直接消失于阳极，其余的可为氧原子所吸附而成为负离子，电子崩中的正离子逐渐向棒极运动而消失于棒极，但由于其运动速度较慢，所以在棒极附近总是存在着正空间电荷。结果在棒极附近出现了比较集中的正空间电荷，而在其后则是非常分散的负空间电荷，如图 1-3-3b 所示。负空间电荷由于浓度小，对外电场的影响不大，而正空间电荷则将使电场畸变，如图 1-3-3c 中曲线 2 所示（图中曲线 1 为外电场的分布）。棒极附近的电场得到增强，因而自持放电条件易于得到满足，易于转入流注而

形成电晕放电。

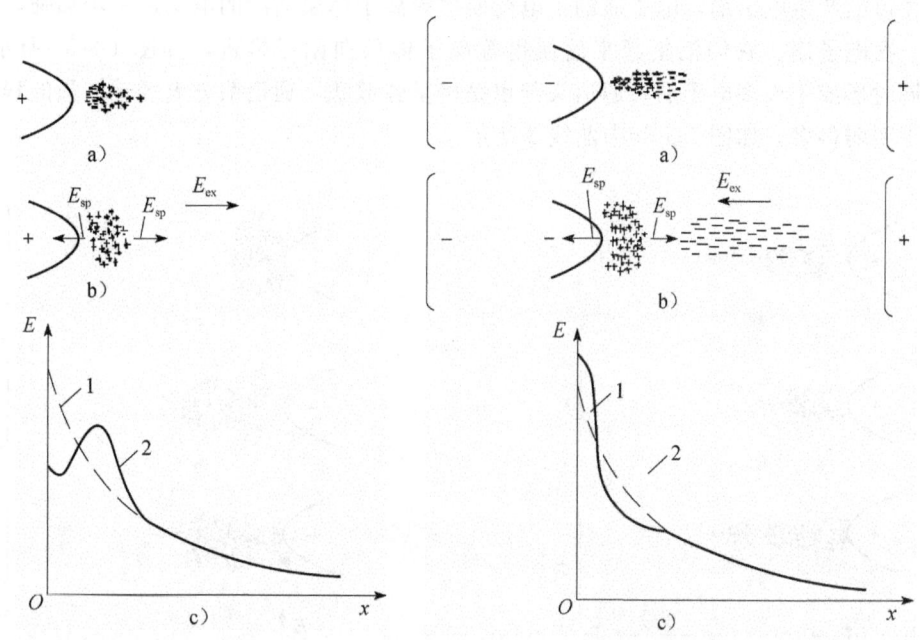

图 1-3-2　正棒-负板间隙中空间电荷对外电场的畸变作用
E_{ex}—外电场　E_{sp}—空间电荷的电场

图 1-3-3　负棒-正板间隙中空间电荷对外电场的畸变作用
E_{ex}—外电场　E_{sp}—空间电荷的电场

实验表明，棒-板间隙中棒为正极性时电晕起始电压比负极性时略高，这从上述分析也可以得到验证。

2. 流注发展阶段

随着电压升高，紧贴棒极附近形成流注，爆发电晕；以后，不同极性下空间电荷对放电进一步发展所产生的影响就和上述相反了。

1) 棒具有正极性时，如电压足够高，棒极附近形成流注，由于外电场的特点，流注等离子体头部具有正电荷，如图 1-3-4a 和图 1-3-4b 所示。头部的正电荷削弱了等离子体中的电场，而加强了其头部电场，如图 1-3-4d 中曲线 2 所示（图中曲线 1 为外电场的分布）。流注头部前方电场得到加强，使得此处易于产生新的电子崩，它的电子吸引入流注头部的正电荷区内，加强并延长了流注通道，其尾部的正离子则构成了流注头部的正电荷，如图 1-3-4c 所示。流注及其头部的正电荷使强电场区更向前移，如图 1-3-4d 中曲线 3 所示，如同将棒极向前延伸了（当然应考虑到通道中的压降），于是促进了流注通道进一步发展，逐渐向阴极推进。

2) 当棒具有负极性时，虽然在棒极附近容易形成流注、产生电晕，但此后流注向前发展就困难多了。电压达到电晕起始电压后，紧贴棒极的强电场使得同时产生了大量的电子崩，汇入围绕棒极的正空间电荷。由于同时产生了许多电子崩，造成了扩散状分布的等离子体层，如图 1-3-5a 和图 1-3-5b 所示（基于同样原因，负极性下非自持放电造成的正空间电荷也比较分散，这也有助于形成扩散状分布的等离子体层）。这样的等离子体层起着类似增大了棒极曲率半径的作用，因此将使前沿电场受到削弱，如图 1-3-5d 曲线 2 所示。继续升高电压时，在相当一段电压范围内，电离只是在棒极和等离子体层外沿之间的空间内发展，使等离子体层逐渐扩大和向前延伸一些，直到电压很高，使得等离子体层前方电场足够强后，才可能产生电子崩。电子崩的正电荷使得等离子体层前沿的电场进一步加强，又形成了大量二次电子崩。它们汇集起来后使得等离子体层向阳极推进，如图 1-3-5c 所示。可是，由于同时形成了许多电子崩，通道头部也是稍呈弥散状，通道前方电场被加强的程度也比正极性下要弱得多，如图 1-3-5d 中曲线 3 所示。

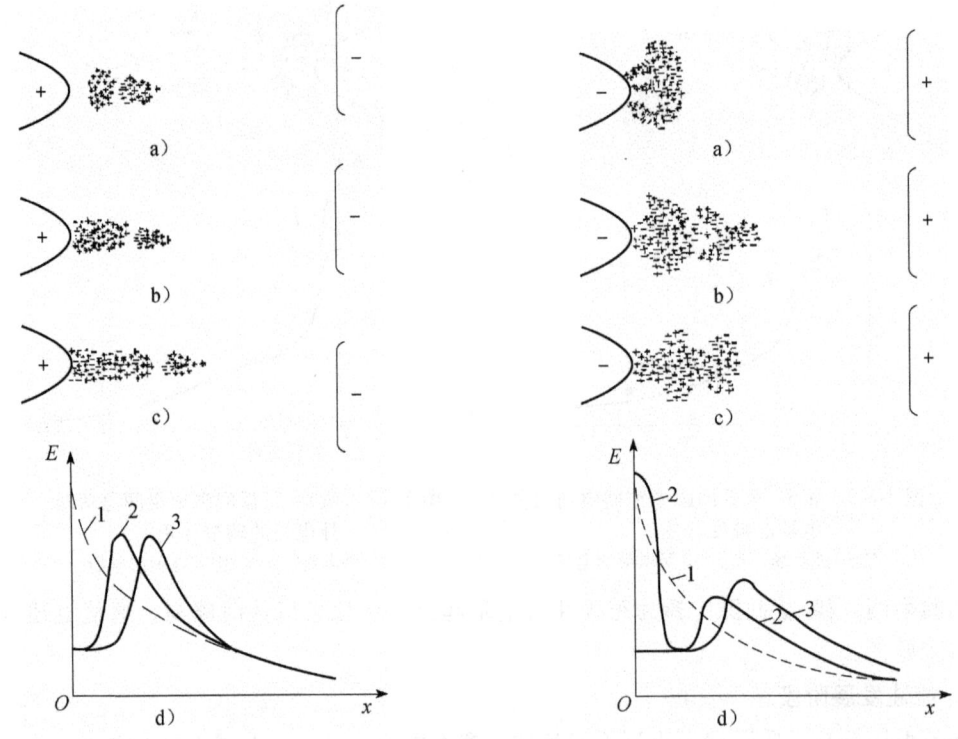

图 1-3-4　正棒-负板间隙中正流注的形成和发展　　图 1-3-5　负棒-正板间隙中负流注的形成和发展

根据上述分析，可知负极性下通道的发展要困难得多，因此负极性下的击穿电压应较正极性下高。

根据电压高低，随着流注向前发展，其头部电场可能逐渐减弱或得到加强。前一种情况下（电压较低时），流注深入间隙一段距离后，就停滞不前了，从而形成电晕放电或刷状放电；后一种情况下（电压足够高），流注将一直达到另一电极，从而导致间隙完全击穿。

3. 先导放电阶段

间隙距离较长时（如棒-板间隙距离大于 1 m 时），在流注还不足以贯通整个间隙的电压下，仍可能产生击穿过程。这时流注发展到足够的长度并有许多分支，许多流注在根部汇集，将有较多的电子循流注根部通道流向电极，流注根部电流密度较大，温度升高，出现了热电离过程。这个具有热电离过程的通道称为先导，如图 1-3-6 所示。先导中由于出现了新的电离过程，电离加强，电导增大，轴向场强比流注通道中的场强低很多，从而加大了其头部前沿区域中的场强，引起新的流注，导致先导不断伸长。如外施电压足够高，先导贯通间隙，间隙将击穿。间隙中如出现先导放电阶段，则平均击穿场强降低，因此长空气间隙的平均击穿场强远低于短间隙。

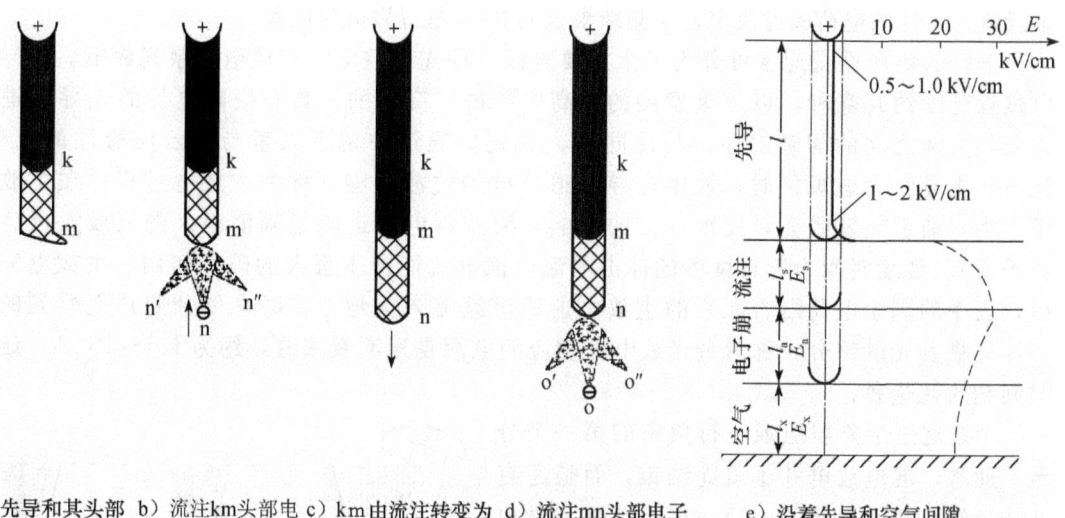

a) 先导和其头部的流注km　b) 流注km头部电子崩的形成　c) km由流注转变为先导和形成流注mn　d) 流注mn头部电子崩的形成　e) 沿着先导和空气间隙的电场分布

图 1-3-6　正棒-负板间隙中先导通道的发展

4. 主放电阶段

不论极性正负，先导头部的流注放电区达到板极（短间隙时为流注达到板极），都将导致完全击穿，但这时击穿过程尚未完成。先导中导电性很好，场强较小，如同将棒极延长了，通道头部的电位接近棒极的电位（当然还应减去通道中的电压降）。因此，当先导头部极为接近板极时，这一很小的间隙中的场强可达极大数值，以致引起强烈的电离，导致这一间隙中出现了离子浓度远大于先导的等离子体，如图 1-3-7a 所示（图中以正棒-负板为例，负极性下情况相似）。新出现的通道大致具有板极的电位，因此在它和先导通道交界处总保持着极高的电场强度，如图 1-3-7c 所示，继续引起强烈的电离。于是高场强区也即强电离区迅速向阳极传播，强电离通道也迅速向前推进，如图 1-3-7b 所示。这就是前述的主放电过程。由于其头部场强极大，

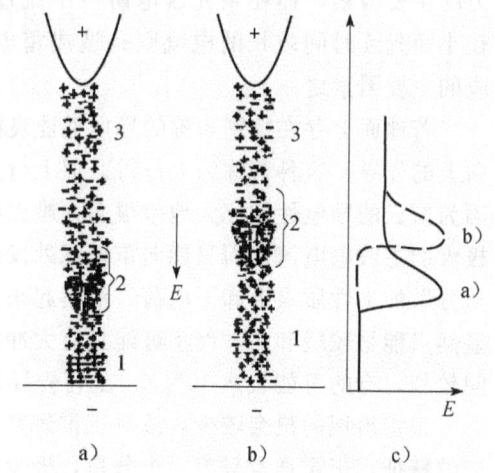

图 1-3-7　主放电过程的发展图和通道中轴向电场强度 E 的分布图
1—主放电通道　2—主放电通道和先导通道的交界区　3—先导通道

所以主放电通道的发展速度及电导都远大于先导通道。主放电通道贯穿电极间隙后，间隙就类似被短路，失去绝缘性能，击穿过程完成。

所以，如实验现象所表明的那样，长间隙的放电大致可分为电晕放电、先导放电和主放电三个阶段，而先导放电阶段中包括了电子崩和流注的形成及发展过程（不太长的间隙中则分为电子崩、流注阶段和主放电阶段）。主放电阶段也称为"最后跳跃"阶段。

1.4　雷电放电

雷电放电包括雷云对大地、雷云对雷云和雷云内部的放电现象。对地放电的雷电极性由

雷云流入大地的电荷极性决定，实测结果表明 90% 左右为负极性雷。

下行的负极性雷通常可分为三个主要阶段，即先导放电、主放电和余光放电。先导放电过程延续约几毫秒，以逐级发展的、高电导的、高温的、具有极高电位的先导通道将雷云与大地之间的间隙击穿。与此同时，在先导通道中留下大量与雷云同极性的电荷，当下行先导和大地短接时，发生先导通道放电的过渡过程，称为主放电过程。在主放电过程中，通道突发明亮，发出巨大的雷响，沿着雷电通道流过幅值很大的（最大可达几百千安）、延续时间为近百微秒的冲击电流，该电流能产生很大的破坏作用。主放电完成后，云中的剩余电荷沿着原来的主放电通道继续流入大地，这时在展开照片上看到的是一片模糊发光的部分，称余光放电。相应的电流是逐渐衰减的，约为 $10^1 \sim 10^3$ A，延续时间约为几毫秒。

上述这三个阶段组成下行负雷的第一个分量。通常，雷电放电并不就此结束，而是还有几个后续分量（见图 1-4-1）。每个后续分量也是由重新使雷电通道充电的先导阶段、使先导放电的主放电阶段和随后的余光放电阶段所组成。各个分量中的最大电流和电流增长最大陡度是造成被击物体上的过电压、电动力和爆破力的主要因素，而在余光放电阶段中流过幅值较小而延续时间较长的电流则是造成雷电热效应的主要因素之一。

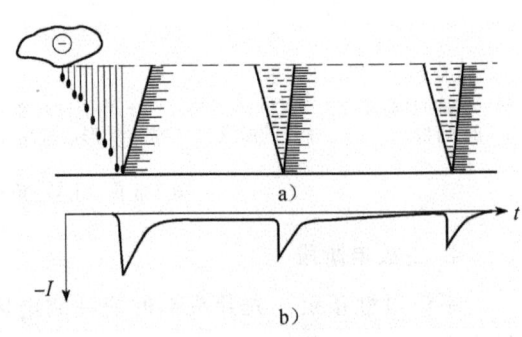

图 1-4-1 多分量下行负雷的展开照片示意图

若地面上存在特别高耸的导电性能良好的物体时，也可能首先从该物体顶端出发并发展向上的先导，这种雷称为上行雷。但上行先导到达雷云时，一般不会发生主放电过程，这是因为雷云的导电性能比大地差很多，难以在极短时间内供应可中和先导通道中的电荷所需的极大的主放电电流，而只能向雷云深处发展多分支的云中先导，通过宽广区域的电晕流注，从分散的水性质点上卸下电荷，汇集起来，以中和上行先导中的部分电荷，这样的放电过程显然只能是较缓和的，而不可能具有大冲击电流的特性，其放电电流一般不足千安，延续时间较长，有的可能长达 10^{-1} s。上行先导从一开始就出现分支的概率较大。

正雷出现的机会较少，故对正雷研究的也较少。正雷在下行先导阶段没有明显的逐级发展的特征，正雷通常只有一个分量，极少有两个分量，正雷一般有较长的波头和波尾，波头可长达几百微秒，波尾可长达上千微秒。这样它所传递的电荷可能比多分量的负雷还多得多，而其雷电陡度则比相应的负雷小得多。

1.5 沿面放电

电力设备的外绝缘大多是绝缘子（包括绝缘子、支柱绝缘子或套管），绝缘子和它所固定的带电导体绝大部分是处在空气之中，在绝缘子和空气的分界面上出现的放电现象，称为由沿面放电。沿面放电发展到贯穿性的空气击穿称为闪络。沿面放电是一种气体放电现象，沿面闪络电压比气体或固体单独存在时的击穿电压都低。电力设备的绝缘事故中，很多是由沿面放电造成的。

沿面放电与固体介质表面的电场分布有很大关系。固体介质处于电极间电场中的形式，有以下三种典型情况：

1)固体介质处于均匀电场中,固、气体介质分界面平行于电力线,如图 1-5-1a 所示。这种情况在工程上较少遇到,但实际结构中常会遇到介质处于稍不均匀电场中的情况,此时的放电现象与上述均匀电场中的有很多相似之处。

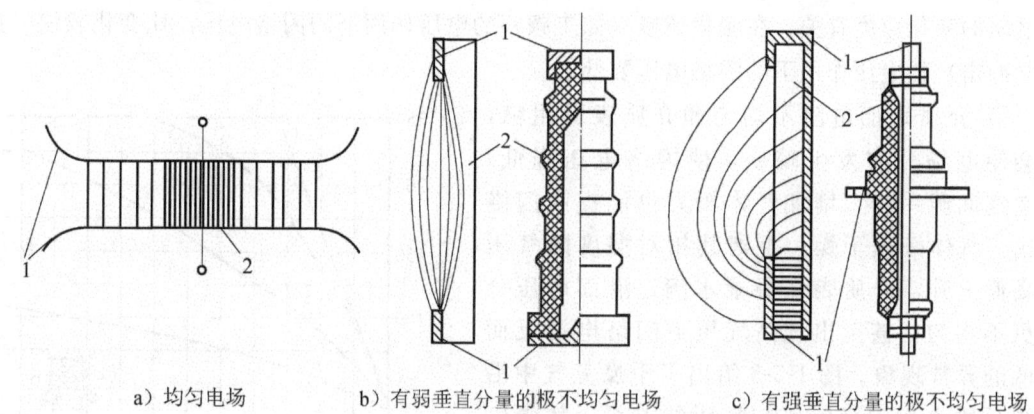

a) 均匀电场　　b) 有弱垂直分量的极不均匀电场　　c) 有强垂直分量的极不均匀电场

图 1-5-1　介质在电场中的典型布置方式
1—电极　2—固体介质

2)固体介质处于极不均匀电场中,但在介质表面大部分地方(除紧靠电极的很小区域外),电场强度平行于表面的分量要比垂直分量大,如图 1-5-1b 所示。支柱绝缘子就属于这种情况。

3)固体介质处于极不均匀电场中,且电场强度垂直于介质表面的分量(以下简称垂直分量)要比平行于表面的分量大得多,如图 1-5-1c 所示。套管就属于这种情况。

这三种情况下的沿面放电现象有很大差别,下面分别讨论。

1.5.1　均匀电场中的沿面放电

在平行平板电极间放一个圆瓷柱,瓷柱表面与电力线平行,如图 1-5-1a 所示。瓷柱虽未影响极板间的电场分布,但放电总是发生在瓷柱表面,且闪络电压比纯空气间隙的击穿电压要低得多。造成这种现象的原因是多种多样的,主要有以下几种。

1)若固体介质与电极间存在间隙,由于气体的介电常数比固体的低,间隙中场强将比平均场强大很多,这里将发生局部放电。放电产生的带电质点到达固体介质表面,使原有电场发生畸变,增加了电离因素,从而降低了沿面闪络电压(见图 1-5-2 中曲线 4)。所以,实际结构中应使电极与介质紧密结合。

2)空气湿度及固体介质吸附水分的能力对闪络电压也有显著影响。在空气相对湿度低于 50% 时,闪络电压受湿度影响较小,但当相对湿度超过 60% 时,闪络电压随湿度增加而急剧降低。表面吸附水分能力大的介质(如瓷和玻璃)受空气湿度的影响显著,其闪络电压较纯空气间隙的击穿电压低很多;而对表面吸附水分能力小的介质(如石蜡),情况则反之(见图 1-5-2)。由此可知,闪络电压的降低也和介质

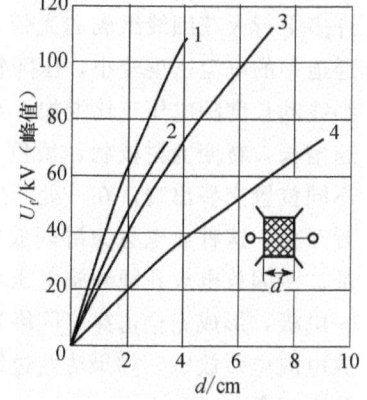

图 1-5-2　均匀电场中沿不同介质
表面的工频闪络电压
1—空气间隙击穿　2—石蜡
3—瓷　4—与电极接触不紧密的瓷

表面吸附水分形成水膜有关。水膜中离子受电场作用沿介质表面移动，电极附近逐渐积聚起电荷，使介质表面电压分布不均匀，因此沿面闪络电压低于纯空气间隙的击穿电压。

3）由于在绝缘表面离子移动、电荷积聚需要一定时间，因此闪络电压的降低程度与作用电压的变化速度有关，在变化较慢（如工频）的电压作用下的闪络电压，比变化较快（如雷电冲击）的电压作用下的闪络电压要低。

4）介质表面电阻不均匀和介质表面粗糙，也会使电场分布发生畸变，使闪络电压降低。和空气间隙一样，增加气体压力也能提高闪络电压。气体必须干燥，否则其相对湿度随气压升高而上升，介质表面凝聚水滴，沿面电压分布更不均匀，甚至出现高气压下闪络电压反而降低的异常现象。图1-5-3给出了干燥氮气中沿不同介质表面闪络电压与气压的关系。随着气压升高，闪络电压不像气体间隙击穿电压增加得那样快。均匀电场中的沿面放电现象在实际绝缘结构中较少遇到。但人们常用改进电极形状的方法使电场接近均匀。如对圆柱形的支柱绝缘子，可采用环状附件来改善沿面电压分布，

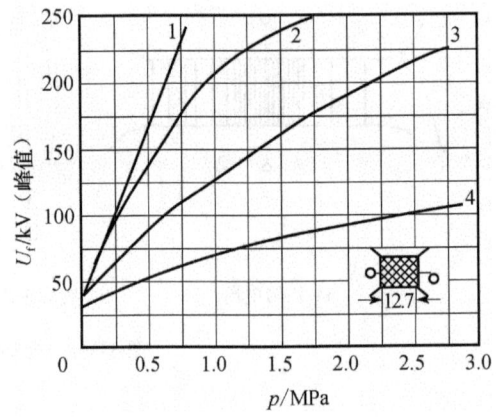

图1-5-3　均匀电场中，气压对氮气中沿圆柱固体介质表面闪络电压的影响
1—氮气间隙　2—塑料　3—胶布板　4—瓷

使瓷柱处于稍不均匀电场中，但遵循类似均匀电场沿面放电的规律。

1.5.2　极不均匀电场具有强垂直分量时的沿面放电

工程上处于这类绝缘结构的很多。它的闪络电压较低，放电对绝缘的危害也大，因此将对此类型沿面放电作详细讨论。

极不均匀电场具有强垂直分量时的沿面放电基本过程以最简单的套管为例进行分析（见图1-5-4）。由于法兰边缘电场极强，放电首先从此处开始。在不太高的电压下，法兰边缘出现电晕放电形成的发光圈，如图1-5-4a所示。随着电压升高，电晕向前延伸，逐渐形成由许多平行火花细线组成的光带，如图1-5-4b所示。细线的光虽比电晕亮，但仍较弱；放电通道中的电流密度较小，压降较大，伏安特性具有上升特征，仍是一种辉光放电现象。放电细线的长度随电压正比增加。当电压超过某临界值后，放电性质发生变化。个别细线开始迅速增长，转变为树枝状、紫色、明亮得多的火花，如图1-5-4c所示。这些火花由法兰上的不同位置交替出现，在一处产生后紧贴介质表面向前发展，随即很快消失，而后又在新的位置产生，这种放电称为滑闪放电。通道中电流密度较大，压降较小，伏安特性具有下降特征。滑闪放电火花随外施电压增加迅速增长，因而电压只需增加不多，放电火花就延伸到另一电极，形成完全击穿（闪络）。此后根据电源容量的大小，滑闪放电转变成气体中的火花放电或电弧放电。如果法兰边缘为圆弧形，则辉光细线放电可能不很明显，而直接出现滑闪放电现象。

滑闪放电的形成机理可概述如下。放电的起始阶段，细线通道内因碰撞电离存在大量带电粒子。在较大电场的垂直分量作用下，带电粒子不断撞击介质表面，使局部温度升高。电压增加，沿放电通道流过的带电粒子增多，介质表面局部温度也就升得更高。一定电压下，

当温度高达足以引起气体热电离时，通道中带电粒子剧增、电阻剧降，通道头部场强也剧增，导致通道迅速增长，进入滑闪放电阶段。所以，滑闪放电是以介质表面放电通道中发生了热电离作为特征的。

从实验中看到，滑闪放电现象在交流和冲击电压下表现得很明显。图 1-5-5 是雷电冲击电压下，沿玻璃管表面的滑闪放电长度与电压的关系。随着电压增加，滑闪放电长度增大的速率越来越快。因此单靠加长沿面放电距离来提高闪络电压的效果较差。玻璃管壁减薄，滑闪放电长度也有显著增加。前已分析，放电进入滑闪阶段的条件是通道中带电粒子剧增。流过放电通道的电流，经过通道与另一电极间的电容构成通路，如图 1-5-4d 所示。因此通道中的电流，即通道中带电粒子的数目，随通道与另一电极间的电容量和电压变化速率的加大而增加。前者可用介质表面单位面积与另一电极间的电容数值来表征，称为比电容（F/cm）。根据上述分析，放电现象应和比电容及电压变化速率有关。由此可以理解，滑闪放电现象在交流和冲击电压下很明显；玻璃管壁减薄，比电容增大，故滑闪火花长度显著增加。

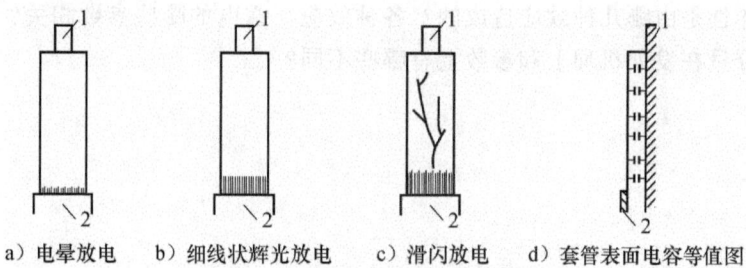

a）电晕放电　　b）细线状辉光放电　　c）滑闪放电　　d）套管表面电容等值图

图 1-5-4　沿套管表面放电的示意图
1—导杆　2—法兰

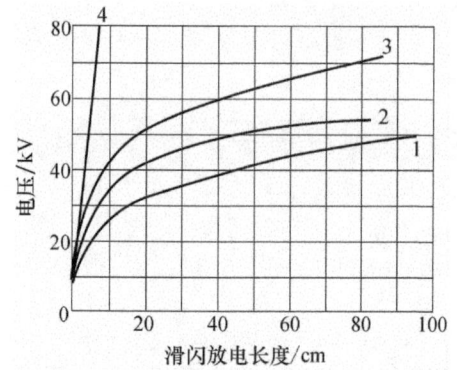

图 1-5-5　雷电冲击电压下，沿玻璃管表面的滑闪放电长度与电压的关系
1—直径为 0.85/0.97 cm　2—直径为 0.63/0.9 cm　3—直径为 0.6/1.01 cm　4—空气间隙击穿电压

习　题

1. 空气主要由氮气和氧气组成，其中氧分子的电离电位较低，为 12.5 V。
   （1）若由电子碰撞使其电离，求电子的最小速度。
   （2）若由光子碰撞使其电离，求光子的最大波长，并判断它属于哪种性质的射线？
   （3）若由气体分子自身的平均动能产生热电离，求气体的最低温度。

2. 气体中带电粒子的产生和消失有哪些主要方式？
3. 试解释气体放电过程的 α、γ 系数。
4. 什么叫自持放电？简述汤逊理论的自持放电条件。
5. 什么叫巴申定律？在何种情况下气体放电不遵循巴申定律？
6. 均匀电场和极不均匀电场间隙放电特性有何不同？间隙有哪些放电现象？
7. 试描述不均匀电场的极性效应。
8. 正流注过程与负流注过程的发展机理有何不同？
9. 汤逊理论和流注理论的主要区别是什么？它们各自的适用范围如何？
10. 极不均匀电场中的放电有何特征？比较棒-板间隙极性不同时电晕起始电压和击穿电压的高低，简述其理由。
11. 长间隙放电与短间隙放电的本质区别是什么？形成先导过程的条件是什么？
12. 试解释长空气间隙的平均击穿场强远低于短间隙的原因。
13. 电晕放电是自持放电还是非自持放电？电晕放电有何危害和用途？
14. 雷电的破坏性是由哪几种效应造成的？各种效应与雷电的哪些参数相关？雷电的后续分量与第一分量在发展机理上和参数上有哪些不同？

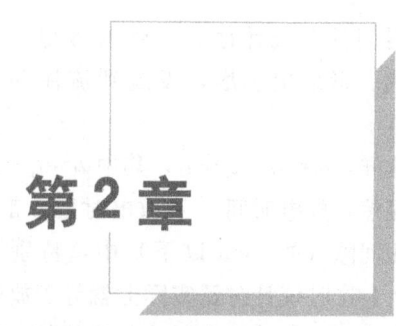

第 2 章

气体介质的电气强度

气体的击穿与电场强度和电场分布、电压种类及气体状态等很多因素有关,由于气体放电理论至今还很不完善,实际上还无法对击穿电压准确地进行理论计算。工程设计问题常借助于各种实验规律来分析解决,或直接由试验决定。本章主要介绍各种典型电极空气间隙击穿电压的试验数据及击穿电压和各种影响因素的实验关系。

2.1 放电时间和冲击电压下空气间隙的伏秒特性及击穿电压的概率分布

1. 空气间隙的放电时间

每个空气间隙都有最低静态击穿电压,即长时间作用在间隙上能使间隙击穿的最低电压。所以,欲使间隙击穿,外加电压 U 必须不小于静态电压击穿电压。但这仅是必要条件,而不是充分条件,欲使间隙击穿,还必须使该电压持续作用一定的时间。

从开始加压的瞬时起到间隙完全击穿为止总的时间称为放电时间 t_b,它是由三部分组成,如图 2-1-1 所示。

升压时间 t_0——电压从零升到静态击穿电压 U_0 所需的时间。

统计时延 t_s——从电压达到 U_0 的瞬时起到间隙中形成第一个有效电子为止的时间。

放电发展时间 t_f——从形成第一个有效电子的瞬时起到间隙完全被击穿为止的时间。

这里说的第一个有效电子是指该电子能发展一系列

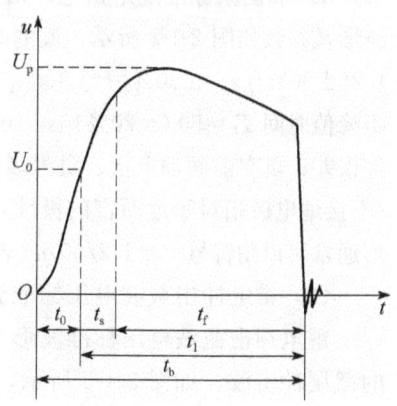

图 2-1-1 间隙的放电时间

的游离过程,最后导致间隙完全击穿的那个电子。间隙中出现的自由电子并不一定能成为有效电子,因为这个自由电子可能被中性粒子俘获,形成负离子,失去电离的能力;可能扩展到主间隙以外去,不能参加电离过程;即使已经引起电离过程,还可能由于某些随机的因素而中途停止。

由于有效电子的出现是一个随机事件,取决于许多偶然因素,因而等候有效电子出现的时间具有统计性。出现有效电子后，击穿过程才真正开始，这时该电子将引起碰撞电离，形成电子崩，发展到流注和主放电，最后完成间隙的击穿。即 t_s 和 t_f 均有统计特性。

这样，$t_b = t_0 + t_s + t_f$，其中 $t_l = t_s + t_f$ 称为放电时延。

显然，放电时间 t_b 和放电时延 t_l 都具有统计特性。

短间隙（如 1 cm 以下）中，特别是电场比较均匀时，相比之下放电发展时间甚小，$t_f \ll t_s$，这时统计时延实际上就等于放电时延，可以直接用示波器测量。由于每次放电统计时延大小不一，故通常讨论其平均值，称为平均统计时延。

较长的间隙中，放电时延主要决定于放电发展时间。在比较均匀的电场中，由于间隙中的电场处处都很强，放电发展速度快，所以放电发展时间较短。在极不均匀电场中则放电发展时间较长。显然，间隙上外施电压增加，放电发展时间也会减短。

2. 冲击电压波形的标准化

气体间隙的击穿电压和电压种类有关。直流电压和工频电压统称为持续作用电压。这类电压的变化速率很小，相比之下放电发展所需时间可以忽略不计。电力系统中的操作过电压和大气过电压则持续时间极短，以微秒（10^{-6}s）计，这两种过电压分别被称为操作冲击电压和雷电冲击电压。在冲击电压下，放电发展速度就不能忽略不计了，这时气体间隙的击穿就具有新的特点了。

在高压实验室中可以产生冲击电压来模拟电力系统中的过电压，所以在制定冲击电压的标准波形时，应以电力系统绝缘在运行中所受到的过电压波形作为原始依据。

我国所规定的标准冲击电压波形主要有以下三种：

(1) 雷电冲击电压标准波形

雷电冲击电压波形为非周期性双指数波形，IEC 和国家标准规定雷电冲击电压标准波形及参数如图 2-1-2 所示。波前时间 $T_1 = 1.2(\pm 30\%)\mu s$，$\pm 30\%$ 为允许误差；（视在）半峰值时间 $T_2 = 50(\pm 20\%)\mu s$，$\pm 20\%$ 为允许误差；可在前面加上正、负号表明其极性（不接地电极相对于地而言的极性）。标准波形通常可以用符号 $(\pm 1.2/50)\mu s$ 表示。

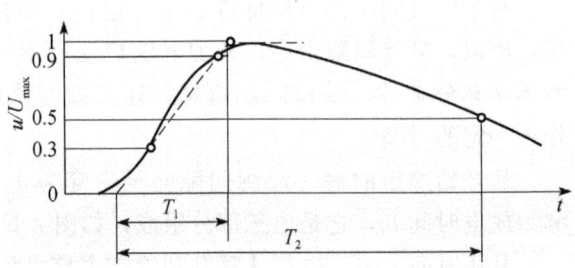

图 2-1-2 雷电冲击电压标准波形及参数

(2) 雷电冲击截波电压标准波形

雷电冲击截波电压标准波形是用来模拟雷电过电压引起间隙击穿或外绝缘闪络后所出现的截尾冲击波，如图 2-1-3 所示，这种波形对匝间绝缘危害较大。

IEC 和国家标准规定：$T_1 = 1.2(\pm 30\%)\mu s$；$T_C = 2 \sim 5 \mu s$。可写成 $1.2/(2 \sim 5)\mu s$。

(3) 操作冲击电压标准波形

操作冲击电压波形也为非周期性双指数波形，但它的波前时间和半峰值时间都比雷电冲击电压波形长得多，如图 2-1-4 所示。峰值允许偏差 $\pm 3\%$，波前时间 $T_P = 250(\pm 20\%)\mu s$，半峰值时间 $T_2 = 2\,500(\pm 60\%)\mu s$，可以用符号 $(\pm 250/2\,500)\mu s$ 表示。当在试验中采用上述标准操作冲击波形不能满足要求或不适用时，推荐采用 $(\pm 100/2\,500)\mu s$ 和 $(\pm 500/2\,500)\mu s$ 冲击波。

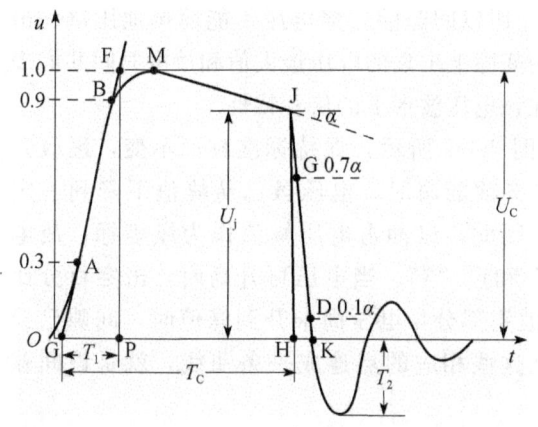
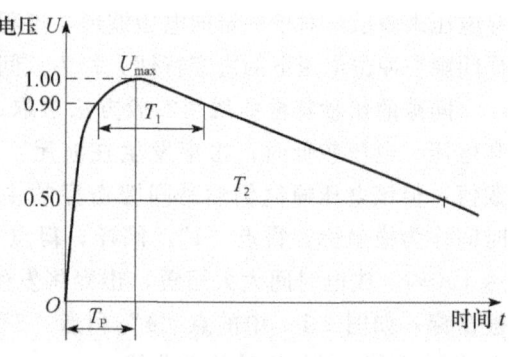

图 2-1-3　雷电冲击截波电压波形　　　　图 2-1-4　操作冲击试验电压波形

T_P—波前时间　T_2—半峰值时间　U_{max}—冲击电压峰值

T_1—超过 90% 峰值以上的时间

3. 空气间隙的伏秒特性和击穿电压的概率分布

(1) 50% 冲击击穿电压

在保持波形不变的情况下，逐渐升高电压的幅值，将该冲击电压作用在某一空气间隙，当电压幅值很低时，每次施加电压，间隙都不击穿，击穿百分比为零。这主要是由于电压太低，间隙中电场还太弱，不能引起电离过程，若出现电离，这时所需的放电时间却太长，超过了外施电压有效作用时间，还来不及完成击穿过程。随着外施电压升高，放电时延缩短，有可能出现放电击穿现象，由于放电时延和放电时间均有分散性，在该间隙多次重复施加同一电压时，击穿有时发生，有时不发生。随着电压（幅值）继续升高，多次施加电压时，间隙击穿的百分比越来越高。最后，当电压（幅值）超过某一值后，间隙在每次施加电压时都将发生击穿，击穿百分比为 100%。从说明间隙绝缘耐受冲击电压的绝缘能力来看，当然希望求得能引发击穿的最低电压值，但这个电压值在实验中很难准确求得。所以工程上采用 50% 冲击击穿电压，即在多次施加电压时，其中半数导致击穿的电压，以此来反映间隙的耐受冲击电压的特性。在实验中决定 50% 冲击击穿电压时，施加电压次数越多越准确，有多级法、升降法等，详见《高电压试验技术》教程。最简单的方法是：调整电压至施加 10 次电压中有 4~6 次击穿，这个电压值就可作为 50% 冲击击穿电压。

在均匀电场和稍不均匀电场中，击穿电压分散性小，其雷电冲击 50% 击穿电压和静态击穿电压（直流电压、工频电压下的击穿电压幅值）相差很小，50% 冲击击穿电压和持续作用电压下击穿电压之比称为冲击系数。均匀电场和稍不均匀电场中的冲击系数约等于 1。由于放电时延短，50% 击穿电压下，击穿通常发生在波头幅值附近。

在极不均匀电场中，由于放电时延较长，通常冲击系数大于 1，击穿电压的分散性也大一些，其标准偏差可取 3%。在 50% 击穿电压下，当间隙较长时，击穿通常发生在波尾。

(2) 空气间隙的伏秒特性

由于雷电冲击电压持续时间短，同时又存在放电时延现象，所以上述 50% 冲击击穿电压不能完全说明间隙的冲击击穿特性。例如两个间隙并联，所作用的冲击电压幅值不同时，不一定是 50% 冲击击穿电压低的那个间隙击穿。所以间隙的击穿电压不能简单地用单一击穿电压来表示，对于一定的电压波形，工程上用间隙上出现的电压最大值和放电时间共同表征间隙在冲击电压下的击穿特性，称为该间隙在该电压波形下的伏秒特性。

间隙的伏秒特性曲线用实验方法求取。如图 2-1-5 所示，保持标准波形不变，逐级升高电压。电压较低时，击穿发生在波尾，在击穿前的瞬时，电压虽已从峰值下降到一定数值，但该电压峰值仍然是间隙击穿的主因，因此，以冲击电压幅值作为纵坐标，放电时间作为横坐标，得点"1"。同样，得点"2"和点"3"。当电压再升高时，击穿百分比达 100%，放电时间大大缩短，击穿将发生在波头部分，电压尚未升到峰值时，间隙已经被击穿，如图 2-1-5 中的点"4"和点"5"。把这些相应的点连成一条曲线，就是该间隙在该电压波形下的伏秒特性曲线。

放电时间具有分散性，于是每级电压下可得一系列放电时间，实际上伏秒特性是以上、下包线为界的一个带状区域，如图 2-1-6 所示。

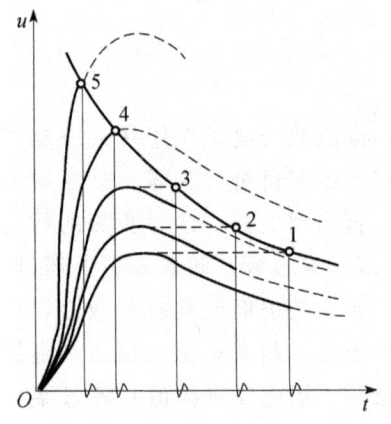

图 2-1-5 伏秒特性绘制方法（虚线表示没有击穿时的波形）

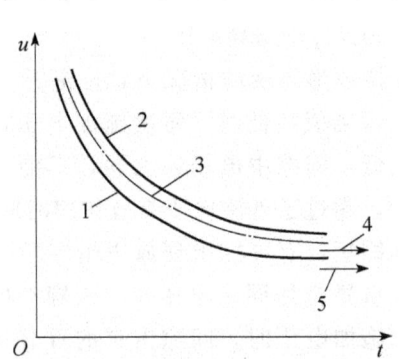

图 2-1-6 50% 伏秒特性
1—0% 伏秒特性 2—100% 伏秒特性 3—50% 伏秒特性
4—50% 冲击击穿电压 5—0% 冲击击穿电压

间隙伏秒特性的形状决定于电极间电场分布。极不均匀电场中平均电场场强较低，在最低击穿电压作用下，放电发展到完全击穿需要较长的时间，如不同程度地提高电压峰值，则击穿前时间将会相应减小，反映在伏秒特性曲线的形状上，就是在相当大的时间范围内向左上角上翘，如图 2-1-7 中曲线 A 所示。

在均匀及稍不均匀电场中，间隙各处场强相差不大，相对来说放电时延较短，反映在伏秒特性曲线的形状上，只有在很小的时间范围内向上翘，如图 2-1-7 中曲线 B 所示。

伏秒特性对于比较不同设备绝缘的冲击击穿特性具有重要意义。若某间隙 S_1 的 50% 冲击击穿电压（该值已很接近伏秒特性带的最下边缘）高于另一间隙 S_2 的数值，并且间隙 S_1 的伏秒特性始终位于间隙 S_2 之

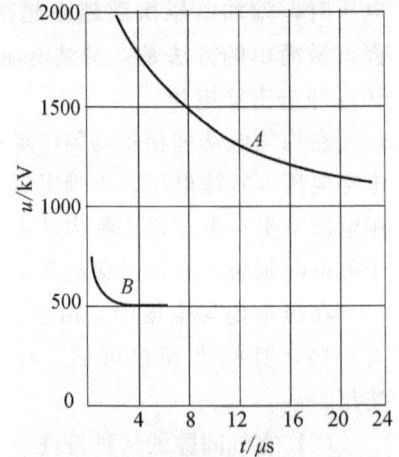

图 2-1-7 不同电场情况间隙伏秒特性比较

上，如图 2-1-8 所示，在任何幅值冲击电压作用下，S_2 都将先于 S_1 击穿。若将两间隙并联，S_2 就可对 S_1 起保护作用。但若如图 2-1-9 所示，间隙 S_2 及 S_1 的伏秒特性相交，则虽然在冲击电压幅值较低时，S_2 能对 S_1 起保护作用，但在高幅值冲击电压作用下，S_2 就不起保护作用了。也就是说，虽然 S_1 的 50％ 冲击击穿电压高于 S_2 的数值，但在较高幅值的冲击波作用下，反而是 S_1 先击穿。这就和持续作用电压下的情况不同。由此可见，单是 50％ 冲击击穿电压不能充分说明间隙的冲击击穿特性。在考虑不同间隙的绝缘（强度）配合时，为了更全面地反映间隙的冲击击穿特性，就必须采用间隙的伏秒特性。从图 2-1-9 可知，保护设备的伏秒特性总希望平坦一些，即采用电场较均匀的结构。

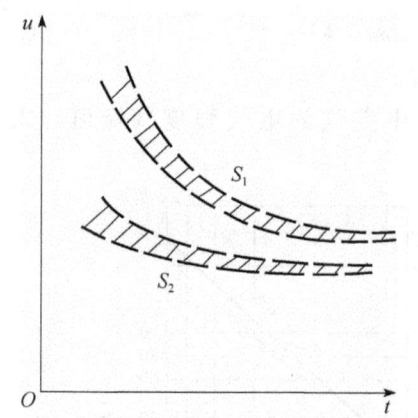

图 2-1-8 极不均匀电场间隙 S_1 和均匀及稍不均匀电场间隙 S_2 的伏秒特性

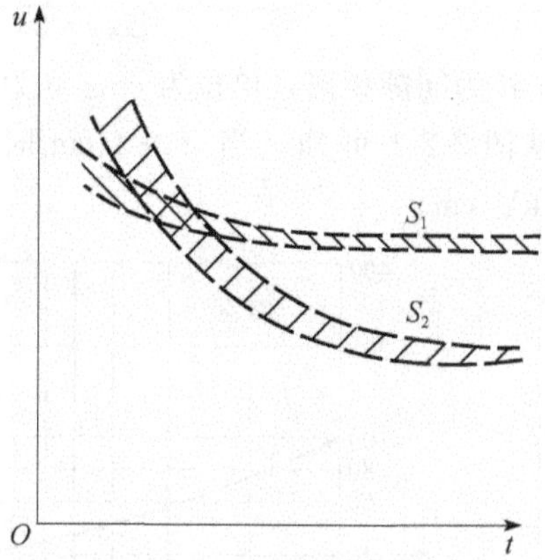

图 2-1-9 两个间隙的伏秒特性发生交叉的情况

（3）间隙击穿电压的概率分布

不论是在直流电压、交流电压、雷电冲击电压或操作冲击电压作用下，间隙的击穿电压都有一定的分散性，即击穿概率分布特性。研究表明，间隙击穿的概率分布接近正态分布，通常可用 50％ 击穿电压 U_{50} 和标准偏差 σ 来表示。

对用作绝缘的间隙，人们所关心的不仅仅是 50％ 击穿电压，更重要的是其耐受电压，能确保耐受而不被击穿的电压，当然，100％ 的耐受电压是很难测定的，工程上常常用对应于 99％ 以上高耐受率的电压作为耐受电压。

由于间隙击穿的概率分布接近正态分布，故间隙的耐受概率与所加电压的关系可以从正态分布求得，见表 2-1-1。

表 2-1-1 间隙击穿概率分布

外加电压 u/U_{50}	$1-3\sigma$	$1-2\sigma$	$1-1.3\sigma$	$1-\sigma$	1	$1+\sigma$	$1-1.3\sigma$	$1+2\sigma$	$1+3\sigma$
耐受概率（％）	99.86	97.70	90	84.15	50	15.85	10	2.30	0.14
击穿概率（％）	0.14	2.30	10	15.85	50	84.15	90	97.70	99.86

由表 2-1-1 可见，当外施电压为 $U_{50}(1-3\sigma)$ 时，间隙的耐受概率已达到 99.86％，可认为是耐受性强，故通常以此值作为间隙的耐受电压。

但在某些情况下，要求间隙在一定的电压作用下能确保击穿（如避雷器或保护间隙等），工程上常将对应于 99％ 以上击穿概率的电压作为确保击穿电压。

要注意的是，对不同的电压波形，间隙击穿概率分布的标准偏差 σ 值是不同的。

2.2 均匀与稍不均匀电场间隙的击穿特性

工程上极少遇到很大的均匀电场间隙。因为间隙距离很大时，要消除电极的边缘效应就得采用极大尺寸的电极。因此，在均匀电场中，通常只有间隙不太大时的击穿电压试验数据。由于间隙不大，各处电场又大致相同，故从自持放电开始到间隙完全击穿所需的时间极短，因此，均匀电场中的直流和工频击穿电压（峰值）及50%冲击击穿电压实际上都相同，且分散性较小。

均匀电场中空气的击穿电压（峰值），相应的经验公式为

$$U_b = 24.22\delta d + 6.08\sqrt{\delta d} \quad \text{kV} \tag{2-2-1}$$

式中，d 为间隙距离，单位为 cm；δ 为空气相对密度。

从图 2-2-1 可知，当 $d > 1$ cm 时，均匀电场中空气的电气强度（峰值）大致等于 30 kV/cm。

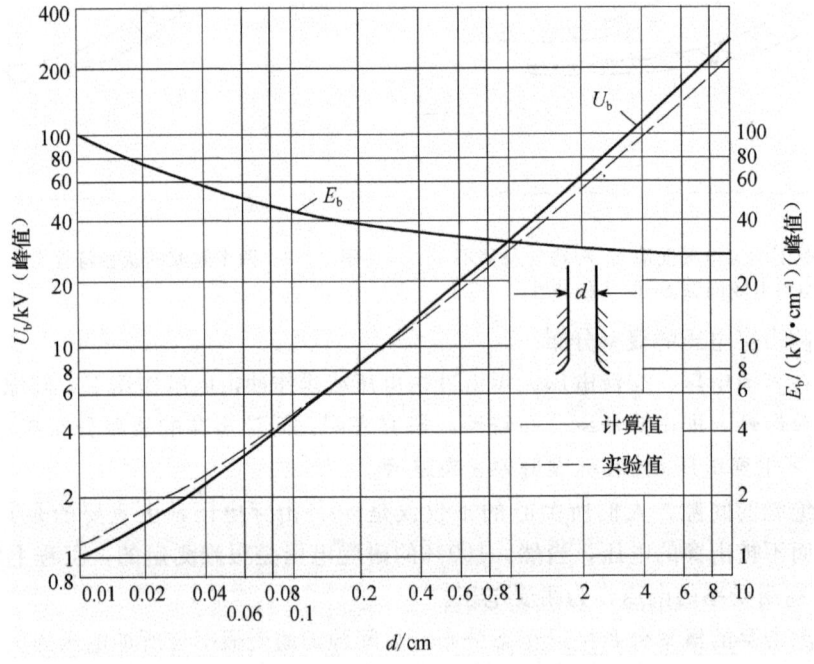

图 2-2-1 均匀电场中空气间隙的击穿电压 U_b 及击穿场强 E_b 与间隙距离 d 的关系

和均匀电场相似，间隙的距离也不会很大，稍不均匀电场中直到击穿为止不发生电晕；电场不对称时，极性效应也不很明显；直流下及工频下的击穿电压（幅值）以及50%冲击击穿电压实际上也都相同，击穿电压的分散性也不大。

在稍不均匀电场中，击穿电压和电场均匀程度关系极大，所以没有能概括各种电场分布的试验数据。具体间隙的击穿电压需要通过实验才能准确确定。但从实验中可得出这样一个规律，即电场越均匀，同样间隙距离下的击穿电压就越高，其极限就是均匀电场中的击穿电压。

典型的稍不均匀电场间隙：球-球间隙，球-板间隙，同轴圆柱间隙。

球-球间隙，两球直径相同，一球接地时，球电极间击穿电压 U_b 和间隙距离 d 的关系如图 2-2-2 所示。

实验表明，当间隙距离 d 小于球极直径 D 的 1/4 时（$d<D/4$），电场相当均匀，无论是直流电压、工频电压还是冲击电压作用下，其击穿电压都相同。然而当 $d>D/4$ 后，电场不均匀程度增加，大地对电场的畸变作用也增强了，从而使不接地的球处电场增强，间隙中电场分布变得不对称了。结果不论是直流电压还是冲击电压，不接地的球为正极性时的击穿电压开始变得大于负极性下的数值。工频电压下由于击穿发生在容易击穿的半周，所以其击穿电压和负极性下的相同。也就是说，稍不均匀电场中也有极性效应，而且和极不均匀电场中的极性效应相反，电场最强的电极为负极性时的击穿电压反而略低于正极性时的数值。这种现象的产生也是由于空间电荷的影响。如第 1 章所述，极不均匀电场棒-板间隙中，由于局部放电形成的空间电荷的影响，负极性下电晕起始电压比正极性下略低。在稍不均匀电场中，不能形成稳定的电晕放电，电晕起始电压就是其击穿电压，所以负极性下击穿电压就将略低于正极性下的数值了。从图 2-2-2 中还可看到，同一间隙距离下，球电极直径越大时，电场均匀程度增加，击穿电压也越高。

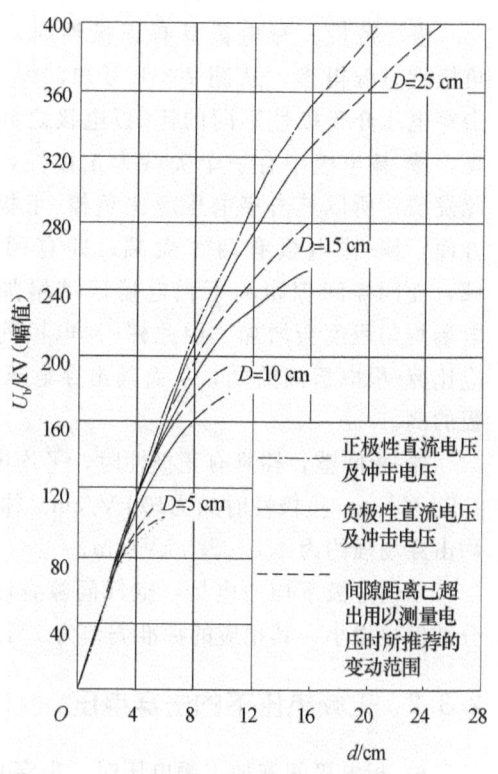

图 2-2-2 球-球空气间隙的击穿电压和间隙距离的关系（一球接地）

影响稍不均匀电场间隙击穿电压的因素，除电场结构和大气条件外，还有临近效应和照射效应，这在利用球隙击穿来测量电压时，应加以注意。

用球隙击穿来测量电压时，对短距离、小空间的球隙，如单靠大气中的随机电离来提供初始有效电子，将会使间隙击穿的统计时延增大，导致击穿电压偏高且分散性增大。用紫外线或其他高能射线照射间隙，可使间隙中出现有效电子的概率增大，从而减小间隙击穿的统计时延和击穿电压的分散性。由于上述原因，国际标准规定，当球隙空间小于某定值时，必须使用照射。

2.3 极不均匀电场间隙的击穿特性

极不均匀电场中，影响击穿电压的主要因素是间隙距离。这是由于击穿前发生了电晕，此后放电都是在电晕空间电荷已强烈畸变了外电场的情况下发生的。这个事实有重要的实际意义。因为根据这个现象，就可以选择电场极不均匀的极端情况：棒-板和棒-棒作为典型电极。它们的击穿电压具有代表性，在实际工程中，所遇到的电场绝大多数是不均匀电场，实际中可根据上述典型电极的击穿电压数据来估计绝缘距离。如果电场分布不对称可参照棒-板电极的数据；如果电场分布对称，则可参照棒-棒电极的数据。

与均匀及稍不均匀电场不同，极不均匀电场中直流、工频及冲击击穿电压间的差别比较明显，分散性也较大，且极性效应显著。

2.3.1 直流电压下的击穿电压

极性效应：棒电极具有正极性时，击穿电压比负极性时低得多。从图 2-3-1 可知，棒-棒电极间的击穿电压介于极性不同的棒-板电极之间，主要原因是，棒-棒电极中有一个尖端为正极性，放电容易由此发展，所以其击穿电压应比负棒-正板的低；另一方面，棒-棒电极有两个尖端，即有两个强电场区域，而同样间隙距离下强电场区域增加后，通常其电场均匀程度会增加，因此棒-棒电极间的最大场强应比棒-板电极间的低，从而其击穿电压应比正棒-负板的高。

棒-板间隙，棒具有正极性时，平均击穿场强约为 $4.5\ \text{kV/cm}$；负极性时约为 $10\ \text{kV/cm}$。棒-棒间隙的平均击穿场强约为 $4.8\sim5.0\ \text{kV/cm}$。

即使是极不均匀电场，空气间隙直流击穿电压的分散性也很小，其相应的标准偏差为 1%。

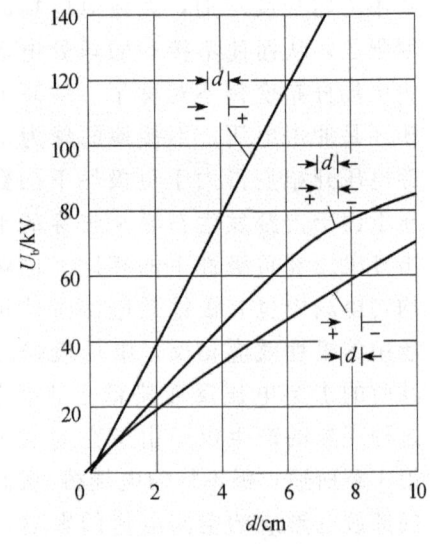

图 2-3-1　棒-板及棒-棒空气间隙的直流击穿电压与间隙距离的关系

2.3.2 工频电压下的击穿电压

棒-板电极间施加工频电压时，击穿总是在棒为正极性、电压达到幅值时发生，并且其击穿电压（幅值）和直流电压下正棒-负板的击穿电压相近。从图 2-3-2 中可知，除了起始部分外，击穿电压和距离近似成直线关系，棒-棒间隙的平均击穿场强约为 $3.8\ \text{kV}$（有效值）$/\text{cm}$ 或 $5.36\ \text{kV}$（幅值）$/\text{cm}$，棒-板间隙的平均击穿场强稍低一些，约为 $3.35\ \text{kV}$（有效值）$/\text{cm}$ 或 $4.8\ \text{kV}$（幅值）$/\text{cm}$。

从图 2-3-2 可知，随着距离加大，平均击穿场强明显降低，棒-板间隙尤为严重，即具有所谓"饱和现象"。例如，当 $d=1\ \text{m}$ 时，平均击穿场强约为 $3.5\ \text{kV}$（有效值）$/\text{cm}$ 或 $5\ \text{kV}$（幅值）$/\text{cm}$，而在 $d=10\ \text{m}$ 时，则降到约 $1.5\ \text{kV}$（有效值）$/\text{cm}$ 或 $2\ \text{kV}$（幅值）$/\text{cm}$ 了。因此在电气设备中希望尽量采用具有"棒-棒"类型的电极结构而避免采用"棒-板"类型。

空气间隙工频击穿电压的分散性不大，其相应的标准偏差为 2%。

2.3.3 冲击电压下的击穿电压

标准波形下，棒-棒及棒-板空气间隙的雷电冲击 50% 击穿电压与间隙距离的关系如图 2-3-3 所示，间隙距离更大时的数据如图 2-3-4 所示。从两图可知，棒-板间隙有明显的极性效应，棒-棒间隙也有不大的极性效应。在图所示范围内（间隙距离很小时除外），击穿电压和间隙距离呈直线关系。

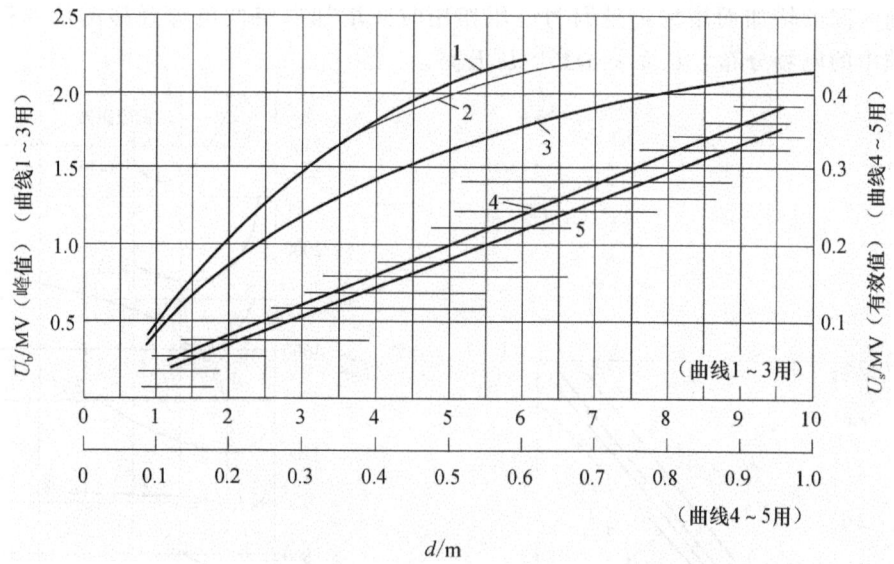

图 2-3-2　棒-棒及棒-板空气间隙的工频击穿电压与间隙距离的关系
1、2、4—棒-棒　3、5—棒-板

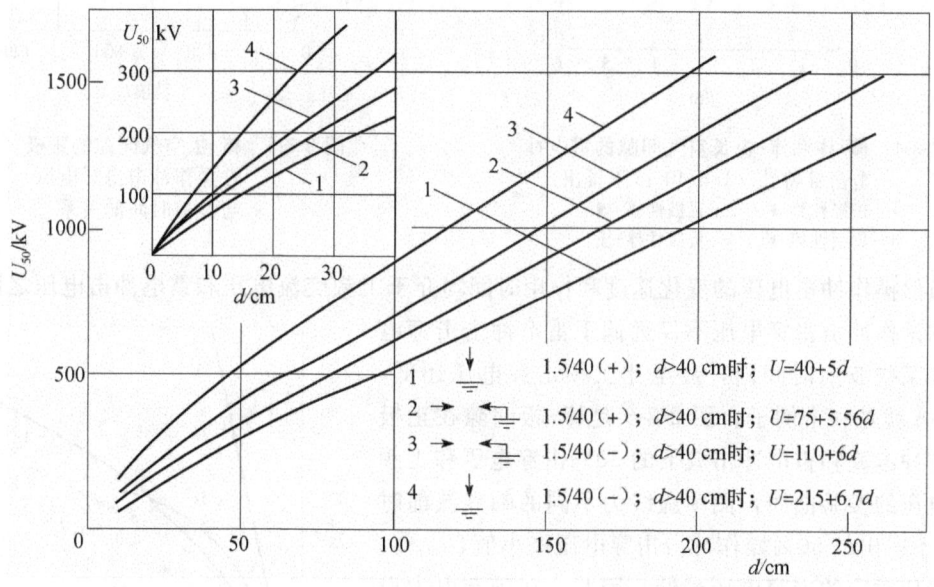

图 2-3-3　棒-棒及棒-板空气间隙的雷电冲击 50% 击穿电压与间隙距离的关系

雷电冲击击穿电压的相应标准偏差为 3%。

操作冲击电压下极不均匀电场长间隙击穿呈 U 形曲线。图 2-3-5 表明棒-板间隙正极性 50% 操作冲击击穿电压与波前时间的关系。可以看出：50% 操作冲击击穿电压具有极小值，对应于极小值的波前时间随间隙距离加大而增加，对 7 m 以下的间隙，波前时间大致在 50~200 μs。这种"U 形曲线"现象被认为是由于放电时延和空间电荷形成迁移这两类不同因素的影响所造成的。U 形曲线极小值左边的击穿电压随波前时间的减小而增大，这是放电时间在起作用，这一点与雷电冲击电压下的伏秒特性相似。随着波前时间的减小，放电时延也相应减小，必须有更高的电压才能击穿。U 形曲线极小值右边的击穿电压随波前时间的增加而增大,是因为电压作用时间增加后空间电荷迁移的范围扩大,改善了间隙中的电场分布,从而使击穿电压升高。

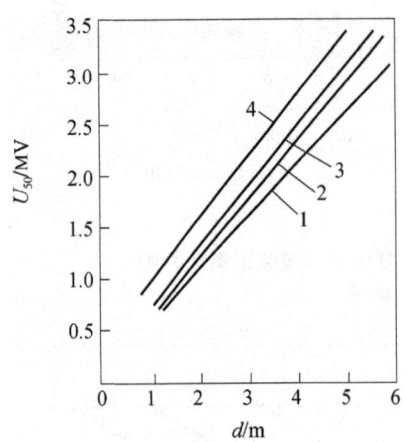

图 2-3-4　棒-棒和棒-板长空气间隙的雷电冲击击穿特性（1.5/40 μs 下得出）
1—正极性棒-板　2—正极性棒-棒
3—负极性棒-棒　4—负极性棒-板

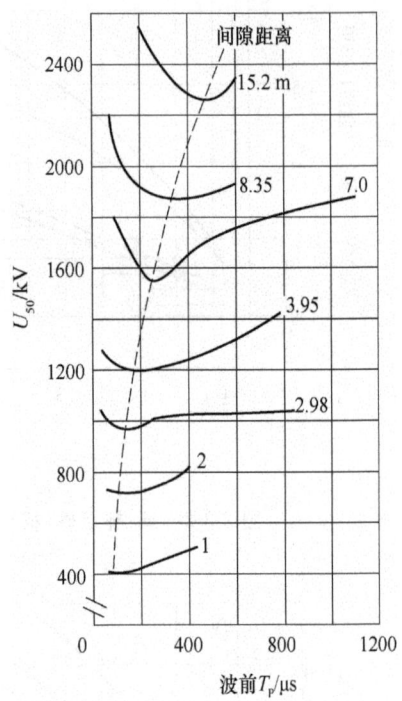

图 2-3-5　棒-板空气间隙的正极性操作冲击击穿电压与波前时间的关系

虽然操作冲击电压的变化速度和作用时间均介于工频交流电压和雷电冲击电压之间,但间隙的操作冲击击穿电压不仅远低于雷电冲击击穿电压,在某些波前时间内,甚至比工频击穿电压还低,图 2-3-6 就是一个例子。图 2-3-6 是棒-板间隙在正极性操作冲击波和雷电冲击波下的 50% 击穿电压和工频击穿电压的实验曲线,图中虚线为不同的临界波前时间 T_p 下得出的 50% 操作冲击击穿电压极小值 $U_{50(min)}$,此虚线所对应的击穿电压最低。因此,在确定电力设施的空气间隙时,必须全面慎重考虑。

极不均匀电场长间隙的操作冲击击穿特性也具有"饱和"特征,其饱和程度与电极对称、操作冲击极性、波形形状等有关,随着极间距离的增大,间隙的"饱和"更加显著,这对发展特高压输电技术而言,无疑是不利的。

操作冲击电压下的间隙击穿电压和放电时间的分散性都比雷电冲击电压下大许多,其相应标准偏差可达 5%~8%。

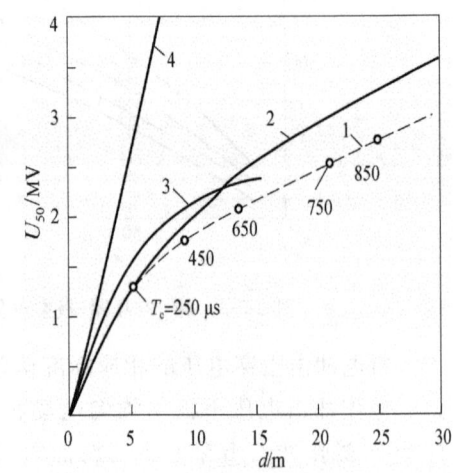

图 2-3-6　棒-板间隙正极性 50% 冲击击穿电压和工频击穿电压
1—在不同 T_c 值下得出的 $U_{50(min)}$
2—+250/2 500 μs 操作冲击电压波
3—工频交流电压
4—+1.2/50 μs 雷电冲击电压波

2.4 大气条件对间隙击穿特性的影响及其校正

大气条件主要是指气压、温度、湿度等条件，这些条件会影响间隙的击穿电压，海拔高度也有类似的影响。通常，间隙的击穿电压随大气密度或大气中湿度的增加而升高，大气条件对外绝缘（表面无凝露时）的沿面闪络电压也有类似的影响。所以，在不同大气条件下测得的击穿电压必须换算到统一的标准大气条件下才能进行比较。

我国规定的标准大气条件是：压强 $p_0=101.3$ kPa(760 mmHg)；温度 $\theta_0=20$℃ 或 $T_0=293$ K；湿度 $h_0=11$ g/m³。在实际试验条件下的间隙击穿电压 U 和标准大气条件下的击穿电压 U_0 可以通过相应的校正系数进行如下换算：

$$U = \frac{K_d}{K_h} U_0 \tag{2-4-1}$$

式中，K_d 为空气密度校正系数；K_h 为湿度校正系数。

式（2-4-1）既适用于间隙的击穿电压，也适用于外绝缘的沿面闪络电压。当实际试验条件不同于标准大气条件时，应将试验标准中规定的标准大气条件下的试验电压值换算得出实际的试验电压值。本书中所引用的有关间隙击穿电压的曲线和数据，除特别注明外，均对应于标准大气条件和正常海拔高度的情况。

2.4.1 对空气密度的校正

空气密度与压力和温度有关。空气的相对密度为

$$\delta = 2.9 \frac{p}{T}$$

式中，p 为气压，单位为 kPa；T 为温度，单位为 K。

在大气条件下，间隙的击穿电压随 δ 的增大而升高。实验表明，当空气相对密度 δ 在 $0.95\sim1.05$ 范围内时，间隙的击穿电压与其密度 δ 成正比，即说明这时的空气密度校正系数 $K_d \approx \delta$，则有

$$U \approx \delta U_0 \tag{2-4-2}$$

应当指出：当间隙间距不大于 1 m 时，式（2-4-2）用于在各种电场和各种电压波形下进行近似估算，均能满足工程实际要求。

长间隙击穿特性的研究表明，间隙击穿电压与大气条件变化的关系，并不是一种简单的线性关系，而是随电极形状、极间距离及电压类型而变化的复杂关系。只有在极间距离不大，电场也比较均匀或长度虽大但击穿电压仍随极间距离增加呈线性增大（如雷电冲击电压）的情况下，尚可用式（2-4-2）。其他情况下的空气密度校正系数必须按式（2-4-3）求取。

$$K_d = \left(\frac{p}{p_0}\right)^m \left(\frac{273+t_0}{273+t}\right)^n \tag{2-4-3}$$

式中，p、t 分别为实际状态的气压（毫巴）、温度（℃）；p_0、t_0 分别为标准状态的气压（1 013毫巴）、温度（20℃）。

式（2-4-3）中指数 m、n 与电极形状、间隙长度、电压类型及其极性有关，其值在 $0.4\sim1.0$ 的范围内变化，具体值可参考有关国家标准的规定。

2.4.2 对湿度的校正

实验研究表明，大气中所含的水汽分子能俘获自由电子而形成负离子，这对气体中的放电过程起抑制作用，可以认为大气的湿度越大，间隙的击穿电压也会越高。但在均匀电场和稍不均匀电场中，从放电起，整个间隙的电场强度都较高，电子的运动速度较快，水分子不易俘获电子，因而湿度的影响甚微，可略去不计。如果用球隙测量高电压，可不必考虑湿度的影响，只用空气相对密度校正其击穿电压就够了。但在极不均匀电场中，湿度对放电过程的影响很显著，可用式（2-4-4）进行湿度校正。

$$K_h = k^\omega \tag{2-4-4}$$

式（2-4-4）中的因数 k 与绝对湿度和电压类型有关，指数 ω 取决于电极形状、间隙长度、电压类型及其极性，具体值可参考有关国家标准的规定。

2.4.3 对海拔高度的校正

随着海拔高度的增加，空气逐渐稀薄，大气压力及密度均减小，因此空气间隙的击穿电压也随之降低。我国的国家标准规定：凡安装在海拔高度超过 1 000 m 而又低于 4 000 m 地段的电力设施外绝缘的试验电压 U，应等于平原地区外绝缘的试验电压 U_p 与海拔校正系数 K_a 的乘积，即

$$U = K_a U_p \tag{2-4-5}$$

式中，$K_a = \dfrac{1}{1.1 - H \times 10^{-4}}$，$H$ 为安装点的海拔高度，单位为 m。

2.5 提高气体介质电气强度的方法

在高压电气设备中经常遇到气体绝缘间隙。为了减少设备尺寸，一般希望间隙的绝缘距离尽可能短。为此需要采取措施，以提高气体间隙的击穿电压。一般来说有两种途径：一是改善间隙中的电场分布，使之均匀化；二是设法削弱或抑制气体介质中的电离过程。以下举例介绍一些提高气体间隙击穿电压的方法。但应注意，这些措施只是提供了解决问题的方向，在解决工程问题时，应根据具体情况灵活处理，才能找到比较合适的具体方法。

2.5.1 改进电极形状以改善电场分布

均匀电场和稍不均匀电场间隙的平均击穿场强比极不均匀电场间隙的高得多。一般说来，电场分布越均匀，平均击穿场强也越高。因此可以改进电极形状、增大电极曲率半径，以改善电场分布，提高间隙的击穿电压。同时，电极表面应尽量避免毛刺、棱角等以消除电场局部增强的现象。

如不可避免出现极不均匀电场，则尽可能采用对称电场（棒-棒类型）。

即使是极不均匀电场，多数情况下，为了避免在工作电压下出现强烈电晕放电，必须增大电极曲率半径。

图 2-5-1 给出了一些改变电极形状以调整电场的方法，这些方法可归纳如下：

1) 增大电极曲率半径。如变压器套管端部加球形屏蔽罩，如图 2-5-1a 所示；采用扩径导线

(截面相同，半径增大）等，用增大电极曲率半径的方法来减小表面场强，如图 2-5-1b 所示。

2）改善电极边缘。电极边缘做成弧形，或尽量使其与某等位面相近（见图 2-5-1c），以消除边缘效应。

3）使电极具有最佳外形。如穿墙高压引线上加金属扁球，墙洞边缘做成近似垂接线旋转体（见图 2-5-1d），以此改善其电场分布。

调整电场，降低局部过高的场强，不只对于气体间隙，而且对于其他各种绝缘结构也是提高其电气强度的有效措施。对于不同绝缘结构，除改善电极形状外，还可采用其他调整电场的方法。

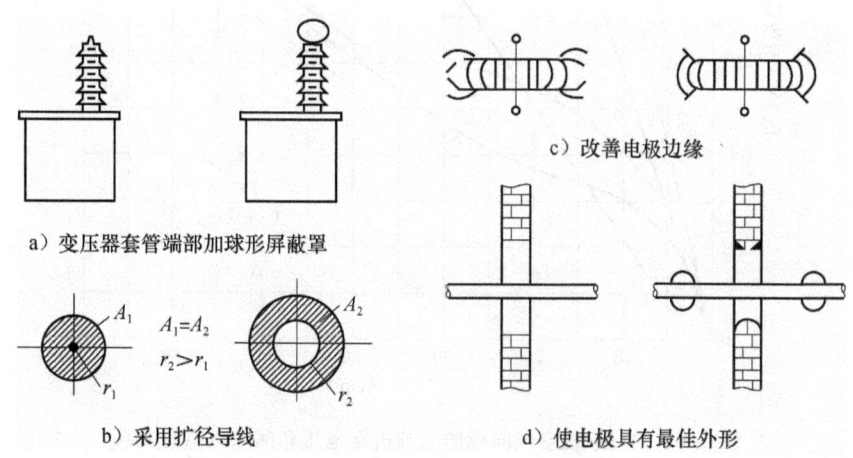

图 2-5-1 改变电极形状以改善电场分布

2.5.2 利用空间电荷畸变电场的作用

极不均匀电场中击穿前先发生电晕放电，所以在一定条件下，可以利用放电自身产生的空间电荷来改善电场分布，提高击穿电压。

例如导线-板间隙中，当导线直径减小到一定程度后，空气间隙的工频击穿电压可显著提高，如图 2-5-2 所示。图中曲线由弯曲过渡到直线部分意味着电场已极不均匀，这时击穿前已先出现电晕了。直径 $D=20$ mm 及 16 mm 时，击穿电压曲线的直线部分和尖-板间隙相近。但当 $D=3$ mm，或 $D=0.5$ mm 时，其击穿电压曲线的直线部分的陡度却大大增加，击穿电压曲线反倒逐渐变得和均匀电场中的相近了。

这种现象可解释如下：导线直径很小时，导线周围容易形成比较均匀的电晕层，电压增加，电晕层也逐渐扩大。电晕放电所形成的空间电荷使电场分布改变，由于电晕层比较均匀，电场分布改善了，从而提高了击穿电压，即所谓细线效应。当导线直径较大时，情况就不同了。电极表面不可能绝对光滑，总存在电场局部加强的地方，电离过程的发展也具有统计性，因此总存在电离局部加强的现象。由于导线直径较大，导线表面附近的强场区扩大，电离一经发展，就比较强烈。电离局部增强若相当强烈，就将显著加强电离区前方的电场，而削弱了周围附近的电场（类似于出现了金属尖端），从而使该电离区进一步发展。这样电晕放电就易于转变成刷状放电。出现刷状放电后，好似出现了金属尖端，所以该导线在间隙距离较大时，其击穿电压就和尖-板或尖-尖间隙的相近了。

但应该指出，只是在一定的间隙距离范围之内，才存在上述细线效应；间隙距离超过一定值，细线也将产生刷状放电，从而破坏比较均匀的电晕层，此后其击穿电压也就和尖-板或尖-尖间隙的相近了。

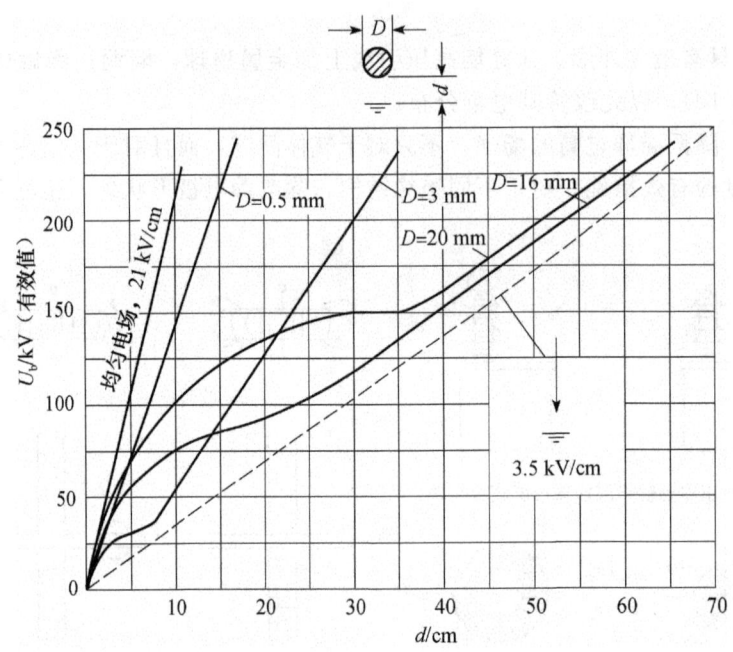

图 2-5-2　导线-板空气间隙的工频击穿电压和间隙距离的关系

实验表明，雷电冲击电压下就没有细线效应了。在击穿电压曲线的直线部分，不同直径导线-板间隙的击穿电压都接近于尖-板间隙的数值。这主要是由于雷电冲击电压作用时间太短，来不及形成充分的空间电荷层之故。

2.5.3　极不均匀电场中屏障的作用

在极不均匀电场的空气间隙中，放入薄片固体绝缘材料（例如纸或纸板），在一定条件下，可以显著提高间隙的击穿电压。所采用的薄片固体绝缘材料称为屏障。屏障很薄、本身的击穿电压很低，但同样存在屏障效应，所以屏障效应不是由于屏障分担电压的作用而造成的，屏障本身的击穿电压没有重要意义。屏障的作用和电压种类有关，下面分别讨论。

1. 直流电压下屏障的作用

如图 2-5-3 所示，间隙中加入屏障后，随着屏障位置不同，击穿电压发生了很大变化，尖电极的极性不同，屏障的影响也不同。

1）正极性。棒-板间隙中当棒电极为正极性时，设置屏障可显著提高间隙的击穿电压。由于屏障积聚空间电荷，改善了电场分布。没有屏障时，棒电极附近，正离子形成了集中的正空间电荷，它加强了前方电场，促进了电离区向前发展，所以击穿电压较低。间隙中设置屏障后，正离子将在屏障上积聚起来，并由于同号电荷的排斥作用，将沿着屏障表面比较均匀地分布开来，如图 2-5-4 所示，从而在屏障前方形成了比较均匀的电场，改善了整个间隙中的电场分布，消除了在电离区前方电场剧烈加强的现象。所以正极性棒-板间隙中设置屏障可以提高间隙的击穿电压。屏障效应和屏障位置有显著的关系。当屏障移近棒电极时，屏障和板电极间比较均匀的电场区扩大，故间隙的击穿电压也应随之上升。但当屏障离棒电极过近后，屏障上正电荷的分布将变得很不均匀，屏障前方又将出现极不均匀电场，造成电离发展的有利条件，因而这时屏障效应又将随之而减弱。

2) 负极性。棒-板间隙中当棒电极为负极性时，电子形成负离子，积聚于屏障之上，同样在屏障前方形成了比较均匀的电场。所以负极性下设置屏障后，除了屏障过分靠近电极之外，由于情况类似，间隙击穿电压和屏障位置的关系曲线应该和正极性下的相近，如图 2-5-3 中实线所示。所不同的是，负极性下设置屏障后，一定条件下反而可能造成更有利于击穿的条件。因为没有屏障时，负离子扩散于空间，有一部分消失于电极。而设置屏障后，当屏障离开棒电极一定距离后，屏障上集中了大量负离子。它将加强前方电场，从而将降低了间隙的击穿电压。当屏障过分靠近棒电极时，情况和正极性下不同。这时由于棒电极附近电场很强，电子速度很高，已可穿透屏障，故屏障上已不可能积聚大量负电荷。相反地，屏障另一面的电离过程所造成的正离子将为屏障所阻挡，使后者带正电，从而削弱了屏障前方的电场。所以当屏障紧靠棒电极时，负极性下仍有相当的屏障效应。

在图 2-5-3 所示的条件下，当屏障距离棒电极约为间隙距离的 15%～20% 时，间隙的击穿电压提高得最多。因此屏障应靠近棒电极，这样更为有利。

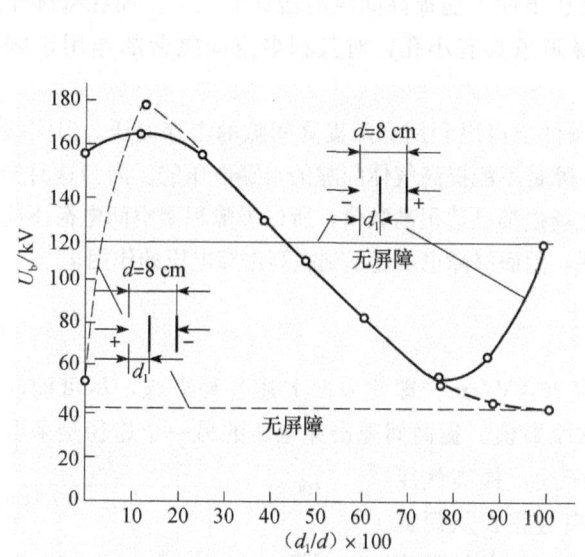

图 2-5-3 直流电压下尖-板空气间隙的击穿电压和屏障位置（以绘图纸制成）的关系

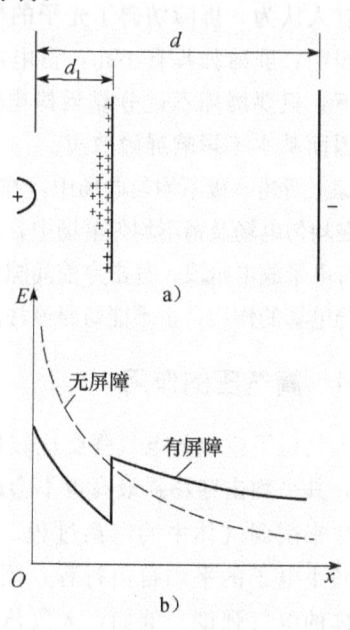

图 2-5-4 正尖-负板间隙中设置屏障后的电场分布

2. 工频电压下屏障的作用

图 2-5-5 给出了工频电压下棒-板空气间隙中设置屏障后的击穿电压曲线。工频电压下极不均匀电场中同样能形成大量空间电荷，故屏障同样具有积聚空间电荷、改善电场的作用。没有屏障时，棒-板间隙中工频电压下击穿是在棒电极具有正极性的半周内发生的，棒-板间隙中当棒电极为正极性时的情况相当，因而工频电压下设置屏障可以显著提高间隙的击穿电压。

3. 雷电冲击电压下屏障的作用

雷电冲击电压下，棒-板电极间设置屏障后，间隙击穿电压的变化如图 2-5-6 所示。从图可见，尖电极具有正极性时，屏障也可显著提高间隙的击穿电压。负极性时设置屏障后，间隙的击穿电压和没有屏障时相差不多。雷电冲击电压的作用时间极短，故和持续作用电压下不同，屏障上来不及积聚起显著的空间电荷。所以冲击电压下的屏障效应产生另有原因。

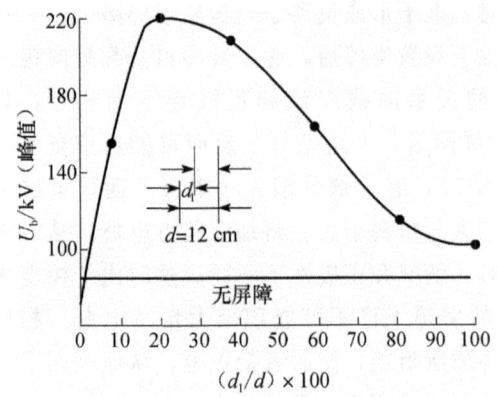

图 2-5-5　工频电压下棒-板空气间隙的击穿电压和屏障（以绘图纸制成）位置的关系

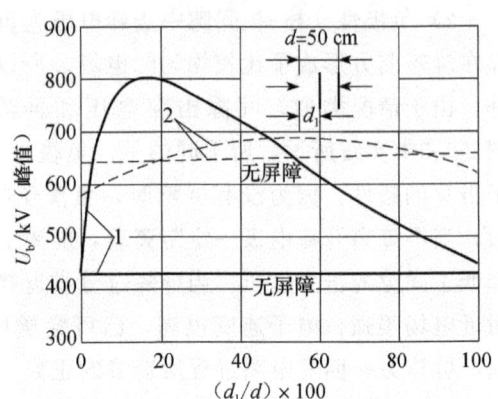

图 2-5-6　雷电冲击电压下棒-板空气间隙的击穿电压和屏障位置的关系

有人认为，屏障妨碍了光子的传播，从而影响了流注的发展，提高了间隙的击穿电压，实验表明，屏障如具有小孔，雷电冲击电压下就不能提高间隙的击穿电压了。而在持续作用电压下，只要屏障不过分靠近棒电极，屏障虽具有小孔，对其积聚空间电荷的作用影响很小，因而基本不影响屏障效应。

综上所述，极不均匀电场中，在一定条件下可以利用屏障提高间隙的击穿电压。但实验表明，在均匀电场及稍不均匀电场中，设置屏障是不能提高气体间隙的击穿电压的。因为这时击穿前没有电晕放电阶段，且击穿前间隙中各处场强都已达很高数值，所以屏障积聚空间电荷不能起到改善电场的作用，也不能妨碍流注的发展，因而屏障也就起不到提高击穿电压的作用。

2.5.4　高气压的作用

大气压下空气的电气强度比较低，约 30 kV/cm。即使采取上述各种措施，尽可能改善电场，其平均击穿场强最高也不会超过这个数值。提高间隙击穿电压的另一个途径是采取其他方法来削弱气体中的电离过程。如前所述，提高气压可以减小电子的平均自由行程，削弱电离过程，从而提高气体的电气强度。例如，大气压力下空气的电气强度仅约为变压器油的 1/5～1/8，而提高压力至 1～1.5 MPa 后，空气的电气强度就和一般的液、固态绝缘材料如变压器油、电瓷、云母等的电气强度相接近了。压缩空气绝缘及其他压缩气体绝缘在一些电气设备（如高压空气断路器、高压标准电容器等）中已得到采用。采用压缩气体的缺点是提高了对设备容器的机械强度及密封等方面的要求，从而增加了制造成本。

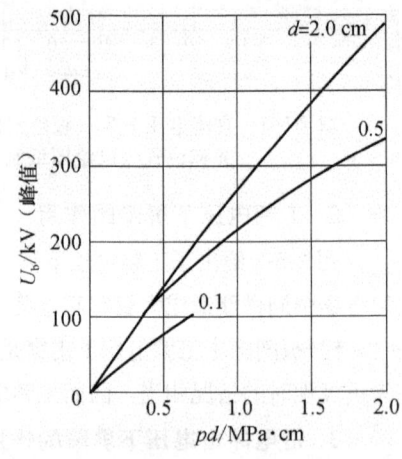

图 2-5-7　均匀电场不同间隙距离下空气的击穿电压和 pd 的关系

1. 均匀电场中的击穿电压

从图 2-5-7 中可知，当间隙距离不变时，击穿电压随压力提高而很快增加，但当压力增加到一定程度后，击穿电压增加的陡度逐渐减小，说明此后继续增加压力的效果就逐渐下降。均匀电场中提高气压后，击穿场强的提高遵循前述巴申定律，并且击穿场强大致和气压成正比。但是，巴申定律只是在一定的压力范围内才比较符合实际。大约从 1 MPa 开始，实验结果和巴申定律的分歧就逐渐明显了，压力越高分歧越大。同 pd 值下，压力越高者，其击穿电压也越低。

对于高气压下击穿的机理还有待于进一步研究。

2. 不均匀电场中的击穿电压

1) 电场均匀程度的影响。不均匀电场中气压提高后，间隙的击穿电压也将高于大气压力下的数值。但在高气压下，电场均匀程度对击穿电压的影响比在大气压力下要显著得多，电场均匀程度下降，击穿电压将剧烈降低。

2) 极不均匀电场中正极性下放电的异常情况。高气压下，极不均匀电场中的平均击穿场强显著低于均匀电场中的数值。棒-板间隙中直流电压下，当棒电极具有正极性时，击穿电压随压力变化会出现极大值，如图 2-5-8 所示。压力较低时击穿前先出现电晕，随着压力上升，电晕起始电压和击穿电压一起增加。但当压力超过某临界值后，击穿电压反而逐渐下降但具有极大值。此后在更高的压力下，击穿电压又逐渐上升，这时击穿前已不再发生电晕了。在极大值附近，击穿电压具有很大的分散性。负棒-板间隙中，至少在图 2-5-8 中所示的压力范围内，击穿电压随压力增加而上升，不出现极大值。棒-棒间隙中，由于总有一个尖电极具有正极性，所以击穿电压也具有极大值，如图 2-5-9 所示。

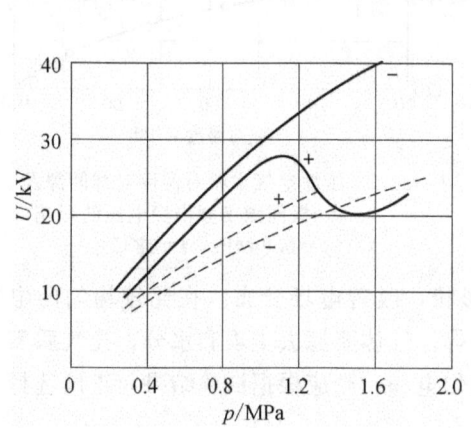

图 2-5-8　棒-板空气间隙中，不同极性直流电压下，击穿电压及电晕起始电压和压力的关系（棒电极用直径 0.026 cm 细线制成，头部磨圆；间隙距离为 0.3 cm）
——— 击穿电压　- - - - - 电晕起始电压

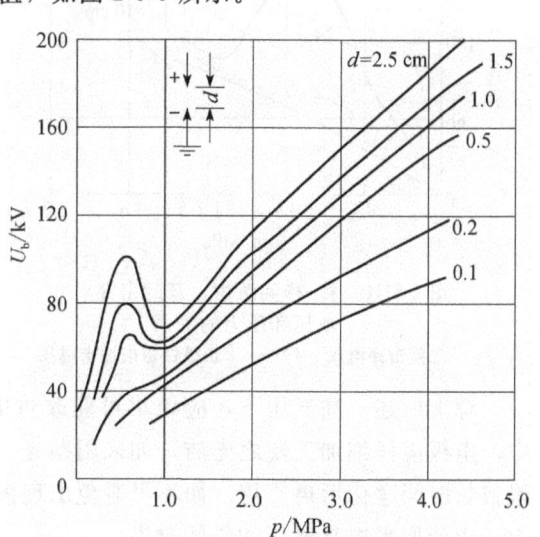

图 2-5-9　棒-棒空气间隙中，直流电压下，击穿电压和压力的关系

正极性下出现的这种现象，可能是由于正尖附近空间电荷的作用所造成的。随着压力增加，电子碰撞电离不易发生，所以电晕起始电压不断上升。在压力较低时，和大气压力下情况类似，由于外电场只是在棒电极附近局部增强，并随着离开棒电极的距离加大而迅速衰减，所以发生电晕后，电离区还不能立即发展至贯通整个间隙，即还需增高电压才能导致击穿。压力提高后，电离区中的正离子越来越不易扩散，结果在正棒附近造成了密集的正空间

电荷。当压力很高时，一旦爆发电离，正棒附近的极为密集的正空间电荷剧烈加强了前方电场，以至能立即导致击穿，所以这时击穿电压就和电晕起始电压一致了。这样，在正极性下一定压力范围内，随着压力上升，当正空间电荷由较为扩散变得越来越集中时，击穿电压反将下降，导致击穿电压出现极大值。负棒-板间隙中，由于电子容易扩散，负棒附近不容易形成非常集中的空间电荷，所以，至少在图 2-5-9 中所示的压力范围内，击穿电压总是高于电晕起始电压，两者都随压力上升而单值地增加。

工频电压及正极性雷电冲击电压下，显然击穿电压也将具有起伏现象，如图 2-5-10 所示。雷电冲击电压下，由于空间电荷的作用减弱，可以预料，击穿电压极大值的突出情况应该比较缓和一些。

3) 湿度的影响。高气压下湿度对击穿电压也有很大影响。在压缩空气中湿度增加时，击穿电压明显下降。如电场不均匀，则下降程度更显著，如图 2-5-11 所示。

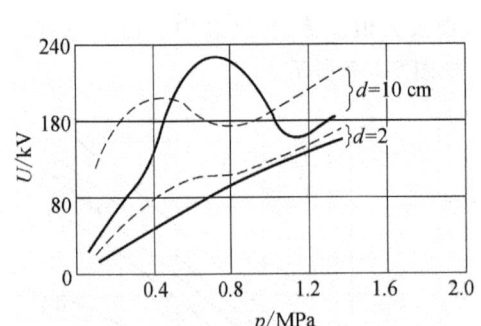
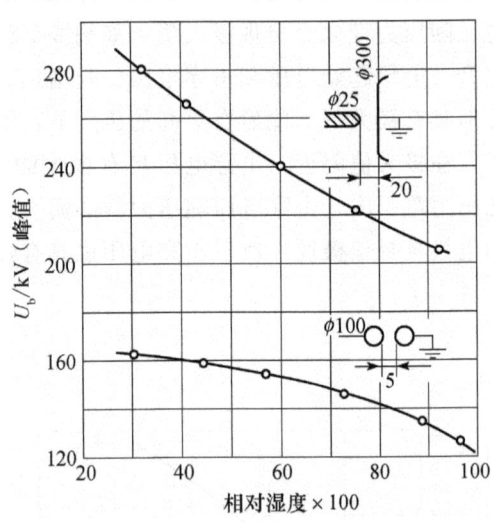

图 2-5-10　棒-棒间隙中，氮的击穿
电压和压力的关系
——— 工频击穿电压　----- 正极性雷电冲击电压

图 2-5-11　压缩空气中相对湿度对球间隙及
棒-板间隙工频击穿电压的影响
（$p=0.9$ MPa, $t=18$℃）

综上所述，高气压下，应该尽可能改进电极形状，改善电场分布。在比较均匀的电场中，电极应仔细加工使之光洁，如采用抛光、镀铬等。气体要滤去尘埃和水分。充气后需放置较长时间净化后再使用。如不可避免出现极不均匀电场，则应根据试验结果，正确选择压力，以便取得提高气压的最佳效果。

2.5.5　高真空的作用

采用高度真空和提高气压类似，也可削弱间隙中的碰撞电离过程从而显著增加间隙的击穿电压，如图 2-5-12 所示。剩余压力低于 10^{-4}（133 Pa）后，击穿场强很高，且与剩余压力关系很小；但剩余压力高于 10^{-4}（133 Pa）时，击穿场强急剧下降。

在高真空中，如按气体碰撞电离理论分析，则所得击穿电压将极高，直至趋于无穷大。实际情况当然不是这样。这说明高真空中击穿机理发生了改变。高真空中间隙距离较小时，间隙的击穿和阴极的强场放射密切有关（击穿前电场已很强，足以引起强场放射）。由于强场放射造成很大的电流密度，导致电极局部过热，释放气体，金属气化，破坏了真空，从而引起击穿。在间隙距离较大时,击穿是由所谓全电压效应引起的。随着间隙距离及击穿电压的增加,电子从阴极到阳极经过了巨大的电位差,积聚了极大的动能。高能电子轰击阳极时能使阳极释放出正离子及辐射出光子。正离子及光子达到阴极后又将加强阴极的表面电离。在此反复过程中产生越来越大的电子流,使电极局部气化,导致间隙击穿,这就是全电压效应。由于全电压效应,所以真空中随着间隙距离加大,平均击穿场强越来越低。电极表面上附有不牢固的微小质点对真空间隙的击穿电压也有很大影响。这些质点脱离电极后,又被电场加速,撞击对面电极,使电极局部气化,导致真空间隙击穿。

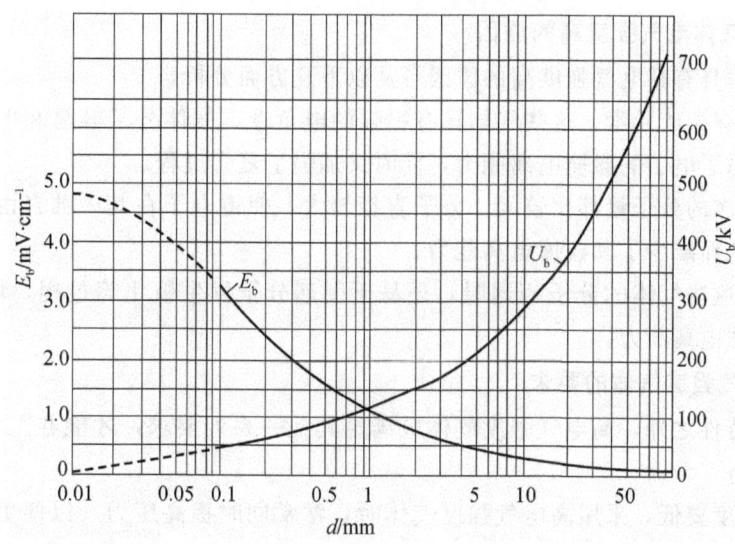

图 2-5-12　真空中直流电压下,球-板间隙的击穿电压及击穿场强与间隙距离的关系

由于真空中击穿过程有上述特点,所以真空间隙的击穿电压和电极材料、电极表面的光洁度及清洁度(包括吸附气体的多少及种类)等多种因素有关,分散性很大,因而也可利用上述击穿处理法来提高间隙的击穿电压。

在电力设备中目前还很少采用高真空。因为在电力设备的绝缘结构中,还需要采用各种固态、液态绝缘材料,在真空中这些绝缘材料会逐渐释出气体,使真空无法保持。所以只是在一些特殊场合(如真空断路器——真空不只是绝缘性能好,而且还具有很好的灭弧能力)才采用高真空作绝缘。

2.5.6　高电气强度气体的作用

1. 高电气强度气体

许多含卤族元素的气体化合物,如六氟化硫(SF_6)、氟利昂(CCl_2F_2)等,其电气强度比空气的高很多。这些气体通常称为高电气强度气体。采用这些气体代替空气可以大大提高间隙的击穿电压,或大大减少工作压力。空气中混用一部分高电气强度气体也可提高间隙的击穿电压。表 2-5-1 中列出了几种气体的相对电气强度,所谓相对电气强度是在压力及距离相同的条件下,各该气体的电气强度和空气的电气强度之比。表中还列出了这些气体的分子量及其在 1 个大气压下的液化温度。

表 2-5-1 几种气体的相对电气强度

气体	化学组成	分子量	相对电气强度	液化温度/℃
氮	N_2	28	1.0	-195.8
二氧化碳	CO_2	44	0.9	-78.5
六氟化硫	SF_6	146	2.3~2.5	-63.8
氟利昂	CCl_2F_2	121	2.4~2.6	-28
四氯化碳	CCl_4	153.8	6.3	-76

2. 卤化物气体电气强度高的原因

卤化物气体具有高电气强度高的原因可从以下几方面分析。

1) 由于含有卤族元素，这些气体具有很强的电负性，气体分子容易和电子结合成为负离子，从而削弱了电子的碰撞电离能力，同时又加强了复合过程。

2) 这些气体的分子量都比较大，分子直径较大，使得电子在其中的自由行程缩短，不易积聚能量，从而减少了其碰撞电离能力。

3) 电子和这些气体的分子相遇时，还易于引起分子发生极化等过程，增加能量损失，从而减弱其碰撞电离能力。

3. 对高电气强度气体的要求

除了击穿特性之外，高电气强度气体应满足其他一系列要求，才能在工程上加以采用，这些要求主要有：

1) 液化温度要低，采用高电气强度气体时，常常同时提高压力，以便更大程度地提高间隙的击穿电压，缩小设备的体积和重量。所以这些气体的液化温度要低，以便在较低的运行温度下，还能施加相当的压力。

2) 应具有良好的化学稳定性，不易腐蚀设备中的其他材料，无毒，不会爆炸，不易燃，即使在放电过程中也不易分解等。

3) 价格便宜，能大量供应。

目前工程上采用的是六氟化硫（SF_6）。SF_6 除了其电气强度很高以外，还具有优良的灭弧性能，故很适合用于高压断路器中。SF_6 已不仅用来制作单台电气设备（如 SF_6 断路器、避雷器、电容器等），而且还发展成了各种组合设备，即将整套送变电设备组成一体，密封后充以 3~4 个大气压的 SF_6 气体，以确保各相间和对地的绝缘强度，如全封闭组合电器、气体绝缘变电所、充气输电管道等。这些 SF_6 组合设备具有很多优点，如可大大缩小高压电气设备所需的空间、简化运行维护等。

4. SF_6 气体的特性

（1）SF_6 气体的物理化学特性

SF_6 的分子量为 146，密度大（相同条件下，为空气的 5 倍），属重气体。SF_6 的分子结构为六个氟原子围绕着一个中心硫原子，对称分布在八面体的各个顶端，相互以共价键结合，硫原子和氟原子的电负性都很强，故其键合的稳定性很高，在温度不太高的情况下，接近惰性气体的稳定性。在通常使用条件下（$-40℃ \leqslant \theta \leqslant 80℃$，$p < 0.6 \text{ MPa}$）下，气态占优势，只有 $\theta < -25℃$ 时，才需要考虑加热装置来防止其液化。

SF_6 的稳定性很高，在 500 K 温度的持续作用下，它不会分解，也不会与其他材料发生化学反应。但在电弧或局部放电的高温作用下，SF_6 会产生热离解，变成硫原子和氟原子，同时会与杂质气体中的氧气、电极材料释放出的氧气和固体绝缘材料分解出的氧气等作用，生成低氟化物。在高温下，SF_6 气体也会与电极金属的蒸汽发生反应，生成金属氟化物。当气体中含有水分时，生成的低氟化物会与水发生继发性反应，生成腐蚀性很强的氢氟酸、硫酸之类，对绝缘材料和金属材料有很大的腐蚀性，使沿面闪络电压大大降低。因此，应严格控制 SF_6 气体中所含的水分和杂质气体，我国相关标准中有相应的推荐标准。

(2) SF_6 气体的绝缘特性

1) 电离和离解特性。SF_6 气体的密度很大，电子在其中的平均自由行程很小，不易从电场积聚足够的能量，从而减少了电子撞击电离的概率。相同条件下（$p=0.1$ MPa，$\theta=0℃$），不同气体中电子的平均自由行程长度 λ 见表 2-5-2。

表 2-5-2 不同气体中电子的平均自由行程（$p=0.1$ MPa，$\theta=0℃$）

气体种类	SF_6	N_2	O_2
$\lambda(\mu m)$	0.22	0.35	0.40

SF_6 气体分子的负电性很强，在很小的电子能量下就可能产生附着，这样小的电子能仅由热运动本身就能达到，不需要由电场供给。同时实验观察发现，每个 SF_6 气体分子电离都伴随着离解，没有不离解的电离，不仅碰撞电离是这样，其他如光电离、热电离也是这样。即欲使 SF_6 气体分子电离，不仅要提供电离能，而且还要提供离解能。

2) 电场和压力特性。SF_6 气体绝缘只适用于均匀和稍不均匀电场，不适用于极不均匀电场，其原因为

①极不均匀电场将产生局部放电，会使 SF_6 气体离解，离解物和继发性反应物有很大的腐蚀性，对绝缘有很大危害。

②通常 SF_6 气体绝缘采用封闭式结构并与高气压并用，极不均匀电场中，在一定的气压区域，间隙的击穿电压与气压的关系存在异常的低谷，这是应当避开的。

③对一般气体，电场越不均匀，提高气压对提高间隙击穿电压的作用越小，SF_6 气体这种倾向更明显。同时，在均匀电场和稍不均匀电场中，绝缘气体的压强越高，电极表面粗糙度的影响和杂质对电场干扰的影响越强，当气压 $p>0.6$ MPa 时，SF_6 气体绝缘装置在工艺上很难控制，故气压在 $0.1\text{ MPa} \leqslant p \leqslant 0.4\text{ MPa}$ 范围内较为适宜。

在这种情况下，电极间所加电压与电场中最大场强之间的关系可以通过计算或某种实验方法求得。当间隙中的最大场强超过 SF_6 气体在所处条件下的耐电强度时，该处气体击穿，即导致整个气体击穿。由此可见，只要知道 SF_6 气体在所处条件下的耐电强度，即可求出整个间隙的耐受电压。

3) 极性效应。在 SF_6 气体常用的稍不均匀电场情况和气压范围，对于所有的单极性电压来说，曲率较大的电极为负时间隙的击穿电压均小于电极为正时的值，这就是说，SF_6 气体绝缘的绝缘水平是由负极性电压决定的。

4) 时间特性。在 SF_6 气体常用的稍不均匀电场情况和气压范围，统计时延在总的击穿时间中占有很大的分量。同时，SF_6 气体分子具有很强的负电性，容易吸附自由电子，减少有效电子出现的概率，这就使平均统计时延及其分散性均增大，间隙总的击穿时间及其分散性也随之增大。

2.6 影响气体沿面闪络电压的因素和提高闪络电压的方法

2.6.1 影响气体沿面闪络电压的因素

1. 电场状况和电压波形的影响

均匀电场中,在不同种类电压作用下,玻璃圆柱的闪络电压与闪络距离的关系如图 2-6-1 所示。在稳态高频电压作用下,介质表面电阻不均匀性的影响较小,故闪络电压较高;在直流电压或工频电压作用下,这个影响较大,故闪络电压较低。工频闪络电压比直流时还低的原因:介质表面的电导属离子电导,离子迁移的速度较慢,工频正半周时,正极附近表面的负离子迁移到正极而中和,留下正离子尚来不及迁移到负极,电源却已改变了极性,原来的正极变为负极,正离子就在负极附近造成附加场强,促使闪络电压比直流时还低。

由图 2-6-1 还可见,在均匀场中,不论电压波形如何,闪络电压与闪络距离大致呈线性关系。

在电场方向大致平行于介质表面的不均匀场中,闪络电压与闪络距离的关系举例如图 2-6-2 所示。由图可见,当闪络距离不超过 2 m 时,闪络电压与闪络距离之间有较好的线性关系。

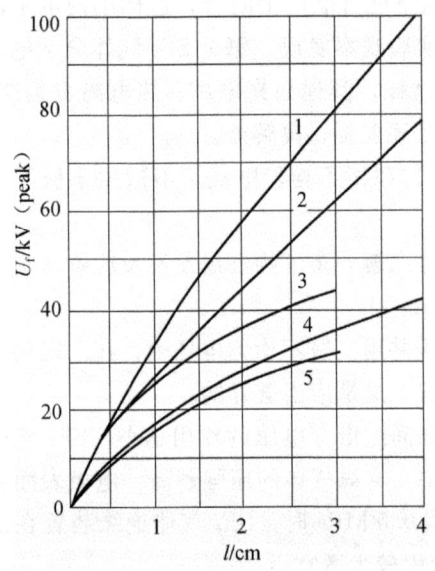

图 2-6-1 均匀电场中沿着玻璃圆柱表面
空气的闪络电压与距离的关系
1—无玻璃圆柱纯空气间隙的击穿电压
2—10^5 Hz 的交流电压 3—雷电冲击电压

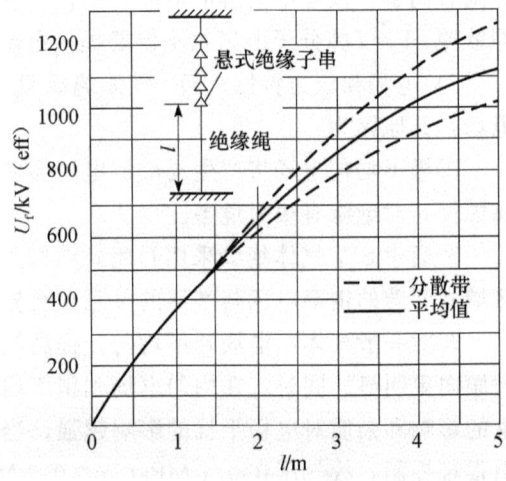

图 2-6-2 绝缘绳工频闪络电压与绳长的关系

对于场强具有很强的法线分量的情况,如为直流电压,则闪络电压与闪络距离之间仍近似保持线性关系,如图 2-6-3 所示。但如为工频、高频或冲击电压,则随着闪络长度的增大,闪络电压有显著的饱和趋势,如图 2-6-4 所示。由图 2-6-4 可见,介质愈薄,即比表面电容愈大,则闪络电压愈低。

2. 气体条件的影响

在大气中,不同大气条件对沿面闪络电压的影响,已在 2.3 节中说明了,这里则主要讨论封闭空间中气体条件对沿面放电的影响。

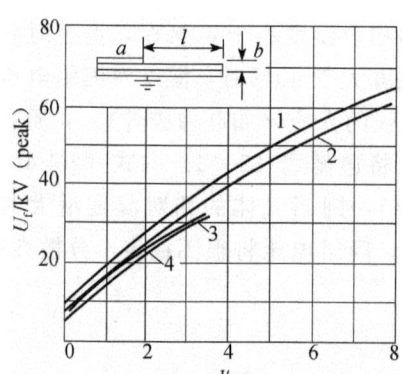

图 2-6-3 沿胶纸表面的直流闪络电压
与沿面距离的关系

1—a 为正极性，$b=4$ mm　2—a 为负极性，$b=4$ mm
3—a 为正极性，$b=1$ mm　4—a 为负极性，$b=1$ mm

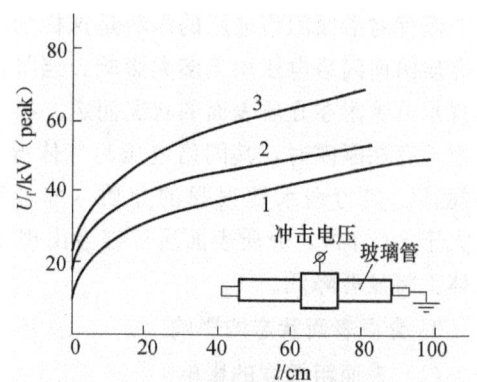

图 2-6-4 冲击电压下沿面闪络的长度
与电压的关系

1—玻璃管直径为 0.79/0.95 mm
2—玻璃管直径为 0.6/1.01 mm

对一般气体来说，在大体均匀的电场中，气压增高时，闪络电压也将增高，但其程度远不如纯空气间隙中显著。在不均匀电场中，气压初始增高时，闪络电压有较显著的增加，但当气压超过一定数值时，闪络电压几乎不再增加，甚至出现最大值的情况。

对 SF_6 气体来说，情况有所不同。SF_6 气体绝缘多用在稍不均匀场，在常用的气压范围内（0.06～0.5 MPa），不论是何种电压波形，沿面耐受场强与气压几乎呈线性关系，如图 2-6-5 所示。

在真空领域内，沿面闪络的规律有些特殊，以聚四氟乙烯绝缘子为例，其沿面闪络电压与真空度的关系如图 2-6-6 所示。由图可见，无论是直流、交流或脉冲电压，在气体压强 $p<4\times10^{-3}$ Pa 范围内，沿面闪络电压几乎为恒定值，不随气压改变，而在 1Pa$>p>4\times10^{-3}$ Pa 范围内，沿面闪络电压随真空度的减弱而急剧降低，在 $p>1$Pa 范围内，沿面闪络电压又趋向较为稳定，随气压的增大而较为平缓地增大。这就是说，特性曲线在 $p\approx4\times10^{-3}$Pa 和 $p\approx1$Pa 这两点存在显著的拐折。

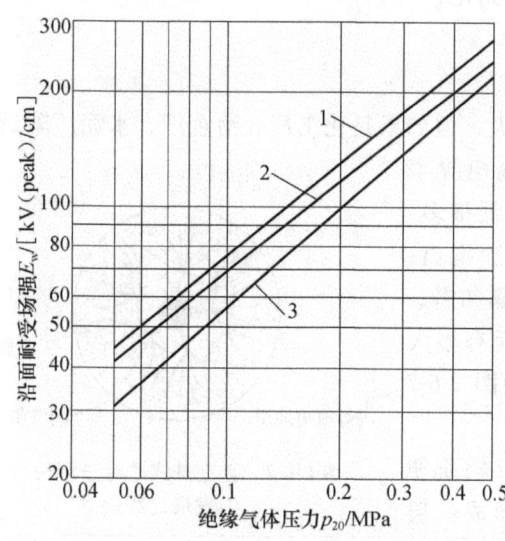

图 2-6-5 稍不均匀电场 SF_6 气体中沿面
耐受场强与气体压强的关系

1—负极性雷电冲击电压　2—负极性操作冲击电压

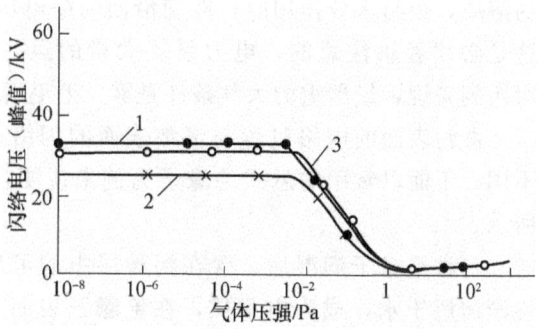

图 2-6-6 聚四氟乙烯绝缘子的沿面闪络
电压与气体压强的关系

1—直流　2—工频　3—脉冲

湿度对沿面闪络电压的影响是这样的：当气体的相对湿度小于 40% 时，湿度对各种固体介质沿面闪络电压均无多大影响；当气体的相对湿度大于 40% 时，湿度对闪络电压的影响视水分吸附在介质表面的状况而定。如为憎水性很强的介质（如硅橡胶等），介质表面基本上不存在凝露时，其闪络电压与气体湿度的关系，将遵循式（2-4-1）和式（2-4-4）所示的规律；如为亲水性很强的介质（如玻璃、陶瓷等），则当气体的相对湿度增大时（尤其大于 80% 时），介质表面通常都会出现凝露，此时，闪络电压将很不稳定，分散性很大，总体上将显著降低。

3. 介质表面状态的影响

(1) 表面粗糙度的影响

介质表面的粗糙度影响介质表面薄层间隙中的微观电场。在常压下的一般气体中，介质表面粗糙度对闪络电压的影响尚不显著，而在高气压的 SF_6 气体中，这个影响就较显著。

(2) 雨水的影响

介质表面如被雨水完全淋湿时，雨水形成连续的导电层，泄漏电流增大很多，使沿面闪络电压降低，其降低的程度将随雨水电阻率、雨量、所加电压的性质和持续时间而异。总的规律为

1) 工频沿面闪络电压随雨水电阻率的增大而升高，但有饱和趋势，当雨水电阻率超过 12 Ω·m 后，饱和趋势就很强了。

2) 工频沿面闪络电压随雨量的增大而降低，但也有饱和趋势，当雨量增到 4 mm/min 后，闪络电压基本稳定了。

3) 电压波形的等值频率愈高，电压作用的时间愈短，则湿闪电压愈高。

以常用的悬式绝缘子为例，其干、湿闪络电压比与电压波形的关系如下：

- 雷电冲击电压： $U_{fs} \approx (0.9 \sim 0.95) U_{fg}$；
- 1 min 工频电压： $U_{fs} \approx (0.5 \sim 0.72) U_{fg}$；
- 1 min 直流电压： $U_{fs} \approx (0.36 \sim 0.50) U_{fg}$。

式中，U_{fs} 为湿闪电压；U_{fg} 为干闪电压。

(3) 污秽的影响

单纯的尘土和烟灰对沿面闪络电压的影响不大，但如果是化工厂、冶金厂、水泥厂附近或沿海地带，沉积在绝缘上的尘污，因其含有高电导率的溶质，当与水分作用时，能使沿面闪络电压降低很多，这是必须着重注意的。电力系统大量的运行经验指出：对污闪来说，最严重的大气条件是雾、毛毛雨、露和雪。

湿污表面的闪络过程与清洁表面的闪络过程有很大不同，下面以常用的悬式绝缘子为例来说明，如图 2-6-7 所示。

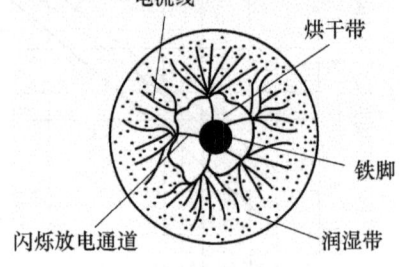

图 2-6-7　盘型悬式绝缘子湿污闪发展过程示意

污秽绝缘子润湿后，含在污秽层中的可溶性物质便逐渐溶解于水，成为电解质，在绝缘子表面上形成一层薄薄的导电液膜。这层液膜的电导率取决于污秽物的化学成分和润湿的程度。在润湿饱和时，污秽层的表面电导比干燥时可能增大几个数量级，绝缘子的泄漏电流相应地剧增。在铁脚附近，因直径最小，故电流密度最大，发热最甚。当绝缘子垂直悬挂时，该处又处在被瓷

裙遮挡的下方，不易直接受到雨雪较强烈的润湿，该处表面被逐渐烘干。先在靠近铁脚的某处形成局部烘干区，该区域表面电阻率大增，迫使原来流经该区表面的电流转移到该区两侧的湿膜上去，使流经这些湿膜的电流密度增大，加快了这些湿膜的烘干过程。这样发展下去，在铁脚的四周便很快形成一个环形烘干带。烘干带具有很大的电阻，这就使烘干带所分担的电压激增。当加在烘干带上某处的场强超过临界值时，该处就发生局部沿面放电（由于这种放电具有不稳定的、时断时续的特性，一般称它为闪烁放电），于是大部分泄漏电流经闪烁放电的通道流过，使闪烁放电通道的外端附近润湿表面处的电流密度比别处大，促使烘干区径向扩展。另一方面，闪烁放电通道的存在，近似把烘干带短路，使通道两侧烘干带中流过的泄漏电流降到很小，这些区域中的烘干作用就很微弱了，大气中的水分又逐渐使这些区域表面润湿，表面电导增大，反过来对闪烁放电通道造成分流，减小闪烁放电通道中的电流，以至可能使闪烁放电熄灭。于是原闪烁通道中的电流转移到两侧的润湿区，使该区再烘干，并在该区触发新的闪烁放电。这样，闪烁放电的路径一边向径向逐渐伸长，一边又会向横向转移，总的趋向是使环形烘干带的宽度逐渐加大，闪烁放电的长度逐渐增长。

如果污秽较轻或绝缘子的泄漏距离（简称爬距）较长，与烘干带串联的润湿部分的电阻还较大，则烘干带中闪烁放电电流就较小，放电通道呈蓝紫色细线状。当闪烁放电的长度增到一定程度时，分担到放电通道上的电压已不足以维持这样长的闪烁放电，闪烁放电就熄灭。由于此时烘干带已扩展到较大的半径，从铁脚到铁帽之间总的泄漏电流被烘干带的高电阻限制到很小的值，烘干作用就大为减弱，几乎终止。在这期间，大气中的小水滴又逐渐把烘干带润湿，使泄漏电流增大，大体上又重复上述循环。这样，整个过程就成为烘干与润湿、熄弧与重燃间歇性交替的过程，这样的过程在雾中可能持续几个小时而不会造成整个绝缘子的沿面闪络。

如果污秽严重，或绝缘子的爬距较小，使润湿带总的电阻较小，则跨过烘干带的闪烁放电电流就较大，放电通道就呈黄红色编织带状，且较粗，通道中的温度可能增高到热电离的程度，成为具有下降伏安特性的放电，通道所需的场强变小，分担到闪烁放电通道上的电压足以维持很长的局部电弧而不会熄灭，最后发展到整个绝缘子的沿面闪络。

同理，在铁帽四周也可能出现烘干带，也可能发展上述的过程，只是其程度将弱得多。

以上讨论的仅是单个绝缘子的情况。对于一串绝缘子来说，污闪的基本过程仍如上述，所不同的是：

1) 分布在各个绝缘子上的电压不仅不是固定的，而且也不只是由各个绝缘子自身在此时的状态所决定，而是由整串绝缘子在此时的状态所共同决定。当其中某个绝缘子上首先形成环形烘干带时，则加在此带上的电压就不仅是原来分布的该绝缘子上电压的大部分，而是整串绝缘子总电压中的一部分，所以很容易触发闪烁放电。只有在多个绝缘子上均已形成环形烘干带时，分在每个烘干带上的电压才减小下来。

2) 流过某个绝缘子的泄漏电流不仅取决于该绝缘子在此时的状态，而是取决于整串绝缘子在此时的状态。

实际上，对于整串绝缘子来说，其中各绝缘子的污湿、烘干、放电等过程虽然大体上相差不多，但局部过程的发生和变化在时间上有差异，在程度上有强弱，并相互影响，形成一个相当复杂的、时刻在变化的过程。例如，在某一个绝缘子的烘干带发生闪烁放电时，原加在该烘干带上的那部分电压便转嫁到其他绝缘子的烘干带上，这种电压的突增，犹如一个触发脉冲，有时能迫使整串绝缘子一起串联放电。一旦所有的烘干带均被闪络短接，则几乎全部电压都加在各绝缘子的润湿带上，如残留润湿带的总长度不够，电导较大，使闪烁放电火花中的电流较大，则此闪烁放电火花就可能转变成电弧，发展成整串绝缘链的闪络；反之，如残留润湿带的长度较长，电导较小，则此闪烁放电火花就只能不稳定地维持一段时间，随着烘干带的拓宽，此火花电流将逐渐减少，以致熄灭。这样，上述过程可能重复循环较长时间而不导致整串绝缘子的闪络。究竟向前者还是向后者方向发展，主要由残留润湿带的电阻大小来决定。

由此，就不难理解，为什么污秽绝缘子在大雨下的工频闪络电压反而比雾闪电压高，这是因为：一方面，大雨把污秽冲洗掉一部分，并对绝缘子表面的导电膜有稀释作用；另一方面，大雨时，绝缘子表面很难形成烘干带进而触发局部电弧。

对水平串和斜悬串绝缘子，如果其污秽情况与垂直串一样，则其雾闪性能将基本与垂直串无差别，但在中雨和大雨时，水平串具有较高的工频闪络电压。这是因为对水平串来说，雨水对绝缘子上下两面的污秽均有较好的冲洗稀释作用，并使其难以形成烘干带。还应注意，即使在同一环境下运行的绝缘子串，水平串上的积污比垂直串上的少，这是因为水平串平时受风雨的吹刷比垂直串强烈。

反映绝缘子表面污秽程度的特征参数一般采用"等值盐（NaCl）沉积密度"，单位为 mg/cm^2，其意义为每平方厘米绝缘表面上附着污秽所具有的导电性相等值的 NaCl 毫克数，即这些等值盐溶解于一定数量（通常为 300 ml）的蒸馏水中所得溶液的电导率，与实际污秽物溶解于同等数量的蒸馏水中所得溶液的电导率相等。

这一参数能直观和简单地表达绝缘子表面受污染的程度，曾得到广泛应用。但进一步研究指出，用这种方法标定的等值盐密在绝缘子上所产生的作用，常常与被等值的该自然污秽所产生的作用有相当大的差异（不等价），具有同一等值盐但其污秽的性质和状态不同的各自然污秽绝缘子，其闪络电压也常有较大的差异，其原因为：

1）有些自然形成的污层较厚，较坚实，在自然雾或雨下，污层内部的可溶性物质很难溶解入绝缘子表面薄薄的一层水膜中，而我们在求其等值盐密时，却是将绝缘子表面的全部积污刮刷下来并充分溶解于大量水中的，两者的作用有可能相差好几倍。

2）自然污秽中含有多种成分，其中一部分是像 NaCl 类的强电解质，而大部分则是像 $CaSO_4$ 类的弱电解质。强电解质在实际遇到的较大的溶液浓度时仍能充分离解，而弱电解质则不然，例如，一定量的 $CaSO_4$，在溶剂很少（例如 10 ml）时的离解度与溶剂很多（例如 300 ml）时的离解度是大不相同的。曾对多条线路污秽性质不同的绝缘子，分别测其 10 ml 和 300 ml 水量下的等值盐密，后者与前者之比一般为 1.5～3.4，水泥污秽甚至高达 7.5。按规范，我们是以 300 ml 溶剂来测定其等值盐密的，此时，不论是强或弱的电解质均已能充分离解，测得的等值盐密就高；而实际情况却是：其溶剂仅仅是绝缘子表面薄薄的一层水膜，容量远小于 300 ml，一般仅为 5～10 ml，自然污秽中的弱电解质远不能充分离解，故实际起作用的等值盐密就低。

为此，国际电工委员会提出了另一种反映污秽特征的参数——污层电导率。在较低电压下对饱和受潮的绝缘子测定其泄漏电流，从而算出其表面污层电导率。该参数能较好地反映自然污层的实际作用，与污闪电压有较好的相关关系，故国际电工委员会推荐按表面污层电导率来划分污秽等级。

试验表明，一串绝缘子的湿污闪电压与绝缘子串长度之间呈近似线性关系，这就是说，对某一类型的绝缘子串，其湿污闪电压与其总爬电距离呈近似线性关系。由此导出一个极重要的参数——爬电比距，从原始物理概念来说，其定义应为绝缘子串总的爬电距离与作用在绝缘子串两端的最高工作电压（有效值）之比。但由于三相交流电力系统及其相关设备的额定电压或最高工作电压均指线电压，故在有关的专业标准中"爬电比距"的定义则是绝缘的爬电距离与该绝缘的最高工作线电压（有效值）之比。它是绝缘设计中的重要控制参数。在绝缘结构具有优良的防污性能的前提下，保证一定的爬电比距是防止污闪的最重要、最根本的措施。

我国国家标准 GB/T 16434—1996《高压架空线路和发电厂、变电所环境污区分级及外绝缘选择标准》中规定：线路和发电厂、变电所设备外绝缘各污秽等级和对应的盐密按表 2-6-1 规定划分，表中的"盐密"值为：由普通悬式绝缘子 XP-70 型（X-4.5 型）及 XP-160 型所组成的悬垂串上测得值。

表 2-6-1 线路和发电厂、变电所污秽等级和盐密

污秽等级	污湿特征	盐密 (mg/cm²)	
		线路	发电厂、变电所
0	大气清洁地区及离海岸盐场 50 km 以上无明显污染地区	≤0.03	—
Ⅰ	大气轻度污染地区，工业区和人口低密集区，离海岸盐场 10～50 km 地区。在污闪季节中干燥少雾（含毛毛雨）或雨量较多时	>0.03～0.06	≤0.06
Ⅱ	大气中等污染地区，轻盐碱和炉烟污秽地区，离海岸盐场 3～10 km 地区，在污闪季节中潮湿多雾（含毛毛雨）但雨量较少时	>0.06～0.10	>0.06～0.10
Ⅲ	大气污染较严重地区，重雾和重盐碱地区，近海岸盐场 1～3 km 地区，工业与人口密度较大地区，离化学污源和炉烟污秽 300～1 500 m 的较严重污秽地区	>0.10～0.25	>0.10～0.25
Ⅳ	大气特别严重污染地区，离海岸盐场 1 km 以内，离化学污源和炉烟污秽 300 m 以内的地区	>0.25～0.35	>0.25～0.35

各污秽等级电力设备的爬电比距按表 2-6-2 规定选择，表中"爬电比距"的定义为电力设备外绝缘的爬电距离对最高工作线电压（有效值）之比。

表 2-6-2 各污秽等级下爬电比距分级数值

污秽等级	爬电比距 (cm/kV)			
	线路		发电厂、变电所	
	220 kV 及以下	330 kV 及以上	220 kV 及以下	330 kV 及以上
0	1.39 (1.60)	1.45 (1.60)	—	—
Ⅰ	1.39～1.74 (1.60～2.00)	1.45～1.82 (1.60～2.00)	1.60 (1.84)	1.60 (1.76)
Ⅱ	1.74～2.17 (2.00～2.50)	1.82～2.27 (2.00～2.50)	2.00 (2.30)	2.00 (2.20)
Ⅲ	2.17～2.78 (2.50～3.20)	2.27～2.91 (2.50～3.20)	2.50 (2.88)	2.50 (2.75)
Ⅳ	2.78～3.30 (3.20～3.80)	2.91～3.45 (3.20～3.80)	3.10 (3.57)	3.10 (3.41)

注：括号内的数据为以系统额定线电压为基准的爬电比距值。

污闪的发展需要较长的时间，所以污闪大都发生在正常工作电压下或规定允许的短时工作电压下（如中性点非有效接地系统中一相接地时，造成其他相上的短时工作电压）。为此，在决定污区电气设备外绝缘水平时，应将在该种情况下防污闪的要求作为考虑的基本准则。上述国家标准中有一条附加规定："对处于污秽中用于中性点绝缘和经消弧线圈接地系统的电力设备，其外绝缘水平一般可按高一级选取。"

如果不预加正常工作电压，而仅将操作冲击电压单独作用到污秽绝子上来做试验，则污秽对绝缘子的操作冲击闪络电压影响不大。但应该说，这种将操作冲击电压单独作用的试验，并不能反映实际情况，因为操作冲击的持续时间太短（对污闪过程来说），起不了烘干作用，而实际运行情况则是：除某些特殊情况外，污秽绝缘子原先已经长期处在正常工作电压作用下，上述的污闪过程（包括烘干带的形成等）已在积累发展，这时如出现操作过电压，它就有可能对烘干带起"点火"的作用，触发局部电弧，导致污闪。所以，对污秽绝缘子来说，应在长时间正常工作电压作用的基础上再叠加操作冲击电压来试验才比较符合实际情况。

雷电冲击通常伴随大雨，极少可能与雾、露、霜、雪或毛毛雨同时发生，而且，淋雨使绝缘子雷电冲击闪络电压的降低量也不多，因此，污秽对线路绝缘的雷电冲击闪络电压的影响不大。

特别需要指出，在其他条件相同的情况下，直流电压作用造成的积污程度远高于交流电压。在直流电压作用下，在绝缘子各部位上的积污速度和积污程度与该处场强成正比。直流电压作用下绝缘子串的湿污闪有其特点，需另行探讨。

2.6.2 提高间隙沿面闪络电压的方法

间隙中的沿面闪络，也是间隙的击穿，只是具有某种特殊的形式而已，所以 2.6 节中所列举的几种提高间隙自由空间击穿电压的方法，都能在不同程度上提高间隙的沿面闪络电压。此外，由于沿面闪络的特性，还有另外一些能有效提高间隙沿面闪络电压的方法，分述如下。

1. 屏障

如果使安放在电场中的固体介质在电场等位面方向具有突出的棱缘（称为屏障），则将显著提高沿面闪络电压。这是因为电子或离子沿平行于等位面的屏障表面运动时，不能从电场吸取能量以发展电离的缘故。平行于等位面的突缘的长度愈大，就能使沿面闪络电压提高得愈多；靠近电极处的屏障作用比远离电极处的屏障作用更大些，这是因为电离尚未充分发展即被阻止的缘故。在不均匀电场中，如果沿面放电是从某一电极首先开始发展的，则靠近该电极处屏障的作用要比靠近对面电极处屏障的作用为大。耐高电压的绝缘子主要是应用屏障的原理构造的，当然，考虑到其他各方面的因素，屏障的方向不能完全准确地与等位面相吻合，屏障的转角和边缘也不能做得很尖锐。图 2-6-8 表示屏障在棒型绝缘子上的实际应用。

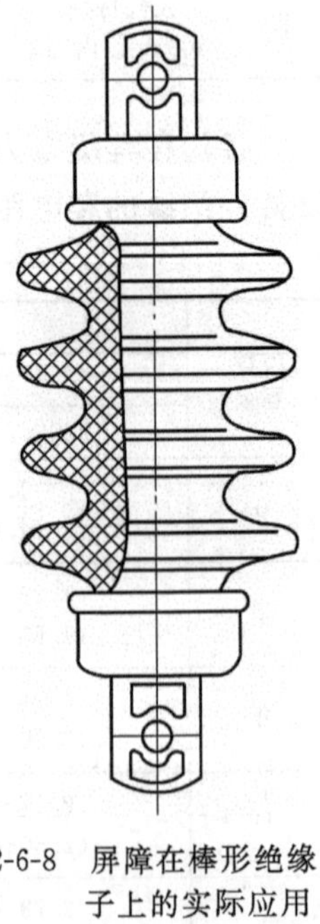

图 2-6-8　屏障在棒形绝缘子上的实际应用

2. 屏蔽

改善电极形状，使沿固体介质表面的电位分布均匀化，使其最大电位梯度减小，也可以提高沿面闪络电压。这种处理方法，称为屏蔽。

屏蔽有外屏蔽和内屏蔽两种形式。2.6 节中所举的各例措施，不仅能防止自由间隙中产生预放电，对支持该电极的绝缘体表面来说，也起着外屏蔽的作用。

图 2-6-9 为内屏蔽电极用在支柱绝缘子的示意图。图 2-6-10 为内屏蔽电极用在 SF_6 气体同轴系统支撑绝缘子的结构实例。这些内屏蔽也可使沿面闪络电压提高。图 2-6-11 示出了某些外屏蔽和内屏蔽应用在充油电缆终端盒结构中。屏蔽罩 1 对高压端绝缘起着总的外屏蔽的作用。高压端屏蔽环 2 对顶端缆芯绝缘表面（在油中）来说，起着外屏蔽的作用；而对套管顶端外表面（在空气中）来说，还起着内屏蔽的作用。同样，接地的喇叭形应力锥 4 和接地的屏蔽环 3 对电缆芯线绝缘和增绕绝缘层表面（在油中）来说，起着外屏蔽的作用；而对套管下端外表面来说，又起着内屏蔽的作用。应力锥曲面的设计原则通常是使锥面各点的轴向场强保持恒定，这样对抑制沿面放电的效果最好。

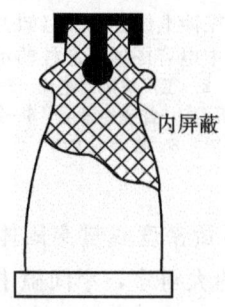 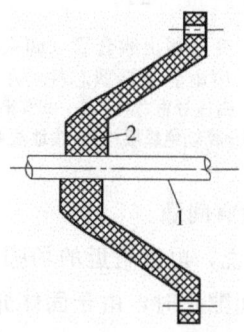

图 2-6-9　支柱绝缘子的内屏蔽电极示意图　　图 2-6-10　盆式绝缘子中的内屏蔽电极示意图

3. 加电容极板

在交变电压下工作的多层式绝缘结构中，常在各层间加放金属极板（通常用铝箔或金属化纸做成，如为同轴圆筒形，常称围屏），使在两极间形成一串联、并联电容链。适当设计各层围屏的尺寸、位置和间距，即可确定各层围屏间的电容量、各围屏的电位、各层绝缘上承受的径向场强和各层围屏端部绝缘上承受的轴向场强。为了防止围屏端部绝缘上发生沿面放电（这常是最薄弱处），一般将各层在此处绝缘上承受的轴向场强设计成相等。此时，各层绝缘上所承受的径向场强虽有些差别，但差别已很小。这种方法可显著提高两极间绝缘体的击穿电压和沿面闪络电压，故广被采用（如出线套管、电缆终端盒、电流互感器等绝缘结构中）。

图 2-6-12 为变压器出线套管（卸去外瓷套后）中电容围屏型芯柱的示意图，图 2-6-13 为充油电缆终端盒（卸去外瓷套后）中电容围屏型芯柱的示意图。

以上两例说明应用电容围屏既能有效提高出线导杆绝缘芯柱在瓷套内油隙中的沿面放电电压，同时又能有效提高瓷套外表间隙中的沿面放电电压。

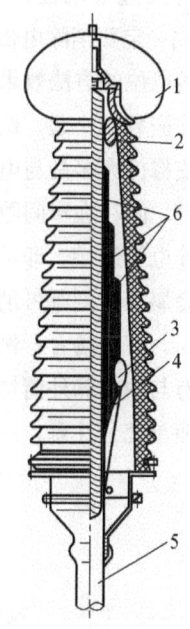

图 2-6-11　110～220 kV 充油电缆终端盒结构
1—高压端屏蔽罩　2—高压端屏蔽环
3—接地端屏蔽环　4—接地应力锥

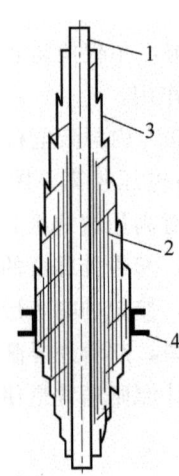
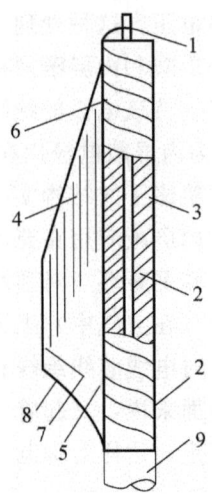

图 2-6-12　变压器出线套管（卸去外瓷套后）中电容围屏型芯柱的示意图
1—高压导电芯柱　2—电容围屏
3—胶纸绝缘层　4—接地法兰

图 2-6-13　充油电缆终端盒（卸去外瓷套后）中电容围屏型芯柱的示意图
1—线芯　2—工厂绕制的绝缘　3—胶木筒
4—电容围屏　5—曾绕绝缘层　6—第一层围屏
7—接地围屏　8—接地应力锥　9—电缆铅套

4. 消除窄间隙

一般来说，电极附近的场强总是最大的，如该处的电通量密度线贯穿固体介质和间隙（尤其是窄间隙）时，由于固体介质的介电常数比气体介质的大得多，窄间隙中的场强必然被大大强化，容易产生电离，形成不同形式的局部放电，这当然是不允许的。改进的方法是：应将电极附近的绝缘结构设计得避免窄间隙的存在。若不可避免地存在窄间隙，那就设法使间隙两边等电位，即消除窄间隙中的电场。

首先一定要消除电极与绝缘体接触面处的缝隙。在绝缘体与电极的接触面上喷涂金属，使缝隙两侧等电位的方法效果不好，因为很难保证喷涂层边缘不出现锐角。较好的方法是将绝缘体与电极浇注嵌装在一起。例如，瓷或玻璃绝缘体与电极常用水泥浇注在一起；SF_6 气体绝缘装置中的绝缘支撑件大多是与电极直接浇注在一起的。图 2-6-14 表示纯瓷套管的绝缘结构。导电杆与瓷套内腔壁之间存在窄间隙，易产生电晕。在瓷套内腔壁上喷金属膜（或涂半导体层），并使之与导电杆作电气连接，即可消除此间隙中的电场。此外，从法兰到邻近的直径较大的伞裙槽下的瓷面上喷金属膜，则既可消除法兰边缘窄间隙中的电场，又成为法兰的延伸屏蔽，能显著提高沿面闪络电压。有些场合，例如，SF_6 气体绝缘同轴装置的支撑绝缘件，为了增长沿面闪络距离，常采用具有与中轴和外筒均成锥形倾斜面的盆形绝缘子，此时对盆形绝缘子与中轴和外圆筒交接面的交角应予充分注意，一定要避免形成窄间隙。

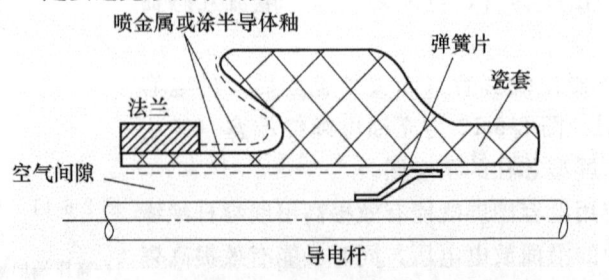

图 2-6-14　纯瓷套管电极附近窄间隙效应的消除

5. 绝缘表面处理

很多有机绝缘物，特别是以纤维素为基础的有机绝缘物，具有很强的吸水性；还因为其化学结构中含有 OH 基，使纤维素分子具有亲水性。受潮后，它们的绝缘性能就大大恶化。陶瓷和玻璃等绝缘物，虽不吸水和不透水，但它们都是离子型电介质，具有较强的亲水性，水分在它们的表面能形成一层完整的薄膜，大大增加其表面电导，降低其沿面闪络电压。有多种硅有机化合物具有高度的憎水性和电气绝缘性能，用这类硅有机材料对介质表面作憎水处理（浸渍、熏蒸或喷涂），可以大大提高介质的憎水性，从而提高介质的沿面放电性能。用硅有机憎水剂的蒸气对纤维素电介质（如电缆纸、电容器纸、布、带、纱等）作憎水处理后，纤维素分子被憎水剂分子盖没，纤维素中的空隙被憎水剂高分子物质填满，因而能大大降低纤维素物质的亲水性和吸水性。其他如玻璃纤维布等也都可以作憎水处理。

在户外用绝缘子表面涂覆一层硅有机憎水涂料，也能显著提高其沿面放电性能。但户外环境条件比较严酷，要经得起常年的烈日曝晒、雨、雾、冰雪和污秽沉积侵蚀的考验，曾尝试用过多种硅有机涂料，均未获得满意的效果（包括寿命）。后来，研制开发出了多种硅橡胶材料，主要有两大类：高温硫化硅橡胶（HTV）和室温硫化硅橡胶（RTV），两者均有优异的电气性能和很强的憎水性，都是能抗湿污的外绝缘的好材料，稍有不同的是：用前者（HTV）制成合成绝缘子的伞裙，在电性能（包括憎水防污性能）、热性能、机械性能、抗老化性能等方面都具有突出的优点，高压电力系统中已广泛应用的各种复合绝缘子的伞裙材料都用它；而后者（RTV），由于固化后硬度较差，较易变形，不宜作为复合绝缘子的伞裙材料，但它在胶态时附着力强，固化后弹性较好，作为喷涂在母体绝缘（如瓷或玻璃等）上的憎水防污涂层却获得了很满意的效果。涂层具有很强的憎水性，雨水在涂层表面成珠状滚落，不易形成连续的水膜。这就能使涂层表面（与无涂层相比）的雨闪电压提高 20% 以上，雾闪电压提高 60% 以上。当涂层表面有积污时，涂层的憎水性会扩散到污层表面，使污层表面也具有较强的憎水性。

研究得出，硅橡胶的憎水性能扩散到污层表面的机理是：硅橡胶中有一部分憎水性小分子聚合物具有挥发性，当硅橡胶涂层表面存在污层时，挥发出的憎水性小分子聚合物首先被污层物质所吸附，从而使污层表面也具有较强的憎水性。

对具有 RTV 硅橡胶涂层绝缘体的湿污闪电压来说，需考虑两方面的影响：一方面，在相同环境和运行条件下，有涂层的绝缘表面的积污比无涂层的母体（瓷或玻璃）表面的积污要多一些，这是负面的影响；另一方面，硅橡胶涂层的憎水性能扩散到污层表面，这是正面的影响。将这两种绝缘子同样安装在各种污级环境下，经过长年实际运行后，取下作湿污闪试验（即已综合考虑正负两方面的影响），证明有涂层试品的湿污闪电压比无涂层试品的相应值高出 60% 以上。

在老化性能方面，RTV 硅橡胶涂层也取得了满意的效果。在全国各不同气候区域（如南方湿热多雨、北方高寒冰雪、西部沙尘曝晒、东部沿海盐雾侵蚀等），已有 10 多年的实用考验，涂层与原绝缘母体的胶合牢固，没有龟裂、起皱、起泡、酥松、剥落等现象，涂层的各种电气性能也很稳定。总起来看，这种方法简便易行，效果显著，且可在原有绝缘体上使用，逐渐得到推广应用。

6. 改变局部绝缘体的表面电阻率

如前所述，对具有较强法线分量的不均匀场，适当减小靠近电极强场处介质的表面电阻率，可使最大沿面电位梯度减小，从而提高沿面放电电压或起晕电压。在绝缘表面涂覆具有适当电阻率的半导体漆，即可调节绝缘的表面电阻到所需的值。

以电机定子绕组出槽处的绝缘为例来说明。当槽口导线绝缘表面未涂半导体层时,槽口附近导线绝缘上的电位分布极不均匀,如图 2-6-15a 中曲线 1 所示,相应的电位梯度分布曲线如图 2-6-15b 中曲线 1 所示(图中横坐标 x 表示线圈上某点离槽口的沿面距离)。可见在相当大的范围内,绝缘表面电位梯度很高,故容易发生沿面放电。槽口附近导线绝缘上涂以半导体漆时,使该段绝缘表面电阻减小很多,这就能大大减小该段绝缘的电位梯度。有很长的半导体层时的电位分布及电位梯度分布分别如图 2-6-15a 和图 2-6-15b 中曲线 2 所示,可见此时槽口处的电位梯度已大为降低。

半导体层的长度不能太短,否则在半导体层内的电压降将不够大,使在半导体层端部附近仍会出现较大的电位梯度,如图 2-6-15b 中曲线 3 所示。

采用电导率不同的两级半导体层,能够得到较满意的电场分布。流过靠近定子铁芯一级半导体层的电流要比流过另一级半导体层的电流大,因此,靠近定子铁芯一级应涂电阻率较小的漆,而在另一级应涂电阻率较大的漆。适当配合这两级半导体漆层的电阻率和它的长度,就可以使槽口导线绝缘表面的电位梯度得到很好的改善,如图 2-6-15b 中曲线 4 所示。

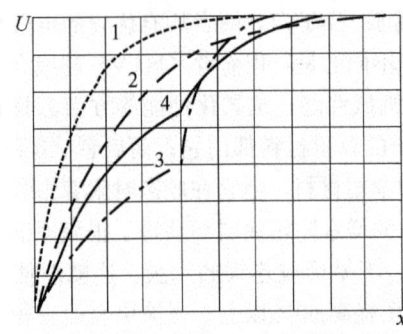 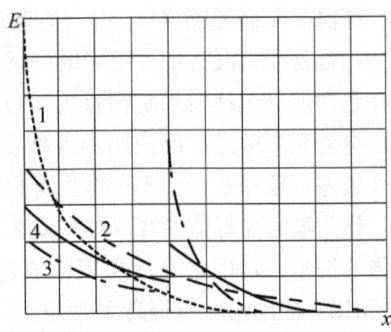

a) 槽口导线绝缘表面的电位曲线　　b) 槽口导线绝缘表面的电位梯度曲线

图 2-6-15　电机定子绕组出槽口绝缘表面的电位分布
1—无半导体绝缘　2—有很长的半导体层时　3—半导体层较短时　4—有两级半导体层时

采用这种绝缘结构的实例,如图 2-6-16 所示。由图 2-6-15 中可见,各段半导体漆(带)的末端,总还会有一个强场区(虽已被大为削弱了),若暴露在空气中,则此处易生局部电晕,为此,需在其上再覆盖一附加绝缘层。

7. 强制固定绝缘沿面各点的电位

强制固定绝缘沿面各点电位的示意如图 2-6-17 所示,绝缘筒上围以若干个环形电极,这些环形电极分别接到分压器或电源的某些抽头而强制固定其电位。如果这些电位是均匀分布的,则沿绝缘筒的电位分布也就大体上均匀了。在静电加速管、串级高压试验变压器等设备中常可见到这种方法的应用。

8. 附加金具

在多个电器元件连接枢纽处,另附加某种金具(在电气上当然与该连接枢纽相通),可以简单而有效地调整该结点附近的电场,改善该结点附近间隙放电和沿面放电的性能。这种方法在原理上虽只是前述外屏蔽的扩展,但有它自己的诸多特点。由于它是作为一个独立元件附加到结点上去的,这就可以统一考虑和有效地顾及到与该枢纽相连接的多个电气部分对电场调整的要求,减轻连接点多个电器各自对电场调整原有的负担,改善多方面的电性能;独立的附加金具本身的设计、制作、安装等也比较灵活和简便。

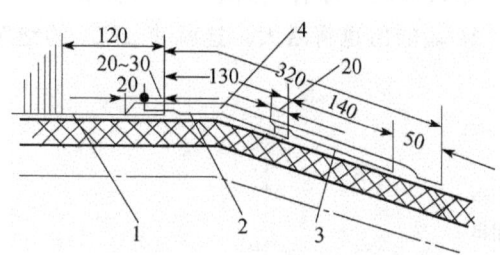
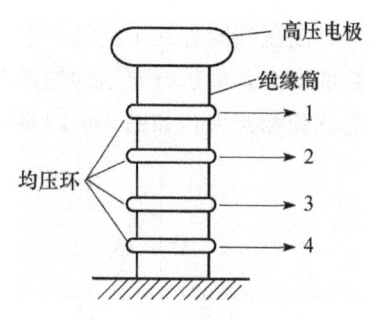

图 2-6-16 额定电压为 18 kV 的电极定子绕组出槽处导线绝缘涂覆三级半导体层的结构
1—低电阻（$5×10^3～5×10^4\ \Omega$）防晕漆（带）
2—中电阻（$5×10^7～5×10^9\ \Omega$）防晕漆（带）
3—中电阻（$10^{11}～10^{12}\ \Omega$）防晕漆（带）
4—附加绝缘覆盖

图 2-6-17 强制固定绝缘表面电位示意图

作为实例，这里重点讨论应用在高压架空线路绝缘子链端的附加金具（或称保护金具）。悬式（或棒式）绝缘子链端保护金具的作用主要是改善沿链的电压分布和防止绝缘子和链端金具上的电晕。保护金具的形式多种多样，主要装在高压端（线路端），有圆环形、椭圆形、8 字环形、轮形、桶形等。有时在绝缘子链的接地端也装有保护金具，通常为十字形或 8 字形护角，主要起引离电弧的作用。

绝缘子链的等效电路举例如图 2-6-18a 所示，图中 C 为每片绝缘子自身的电容，随不同的型式而异，约为 50～75 pF；C_e 为每片绝缘子的对地（铁塔）电容，约为 3～5 pF（近横担处，C_e 的值较大，反之，则较小）；C_1 为每片绝缘子对导线的电容，单导线时 C_1 约为 0.3～1.5 pF，分裂导线时，C_1 增大，视分裂数和分裂间距而异（近导线处 C_1 的值较大，反之，则较小）R 为每片绝缘子的绝缘电阻。

在工频电压作用下，干燥绝缘子的绝缘电阻比容抗约大一个数量级，故干燥时，R 的影响几乎可以略去不计。

如果只考虑 C_e 的存在，显然，由于 C_e 的分流，使靠近导线的绝缘子上承受的电压大于远离导线的绝缘子；如果只考虑 C_1 的存在，则其作用正好相反。实际上两者同时存在，各绝缘子上承受的电压 ΔU 就如图 2-6-18b 所示。

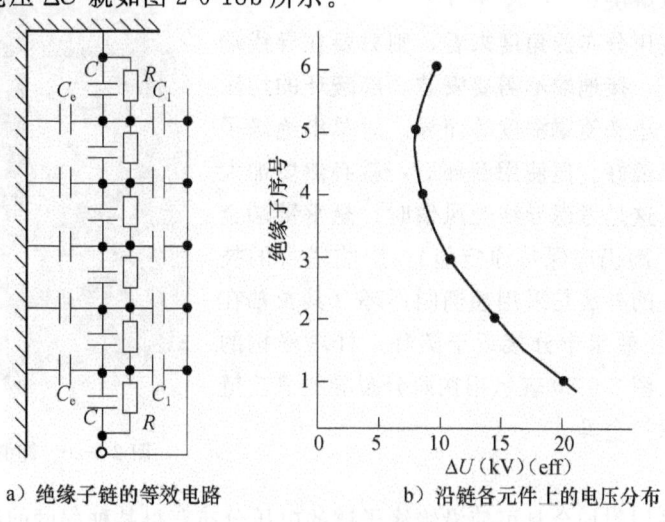

a）绝缘子链的等效电路　　b）沿链各元件上的电压分布

图 2-6-18 绝缘子链电参数示意图

通常，高压端附近几个绝缘子上承受的电压总是最高的。随着线路电压的升高和每串绝缘子片数的增多，电压分布不均匀系数 $k=\Delta U_{max}/\Delta U_{min}$ 的值也将增大。这就使 ΔU_{max} 的绝对数值可能达到相当大，如图 2-6-19 所示。

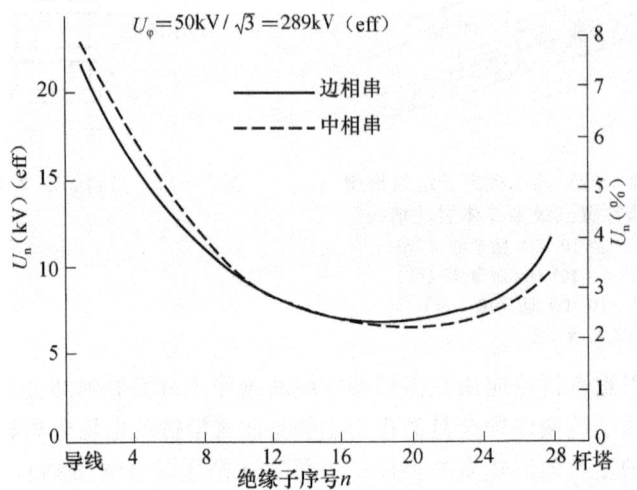

图 2-6-19　500 kV 线路单串悬垂链 [XP－60]×28 上的电压分布举例

ΔU 过大时会产生什么问题呢？一般盘型悬式绝缘子的起始电晕电压约为 22~25 kV，ΔU 超过此值时，就会发生电晕。电晕不仅造成能耗，更主要的是会产生腐蚀和无线电干扰。久之，既会腐蚀绝缘子的金属件，又会在绝缘表面形成一层半导体氧化膜，降低其绝缘性能，使单个绝缘子的干闪络电压降低约 25%~35%，湿闪络电压降低约 40%~47%。沿线每串绝缘子上存在电晕，造成大面积的无线电干扰，这也是不允许的。所以，单个绝缘子上允许承受的最大电压，主要由避免出现显著的电晕这一条件来决定，对现用各类盘型悬式绝缘子来说，其值约为 25~30 kV。

220 kV 级线路 ΔU~虽已接近或略超过起始电晕电压，但并不严重，运行经验指出一般可不用保护金具。330 kV 级及以上线路，这个问题就严重了，必须予以解决。

如仅从改善电压分布的角度来看，则只要在导线端加装屏蔽环就够了，接地端不需要安装。屏蔽环的均压作用随其形状、大小和笼罩深度等而异。对单串绝缘子链来说，圆环效果最好。但使用圆环后，就必然要加大铁塔横担的长度（这是考虑导线受风偏时，悬垂链端金属部件与塔身的距离仍应保持原定值），影响塔身的技术经济指标。改进的办法是采用翘椭圆形环（其长轴在导线方向），其均压效果十分接近于圆环，杆塔横担的长度则增加不多。图 2-6-20 表示用在两分裂导线悬垂链上的翘椭圆环形保护金具。

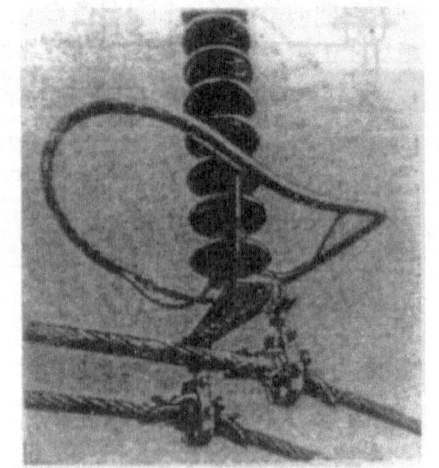

图 2-6-20　翘椭圆环形保护金具

9. 阻抗调节

如上所述，采用附加金具可使沿绝缘子链的电压分布获得某种程度的改善，但是其效果仍然不理想。从根本上改善沿绝缘子链电压分布的方法是适当调节单元绝缘子的阻抗。如果人为地使得每个单元绝缘子本身的导纳接近相等，并远大于对接地物体和对高压导线的导纳，则沿绝缘子链的电压分布就能做到基本均匀。半导体釉绝缘子就是上述思路的体现。

半导体釉是在普通釉的基础上加 10%～30% 的金属化合物制成的，它的电阻率一般为 $10^4 \sim 10^7\ \Omega \cdot m$，比普通釉低几个数量级。由绝缘子链的等效电路图（见图 2-6-18）可见，当电导远大于容纳时，全链的电压分布基本上由各节的电导决定，当各节电导接近相等时，全链的电压分布也就接近均匀。单个元件各部分的电位分布也同此理。

半导体釉具有负的电阻温度系数，这有助于电压分布均匀化的自动调节。半导体釉表层的少量发热和温升，可减少大气中的水分在绝缘子表面的凝结，还能烘干绝缘子表面已有的水分，大大提高绝缘子的湿污闪电压。

对半导体釉绝缘子单个试品和整串试品电压分布和耐污性能等的实测，都得到了满意的效果。虽然如此，但对半导体釉的性能在长期泄漏电流和户外大气环境的联合作用下的稳定性迄今还研究得不够，这种绝缘子的价格也较贵，因而尚未推广应用。

习　题

1. 间隙的伏秒特性是怎样绘制的？研究间隙的伏秒特性有何实际意义？
2. 试说明在雷电冲击电压作用下，导线对平行平板（S/D＞10）间隙和球-球（S/D＜0.5）间隙的伏秒特性波形有何不同，并解释其原因。
3. 试解释 50% 击穿电压。
4. 标准大气条件下，下列间隙的击穿场强约为多少（间隙距离不超过 2 m，电压均为峰值计）？
    1) 均匀电场，各种电压。
    2) 不均匀电场，最不利的电场情况，最不利的电压极性，直流、雷电冲击、操作冲击、工频电压。
5. 为什么压缩气体的电气强度远高于常压下气体的电气强度？又为什么当大气的湿度增大时，空气间隙的击穿电压增高。
6. 某 110 kV 电气设备如用于平原地区，其外绝缘应通过的工频试验电压有效值为 240 kV，如用于海拔 4 000 m 地区，而试验单位位于平原地带，问该电气设备的外绝缘应通过多大的工频试验电压值？
7. 为提高棒-板间隙的击穿电压，分别采取了以下五种措施，试讨论这些措施的有效性？为什么？1) 增大气压；2) 在适当位置设置极间障；3) 抽真空；4) 充 4.5 大气压的 SF_6 气体；5) 将板极的尺寸增大。
8. 一般在封闭组合电器中充 SF_6 气体的原因是什么？与空气比较，SF_6 的绝缘特性如何？
9. 为什么 SF_6 气体绝缘大多数只在均匀电场和稍不均匀电场下应用？最经济适宜的气压范围约为多少，采用更高气压时，应注意哪些问题？

第 3 章

电介质的电气特性

高压电介质的电气特性,是指在高压电场作用下的介电特性、电导特性和电气强度,主要由四个参数,即介电常数 ε、电导率 γ(或电阻率 ρ)、介质损耗角正切 $\tan\delta$ 和击穿电场强度(也称击穿场强)E_0 来表示,气体、液体和固体电介质的电气特性各有其特点。本章将介绍高压电介质电气参数的基本概念及它们在温度、湿度、频率、电压种类、电场强度等因素影响下的变化规律。

3.1 电介质的极化、电导和损耗

3.1.1 电介质的极化

根据电介质的物质结构,电介质极化有四种基本形式:电子位移极化、离子位移极化、极性分子的转化极化和夹层极化。下面分别加以说明。

1. 电子位移极化

任何介质都是由原子组成,原子由带正电荷的原子核和带负电荷的外层电子组成,其正负电荷量相等,当不存在外电场时,正负电荷作用中心重合,对外不显电性。而在外电场作用下,原子外层电子轨轨道对于原子核产生位移,其正、负电荷作用中心不再重合,对外产生电矩,呈现出一个电偶极子的状态,如图 3-1-1 所示。这个过程称为电子位移极化。

电子位移极化存在于一切介质中。它有以下特点:形成极化所需时间很短,约 $10^{-14} \sim 10^{-15}$ s,在各种频率下都可能发生,故 ε_r 与外加电源频率无关;它具有弹性,当外施电压去掉后,正、负电荷的相互吸引力又可使极化原子恢复到原有状态呈现非极性,因是弹性的,故无能量损耗;温度对电子式极化的影响极小,温度升高时介质略有膨胀,单位体积内的分子数减少,引起 ε_r 随温度上升略有降低,即 ε_r 具有的负温度系数值不大,但工程上可忽略温度的影响。

2. 离子位移极化

固体有机化合物多属离子式结构,如云母、陶瓷、玻璃等材料。在无外电场时,正、负离子对称排列,各正、负离子对构成的偶极矩互相抵消,合成电矩为零。在外电场的作用下,正、负离子将发生相反方向的偏移,使平均偶极矩不再为零,而形成电矩,对外呈现出电性,如图 3-1-2 所示。

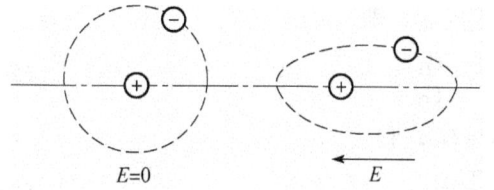
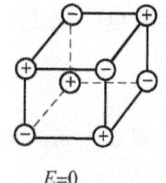
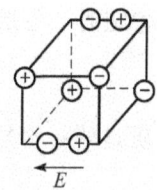

图 3-1-1 电子式极化　　　　　　　　图 3-1-2 离子式极化

离子位移极化的特点：完成离子式极化过程的时间较电子式极化稍长，为 $10^{-12} \sim 10^{-13}$ s，因此，在一般使用的频率范围内，ε_r 与频率无关。与电子式极化一样，离子位移极化也属弹性极化，几乎无损耗；极化温度对离子式极化的影响，存在着相反的两种因素：离子的结合力随温度升高而降低，使极化程度增强；但温度升高，离子的密度减小，极化程度降低。其中以第一种因素影响较大，所以其 ε_r 一般具有正的温度系数。

3. 极性分子的转向极化

在极性电介质中，即使没有外加电场，正、负电荷作用中心也不重合，分子的一端呈正电荷，另一端呈负电荷，分子本身就是一个永久性的偶极矩，例如蓖麻油、氯化联苯、橡胶、胶木、纤维素等均是常用的极性绝缘材料。单个偶极子虽具有极性，但无电场时，整个介质分子处于不停的热运动状态，使各分子的偶极矩方向的排列无序，宏观上正负电荷是平衡的，对外不显电性，不呈现合成电矩，如图 3-1-3a 所示。在外电场的作用下，原来混乱分布的极性分子沿电场方向作定向排列，呈现出宏观电矩，这就是极性分子的转向极化，如图 3-1-3b 所示。

极性分子转向极化的特点：极化所需时间较长，为 $10^{-10} \sim 10^{-2}$ s，甚至更长。因此，当电场交变频率提高时，转向极化的建立就可能跟不上电场的变化，从而使极化率减小。在外电场作用下，极性分子由于受热运动的干扰，这种转向定向的排列只能达到某种程度。随着场强和温度的不同，转向排列在不同程度上达到平衡。外电场越强，极性分子的转向定向就越充分，转向极化就越强。外电场消失后，分子的不规则热运动又使分子的排列回到无序状态，宏观上的转向极化也就随之消失。转向极化伴有能量损耗。

4. 夹层极化

以上是单一介质的情况。在高压设备中常应用多种介质绝缘，如电缆、电容器、电机和变压器绕组等，两层介质中常夹有油层、胶层等，这时在介质的分界面上产生"夹层极化"现象。以平板电极间的双层介质为例说明夹层极化，如图 3-1-4 所示。

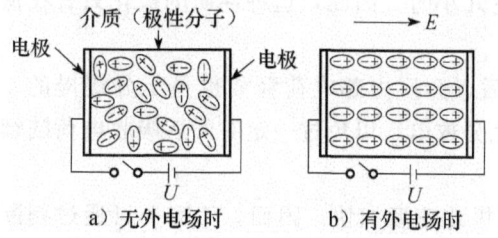
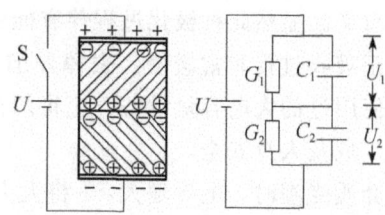

图 3-1-3 极性分子的转向极化　　　　　图 3-1-4 夹层介质界面极化现象

在图 3-1-4 中，每层介质的面积及厚度均相等，外电压为直流电压 U_0。在合闸瞬间，两层之间的电压 U 与各层的电容成反比（突然合闸的瞬间相当于很高频率的电压），即

$$\left.\frac{U_1}{U_2}\right|_{t=0} = \frac{C_2}{C_1} \tag{3-1-1}$$

到达稳定时，各层电压与电阻成正比，与电导成反比，即

$$\left.\frac{U_1}{U_2}\right|_{T=\infty} = \frac{G_2}{G_1} \tag{3-1-2}$$

如介质是单一均匀的，则 $\varepsilon_{r1}=\varepsilon_{r2}$，$C_1=C_2$，$G_1=G_2$，有

$$\left.\frac{U_1}{U_2}\right|_{t=0} = \left.\frac{U_1}{U_2}\right|_{t=\infty} \tag{3-1-3}$$

即合闸后，两层介质之间不会产生电压重新分配过程。

如介质不均匀，即 $\varepsilon_{r1}\neq\varepsilon_{r2}$，$C_1\neq C_2$，$G_1\neq G_2$，则

$$\left.\frac{U_1}{U_2}\right|_{t=0} \neq \left.\frac{U_1}{U_2}\right|_{t=\infty} \tag{3-1-4}$$

合闸后，两层介质之间有一个电压重新分配的过程。也即 C_1、C_2 上电荷要重新分配。

设 $C_1=1$，$C_2=2$，$G_1=2$，$G_2=1$，$U=3$。如图 3-1-5 所示，当 U 加在双层介质上，则在 $t=0$ 时，$U_1>U_2$。$t\to\infty$，$U_1<U_2$；即 $t=0$ 以后，随时间 t 的增大，U_1 逐渐下降而 U_2 逐渐增大（因为 $U_1+U_2=U$ 是一个常数）；也即 C_1 上一部分电荷要通过 G_2 放掉，而 C_2 要从电源再吸收一部分电荷。$t=0$ 时，整个介质的等值电容为 $C'_{eq}=\frac{Q'}{U}=\frac{2}{3}$，而当 $t\to\infty$ 时，整个介质的等值电容为 $C''_{eq}=\frac{Q''}{U}=\frac{4}{3}$，夹层介质分界面上堆积的电荷量为 $-1+4=3$。由于夹层的存在，使得在介质分界面上出现吸收电荷，整个介质的等值电容增大，这一过程称为吸收过程。吸收过程完毕，极化过程结束，因而该极化称为夹层极化。

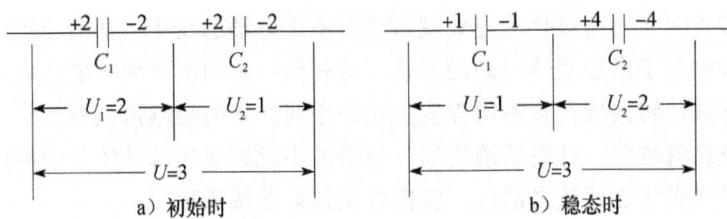

a) 初始时　　　　　b) 稳态时

图 3-1-5　双层介质电荷及电位分布

夹层极化特点：吸收过程要经过 C_1、C_2 和 G_1、G_2 进行，其放电时间常数为 $\tau=(C_1+C_2)/(G_1+G_2)$。由于电导 G 的数值很小，因而时间常数 τ 很大，极化过程非常缓慢。它的形成时间从几十分之一秒到几分钟，甚至可长达几小时。因此，这种性质的极化只有在低频时才有意义。显然此种极化过程伴有能量损耗。

由于吸收过程非常缓慢，去掉外加电压之后，介质内部电荷释放也是十分缓慢的。因此，对使用过的大电容量设备，应将两极短接充分放电，以免过一定时间后吸收电荷陆续释放出来，危及人身安全。

当介质受潮时，电导增大，τ 将大大降低，极化速度加快。因而，工程上可通过判断吸收过程的快慢来判断绝缘是否受潮。

3.1.2　电介质的介电常数

1. 介电常数的物理意义

电介质极化的强弱可用介电常数的大小来表示，并与电介质分子的极性强弱有关，还受

到温度、外加电场频率等因素的影响。具有极性分子的电介质称为极性电介质，而由中性分子构成的电介质称为中性电介质。

实验表明，两个结构、尺寸完全相同的电容器，当极间放置不同的电介质，它们的电容量将是不同的。以平行平板电容器为例，如极间为真空，其电容量为

$$C_0 = \frac{Q_0}{U} = \frac{\varepsilon_0 A}{d} \tag{3-1-5}$$

式中，A 为极板面积（cm^2）；d 为极板距离（cm）；ε_0 为真空的介电常数。它等于

$$\varepsilon_0 = \frac{1}{4\pi \times 8.9880 \times 10^9} \approx \frac{1}{4\pi \times 9 \times 10^9} \approx 8.854 \times 10^{-14} F/cm$$

极板间插入固体介质后，电容量增为

$$C = \frac{Q}{U} = \frac{(Q_0 + Q')}{U} = \frac{\varepsilon A}{d} \tag{3-1-6}$$

式中，ε 为介质的介电常数。

极板上的电荷量增加到 $Q_0 + Q'$，这是由介质极化现象造成的，即在外施电场作用下，此固体介质中原来彼此中和的正、负电荷产生了位移，形成电矩，使介质表面出现了束缚电荷，相应地便在极板上吸住了一部分电荷 Q'，所以极板上电荷增多，并造成电容量的增大。

定义：

$$\varepsilon_r = \frac{C}{C_0} = \frac{(Q_0 + Q')}{Q} = \frac{\varepsilon A/d}{\varepsilon_0 A/d} = \frac{\varepsilon}{\varepsilon_0} \tag{3-1-7}$$

为电介质的相对介电常数。它是充满介质时的几何电容和真空时的静电电容的比值。各种气体的 ε_r 均接近于1，而常用的液、固体介质的 ε_r 则各不相同，多在 2～6 之间，且随温度、电源频率的不同而各不相同，并和各种极化形式有关。

2. 气体介质的相对介电常数

由于气体介质密度很小，也即单位体积内所含分子的数目很少，所以不论是非极性气体还是极性气体，其 ε_r 均很小，在工程上可近似地认为 $\varepsilon_r = 1$。表 3-1-1 列出了某些气体的相对介电常数。

表 3-1-1　某些气体的相对介电常数（20℃，101.33kPa）

气体名称	He	H_2	O_2	N_2	CH_4	CO_2	C_2H_4	空气
ε_r	1.000 072	1.000 27	1.000 55	1.000 60	1.000 95	1.000 96	1.001 38	1.000 59

任何气体的相对介电常数均随温度的升高而减小，随压力的增大而增大，但其影响的程度都很小。

3. 液体介质的介电常数

液体电介质可分为非极性（中性）、极性与强极性三种。

显然非极性或弱极性液体电介质的相对介电常数较小，在 1.8～2.8 范围内。其相对介电常数与温度的关系和介质密度与温度的关系接近一致。石油、苯、四氯化碳、硅油等均为中性或弱极性液体电介质。

极性液体通常具有较大的相对介电常数，在 3～8 范围，如蓖麻油、氯化联苯即属此类；强极性液体的相对介电常数则更大（>10），如酒精、水等。

如果将极性液体电介质作为电容器的浸渍液，可使电容器的比电容增大，但这类介质在

交变电场中的介质损耗较大,故高压绝缘中很少使用,只有蓖麻油和几种合成液体介质在某种场合有时应用。

表 3-1-2 列出了某些液体电介质的相对介电常数。

表 3-1-2　某些液体电介质的相对介电常数（50 Hz,20℃）

液体电介质名称	中性	极性	强极性	
	变压器油	蓖麻油	乙醇	水
ε_r	2.2	4.2	26	81

影响极性液体电介质的主要因素如下:

1) 介电常数与温度的关系。如图 3-1-6 所示,低温时,分子间的黏附力强,转向较难,转向极化对介电常数的贡献较小;随着温度的升高,分子间的黏附力减弱,转向极化对介电常数的贡献增大,介电常数也随之增大。另一方面,温度升高时,分子的热运动加强,对极性分子定向排列的干扰也随之增强,阻碍转向极化的完成,所以当温度进一步升高时,介电常数将趋向减小。

2) 介电常数与电场频率的关系。如图 3-1-7 所示,电场频率对极性液体电介质的介电常数影响很大,当频率相当低时,极性分子能跟随电场频率交变转向,介电常数较大,且接近于直流电压下测得的介电常数 ε_d。当频率超过某一临界值 f_0 时,极性分子的转向已经跟不上电场的变化,介电常数就开始减小,随着频率的增高,介电常数最终接近于仅由电子位移极化所引起的介电常数 ε_∞。

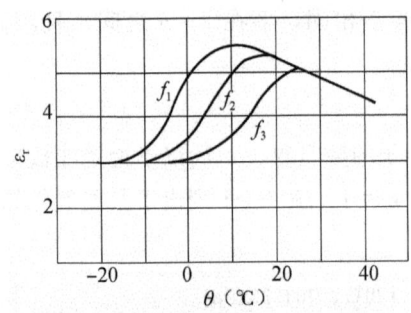

图 3-1-6　氯化联苯的介电常数与温度的关系（频率 $f_3 > f_2 > f_1$）

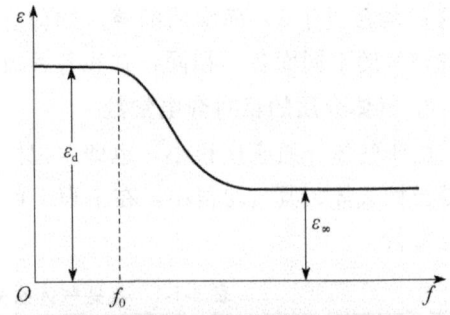

图 3-1-7　极性液体介质的介电常数与频率的关系

4. 固体介质的介电常数

固体电介质分成中性、极性和离子性电介质三种。

由中性介质构成的固体介质,只具有电子式极化和离子式极化,其介电常数很小,通常在 2.0～2.7 范围;中性固体介质的介电常数与温度之间的关系和介质密度与温度的关系接近。此类电介质的种类很多,如聚乙烯、聚苯乙烯、聚四氟乙烯、石蜡、石棉、无机玻璃等。

极性固体电介质用作高压设备绝缘材料,如酚醛树脂、纤维、橡胶、有机玻璃、聚氯乙烯等,其相对介电常数 ε_r 较大,一般为 3～6,还可能更大;离子性电介质,如云母、陶瓷等,其相对介电常数 ε_r 约在 5～8 左右。还有一些 ε_r 很大的固体介质,如钛酸钡等, $\varepsilon_r > 1\,000$,不能用作绝缘材料。

表 3-1-3 列出了某些固体电介质的相对介电常数。

表 3-1-3 某些固体电介质的相对介电常数（工频，20℃）

固体电介质名称	中性			极性					离子性	
	石蜡	聚苯乙烯	聚四氟乙烯	松香	纤维素	胶木	聚氯乙烯	沥青	云母	电瓷
ε_r	9~2.2	4~2.6	2	5~2.6	6.5	5	3.3	2.6~2.7	5~7	5~7

极性固体电介质的相对介电常数与温度和频率的关系类似于极性液体电介质所呈现的规律。图 3-1-8 所示为硫化天然橡胶的相对介电常数与温度和电场频率的关系。

5. 介质极化在实际工程中的意义

选择电容器中的绝缘材料时，在相同耐电强度的情况下，要选择 ε_r 大的材料，以使电容器单位容量的体积、重量减小；在其他绝缘结构里，希望材料的 ε_r 要小些，如电缆，以减少工作时的充电电流，如电机定子绕组出口槽和套管的情况，以提高交流下沿面放电电压。在使用组合绝缘时，要注意各种材料的 ε_r 的适当配合，否则会降低整体绝缘能力。如图 3-1-9 所示，设有厚度为 d_1、d_2 的两种材料，其介电常数分别为 ε_1、ε_2，电容量 C_1、C_2。当施加交流电压 U 后，若略去材料的电导不计，则有

$$\frac{U_1}{U_2} = \frac{C_2}{C_1} = \frac{\varepsilon_2 d_1}{\varepsilon_1 d_2} \tag{3-1-8}$$

$$U_1 + U_2 = U \tag{3-1-9}$$

由此可得

$$U_1 = (\varepsilon_2 d_1 U)/(\varepsilon_1 d_2 + \varepsilon_2 d_1) \tag{3-1-10}$$

$$U_2 = (\varepsilon_1 d_2 U)/(\varepsilon_1 d_2 + \varepsilon_2 d_1) \tag{3-1-11}$$

而 $E_1 d_1 = U_1$，$E_2 d_2 = U_2$

所以

$$E_1 = (\varepsilon_2 U)/(\varepsilon_1 d_2 + \varepsilon_2 d_1) \tag{3-1-12}$$

$$E_2 = (\varepsilon_1 U)/(\varepsilon_1 d_2 + \varepsilon_2 d_1) \tag{3-1-13}$$

则

$$\frac{E_1}{E_2} = \frac{\varepsilon_2}{\varepsilon_1} \tag{3-1-14}$$

由上式可知，双层串联介质结构中的电场强度是不相同的，与绝缘材料的介电常数成反比，即在介电常数小的材料中承受较大的电场强度。如果绝缘中存在气泡，由于气体的 ε_r 是最小的，所以气泡将承受较大的电场强度，首先在气泡处发生游离，引起局部放电，使整体材料的绝缘能力降低。利用式（3-1-14）所示特性，可以改善电缆中的电场分布。在电缆芯处使用 ε_r 较大的材料，可减小电缆芯处场强，使电缆中电场分布均匀一些，从而提高整体的耐电强度。

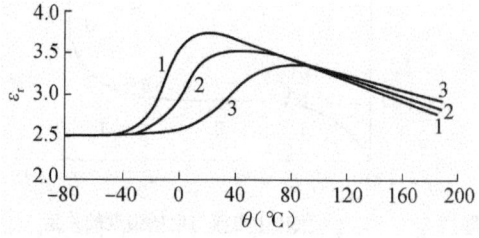

图 3-1-8 硫化天然橡胶的相对介电常数与温度和电场频率的关系
1—60 Hz 2—3 kHz 3—300 kHz

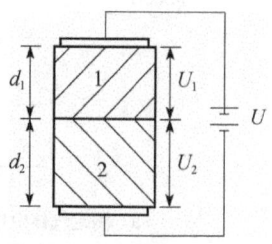

图 3-1-9 双层电介质

材料的介质损耗与极化形式有关,而介质损耗是影响绝缘劣化和热击穿的一个重要因素。在绝缘预防性试验中,夹层极化现象可用来判断绝缘受潮情况。在使用电容器等大电容量设备时,须特别注意吸收电荷对人身安全的威胁。

3.1.3 电介质的电导

任何电介质都不是理想的绝缘体,在它们内部总有一些联系较弱的带电质点(载流子)存在。例如可迁移的正、负离子,以及电子、空穴和带电的分子团。在外电场作用下,这些载流子作定向运动,形成传导电流(也称电导电流或泄漏电流)。因而任何电介质都不同程度地具有一定的电导,表征电介质导电性能的主要物理量为电导率 γ 或其倒数——电阻率 ρ。

按载流子的不同,电介质的电导可分为离子电导和电子电导两种,前者以离子为载流子,后者以自由电子为载流子。由于电介质中自由电子数很少,因此电子电导通常都非常微弱。如果在一定条件下(如加上很强的电场),电介质出现了可观的电子电导电流,则意味着该介质出现了电离,甚至有可能已被击穿。正常情况下,除气体电介质以外,液体和固体电介质的电导主要是离子电导,这与金属导体的电导主要依靠自由电子有本质区别。离子电导又可分为本征(固有)离子电导和杂质离子电导。在中性或弱极性电介质中,主要是杂质电导,可见在纯净的非极性电介质中,电导率是很小的,电阻率 ρ 可高达 $10^{17}\sim10^{19}\ \Omega\cdot cm$ 以上。而极性电介质则具有较大的本征离子电导,其电阻率 ρ 为 $10^{10}\sim10^{14}\ \Omega\cdot cm$。

下面分别来讨论气体、液体和固体电介质的电导。

1. 气体介质电导

气体电介质电导是由正、负离子和电离出来的自由电子在电场作用下移动而造成的。当气体中无电场存在时,其带电质点来源主要是外界紫外线、宇宙射线等照射产生游离,离子浓度约为 $500\sim1\ 000$ 对/cm^3,处在动态平衡状态;图 3-1-10a 为测定回路,当气体在电场作用下,这些离子在电场作用下克服与气体电介质分子碰撞的阻力而移动,迁移率接近常数,当电场强度很小时,电流密度与电场强度近乎成正比,如图 3-1-10b 中Ⅰ区所示。当电场强度进一步增大,外界因素所造成的离子接近全部趋向电极时,电流密度即趋于饱和,如图 3-1-10b 中Ⅱ区所示。在该两区内气体的电导极微小,为 $10^{-15}\sim10^{-16}\ (\Omega^{-1}\cdot cm^{-1})$,故是良好的绝缘体。对标准状态下的空气来说,$E_1\approx5\times10^{-3}\ V/cm$ 和 $E_2\approx10^4\ V/cm$。当场强超过 E_2 时,气体介质中将发生碰撞电离,从而使电流密度迅速增大,最后使空气间隙击穿,如图 3-1-10b 中Ⅲ区所示。

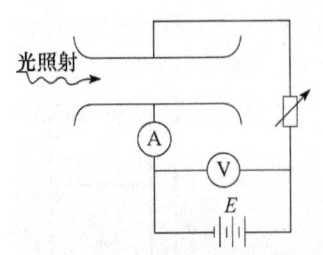
a) 测定气体中电流的回路示意图

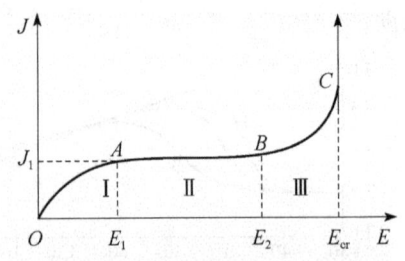
b) 气体中电流与电场强度的关系

图 3-1-10　测定气体中电流与电场强度的关系

2. 液体介质电导

液体介质中形成电导电流的带电质点主要有两种：一是构成液体的基本分子或杂质离解而成带电质点，形成离子电导。二是由于相当大的胶体质点（如变压器油中悬浮的小水滴）吸附电荷后形成带电质点，构成电泳电导。

（1）杂质对液体电介质电导的影响

中性和弱极性液体电介质的离解是极微弱的，其电导很小，当处理得十分纯净时，电导率可达 10^{-18} S/cm。而当含有杂质和水分时，其电导主要由杂质离子构成，电导显著增加，绝缘性能下降。例如油浸式变压器运行一段时间以后，会产生很多杂质，这是由于受潮，固体绝缘如棉纱、纸板、木材等纤维脱落在油中及油本身的化学变化（受热、氧化）产生有机酸和蜡状物等引起的。在电场作用下这些杂质离解为离子，使电导率大大增加，这些杂质中水分的影响最大。

极性液体介质的电导不仅由杂质所引起，而且与本身分子的离解度有关。在其他条件相同时，极性液体介质的电导大于中性液体介质的电导，极性液体介质的介电常数越大，则其电导也越大。强极性液体介质（如水、酒精等），即使经过高度纯净化，其电导率也很大，变成离子式导电液了，不能作为绝缘材料。

（2）温度对液体电介质电导的影响

温度对液体电介质电导的影响主要有两方面：一方面，温度升高时，液体电介质的黏度降低，离子受电场力作用而移动时所受的阻力减小，离子的迁移率增大，使电导增大；另一方面，温度升高时，液体介质分子的热离解度增大，也使电导增大。

理论和实验均证明液体电介质的电导率与温度的关系可以近似地以下式表示：

$$\gamma = Ae^{-B/T} \quad (3-1-15)$$

式中，A、B 为常数；T 为绝对温度；γ 为电导率。

$$\gamma = \gamma_0 e^{[a(\theta-\theta_0)]} \quad (3-1-16)$$

式中，a 为常数；θ 为液体介质的温度（℃）；γ_0 为 $\theta-\theta_0$ 时的电导率。

图 3-1-11 所示为某些液体电介质的电阻率与温度的关系。

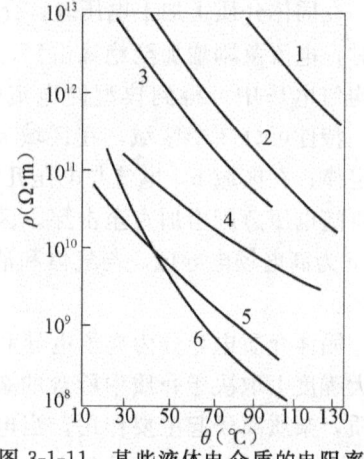

图 3-1-11　某些液体电介质的电阻率与温度的关系
1—变压器油（很纯净）　2—变压器油（纯净）
3—凡士林油　4—变压器油（工业用）
5—蓖麻油　6—五氯联苯

（3）电场强度对液体电介质电导的影响

在纯净的液体介质中，电流与电场强度的关系与在气体介质中相似，类似图 3-1-10b 所示。但是，一般工程用纯净液体介质的电流与外施电压的关系如图 3-1-12所示。区域 a，电场强度小于某定值时，电导接近于常数；区域 b，电流有饱和趋向但不十分明显，这是因为液体的密度远大于气体，离子相遇的机会多，复合的概率较大，不可能所有离子都运动到电极，而电压增高时复合概率减小，因而电流就有所增加。区域 a、b 称为低电场电导区，这时在纯净液体中的导电粒子主要是不可能完全去除的微量杂质所离

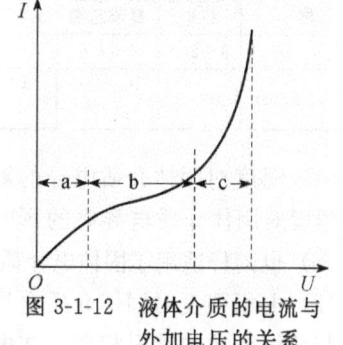

图 3-1-12　液体介质的电流与外加电压的关系

解的离子,自然界的射线对液体的电离作用及液体分子在接触电极时所形成的带电粒子。它们在电场作用下作迁移运动而产生电流,其大小由离子的浓度及迁移率来决定。区域 c,电场强度超过某定值(E_{cr})时,电场将使离解出来的离子数量迅速增加,电导也迅速增加,电流密度随场强成指数规律增长。区域 c 称为高电场电导区。

液体电介质的分子结构、极性强弱、纯净程度、介质温度及电场强度等对电导影响很大,各种液体电介质的电导可能相差悬殊,工程上常用的变压器油、漆和树脂等都属于弱极性。表 3-1-4 列出了常用的几种介质的电导率和相对介电常数。

表 3-1-4 常用的几种液体电介质的电导率和相对介电常数

液体种类	液体名称	温度 θ(℃)	相对介电常数 ε_r	电导率 γ(S/m)	纯净程度
中性	变压器油	80	2.2	0.5×10^{-10}	未净化的
	变压器油	80	2.1	2×10^{-13}	净化的
	变压器油	80	2.1	0.5×10^{-13}	两次净化的
	变压器油	80	2.1	10^{-16}	高度净化的
极性	蓖麻油	20	4.5	10^{-10}	工程应用的
强极性	水	20	81	10^{-5}	高度净化的
	乙醇	20	26	10^{-5}	净化的

3. 固体介质电导

在固体介质上加上电压时,介质内有电流流过,并随外加电压的增加而增加,当电压很高时,电流急剧增加至绝缘击穿。如以聚酯薄膜为例,将它置于均匀电场中,得到典型的电流—电压特性,如图 3-1-13 所示。特性可分 3 个区域,在区域 a,电压与电流的关系服从欧姆定律;在区域 b,电流与电压几乎成指数关系;在区域 c,电流将随电压急剧增加直至击穿。区域 a 为低电场电导区,区域 b、c 为高电场电导区。与气体和液体介质相比,它明显地无饱和区。

固体介质电导分为离子电导和电子电导两部分。离子电导很大程度上取决于介质中所含的杂质,特别是对中性及弱极性介质,杂质离子起主要作用。当电场很高时,由于碰撞游离和阴极电子发射,电子电导急增,预示绝缘接近击穿。

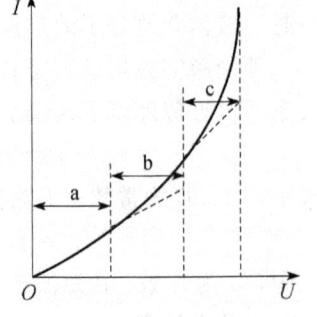

图 3-1-13 固体介质中的电流与外加电压的关系

表 3-1-5 列出了几种固体电介质的相对介电常数和电导率。

表 3-1-5 几种固体电介质的相对介电常数和电导率

固体电介质名称	中性			极性					离子性	
	石蜡	聚苯乙烯	聚四氟乙烯	松香	纤维素	胶木	聚氯乙烯	沥青	云母	电瓷
ε_r(工频,20℃)	9~2.2	4~2.6	2	5~2.6	6.5	5	3.3	2.6~2.7	5~7	5~7
γ(20℃,S/m)	10^{-14}	$10^{-16} \sim 10^{-15}$	$10^{-16} \sim 10^{-15}$	$10^{-14} \sim 10^{-11}$	10^{-12}	$10^{-12} \sim 10^{-11}$	$10^{-14} \sim 10^{-13}$	$10^{-14} \sim 10^{-13}$	$10^{-14} \sim 10^{-13}$	$10^{-13} \sim 10^{-12}$

(1)温度对固体介质电导的影响

温度对固体介质电导率的影响与对液体介质电导率的影响相似,因此式(3-1-15)和式(3-1-16)也同样适用于固体电介质。

(2)电场强度对固体介质电导的影响

与液体介质的情况相似,在电场强度小于某定值时,固体介质的电导率与电场无关;当

电场强度大于某定值时，固体介质的电导率与电场强度的关系可近似地表示为

$$\gamma = \gamma_0 e^{[b(E-E_0)]} \tag{3-1-17}$$

式中，b 为常数，由材料特性决定；γ_0 为电导率与电场强度尚无关范围内的电导率；E_0 为电导率与电场强度尚无关时的最大电场强度。

(3) 杂质对固体介质电导的影响

杂质对固体介质电导有很大影响，某些固体介质（如 A 级绝缘）很容易吸潮，这就相当于在固体介质中加入了强极性的杂质。

固体介质除了体积电导以外，还存在表面电导。固体介质的表面在干燥、清洁时，其电导很小，故其表面电导主要是由附着于介质表面的一些水分、尘埃或导电性的化学沉淀物引起的，其中水分起着特别重要的作用。表面电导与介质本身性质有关，在相同工作条件下，憎水性介质（水分子与固体介质分子的附着力很小，水分不易在介质表面形成薄膜，只能凝聚成小水滴）的表面电导很小，如石蜡、聚苯乙烯、硅有机物等；亲水性介质（水分子与固体介质分子的附着力强）的表面电导则很大，如云母、玻璃等。一般中性和弱极性介质表面电导最小，极性介质次之，离子性介质最大。多孔性介质，其表面、体积电导很大，如纤维材料。采取使介质表面洗净、光洁、烘干或表面涂以石蜡、绝缘漆、有机硅等措施，可以降低介质表面电导。

多层介质在直流电压下，电压分布与电导成反比，故设计用于直流的设备要注意所用介质的电导，应使材料使用合理。不是所有的情况下均要求绝缘电阻值高，有些情况下要设法减小绝缘电阻值。如在高压套管法兰附近涂半导体釉，高压电机定子绕组出槽口部分涂半导体釉等，都是为了改善电压分布，消除电晕。

3.1.4 电介质的损耗

从以上所述的电介质的极化和电导可以看出，介质在电压作用下有能量损耗。一种是由电导引起的损耗，另一种是由某些有损极化引起的损耗，如极性介质中偶极子极化、夹层极化等。

在直流电压作用下（低于发生局部放电的电压），用体积电导率和表面电导率这两个物理量描述就能充分说明问题，不需要引入介质损耗这个概念。在交流电压下，除电导损耗外，还由于周期性的极化而引起能量损耗，因此，需要引入介质损耗这一物理量来表示。

1. 电介质损耗及介质损耗角正切

在交流电压下，介质的有功功率损耗为介质损耗。

在图 3-1-14 所示的电路中，在介质两端施加交流电压 $\dot{U}$，由于介质中有损耗，电流 $\dot{I}$ 不是纯电容电流，可分为两个分量：

$$\dot{I} = \dot{I}_r + \dot{I}_c \tag{3-1-18}$$

式中，$\dot{I}_r$ 为有功电流分量；$\dot{I}_c$ 为无功电流分量。

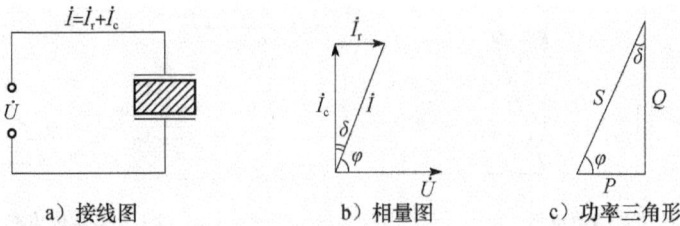

图 3-1-14 介质在交流电压作用时的电流相量图及功率三角形

电源提供的视在功率为：

$$S = P + jQ = UI_r + jUI_c \tag{3-1-19}$$

由图 3-1-14c 所示的功率三角形可见，介质损耗为

$$P = UI\cos\phi = UI_r = UI_c\tan\delta = U^2\omega C\tan\delta \tag{3-1-20}$$

式中，ϕ 为功率因数角；δ 为介质损耗角；ω 为电源角频率。

用介质损耗 P 来表示介质品质好坏是不方便的，因为从上式中可以看出，P 值与试验电压、试品尺寸等因素有关，不同试品间难以互相比较。所以常用介质损耗角的正切——$\tan\delta$（介质损耗角 δ 是功率因数角 ϕ 的余角）来判断介质的品质，它同 ε_r 一样，是仅取决于材料的特性而与材料尺寸无关的物理量。因此，测量一些电力设备绝缘的 $\tan\delta$ 值作为综合反映绝缘特性优劣的一个重要指标，已成为电力系统中绝缘预防性试验最重要的项目之一。

有损极化更细致的等值电路如图 3-1-15a 所示，可用三个并联支路的等值回路来表示有损介质的电导损耗和极化损耗。图中 C_g 代表介质的无损极化（电子式和离子式极化），C_p 及 R_p 代表各种有损极化（如夹层极化，在直流电压下具有吸收现象），R_{lk} 则代表电导损耗。

如果施加交流电压于三支路上，则各支路对应的电流分别为 I_g、I_p、I_{lk}，总电流为 $I = I_g + I_p + I_{lk}$。反映有损极化（或吸收现象）的 I_p 又可分解为有功分量 I_{pr} 和无功分量 I_{pc}，其向量图如图 3-1-15b 所示。

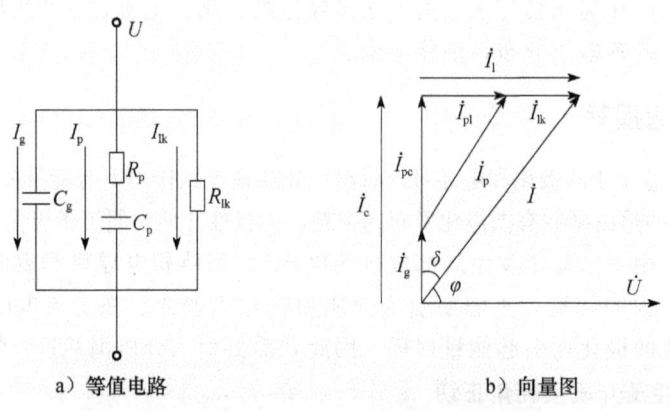

图 3-1-15　电介质的三支路等效电路和向量图

上述有损介质也可简化成由一个无损耗的理想电容和一个有效电阻串联或并联等值电路表示。如图 3-1-16a 所示，如果损耗主要是由电导引起的，常使用并联等值电路；如果损耗主要是由介质极化及连接导线引起的，则常应用串联等值电路，如图 3-1-16b 所示，但要注意其中参数不同。这两种等值电路只有计算上的意义，不能确切地反映介质的物理过程。

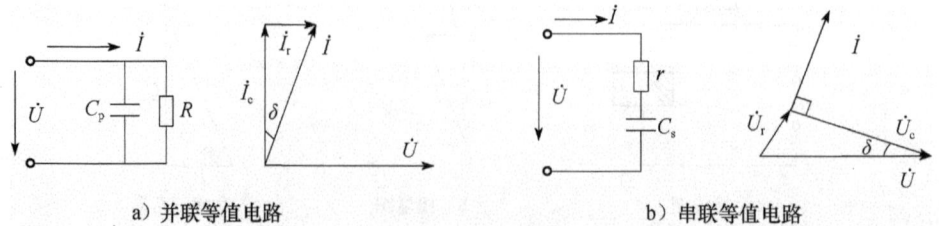

图 3-1-16　有损介质的等值电路和相量图

从图 3-1-16a 中可得：

$$\tan\delta = \frac{I_R}{I_C} = \frac{U/R}{U\omega C_P} = \frac{1}{\omega C_P R} \quad (3\text{-}1\text{-}21)$$

$$P = \frac{U^2}{R} = U^2 \omega C_P \tan\delta \quad (3\text{-}1\text{-}22)$$

从图 3-1-16b 中可得：

$$\tan\delta = \frac{U_r}{U_c} = \frac{I \cdot r}{I/\omega C_S} = \omega C_S r \quad (3\text{-}1\text{-}23)$$

$$P = I^2 r = \frac{U^2 r}{r^2 + (1/\omega C_S r)^2} = \frac{U^2 \omega^2 C_S^2 r}{1 + (\omega C_S r)^2} = \frac{u^2 \omega C_S \tan\delta}{1 + \tan^2\delta} \quad (3\text{-}1\text{-}24)$$

由式（3-1-22）和式（3-1-24）可得

$$C_P = \frac{C_S}{1 + \tan^2\delta} \quad (3\text{-}1\text{-}25)$$

因此，在测量 $\tan\delta$ 时设备的电容量计算公式与采用哪一种等值电路有关。但由于绝缘的 $\tan\delta$ 一般很小，$1+\tan^2\delta \approx 1$，故 $C_P \approx C_S$，此时，并、串联等值电路的介质损耗表达式可用同一公式 $P = U^2 \omega C \tan\delta$ 表示。

还需注意，在强电场下，除了电导、极化两种损耗外，还有介质孔隙中气体电离等所引起的损耗。

以下分别介绍气体、液体、固体介质的损耗。

2. 气体、液体、固体介质的损耗

(1) 气体电介质中的损耗

前面已指出，气体电介质的极化率是极小的，当外加电场强度还不足以引起气体分子游离过程时，则气体介质中只存在很小的电导损耗（$\tan\delta < 10^{-8}$），工程中可以略去不计。所以常用气体（如空气，N_2；CO_2，SF_6 等）作为标准电容器的介质。当气体中电场强度达到放电起始场强时，气体中将发生局部放电，这时损耗将急剧增加，如图 3-1-17 所示。

这种情况常发生在固体或液体介质中含有气泡的场合，因为固体和液体介质的 $\varepsilon_r \gg \varepsilon_0$，所以即使外加电压还不高时，气泡中也可能出现很大的电场强度而导致局部放电。这有别于前面所讲的发生在棒极附近的电晕放电（也称局部放电），因为此处的气泡处在液体或固体中间而可能远离电极。在固体介质中含有气泡时，气泡在高压下会发生游离，并使固体介质逐渐劣化。所以常用浸油、充胶等措施来消除固体介质中的气泡。对于固体介质与金属电极接触处的空气间隙，则经常用适中的方法，使间隙内场强为零。如 35 kV 瓷套内壁上涂半导体釉，通过弹性铜片与导电杆相连；高压电机定子线圈槽内绝缘外包半导体层后，再嵌入槽内；交联聚乙烯电缆绝缘内外都均有半导体层等。

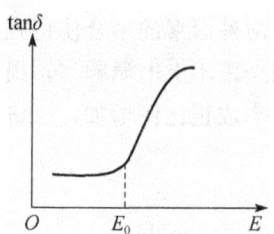

图 3-1-17 气体中的 $\tan\delta$ 与电场强度的关系

(2) 液体电介质中的损耗

中性液体电介质中的极化主要是电子位移极化和离子位移极化，它们是无损的或几乎是无损的。因此，这类介质中的损耗主要由漏导决定。介质损耗与温度、电场强度等因素的关系也就决定于电导与这些因素之间的关系，一般如图 3-1-18 和图 3-1-19 所示。例如，变压

器油在20℃时 tanδ≤0.5%，70℃时 tanδ≤2.5%。电缆油和电容器油的性能更好一些，例如高压电缆油在100℃时的 tanδ≤0.15%。

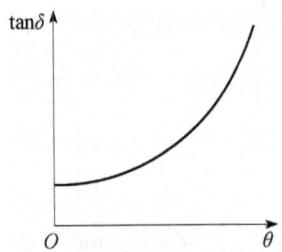

图 3-1-18　中性液体电介质的 tanδ 与温度的关系示意图

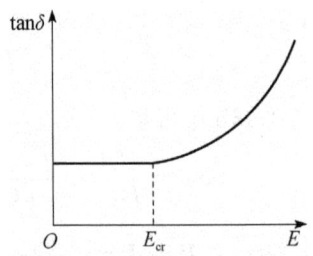

图 3-1-19　中性液体电介质的 tanδ 与电场强度的关系示意图

极性液体电介质中的损耗主要包括电导损耗和极化损耗两部分，所以，它与温度、频率等因素有较复杂的关系。

图 3-1-20 表示松香油的 tanδ 与温度的关系。图中曲线的变化可解释为：在低温时，极化损耗和电导损耗都较小，随着温度的升高，液体黏度减小，偶极子转向极化增强，电导损耗也在增大，所以总的 tanδ 亦上升；当温度进一步升高时，由于分子热运动的增强，妨碍了偶极子沿电场方向的有序排列，极化强度反而随温度的上升而减弱，由于极化损耗的减小超过了电导损耗的增加，所以总的 tanδ 曲线随温度的升高而下降；温度更高时，电导损耗随温度升高而急剧上升，极化损耗已不占主要成分，因而 tanδ 将随温度上升而增大。从图 3-1-20 还可以看出，当频率增高时，tanδ 的拐点出现在较高的温度点，这是因为在较高的频率下偶极子来不及充分转向，要使转向极化进行得充分，就必须减小黏度，即升高温度，使整个曲线右移。

图 3-1-21 表示极性液体介质中的损耗与频率的关系。频率很低时，介质中的损耗主要由电导造成，偶极子损耗很少，故总的损耗功率小，但因频率很低，电容电流很小，故 tanδ 却比较大。电源频率增高时，偶极子回转功率和偶极损耗功率也随之增高；与此同时，随着频率的升高，偶极子极化不充分，使介电常数减小，电容电流不能与频率成正比例增长。以上两种因素的结合使得在某频率范围 tanδ 随频率而增长。当频率更高时，偶极子的回转已完全跟不上电源频率，损耗功率遂趋于恒定，介电常数也达到较低的稳定值，电容电流则与频率成正比例增加，tanδ 近乎与频率成反比地减小。

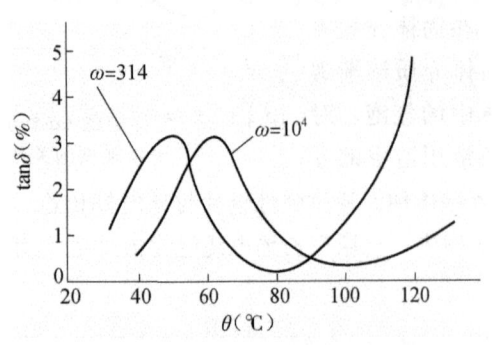

图 3-1-20　松香油的 tanδ 与温度的关系

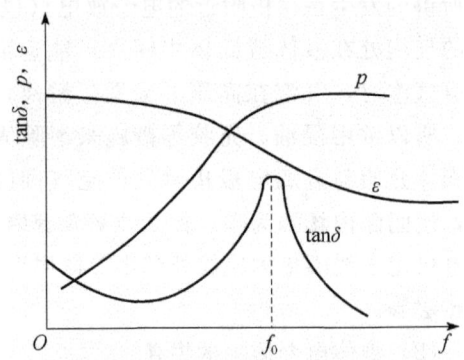

图 3-1-21　极性液体介质中的损耗与频率的关系

（3）固体电介质中的损耗

固体介质的情况比较复杂。根据其结构，可分为分子式结构、离子式结构、不均匀结构和强极性介质。强极性介质在高压设备中一般不采用。分子式结构中有中性和极性两种。中性介质如石蜡、聚氯乙烯、聚苯乙烯、聚四氯乙烯等,其损耗主要由电导引起,通常很小,在高频下也可使用。极性的纤维材料(纸、纤维板等)和含有极性基的有机材料(聚氯乙烯、有机玻璃、酚醛树脂、硬橡胶等),此类介质的 $\tan\delta$ 与温度、频率的关系与极性液体相似,$\tan\delta$ 值较大,高频下更为严重,如图 3-1-22 所示。

离子式结构的介质,其 $\tan\delta$ 与结构特性有关。结构紧密的不含杂质的离子晶体,如云母,其 $\tan\delta$ 主要是由电导引起,$\tan\delta$ 极小,且云母的电气强度高,耐热性能好,耐局部放电性能也好,故云母是优良的绝缘材料,在高频下也可使用。结构不紧密的离子结构中,存在离子松弛式极化现象,这种极化同偶极子转化极化类似,有极化损耗,故介质的 $\tan\delta$ 较大,玻璃、陶瓷属此类,但随成分和结构的不同,$\tan\delta$ 相差悬殊。

不均匀结构的介质在工程中常常遇到,如电机绝缘中使用的云母制品(是云母和纸或布以及漆所组合的复合介质)和广泛使用的油浸纸、胶绝缘等,其损耗取决于各成分的性能和数量比例。不均匀介质损耗是很复杂的,但它又具有很大的现实意义。目前尚无完整的、系统的理论来说明各种复杂的物理过程。例如图 3-1-23 所示为用复合胶(80%松香+20%变压器油)浸渍的电容器纸的 $\tan\delta$ 与温度的关系曲线。曲线中出现两个极大值,第一个(温度低时)可能是由纸本身的偶极损耗所引起的,第二个(较高温度时)可能是由复合胶的偶极损耗所致。

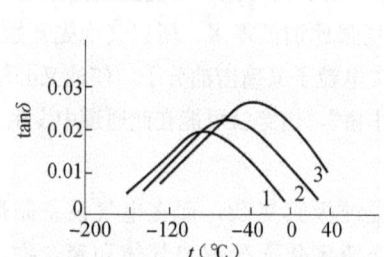

图 3-1-22 干纸的 $\tan\delta$ 与温度的关系
曲线 1—$f=1\text{ kHz}$ 曲线 2—$f=10\text{ kHz}$ 曲线 3—$f=100\text{ kHz}$

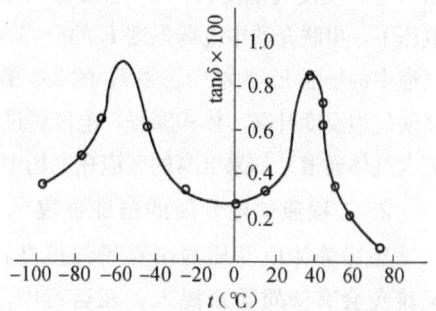

图 3-1-23 用复合胶浸渍的电容器纸的 $\tan\delta$ 与温度的关系曲线

3. 讨论介质损耗的意义

1) 设计绝缘结构时,应注意到绝缘材料的 $\tan\delta$ 值。若 $\tan\delta$ 过大,则会引起严重发热,使材料劣化,甚至可能导致热击穿。

2) 用于冲击测量的连接电缆,其 $\tan\delta$ 必须要小,否则冲击电压波在其中传播时将发生畸变,影响测量精度。

3) 在绝缘试验中,$\tan\delta$ 的测量是一项基本测试项目。当绝缘受潮劣化或含有杂质时,$\tan\delta$ 将显著增加。绝缘内部是否存在局部放电,可通过测 $\tan\delta$-U 的关系曲线加以判断。

4) 用做绝缘材料的介质,希望 $\tan\delta$ 小。在其他场合,可利用 $\tan\delta$ 引起的介质发热,如电瓷泥坯的阴干需较长时间,在泥坯上加适当的交流电压,则可利用介质损耗发热,加速干燥过程。

3.2 液体电介质的电气强度

3.2.1 液体电介质的击穿过程

工程用液体电介质中总含有某些气体、液体或固体杂质,这些杂质的存在,对液体电介质的击穿过程影响很大。因此，液体电介质根据其中是否含有杂质可分为两类：纯净的和工程上用的（不很纯净的）液体电介质。

1. 纯净的液体电介质的击穿过程

由图 3-1-12 可见，当液体电介质处在高电场电导区域时，如再升高电压到某一数值，液体电介质将击穿。关于纯净液体电介质的击穿机理有各种理论，主要可分为电击穿理论和气泡击穿理论两大类。

电击穿理论以液体分子由电子的碰撞而产生电离为前提。在阴极，因强电场发射或因肖特基效应发射的电子在电场中被加速，它碰撞液体分子，使液体分子产生电离，电子倍增；与此同时，因碰撞电离产生的正离子在阴极附近形成空间电荷层，增强阴极表面的电场，使阴极发射的电子数增多。当外加电场增强至很高时，电流将急剧增加而导致液体击穿。

气泡击穿理论则认为液体分子由电子碰撞而产生气泡，或在电场作用下因其他原因产生气泡，由气泡的成长和气泡内的放电导致液体电介质击穿。在外施电场较高时，纯净液体中发生气泡的原因：1）由阴极的强场发射及肖特基效应发射的电子电流加热液体电介质，使它分解出气体。2）由电场加速的电子碰撞液体分子，使液体分子解离产生出气体。3）静电排斥作用。在电极表面所吸附的气泡的表面上积有电荷，当它在电场作用下产生的静电斥力足以克服液体的表面张力时，便使气泡变大。4）电极上尖的或不规则的凸起物上的电晕放电引起液体气化。在交流电压下，串联介质中电场强度 E 的分布与各介质的介电常数 ε 成反比。以变压器油中的气泡为例：气泡中的场强 E_g 为油中场强 E_o 的 2.2 倍，气体的击穿场强比油低得多，所以气泡先开始电离，这又使气泡温度升高、体积膨胀，电离将进一步发展；而带电粒子又撞击油分子，使油又分解出气体，扩大气体通道。如果电离的气泡在电场中堆积成气体"小桥"，击穿就可能在此通道中发生。

2. 工程液体电介质的击穿过程

纯净液体电介质的击穿场强虽高，但其精制、提纯极其复杂，而在电气设备制造过程中又难免会有杂质重新混入；在运行中也会因液体电介质劣化而分解出气体和聚合物，所以工程用液体电介质或多或少含有一些杂质。例如油中常因受潮而含有水分，此外还含有纸或布脱落的纤维。由于水和纤维的介电常数很大（ε_r 分别为 81 和 6~7），使它们容易极化而沿电场方向定向排列。如果定向排列的纤维贯穿于电极间则形成连续小桥，如图 3-2-1a 所示。由于水分及纤维等的电导大而引起泄漏电流增大、发热增多，促使水分汽化、气泡扩大；如果纤维尚未贯穿整个电极间隙，则由于纤维的介电常数大而使纤维端部油中场强显著增高，高场强下油电离分解出气体形成气泡；气泡因电离发热而扩大。电离的气泡排成气体"小桥"，图 3-2-1b 所示。因此，工程用液体电介质最后将在气体通道中发生击穿。

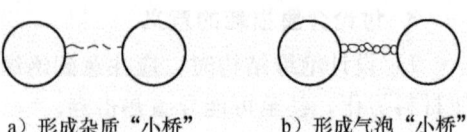

a）形成杂质"小桥"　　b）形成气泡"小桥"

图 3-2-1　工程液体介质中杂质在电极间定向示意图

3.2.2　影响液体电介质击穿电压的因素

1. 杂质

气体和水分如果溶解于液体介质中，则对耐压影响不大；如呈悬浮状态，则如前所述，将易形成"小桥"等而使击穿电压 U_b 明显下降。当油中含水量仅十万分之几，就会使耐压值显著下降；但当含水量继续增多，则只是增加几条击穿的并联路径，击穿电压不再继续下降。当有纤维存在时，水分的影响特别明显，如图3-2-2所示。电场越均匀，杂质对击穿电压的影响越大，击穿电压的分散性也越大。在不均匀电场中，杂质对击穿电压的影响较小，因在场强高处先发生的局部放电使油发生扰动，杂质已不易形成"小桥"。对于冲击击穿电压，杂质的影响也较小，因为在冲击电压的短时作用下，它还来不及形成"小桥"。

通常用标准油杯来检查油的质量。我国标准油杯电极的尺寸如图3-2-3所示，间隙的距离必须用卡规调整，电极表面的光洁度应尽可能保持▽9的程度。平板电极间电场均匀，油中稍有受潮、含杂，击穿电压就明显下降。规定用来灌注高压电力变压器等的变压器油，在标准油杯中的工频击穿电压要求在25～40 kV以上（与设备的额定电压有关）；灌注高压电缆和电容器的用油，在标准油杯中的击穿电压常要求在50 kV或60 kV以上。

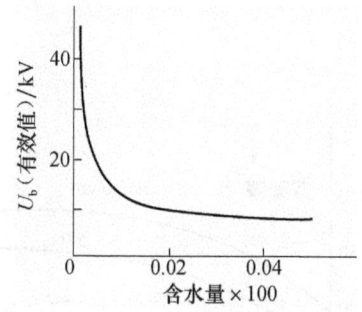

图 3-2-2　变压器油的工频击穿
电压和含水量的关系

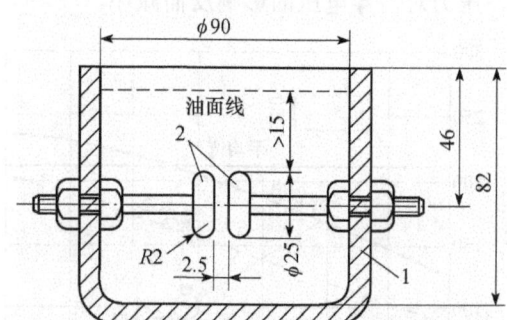

图 3-2-3　我国标准油杯电极尺寸示意图
1—绝缘外壳　2—黄铜电极

2. 温度

油的击穿电压与温度的关系较复杂。在0～60℃范围内，受潮的液体电介质的击穿电压，往往随温度升高而明显增加，如图3-2-4所示。其原因是由于油中悬浮状态的水分随着温度升高转变为溶解状态，以致受潮的变压器油在温度较高时击穿电压可能出现最大值（在60～80℃击穿电压最高），温度更高时，油中所含的水分汽化增多，又使击穿电压下降。

3. 电压作用时间

由于加上电压后，油中的杂质聚集到电极间或介质的发热等都需要一定的时间，所以油间隙击穿电压会随加电压时间的增加而下降，如图3-2-5所示，虚线表示未经研究过的区域。

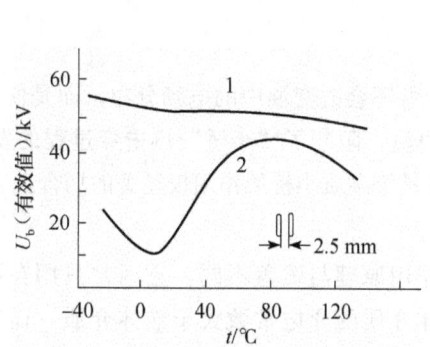

图 3-2-4　标准油杯中变压器油工频
击穿电压与温度的关系
1—干燥的油　2—受潮的油

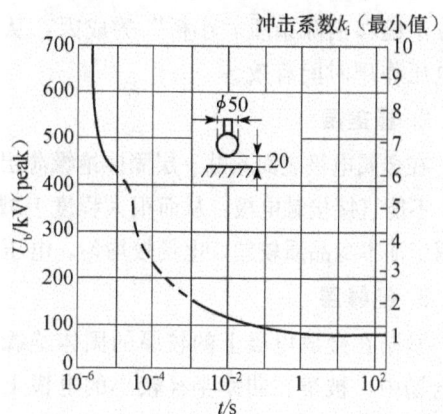

图 3-2-5　稍不均匀电场中变压器
油的伏秒特性曲线

4. 电场均匀程度

由图 3-2-6 可见，工频电压作用下，如电场较均匀，则油的品质对击穿电压的影响很大（曲线 2）；如电场极不均匀，则油的品质对击穿电压的影响很小（曲线 1）。这是因为在极不均匀电场下，棒极附近的电场极强，可造成强烈的游离，电场力对带电质点强烈的吸斥作用使该处的油受到剧烈的扰动，以致杂质和水分等很难形成"小桥"。

5. 压力

液体含有气泡时，其工频击穿电压随油的压力增大而升高，如图 3-2-7 所示，因为压力增加时，气体在油中的溶解量增大，并且气泡的局部放电起始电压也升高，但是油经过脱气后，压力对击穿电压的影响反而减小。

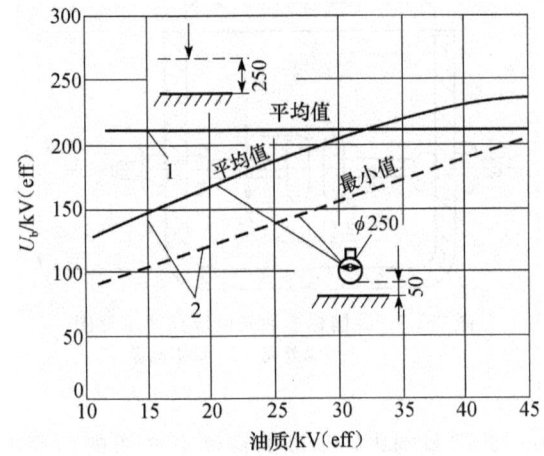

图 3-2-6　不同电场情况下变压器油的工频击穿电压与油质的关系

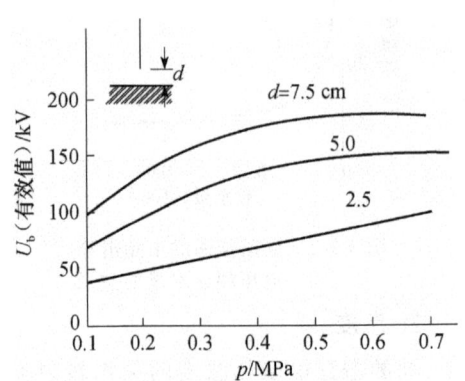

图 3-2-7　变压器油（工程电介质）工频击穿电压与压力的关系

3.2.3　提高液体电介质击穿电压的方法

1. 提高及保持油的品质

采用过滤等手段消除液体中的杂质，并且防止液体因与空气接触而从空气中吸收水分，该方法能够消除杂质"小桥"的成因，从而提高击穿电压，特别对均匀电场和持续时间较长的电压作用时间有效。

2. 覆盖层

在金属电极表面紧贴一层固体绝缘薄层，它实质上并不会改变油中的电场分布，而是使"小桥"不能直接接触电极，从而很大程度上减小了泄漏电流，阻断了"小桥"热击穿过程的发展；适用于油本身品质较差、电场较均匀、电压作用时间较长等杂质小桥的作用较显著的场合。

3. 绝缘层

紧贴在金属电极上的较厚的固体绝缘层，但其作用原理与覆盖不同。它通常只用在不均匀电场中，被覆在曲率半径较小的电极上，因该固体介质的介电常数大于液体介质，而减小了电极附近的电场强度，防止了电极附近局部放电的发生；固体绝缘层的厚度应做到使其外缘处的曲率半径已足够大，致使此处油中的场强减小到不会发生电晕或局部放电的程度。常见的应用例子如，在变压器中常在高压引线和屏蔽环包裹较厚的绝缘层，充油套管的导电杆上也包有这样的绝缘层。

4. 屏障

屏障指放置在电极间油隙中的固体绝缘板。极间障的作用：一是它能机械地阻隔杂质小桥的形成；二是在不均匀电场中曲率半径小的电极附近，在电场很强而先发生游离时聚集空间电荷，使屏障另一侧油隙中的电场变得比较均匀，起改善电场分布的作用。因此在极不均匀电场中，屏障的效果最显著。在变压器中常利用绝缘板做成圆筒、圆环等形状，放置在铁芯与绕组、低压绕组与高压绕组之间，并且常放置多个，将油隙分成多层小油隙，可充分提高击穿电压。

3.3 固体电介质的电气强度

常见的固体电介质的击穿有电击穿、热击穿及电化学击穿等形式。固体电介质击穿后，出现烧焦或熔化的通道、裂缝等，即使去掉外施电压，也不像气体、液体电介质那样能自己恢复绝缘性能。

3.3.1 固体介质的击穿过程

1. 电击穿理论

电击穿理论是建立在固体介质中发生碰撞电离的基础上的。固体介质中存在少量处于导带能量状态的电子（传导电子），它在电场加速下将与晶格结点上的原子碰撞，但因固体介质中的原子相互联系十分紧密，所以必须考虑是传导电子与晶格发生碰撞。解释由碰撞电离引起击穿过程的有下述两种理论。固有击穿理论认为单位时间内传导电子从电场中获得的能量与因碰撞而失去的能量不平衡而引起击穿。电子崩击穿理论则认为传导电子由电场得到了可使晶格原子电离的能量，产生了电子崩，当电子崩发展到足够强时（$e^{\alpha d} > e^{40}$），引起固体电介质击穿。

电击穿的特点是：电压作用时间短，击穿电压高，电介质温度不高；击穿场强与电场均匀程度密切相关，而与周围环境温度几乎无关。如图 3-3-1 所示，在区域 A，击穿时间小于 $10\,\mu s$，这只能是电击穿的性质，因为在这样短的时间内，任何其他过程都是来不及发展的。在此范围内，击穿电压随击穿时间的缩短而提高，类似于气体电介质击穿的伏秒特性。在区域 B，击穿时间在 $10\,\mu s \sim 0.2\,s$ 范围的较宽区域，此范围内击穿电压恒定，与击穿前时间几乎无关。这显然也是电击

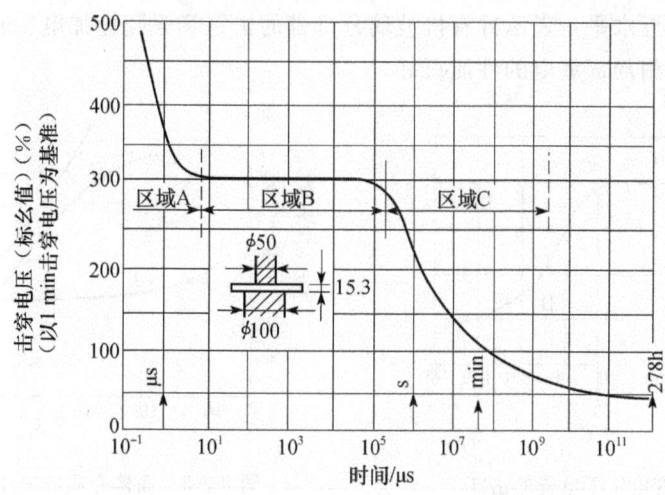

图 3-3-1　电工纸板的击穿电压与电压作用时间的关系

穿的性质。在区域 C，击穿电压随击穿前时间的增加而明显下降，具有热击穿的性质。

2. 热击穿理论

当固体介质加上电场时，介质中将发生损耗引起发热，使介质温度升高；而介质的电阻具有负的温度系数，即温度上升时电阻将变小，这又会使电流进一步增大，损耗发热亦随之增大。因此，如果同一时间内介质中发生的热量大于发散的热量时，介质温度将不断上升，进一步引起介质分解、炭化等，致使介质击穿。

如图 3-3-2 所示，即使是耐热性很强的瓷，当温度高于某临界温度时，击穿压将随着温度的升高而迅速下降，在温度低于临界温度时，击穿电压实际上不变的。这个临界温度不是该固体介质固有的物理常数，而是随固体介质的厚度、冷却条件和所施加的电压性质等因素而变化。

3. 电化学击穿理论

在电介质上加上工频电压进行电气强度试验时，正如图 3-3-1 所示的那样，长时间击穿电压常常不到短时击穿电压的几分之一。长时间击穿电压（或最终击穿电压）是指经过一定的加压时间后，击穿电压几乎不再随时间下降的恒定值。如加上的电压低于此值，即使加压时间再长，通常亦不引起击穿。长时间击穿电压较低的主要原因往往是在绝缘内部有局部放电所致。

高电压设备绝缘内部不可避免地存在有缺陷（例如固体介质中的间隙、液体介质中的气泡）和电场分布的不均匀性，这些间隙、气泡或局部固体绝缘沿面上的场强达到一定值时，就会发生局部放电。这种放电并不立即形成贯穿性通道，但长期的局部放电，使绝缘（特别是有机介质）的劣化损伤逐步扩大，甚至可使整个绝缘击穿或沿表面闪络。

局部放电引起介质劣化损伤的机理是多方面的。例如：①带电粒子对介质表面的撞击，切断分子构造；②由于带电粒子撞击介质，引起介质局部的温度上升，使介质加速氧化。对于高分子材料，由于氧化等而引起裂解以致平均分子量下降，材料的机械、电气性能下降；③局部放电产生的活性气体 NO、NO_2 等对介质的氧化作用使介质逐渐劣化。

电化学击穿电压的大小与施加电压时间的关系非常密切，但也因介质种类的不同而异，图 3-3-3 是三种固体介质的击穿场强随施加电压的时间变化的情况。曲线 1、2 下降较快，表示聚乙烯、聚四氟乙烯耐局部放电的性能差，如对橡皮绝缘电力电缆进行绝缘电气强度试验，当对经过试验而未击穿的电缆再作试验时，击穿电压往往较低，这是由树枝化放电劣化引起的。曲线 3 接近水平，表示硅有机玻璃云母带的击穿场强随施加电压时间的增加下降很小，可见无机绝缘耐局部放电的性能很好。

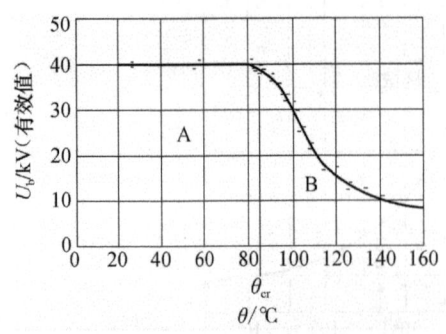

图 3-3-2　交变电压下电瓷的击穿
电压与温度的关系

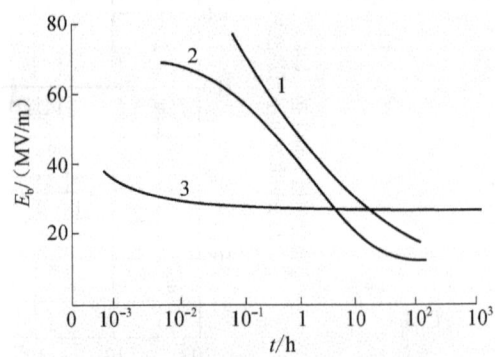

图 3-3-3　固体介质的击穿场强与电压
作用的时间的关系
1—聚乙烯　2—聚四氟乙烯　3—硅有机玻璃云母带

树枝化放电劣化是指：因有机材料中的电极尖端处或微小空间隙、杂质等引起高场强的区域发生局部放电，从而造成邻近绝缘物的分解、破坏（表现为变酥、炭化等形式），并沿电场方向逐渐向绝缘层深处发展，呈现树枝状放电，留下细的沟状放电通路的痕迹。图3-3-4所示为树枝化放电劣化树枝的形状。

在交流电压下，树枝化放电劣化是局部放电产生的带电粒子撞击材料引起电化学劣化的结果，在冲击电压下，则可能是局部电场强度超过了材料的电击穿强度所造成的。

还有一种水树老化现象。如果将树枝化放电劣化称为电离性老化的话，水树老化则为电导性老化。在直流电压作用下，还有一种电解性老化，这里不做论述。如果在两电极之间的绝缘层中（或电极与绝缘的交界面处），存在液态导电物质（水或绝缘制造过程中残留的某些电解质溶液），当该处场强超过某定值时，这些导电物质会沿电场方向逐渐深入到绝缘层深处，形成近似树枝状的痕迹，称作"水树枝"，水树枝常呈现绒毛状一片或多片，有扇状、羽毛状、蝴蝶状等形状。图 3-3-5 所示，为常见的水树老化树枝的外形。水树老化通常发正在聚乙烯电缆中，一般是从内半导电层、屏蔽层与绝缘层界面上引发出来。这些水树枝不仅受电缆结构的影响，而且还受半导电层性能和形状、含水率、电压等级、电缆芯温度及浸水条件等因素的影响。水树枝的形成时间非常缓慢，大多数情况是在投运 10 年以上的电缆中才出现。水树枝延伸最主要的条件是高温和浸水，有时水树枝的长度可以达到绝缘厚度的一半以上。水树枝具有消失和重现的特点，有的水树枝受热、干燥、抽真空后会消失形态，浸入热水中又会重现。贯通绝缘体的水树枝状劣化，大部分能维持正常工作电压以上的电压值，不会直接导致击穿，只有在发生脉冲电压等异常电压时才产生破坏。

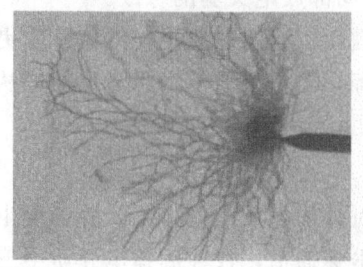
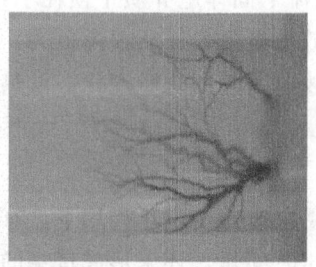
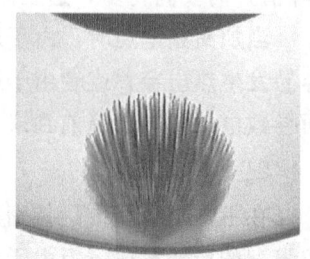

图 3-3-4　树枝化放电劣化树枝的形状　　　　图 3-3-5　水树老化树枝的外形

3.3.2　影响固体电介质击穿电压的主要因素

1. 电压作用时间

若外加电压作用时间很短（如1/10 s以下）固体电介质就被击穿，则这种击穿很可能是电击穿。如电压作用时间较长（几分钟到数十小时）才引起击穿，则热击穿往往是重要因素。有时两者很难分清，例如在交流一分钟耐压试验中的试品被击穿，则常常是电和热的双重作用。电压作用时间长达几十小时甚至几年才击穿时，则大多属于电化学击穿。为了准确判断击穿的原因，还应根据击穿现象作具体分析，不能单纯以时间来衡量。以常用的油浸电工纸板为例，以 1 min 工频击穿电压值作为 100%，则在长期工作电压下的击穿电压值仅为其几分之一，这是电化学击穿的缘故。很多有机绝缘材料的短时间电气强度很高，但它的耐局部放电性能往往很差，以致长时间电气强度很低，使用时必须注意这一点。在不可能用浸油等方法来消除局部放电的绝缘结构中（例如高压电机中），就需要采用云母等特别耐局部放电的无机绝缘材料。

2. 温度

如图 3-3-2 所示，也存在着一个临界点，即临界温度 θ_{cr}。当温度小于 θ_{cr} 时，固体电介质的击穿场强很高，且与温度几乎无关，属于电击穿的性质；当温度大于 θ_{cr} 时，随着温度的升高，固体电介质的击穿场强迅速下降，属于热击穿的性质。这个临界温度不是一个常数，固体电介质的厚度愈大，冷却条件愈差，电压频率愈高，电压作用时间愈长，则 θ_{cr} 就愈低。

3. 电场均匀程度

均匀致密的固体介质如处于均匀电场中，其击穿电压往往较高，而且与介质厚度的增加而线性增加；如在不均匀电场中，则随着介质厚度的增加，电场更不均匀，击穿电压已不随厚度的增加而直线上升，这时击穿电压和电场分布的不均匀程度有关。当厚度增加、散热困难到可能出现热击穿时，增加厚度的意义就更小了。

常用的固体电介质往往不很均匀致密。即使处于均匀电场中，由于气孔或其他缺陷都将使电场畸变，最高场强常集中在缺陷处，如气体中先产生局部放电，也会逐渐损害到固体电介质。经过干燥、浸泊等工艺过程让矿物油充满空间隙，则允许工作场强可明显提高。

4. 电压的种类

相同电极布置时，同一种电介质在交流、直流或冲击电压下的击穿电压往往是不相同的。定义冲击击穿电压与工频击穿电压（峰值）之比为冲击系数。介质的冲击击穿电压常大于工频击穿电压，即其冲击系数常大于 1；而固体电介质在直流下的击穿电压也常比工频（峰值）的要高得多，这是因为直流下固体电介质中损耗小，局部放电又弱的缘故。

当加高频电压时，由于局部放电更强，介质损耗更大，因而引起发热严重，致使介质更容易发生热击穿；或者由于局部放电引起的化学变化、发热等，损伤绝缘使绝缘劣化加速从而导致电化学击穿提前到来。

5. 累积效应

在不均匀电场中，特别是在雷电等冲击电压作用下，有时外施电压虽已较高，并已发生较强烈的局部放电，但由于加电压时间短，还未形成贯穿的击穿通道，仅在固体电介质中形成局部损伤或不完全击穿（例如前述的树枝化放电）；在多次冲击或工频试验电压作用下，一系列的不完全击穿将导致介质的完全击穿。所以随着施加冲击或工频试验电压次数增多，固体电介质的击穿电压将下降，这就是累积效应的结果。在确定电气设备试验电压和试验次数时都需注意到此累积效应。

6. 受潮度的影响

绝缘材料受潮后击穿场强的下降程度与该材料的性能有关：对于不易吸潮的材料，如聚乙烯、聚四氟乙烯等中性介质，吸潮后击穿电压仅下降一半左右；但对于容易吸潮的极性介质，如棉纱、纸等纤维材料，吸潮后的击穿电压最低时可能仅为干燥时的几百分之一。所以高压绝缘结构不但在制造时要注意除去水分，在运行中还要注意防潮，并定期检查受潮情况。

7. 机械负荷

有些绝缘结构在运行中可能受到较大的机械负荷，当材料出现开裂或微观裂缝时，击穿电压将显著下降。

不少有机固体电介质在长期运行中因热、化学等作用渐渐发脆，遇到较大的机械应力（如短路时）就可能裂开或松散，如在这些裂缝中充有污物或受潮后，击穿电压下降更多。在运行中，如由于长期受较高温度的作用，绝缘材料特别是纸（或布）纤维、塑料等有机材料很容易劣化变脆，丧失弹性，机械强度强烈下降。所以电力设备要注意散热，避免过负荷运行。

3.3.3 提高固体电介质击穿电压的方法

1. 改进制造工艺

如尽可能地清除固体电介质中残留的杂质、气泡、水分等，使固体电介质尽可能均匀致密。这可以通过精选材料、改善工艺、真空干燥、加强浸渍（油、胶、漆等）等方法来达到。

2. 改进绝缘设计

如采取合理的绝缘结构，使各部分绝缘的耐电强度能与其所承担的场强有适当的配合；改善电极形状及表面光洁度，尽可能使电场分布均匀，把边缘效应减到最小；改善电极与绝缘体的接触状态，消除接触处的间隙或使接触处的间隙不承受电位差（如采用半导体漆等）。

3. 改善运行条件

如注意防潮，防止尘污和各种有害气体的侵蚀，加强散热冷却（如自然通风、强迫通风、氢冷、油冷、水内冷等）。

3.4 电介质的其他性能

3.4.1 热性能

提高电介质的工作温度，对于提高电气设备的容量、缩小体积、减轻重量和降低成本等方面都具有非常重要的意义。电介质的工作温度是由电介质的耐热性决定的。所谓电介质的耐热性就是保证运行可靠的最高容许温度。考虑到电介质在运行时的安全裕度，其工作温度不应超过最高容许温度。

1. 电介质的短时耐热性

电介质在高温的作用下，短时间内就能发生明显的损坏。例如绝缘材料发生软化而不能再承受外力；塑料因增塑剂挥发而变硬、变脆；绝缘油汽化带来着火的危险；电介质性能剧烈下降等。

电介质在高温的作用下，还可能发生明显的化学变化而导致热损坏。例如发生化学分解（如聚氯乙烯分解出氯化氢）、炭化（有机材料遇高温而炭化）、强烈氧化（如变压器油的酸值在短时间内提高）甚至燃烧。

绝缘材料特别是脆性材料（像玻璃、陶瓷、硬塑料等）在剧烈变化的温度（热冲击）作用下，由于在材料的内外层间形成温差和不均匀的热膨胀（或收缩）可能形成裂缝。

2. 电介质的热劣化和长期耐热性

电介质在稍高温度（常比短时耐热性的温度低）的作用下，发生绝缘性能的不可逆变化,这就是电介质的热劣化。例如变压器油的酸值逐渐升高,颜色逐渐加深;漆膜或橡皮逐渐变脆、开裂或发粘等。其原因是由于电介质的内部发生了缓慢的化学变化所致。除温度外,空气中的氧气浓度、臭氧浓度、电场强度、紫外线照射情况、机械负荷等因素对热劣化都有影响。

在一定温度下,电介质不产生热损坏的时间称为电介质的寿命。在确定寿命条件下,电介质不产生热损坏的最高容许温度便是它的长期耐热性。

3. 电介质的耐热等级

根据绝缘材料的耐热性,确定其工作温度,并划分为几个耐热等级,如表 3-4-1 所示。

表 3-4-1 电介质耐热等级

级别	最高持续工作温度/℃	材料举例
Y	90	未浸渍过的木材、棉纱、天然丝和纸等或其组合物;聚乙烯、聚氯乙烯、天然橡胶
A	105	油性树脂漆及其漆包线,矿物油及浸入其中的纤维材料
E	120	酚醛树脂塑料,胶纸板、胶布板、聚酯薄膜及聚酯纤维,聚乙烯醇缩甲醛漆
B	130	沥青油漆制成的云母带、玻璃漆布、玻璃胶布板,聚酯漆,环氧树脂
F	155	聚酯亚胺漆及其漆包线,改性硅有机漆及其云母制品及玻璃漆布
H	180	聚酰胺酰亚胺漆及其漆包线,硅有机漆及其制品,硅橡胶及其玻璃布
C	220	聚酰亚胺漆及薄膜,云母,陶瓷,玻璃及其纤维,聚四氯乙烯

使用温度如超过表 3-4-1 中规定的温度,则绝缘材料迅速劣化,寿命大大缩短,如图 3-4-1 所示。A 级绝缘的运行温度如超过 8℃,则寿命便缩短一半,这通常称为热劣化的 8℃ 原则。实际上对其他各级绝缘并不都是 8℃,例如 B 级绝缘约为 10℃,H 级绝缘约为 12℃ 等。

4. 电介质的耐寒性、耐弧性及其他性能

耐寒性是绝缘材料在低温时保证可靠运行的最低许可温度,低于该温度时,材料常发生固化、变脆或开裂。所以对于在可能出现很低温度处运行的设备,要注意材料的耐寒性。如选择变压器油时,要注意其凝固点应低于环境的最低温度(油的牌号 10#、25#、40# 分别表示凝固温度为 −10℃、−25℃、−40℃ 等)。

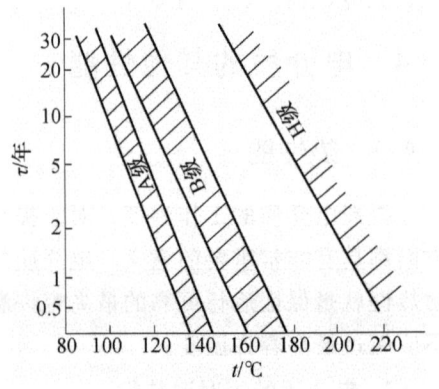

图 3-4-1 不同耐热等级的绝缘材料在各种运行温度下长期运行的寿命

当介质可能发生沿面闪络时,它们的耐弧性是很重要的。在电弧的作用下有些材料能经受电弧的高温作用而不破坏,有些会留下烧伤痕迹,另一些则会被电弧完全破坏,即不同的电介质有不同的耐弧性。所以必须根据工作条件来选择合适的材料。

其他如材料的导热性能,与材料的热击穿强度及热稳定性等关系很大。常用的大部分绝缘材料的导热系数比金属小得多,例如铜的导热系数为 13.9J/cm·s·℃,铝为 2.26J/cm·s·℃,而纸仅为 0.001J/cm·s·℃,无机电介质略高,约为 0.01~0.1J/cm·s·℃。液体的导热系数远比固体小,气体的更小。

固体的软化点、液体的黏度等也都属于热性能参数。

3.4.2 机械性能

固体绝缘材料有脆性材料、塑性材料和弹性材料三种，它们的机械性能差别很大。

同一种材料的抗拉、抗压和抗弯强度间可能相差很大，例如电瓷的抗压强度比抗拉、抗弯强度高得多。所以必须根据受力情况选择适当的材料或在进行结构设计时注意充分发挥此材料强度的特点。材料的机械强度与温度及材料的湿度有极密切的关系。在选择材料时，还必须注意材料的形变性能。例如作为标准电容器的支柱若选用较软的材料，电容量就很难保证；再如作为电线、电缆的绝缘材料，就必须具有一定的形变能力才能满足使用要求。

3.4.3 吸潮性能

水分被吸收到电介质内部或吸附到电介质的表面后，它能溶解离子杂质或使强极性物质电离，且本身也能在其他杂质的影响下加强电离作用，因而增加了电离及损耗，并恶化表面放电特性；或者在两个电极间构成通路；或者在高温下汽化形成"汽桥"使击穿强度大大下降；或者分散在电介质中形成不均匀介质；或者进入分子之间而改变了材料的机械性能；或者加强材料内部的化学变化过程从而缩短材料的寿命等。

水分对电介质性能的影响严重，必须引起注意。对于湿度大的地区，要尽量采用吸湿性小的材料或对材料进行防潮处理。一般来说，非极性电介质（如石蜡、聚乙烯等）的吸水性能最低，极性电介质（例如纸）则较强；具有多孔毛细管状结构的材料，其吸水性能比结构致密、均匀的材料要高得多。

3.4.4 化学性能及抗生物特性

化学性能主要指材料的化学稳定性，如固体电介质的抗腐蚀性（氧、臭氧、酸、碱、盐类的溶液和蒸汽的作用）和抗溶剂的稳定性（耐油性、耐漆性等），液体介质的抗氧化性能（反映为酸价的增加等）。工作在湿热带和亚湿热带地区的绝缘还要注意材料的抗生物（霉菌、昆虫）特性，需采用防霉剂和除虫涂料等。

习 题

1. 试比较电介质各种极化的性质和特点。
2. 极性液体和极性固体电介质的相对介电常数与温度和电压频率的关系如何？为什么？
3. 正弦交变电场作用下，电介质的等效电路是怎样的？为什么测量高压电气设备绝缘电阻时需要按照在标准规范的时间记录，并同时记录温度？
4. 某些电容量较大的设备经直流高电压试验后，其接地放电时间要求长达 5～10 min，为什么？
5. 比较气体、液体、固体电介质耐电强度的高低，并解释其内在的原因。
6. 固体电介质电击穿的特点是什么？提高固体电击穿电压的方法都有哪些？
7. 固体电介质热击穿的特点是什么？高压设备绝缘受潮后为什么容易造成热击穿？提高固

体热击穿电压的方法都有哪些？
8. 纯净液体电介质的电击穿理论和气体击穿理论两者之间有差别吗？为什么？
9. 在均匀场中，纯净的和含杂质的液体电解质分别施加工频和冲击电压，其击穿电压有何不同？为什么？
10. 在极不均匀电场中，油的纯净度对击穿电压有何影响？为什么？
11. 一充油的均匀场间隙距离为 30 mm，油的 $\varepsilon_{r1}=2$，极间施加工频电压 300 kV，若在极间放置厚度为 3 mm 的屏障，屏障的 $\varepsilon_{r2}=4$，求此时油中的电场强度，若将屏障厚度增加为 10 mm，油中的电场强度又为多少？根据计算结果，试解释为什么油纸组合绝缘的耐电强度比纸或油的耐电强度都高？
12. 总结提高液体电解质击穿电压的各种方法。

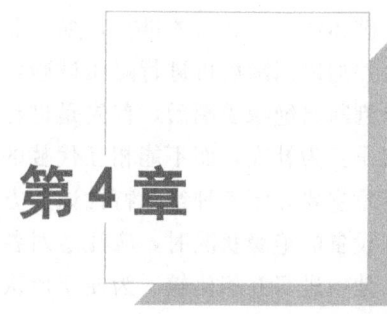

第 4 章

电气设备绝缘预防性试验

电气设备必须在长年使用中保持高度的可靠性,为此必须对设备按设计的规格进行各种试验。在制造厂有对所用的原材料的试验、制造过程的中间试验、产品定型及出厂试验,以保证产品质量;在使用场合有安装后的交接试验,运行中为防止设备在外界作用的影响下(如长期工作电压、短时过电压、大气影响如潮湿等作用)绝缘发生劣化,定期和非定期的要对设备进行预防性试验,及时发现缺陷,从而进行相应的维护与检修,以减少事故的发生。

如表 4-0-1 所示,电气设备绝缘试验可分为两大类:

表 4-0-1 绝缘试验的分类

绝缘试验	绝缘特性试验	绝缘电阻试验 介质损耗角正切值(tanδ)的试验 局部放电试验 其他试验
	绝缘耐压试验	交流电压试验 直流电压试验 雷电冲击电压试验 操作冲击电压试验

1)绝缘特性试验。在较低的电压下或是用其他不会损伤绝缘的办法来测量绝缘的各种特性,从而判断绝缘内部有无缺陷的试验,称为绝缘特性试验。实践证明,这类试验是有效的,但目前还不能只靠它来可靠地判断绝缘的耐压水平。由于是在较低电压下进行的,通常不会导致绝缘的击穿损坏,故也称非破坏性试验。

2)绝缘耐压试验。模仿设备绝缘在运行中可能受到的各种电压(包括电压波形、幅值、持续时间等),对绝缘施加与之等价的或更为严峻的电压,从而考验绝缘耐受这类电压能力的试验,称为耐压试验。这类试验显然是最有效和最可信的,但可能导致绝缘的破坏,故也称破坏性试验。

耐压试验对绝缘的考验是严格的,特别是能揭露那些危险性较大的集中性缺陷,它能保证绝缘有一定的水平或裕度,缺点是可能会在耐压试验时给绝缘造成一定的损伤。耐压试验是在非破坏性试验之后才进行，如果非破坏性试验已表明绝缘存在不正常情况，则必须在查明原因并加以消除后再进行耐压试验，以避免不应有的击穿。例如套管大修时，当用非破坏性试验判断出绝缘受潮后，首先是进行干燥，待受潮现象消除后才做耐压试验。显然上述两类试验是互为补充，而不能相互代替的。

本章主要介绍各种绝缘特性试验方法的基本原理及能发现什么样的缺陷。在具体判断某一电气设备的绝缘状况时，应注意对各项试验结果进行综合判断，并注意和历史资料及该设备的其他项进行互相比较。为便于历次试验结果相互比较，最好在相近温度和试验条件下进行试验，以免因温度换算带来误差。试验应尽量在良好天气下进行。有关绝缘试验应按国家标准 GB/T 16927.1—1997《高电压试验技术》及电力行业标准 DL/T 596—1996《电气设备预防性试验规程》等的要求进行。

4.1 绝缘电阻、吸收比和泄漏电流的测量

4.1.1 泄漏电流和绝缘电阻

在图 4-1-1a 所示的等值电路上加直流电压时，绝缘介质中流过的是电容电流 I_g、吸收电流 I_p 和传导电流（也称电导电流或泄漏电流）I_{lk}。I_g 由电极间几何电容 C_0 及绝缘介质中的无损极化决定，故又称为几何电流，其存在时间很短，在加压瞬间数值很大而后迅速衰减为零；I_p 比 I_g 下降慢很多，是前述的夹层极化等缓慢极化造成的，其存在时间较长，可达几分钟到几十分钟，其下降速率取决于电极的构造、绝缘介质种类、绝缘介质特性好坏及温度、湿度等的影响，它与时间轴的所夹面积即为吸收电荷 Q_a；I_{lk} 是唯一与时间无关的量。将流过绝缘的总电流 $I = I_g + I_p + I_{lk}$ 与时间的关系曲线称为吸收曲线，如图 4-1-1b 所示。

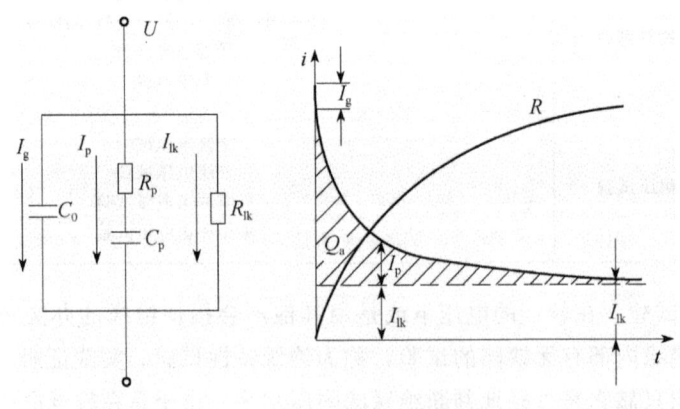

a) 绝缘的等值电路　　b) 泄漏电流和绝缘电阻与时间的关系曲线

图 4-1-1　绝缘电阻和泄漏电流

图 4-1-2a 所示为测量绝缘介质中电流的电路图，图中加辅助电极（护环）是为了把流过绝缘介质表面的电流与绝缘介质内部的电流分开，使得高灵敏度电流表 A 测得的仅是流过绝缘介质内部的电流。为避开刚合闸时电极间的瞬时充电电流 I_g，可先用 S_3 将电流表 A 短接，合闸后经很短的时间再将 S_3 断开。这样，直流电压加上后，电流 I 与时间 t 的关系如图 4-1-2b 所示。

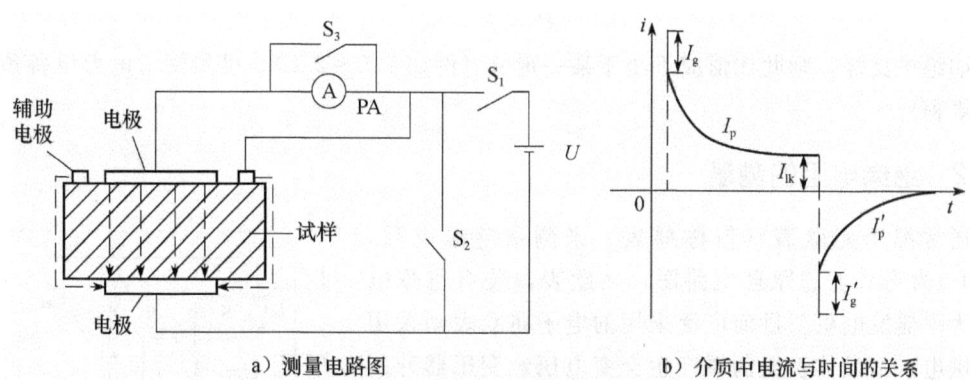

a) 测量电路图　　　　　　　　b) 介质中电流与时间的关系

图 4-1-2　介质中电流的测量

在图 4-1-2a 所示的电路中，施加电压以后，如去掉外加电压（断开 S_1），而将绝缘介质两侧的极板短路（将 S_2 合上），则电流与时间关系如图 4-1-2b 中横轴以下的曲线所示，电流随时间的变化曲线正好与吸收电流的曲线形状相反（注意避开瞬时放电电流 i'_g）。

与泄漏电流相应的电阻称为绝缘介质的绝缘电阻。绝缘介质的绝缘电阻或绝缘介质电导决定了绝缘介质中的泄漏电流。泄漏电流大，将引起绝缘介质发热，加快绝缘介质的老化。

在绝缘预防性试验中，以绝缘电阻值判断绝缘是否受潮或有其他劣化现象。测量绝缘电阻，实际上就是测量绝缘介质在直流电压作用下的电流。

如前所述，图 4-1-1a 中串联支路 R_p - C_p 代表电介质的吸收特性。如绝缘良好，则 R_{lk} 和 R_p 的值都比较大，这就不仅使稳定的绝缘电阻值（就 R_{lk} 的值）较高，而且要经过较长的时间才能达到此稳定值（因中间串联支路的时间常数较大）。反之，如绝缘受潮，或存在穿透性的导电通道，则不仅最后稳定的绝缘电阻值 R_{lk} 很低，而且还会很快达到稳定值。因此，可以用绝缘电阻随时间变化的关系来反映绝缘的状况，如图 4-1-3 所示。通常用加压 60 s 测量的绝缘电阻与加压 15 s 测量的绝缘电阻的比值（称为吸收比）可以有效地判断绝缘的好坏，即

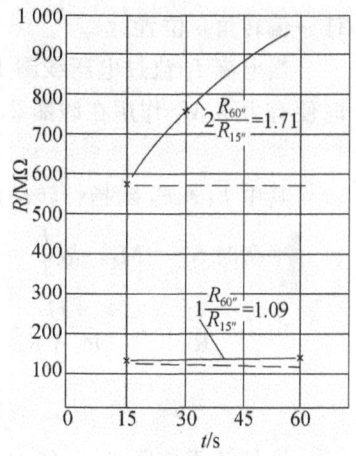

图 4-1-3　某变压器的绝缘电阻与时间的关系

$$K = \frac{R_{60''}}{R_{15''}} \quad (4\text{-}1\text{-}1)$$

如良好、干燥的绝缘，吸收电流较大（$R_{15''}$ 较小），K 值远大于 1；受潮或有缺陷的绝缘，吸收比接近于 1。

所以，利用绝缘的吸收曲线的变化或 K 值的变化，有助于判断绝缘的状况。

某些容量较大的电气设备，其绝缘的极化和吸收过程较长，上述吸收比 K 还不能充分反映绝缘吸收过程的整体，而且，随着电气设备绝缘结构和规模的不同，这最初 60 s 内极化和吸收过程的发展趋向与其后整体过程的发展趋向也不一定很一致。为此，对这类大中型电气设备的绝缘，还制定了另一指标；取绝缘体在加压后 10 min 和 1 min 所测得的绝缘电阻值 R_{10} 和 R_1 之比值，称之为极化指数 P，即

$$P = R_{10}/R_1 \tag{4-1-2}$$

如绝缘良好,则此比值应不小于某一定值(例如 1.5~2.0),可参阅《电力设备预防性试验规程》。

4.1.2 绝缘电阻的测量

通常都用兆欧表(俗称摇表)来测量绝缘电阻。图 4-1-4 为兆欧表的原理电路图,兆欧表内装有直流电源,为手摇发电机。目前广泛采用的电子兆欧表则采用电池供电,由晶体管振荡器产生交变电压经变压器升压及倍压整流后输出直流电压。直流电压为 2 500 V 的兆欧表,用于对额定电压为 1 000 V 以上的电气设备进行试验;对 1 000 V 及以下设备常用 1 000 V 兆欧表。对大型设备,常用 5 000 V 的兆欧表。

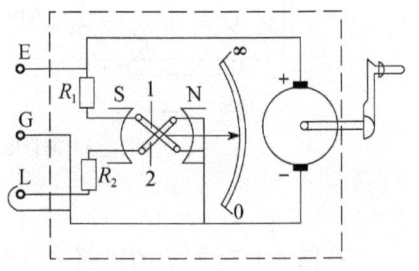

图 4-1-4 兆欧表的原理电路图

兆欧表有三个接线端子:线路端子(L),接地端子(E)和屏蔽端子(G)。被试绝缘接在 L 和 E 之间,电压线圈 1 和电流线圈 2 绕向相反,固定在同一转子上,并可带动指针旋转。由于没有弹簧游丝,所以实际上没有反作用力矩,当线圈中没有电流时,指针可停在任一偏转角 α 位置。

当电流 I_1 流过电压线圈 1 时,便有力矩 M_1 作用在线圈 1 上。同样 I_2 流过电流线圈 2 时便有力矩 M_2 作用在线圈 2 上。M_1、M_2 分别为

$$M_1 = I_1 F_1(\alpha) \qquad M_2 = I_2 F_2(\alpha)$$

其中 F_1、F_2 随指针转动角而变,与间隙中磁通密度的分布有关。

平衡时 $M_1 = M_2$,故 $\dfrac{I_1}{I_2} = \dfrac{F_2(\alpha)}{F_1(\alpha)} = F(\alpha)$ 或 $\alpha = f\left(\dfrac{I_1}{I_2}\right)$

由 $I_1 = \dfrac{U}{R_1}$,$I_2 = \dfrac{U}{R_2 + R_x}$($R_x$ 为试品绝缘电阻),可得

$$\alpha = f\left(\dfrac{I_1}{I_2}\right) = f\left(\dfrac{R_2 + R_x}{R_1}\right) = f'(R_x)$$

即指针读数反映 R_x 的大小。

图 4-1-5 所示为兆欧表测套管绝缘的接线图。在芯柱出头附近的套管表面(靠近 L 端子的电极)安装金属屏蔽环极,并将此环极接到兆欧表的端子 G。这样,由法兰经套管表面的漏导电流到了屏蔽环极就经由屏蔽端子 G 直接流回发电机负极,只有通过体积绝缘电阻的漏导电流才流经电流测量线圈,从而反映到指针的偏转中去,这样兆欧表的指示反映的是套管的体积电阻值。表面绝缘电阻受环境的影响(如潮气、尘埃、积污等)而多变,不能代表绝缘的内在质量,只有体积绝缘电阻才能反映绝缘体的内在质量。

图 4-1-6 表示用兆欧表测量电机定子绕组时的情况,图中被测相为 A 相。在 A 相绝缘表面紧缠以金属丝环作为屏蔽电极,并连接到兆欧表的屏蔽端子 G 上,这样可使流经兆欧表线圈的电流只反映 A 相定子绕组绝缘内部的电流,而沿绝缘表面的泄漏电流将由 G 端供给,不流过兆欧表的线圈,也就是使兆欧表的读数不受绝缘表面的影响,只反映绝缘内部的状况。同时未试相的绕组 B-Y,C-Z 均应短路并接地,如图 4-1-6b 所示。

测量绝缘电阻能有效地发现下列缺陷:

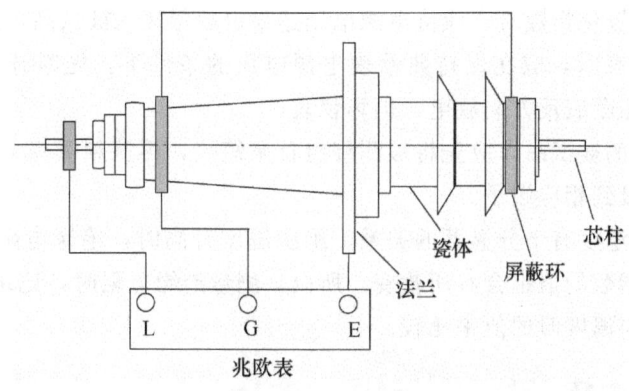

图 4-1-5　用兆欧表测量套管绝缘的接线图

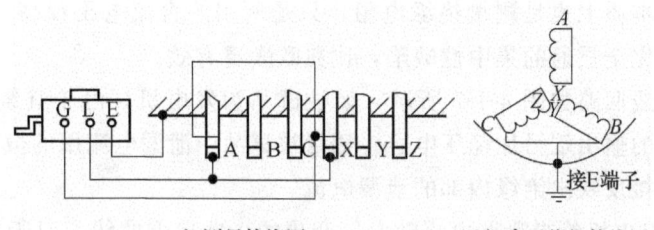

a) 测量接线图　　　b) 定子绕组接线图

图 4-1-6　发电机定子绕组绝缘电阻的测量

1) 总体绝缘质量欠佳；
2) 绝缘受潮；
3) 两极间有穿透性的导电通道；
4) 表面受潮、污垢等（比较有、无屏蔽环极时所测得的值即可知）。

测量绝缘电阻不能发现下列缺陷：

1) 绝缘中的局部缺陷（如不穿透的局部损伤或裂缝、含有气泡、分层脱开等）；
2) 绝缘的老化（因为老化了的绝缘，其绝缘电阻还可能是相当高的）。

应该指出：不论是绝缘电阻的绝对值或是吸收比的值都只是参考性的。如不满足最低合格值，则绝缘中肯定存在某种缺陷；但是，如已满足最低合格的数值，也还不能肯定绝缘是良好的。某些实例说明，有些设备（如发电机、变压器、电缆等）的绝缘，即使有严重缺陷（如破裂或甚至已被击穿），用兆欧表测得的绝缘电阻值或吸收比仍可能满足规定的最低要求，这主要是因为兆欧表的电压较低的缘故。所以，根据绝缘电阻或吸收比的值来判断绝缘状况时，不仅应与规定标准相比较，更应与过去试验的历史资料相比较，与同类设备的数据相比较，以及将同一设备的不同部分（例如不同相）的数据相比较（用"不平衡系数" $k=\dfrac{最大值}{最小值}$ 来表示，一般认为，如 $k>2$，则表示有某种绝缘缺陷存在），当然，也应该与本绝缘的其他试验结果相比较。

测量绝缘电阻时还应注意下列几点：

1) 试验前应将被试品接地放电一定时间（一般是 5~10 min），这是为了避免被试品可能存留残余电荷而造成误差。试验后也应这样做，以求安全。
2) 高压测试连接线应尽量保持架空，确需使用支撑时，要确认支撑物的绝缘对被试品绝缘测量结果的影响极小。

3) 测吸收比和极化指数时,应待电源电压达稳定后再接入被试品,并开始计时。

4) 每次测试结束时,应在保持兆欧表电源电压的条件下,先断开 L 端与被试品的连线,以防被试品对兆欧表反方向放电,损坏仪表。

5) 对带有绕组的被试品,应先将被测绕组首尾短接,再接到 L 端,其他非被测绕组也应先首尾短接后再接到相应端子。

6) 绝缘电阻与温度有十分显著的关系。绝缘温度升高时,绝缘电阻大致按指数规律降低,吸收比和极化指数的值也会有所改变。所以,测量绝缘电阻时,记录当时的温度,而在比较时,也应按相应温度时的值来比较。

4.1.3 泄漏电流测量

测量泄漏电流本质上也是测量绝缘电阻,只是所用的直流电压较高(10 kV 以上),因此能发现一些尚未完全贯通的集中性缺陷,比兆欧表更有效。

试验设备及接线回路如图 4-1-7 所示,如被试品为发电机,由于其绕组对地电容较大,故不需在高压直流的输出端另加稳压电容。测量被试品中泄漏电流用的微安表最好直接接在高压侧,以便能直接反映出绝缘内部的泄漏电流。

图 4-1-8 表示发电机绝缘泄漏电流随电压变化的一些典型曲线。对于良好的绝缘,电流值较小,泄漏电流随电压而线性上升,如曲线 1 所示;如果绝缘受潮,那么电流值加大,如曲线 2 所示;曲线 3 表示绝缘中有集中性缺陷存在。当泄漏电流超过一定数值,应尽可能找出原因加以消除。如果 $0.5U_t$(试验电压为 U_t)附近泄漏电流已经迅速上升,如曲线 4 所示,则这台发电机在运行时(不计及过电压)就有击穿的危险。

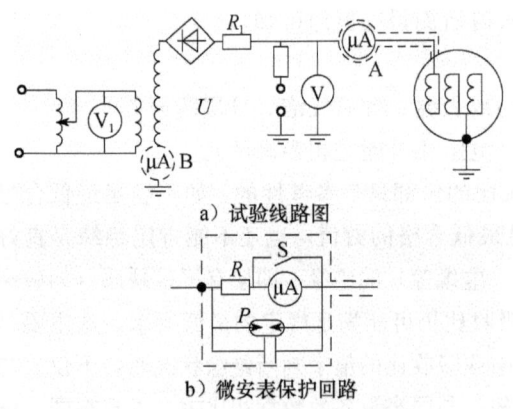

图 4-1-7 发电机泄漏电流试验线路图
a) 试验线路图 b) 微安表保护回路

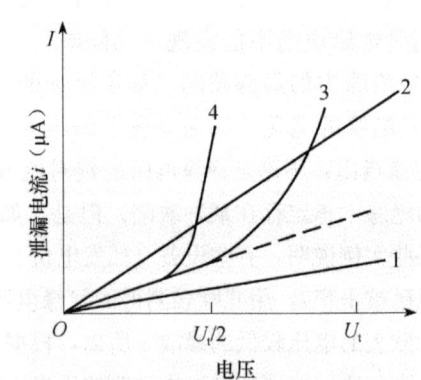

图 4-1-8 发电机的典型泄漏电流曲线
1—绝缘良好 2—绝缘受潮 3—绝缘中有集中性缺陷
4—绝缘中有危险的集中性缺陷

测泄漏电流时,除了和测绝缘电阻时同样需要注意温度、时间和表面泄漏的影响等问题外,还应注意下列问题:

1) 电压的稳定性。一般都用整流来获得直流电压,整流电压的脉动因素应符合国家标准规定,不大于 3%。

2) 测量仪表的保护。可以应用如图 4-1-9 所示的电路。电阻 R 的值应这样选取:电流表 A 所允许的最大电流在电阻 R 上的压降应稍大于放电管(可以是测电笔中用的氖管)的起始放电电压。并联电容 C 的作用不仅使电流表的读数稳定，更重要的是使作用在放电管 P 上的电压陡波前能有足够的平缓，使 P 来得及动作，故其电容量应较大（1μF）。电流表平时被闭路开关 K 短接，只有在需要读数时才将 K 打开。

3）电晕造成的误差。当将测量仪表接在低电位侧，如果高压连线上或被试品高压电极上发生电晕，形成附加漏导电流，连同绝缘表面的泄漏电流可能使仪表指示的电流值比实际流经被试绝缘的内部泄漏电流大很多，所以，应在被试品的低压极附近用屏蔽环 D 安装在绝缘表面，并与屏蔽测量机构的法拉第笼接在一起后直接接地，如图 4-1-9 所示。

4）被试品的接地问题。图 4-1-9 所示的电路中，被试品两端均不允许接地，但现场已经安装的设备，或是埋入地中的电缆，常常是无法对地绝缘起来的，此时，应将测量系统串接在高压侧电路中。由于测量系统包含仪表及其他辅助元件，不易做到防晕，故应将测量系统放在法拉第笼中，并尽可能将被试品的高压极和引线屏蔽起来，与安装在靠近高压电极绝缘表面的屏蔽环 D 相连，另一端与电源侧的高压引线相连接于 A 点，如图 4-1-10 所示。这样，法拉第笼和屏蔽对地的电晕附加泄漏电流和被试品的表面泄漏电流就不通过测量仪表，因而也就不会造成误差了。由于测量仪表在高压侧，观察时应特别注意安全。

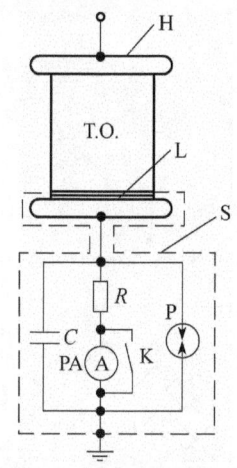

图 4-1-9　泄漏电流测量电路
T.O.—被试品　H—高电位电极　L—低电位电极
PA—直流微安表　R—保护电阻　P—放电管
C—缓冲电容　K—旁路开关　S—屏蔽系统　D—屏蔽环

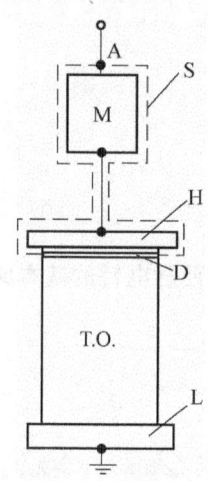

图 4-1-10　被试品一极接地时的测量电路
T.O.—被试品　M—测量系统　S—屏蔽系统
H—高电位电极　L—低电位电极　D—屏蔽环

与兆欧表相比，泄漏电流测量具有以下特点：

1）所加直流电压较高，能揭示兆欧表不能发现的某些绝缘缺陷。

2）所加直流电压是逐渐升高的，则在升压过程中，从所测电流与电压关系的线性度，可发现绝缘缺陷。

3）兆欧表可读的非线性度很强，尤其在接近高量程段，可读甚密，难以精确分辨。微安表的刻度基本上是线性的，能精确读取。

4.2　介质损耗角正切的测量

介质损耗角正切 $\tan\delta$ 是表征绝缘在交变电压作用下绝缘材料损耗特性的重要指标，测量介质损耗角正切 $\tan\delta$ 是判断电气设备绝缘状态的一项灵敏有效的方法。

4.2.1 测 tan δ 用的西林电桥

西林电桥原理如图 4-2-1 所示。设各臂的复阻抗分别为
$\dot{Z}_1 = Z_1 \angle \varphi_1$，$\dot{Z}_2 = Z_2 \angle \varphi_2$，$\dot{Z}_3 = Z_3 \angle \varphi_3$，$\dot{Z}_4 = Z_4 \angle \varphi_4$，则电桥平衡的条件为

$$\dot{Z}_1 \times \dot{Z}_4 = \dot{Z}_2 \times \dot{Z}_3 \tag{4-2-1}$$

$$\begin{cases} |Z_1| \times |Z_4| = |Z_2| \times |Z_3| \\ \varphi_1 + \varphi_4 = \varphi_2 + \varphi_3 \end{cases}$$

为测量方便，令 $\varphi_3 + \varphi_2 = -\dfrac{\pi}{2}$。如令 $\dot{Z}_3$ 为纯电阻元件，则 $\dot{Z}_2$ 应为纯电容元件，可用气体绝缘的标准电容器来充当，在工作条件范围内，其电容值为恒量，不随环境温度、湿度及所加电压的幅值或频率等因素而变。$\dot{Z}_1$ 代表被试品的阻抗。由图 3-1-16 可知，被测绝缘的等效阻抗 Z_1 可由等效电导 G_X 与等效电容 C_X 的并联电路来表示。

$$Z_1 = \frac{1}{G_X + j\omega C_X}$$

$$Z_2 = \frac{1}{j\omega C_N}$$

$$Z_3 = R_3 = \frac{1}{G_3}$$

$$Z_4 = \frac{1}{G_4 + j\omega C_4}$$

由此可得西林电桥的基本原理电路如图 4-2-2 所示。

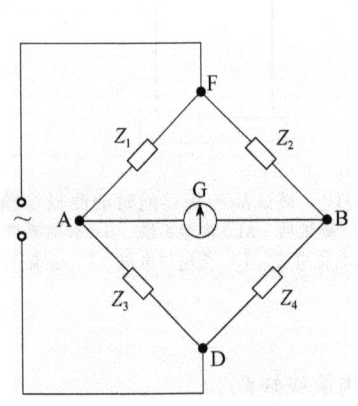

图 4-2-1 西林电桥原理图

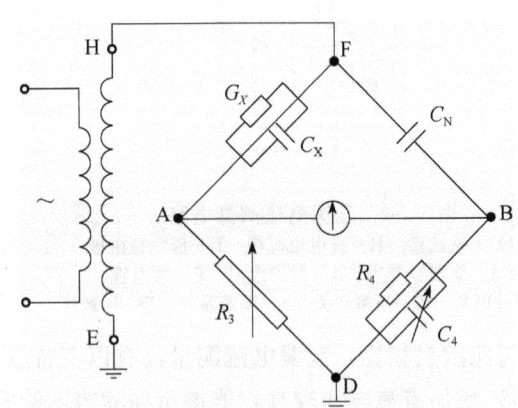

图 4-2-2 西林电桥基本原理电路图

由式（4-2-1）可得

$$\frac{1}{G_x + j\omega C_x} \times \frac{1}{G_4 + j\omega C_4} = \frac{1}{j\omega C_N} \times \frac{1}{G_3} \tag{4-2-2}$$

解之，得

$$G_X G_4 - \omega^2 C_X C_4 = 0 \tag{4-2-3}$$

$$G_4 C_X + G_X C_4 = G_3 C_N \tag{4-2-4}$$

由式（4-2-3）得

$$\tan\delta_X = \frac{G_X}{\omega C_X} = \omega C_4 R_4 \tag{4-2-5}$$

由式（4-2-3）和式（4-2-5）可得

$$C_X = \frac{C_N R_4}{R_3} \times \frac{1}{(1+\tan^2\delta_X)} \tag{4-2-6}$$

如 $\tan\delta_X$ 很小（一般为百分之几），则上式可简化为

$$C_X \approx \frac{C_N R_4}{R_3} \tag{4-2-7}$$

为了计算方便，通常取 $R_4 = 10^4/\pi\,\Omega$。电源为工频时，$\omega = 100\pi$。于是，由式（4-2-5）可得

$$\tan\delta_X = 100\pi \times \frac{10^4}{\pi} \times C_4 = 10^6 C_4 。$$

如 C_4 以 μF 计，则在数值上，$\tan\delta_X = C_4$。

一般 Z_1 和 Z_2 比 Z_3、Z_4 大得多，故外加电压的绝大部分都降落在高压臂 Z_1、Z_2 上，低压臂 Z_3、Z_4 上的电压通常只有几伏。

下列因素将影响电桥的准确度：

1) 杂散电容的影响。由图 4-2-3 可见，高压引线 HF 段对被试品低压电极、A 处线段和 Z_3 臂元件等的杂散电容 C_1' 等于并接在被试品的两端；高压引线 HF 段对标准电容低压电极、B 处线段和 Z_4 臂元件等的杂散电容 C_2' 等于并接在标准电容器 C_N 的两端。由于标准电容器的电容一般仅约 50~100 pF，被试品电容一般也仅约几十到几千 pF，都很小，故这些杂散电容的存在就可能使测量结果有较大的误差。

如高压引线上出现电晕，则还有电晕漏导与上述杂散电容 C_1' 或 C_2' 相并联。

至于桥体部分（AB 线段）对地杂散电容的影响是很小的，可以忽略不计，因为这些杂散电容是等值地并联在桥臂 Z_3 和 Z_4 上的，而 Z_3 或 Z_4 的值远小于杂散电容的阻抗值。

2) 外界电场干扰。如图 4-2-3 所示，外界高压带电体通过杂散电容耦合到桥体，以 C_{i3} 和 C_{i4} 来表示，引起干扰电流并流入桥臂，造成测量误差。

3) 外界磁场干扰。在现场当电桥处在交变磁场中时，桥路内将感应出干扰电势，如图 4-2-3 所示，以 Δu 表示，它也会造成测量误差。

消除上述几种误差因素的最简单而有效的办法是将电桥的低压部分（最好能包括被试品的低压电极在内）全部用接地的金属网屏蔽起来，这样就能基本上消除上述三种误差。

由图 4-2-2 可见，这种测试电路要求被试品两端均不接地，这在许多场合是做不到的。此时，可将电桥颠倒过来，令被试品的一端 F 点接地，D 点和屏蔽网接高压电源。这种接法称为颠倒电桥接线，或称反接线。此时，调节臂 Z_3、Z_4、检流计 G 和屏蔽网均处于高电位，故必须采取可靠的措施以保证使用人员的安全。

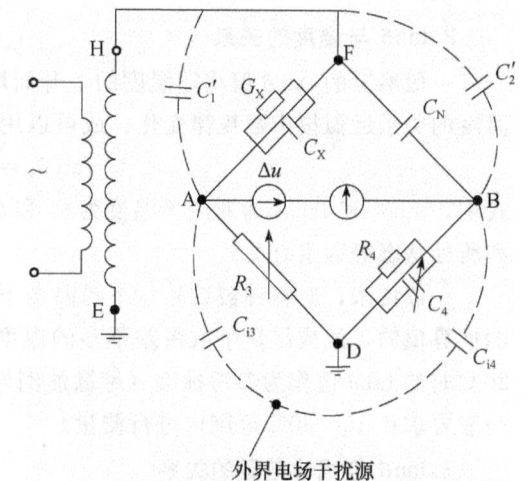

图 4-2-3 西林电桥误差因素示意图

4.2.2 测 tanδ 的功效

测 tanδ 能有效地发现绝缘的下列缺陷：
1) 受潮；
2) 穿透性导电通道；
3) 绝缘内含气泡的游离，绝缘分层、脱壳；
4) 老化劣化，绕组上附积油泥；
5) 绝缘油脏污、劣化等。

对下列缺陷，tanδ 法效果不明显。
1) 非穿透性的局部损坏（其损坏程度尚不足以使在测 tanδ 时造成击穿）；
2) 很小部分绝缘的老化劣化；
3) 个别的绝缘弱点。

总而言之，tanδ 法对较大面积的分布性的绝缘缺陷是较灵敏和有效的，而对个别局部的非贯穿性的绝缘缺陷，则不灵敏和无效。

4.2.3 测 tanδ 时应注意的事项

1. 尽可能分部测试

当被试品绝缘由不同的介质组成，例如由两种不同的绝缘部分并联组成时，因被试品总的介质损耗为其两个组成部分介质损耗之和，且被试品所受电压即为各组成部分所受的电压，则有

$$U^2 \omega C_x \tan\delta = U^2 \omega C_1 \tan\delta_1 + U^2 \omega C_2 \tan\delta_2$$

$$\tan\delta = \frac{U^2 \omega C_1 \tan\delta_1 + U^2 \omega C_2 \tan\delta_2}{U^2 \omega C_x} = \frac{C_1 \tan\delta_1 + C_2 \tan\delta_2}{C_x} \tag{4-2-8}$$

由式（4-2-8）可知，C_2/C_x 越小则 C_2 中的缺陷（$\tan\delta_2$ 增大）在测整体的 tanδ 时越难发现。故对于可以分解为各个绝缘部分的被试品，常用分解 tanδ 测量的方法。例如测变压器 tanδ 时，对套管的 tanδ 单独进行测量可以有效地发现套管的缺陷，否则，由于套管的电容比绕组的电容小得多，在测量变压器绕组连同套管的 tanδ 时，就不易反映套管内的缺陷。

2. tanδ 与温度的关系

一般绝缘的 tanδ 值均随温度的上升而增大，在 20～80℃ 范围内，大多数绝缘的 tanδ 与温度的关系近似按指数规律变化，故可以用下式来表示：

$$\tan\delta_2 = \tan\delta_1 e^{\beta(\theta_4 - \theta_1)} \tag{4-2-9}$$

式中，$\tan\delta_1$ 和 $\tan\delta_2$ 为对应于温度为 θ_1 和 θ_2 的 tanδ 值；β 为系数，与绝缘物的性质、结构和所处状态等因素有关。

一般说来，对各种被试品，不同温度下的 tanδ 值是不可能通过通用的换算式获得准确的换算值的，故应尽量争取在差不多的温度条件下测出 tanδ 值，并作相互比较，通常都以 20℃ 时的 tanδ 值作为参考标准（绝缘油例外）。为此，测 tanδ 时的温度也应尽量按近 20℃，一般要求在 10～30℃ 范围内进行测量。

3. tanδ 与试验电压的关系

一般说来，新的、良好的绝缘，在其额定电压范围内，绝缘的 tanδ 值是几乎不变的

(仅在接近其额定电压时 $\tan\delta$ 值可能略有增加),且当电压上升或下降时测得的 $\tan\delta$ 值是接近一致的,不会出现回环,但绝缘中存在气泡、分层、脱壳等,情况就不同了。当所加试验电压尚不足以使绝缘中的气泡或间隙游离时,其 $\tan\delta$ 值与良好绝缘无显著差别;当所加试验电压足以使绝缘中的气泡游离或足以使绝缘产生电晕或局部放电等情况时,$\tan\delta$ 的值将随试验电压的升高而迅速增大。且当试验电压下降时,$\tan\delta-u$ 曲线会出现回环。

由此可见,测定 $\tan\delta$ 所用的电压,最好接近于被试品的正常工作电压。但实际上,除少数研究单位和大厂外,一般测试,多用 10 kV 电压等级。

4. 护环和屏蔽的影响

护环和屏蔽的布置是否正确对测试结果有很大的影响。图 4-2-4 表示测定一段单相电缆(尚未敷设的)的 $\tan\delta$ 时被试品部分的接线,安装屏蔽环是为了消除表面泄漏的影响;安装屏蔽罩是为了消除电源对被试品外壳的杂散电容和电晕漏导的影响。

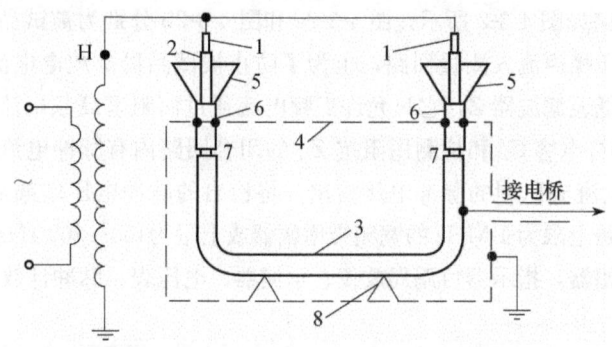

图 4-2-4 测单相电缆的 $\tan\delta$ 时的接线图
1—电缆芯线 2—电缆绝缘层 3—电缆护套 4—接地的屏蔽罩
5—接地的喇叭口(改善电场用) 6—接地的屏蔽环 7—护套的割除段 8—绝缘垫块

5. 测绕组 $\tan\delta$ 时的注意事项

在测试绕组的 $\tan\delta$ 和电容时,必须将每个绕组的首尾都短接(包括被测绕组和非被测绕组),否则,就可能产生很大的误差,造成这种误差的原因主要是测试电流流经绕组时产生励磁功耗所致。

4.3 局部放电的测量

3.3 节中已经讨论过,由于绝缘的击穿常由局部缺陷处的放电开始,而有机绝缘材料在长期局部放电作用下又很容易劣化。因此,对绝缘中的局部放电强度进行测量成了检测绝缘内部缺陷的重要方法之一。特别是绝缘中存在某些内在的局部缺陷而程度上尚较轻时,用别的绝缘特性试验往往很难发现,使用局部放电的检测方法却能以非破坏的方式很灵敏地检测出来。

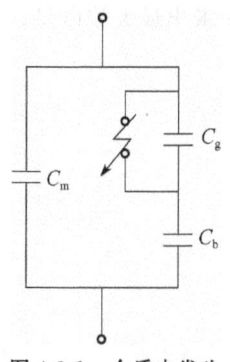

介质中发生局部放电时可以采用如图 4-3-1 所示的等效电路。图中 C_g 代表绝缘中的局部缺陷(如气泡)的电容,C_b 代表与 C_g 串联部分介质的电容;C_m 代表其余部分介质的电容。一般 $C_m \geqslant C_g \geqslant C_b$。电容 C_g 由于在较低的电压 U_g 时就开始放电,故等值地用放电间隙 g 与 C_g 并联来表示。电极间的总电容为

图 4-3-1 介质中发生局部放电时的等效电路

$$C_X = C_m + \frac{C_g C_b}{C_g + C_b} \approx C_m + C_b$$

为简化计算，假设有局部放电出现，C_g 被短接，由于气泡中的局部放电几乎是在瞬时（约 10^{-8} s）完成的，电源回路中的电感使极板上的电荷量来不及得到补充，于是，极板间的电压必将减小一微量 ΔU。令 $\Delta q = C_X \cdot \Delta U$，则 Δq 的意义可以理解为：绝缘内部气泡 C_g 的放电反映到极板上，好像是极板上的电荷中有 Δq 被放电中和了似的（使极板间电压减小同一微量 ΔU）。这个电荷量 Δq 被称为视在电荷量或视在放电量，通常以 pC 计，它是衡量局部放电强度的一个重要参数。在一个工频周期中局部放电不仅仅就一次放电，而是在正负半周的上升段多次发生，其发生的相位及频度依缺陷的种类和严重程度的不同而不同。

衡量局部放电强度除视在电荷量外，其他参数还有如单次放电能量、放电次数频度、平均放电电流、平均放电功率等。

代表性的测量回路如图 4-3-2 所示，图 4-3-2a 和图 4-3-2b 分别为被试品接地与不接地时采用的回路。为了防止电源噪声流入测量回路，也为了防止被试品局部放电电流脉冲分流到电源去，在电源回路中串入一低通滤波器 Z，它只允许工频电流通过而阻塞高频电流。当被试品发生局部放电，被试品 C_X、耦合电容 C_k 和检测用阻抗 Z_m 的闭合回路内有脉冲电流流过，就可由检测用阻抗 Z_m 上把与脉冲电流成比例的脉冲电压检出，将检出的脉冲电压增幅后，由指示装置指示。作为增幅电路，可以是上限为 1 MHz 的宽频带增幅器或上限为 150~200 kHz 的低频带增幅器。另外，亦可采用调谐增幅器，指示器可用局放仪、示波器、电压表、脉冲计数器等。

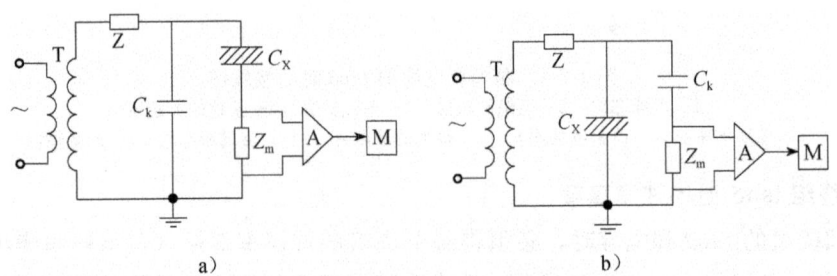

图 4-3-2　局部放电测量的基本电路
C_X—试品　C_k—耦合电容　Z_m—检测用阻抗　Z—低通滤波器　M—测量仪器

指示装置广泛采用示波器，可将增幅后的脉冲电压信号在椭圆形李瑟图的时间轴上显示出来，如图 4-3-3 所示。采用这种方式，可在示波屏上同时显示校正用的脉冲以作比较，从而求出最大放电量。

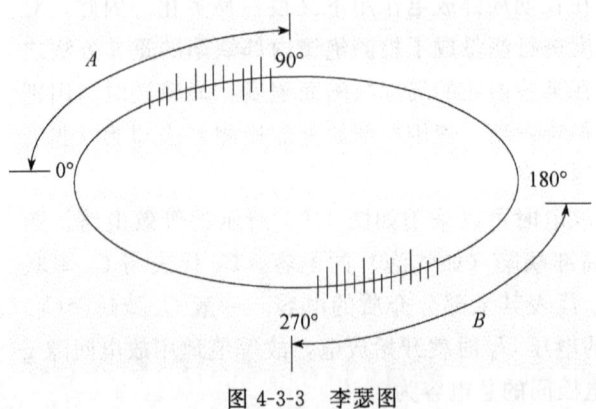

图 4-3-3　李瑟图

为使测量结果能真正反映绝缘内部的放电，还需要对高压试验回路中的放电及外界空间的电磁干扰等采取一系列的抗干扰措施，除硬件的各种防干扰措施外，亦采用信号处理的方法（如小波变换等）来消除干扰的影响。而超高频 UHF 的引用可有效排除干扰。UHF 技术已在变压器、GIS 的现场检测中得到应用。

4.4 绝缘油中溶解气体的色谱分析

在变压器、互感器、断路器和充油套管等设备的预防性试验中，要定期对所用的绝缘油进行试验。绝缘油是高压电气设备绝缘中的重要组成部分，除绝缘外，它还起冷却的作用，在断路器中则主要起灭弧的作用。因此需要试验绝缘油的闪点、酸值、水分、游离碳、电气强度、介质损失角等项目，如果性能不符合要求，就要将油进行处理（过滤再生）或换新油。

对绝缘油中的溶解气体进行气相色谱分析，是近年来发展起来的新试验方法。应用这种方法分析绝缘油中所溶解的气体的组分和含量，可以判断设备内部的隐藏缺陷。这一方法的优点是能够发现充油电气设备中的一些用 $\tan\delta$ 等方法所不易发现的局部性缺陷（如局部过热、局部放电），且设备不需停电，也适合于在线绝缘诊断。

当电气设备内部有局部过热或局部放电等缺陷时，缺陷附近的绝缘就会分解而产生烃类气体、H_2、CO、CO_2 等，这些气体不断溶解于绝缘油中。如果变压器内部的裸金属部分（分接开关、铁芯、裸接头、箱壳等）局部过热引起变压器油热分解，则变压器油中溶解气体的主要特点是烃类气体的总量较高，其中甲烷（CH_4）、乙烯（C_2H_4）较多。如果固体绝缘（引线绝缘、铁钝绝缘、穿心螺丝绝缘等）过热，由于固体绝缘受热分解，溶解于绝缘油中的气体中的 CO、CO_2 含量也将加大。如果是固体绝缘过热但温度不高，例如有的连续式绕组因端部油道堵塞造成纸绝缘过热，色谱分析中总烃量不高，而 CO、CO_2 含量则较高。所以 CO、CO_2 含量高是固体绝缘（如纸、木材等）热分解的主要特征。当变压器内部存在局部放电时，其色谱分析的特征是 C_2H_2 和 H_2 的含量较大。C_2H_2 含量过大是区别放电或过热的主要特征。分析绝缘油中溶解气体内上述各种成分、含量，即可判断变压器中隐藏缺陷的性质。

除了上述特征气体法外，还可用三比值法：取出 H_2、CH_4、C_2H_2、C_2H_4 及 C_2H_6 五种气体含量，分别计算出 C_2H_2/C_2H_4，CH_4/H_2，C_2H_4/C_2H_6 的比值，将其与规定值相比较来判断变压器中隐藏的缺陷。

绝缘油的气相色谱分析方法对于判断上述慢性局部潜在缺陷是有效的，但此法不易发现某些突发性故障，例如在匝间短路故障的潜伏期，绝缘油中溶解气体的成分、含量无异常变比，气相色谱分析不易发现这种故障。

色谱分析是一种物理分离分析技术，通常使用色谱柱将收集到的溶解于绝缘油中的气体的各个组分——分离出来，再用鉴定器对各自的浓度进行鉴定。

试验时先将取来的运行中的电气设备的油样经喷嘴喷入真空罐内，使油中溶解的气体迅速释放出来，然后将脱出的气体压缩至常压，用注射器抽取试样后进行色谱分析。

色谱柱常以玻璃管、不锈钢管或铜管组成，管内的固定填充剂称为固定相。固定相对气体有吸附和解析作用。待测气体在载气的推动下注入色谱柱，载气可以是氢气、氮气等活性不强的气体，载气又称为流动相。当待测的混合气体被流动相携带通过色谱柱时，气体分子和固定相分子之间发生吸附和解吸的相互作用，从而使混合气体各组分的分子在两相之间进行分配。由于各组分物化性质的不同，各组分在相对运动的两相间分配达到平衡时的浓度会不同，被固定相吸附量大的组分留在固定相的时间就长，使得各组分在色谱柱中运动的速度各不相同。当通过适当长度的色谱柱后，由于这种分配反复进行多次，即使各组分被固定相吸附的量略有差异，也会因运动速度的不同而逐渐被拉开距离，按速度快慢顺序先后从色谱柱中流出，从而完成分离。

不同性质的固定相适应不同的分离对象，常用的固定相材料有活性炭、硅胶、分子筛、高聚物（如 TOX 系列的碳分子筛\GDX 系列的聚芳香烃高分子多孔小球）等。图 4-4-1 所示是烃类在硅胶上分离的次序，在 3 min 内即可分离 6 个烃类组分。

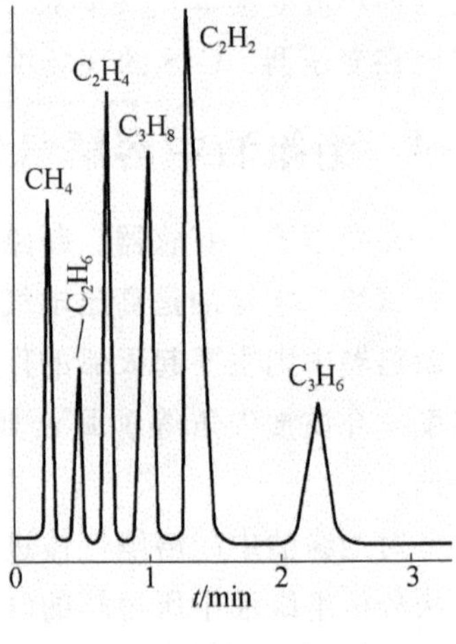

图 4-4-1 烃类在异氰酸苯脂多孔硅胶（HGD-201）上的分离次序
柱长：1 m 柱径：2.3 mm 柱温：23℃ 载气：N_2 流速：10 mL/min

4.5 绝缘耐压试验

绝缘电气强度试验是确认电气设备、材料的绝缘可靠性的试验，通常加上比额定电压高的电压来进行试验。电气强度试验分为耐压试验和击穿电压试验两类。按电压种类又可分为交流、直流、雷电冲击和操作冲击电气强度试验。

4.5.1 工频交流耐压试验

工频交流耐压试验能有效发现较危险的集中式缺陷。但交流耐压试验也可能使固体有机绝缘中的一些弱点更加发展。因此，恰当地选择合适的试验电压是一个重要的问题。一般考虑到运行中绝缘的变化，预防性试验的工频交流耐压试验电压值均取得比出厂试验电压低些，而且对不同情况的设备区别对待，主要由运行经验来决定。例如在大修以前发电机定子绕组的工频试验电压取 1.5 倍额定电压；对于运行 20 年以上的发电机，由于绝缘较老，可取 1.3～1.5 倍额定电压或者更低些来做耐压试验。但对与架空线路直接连接运行 20 年以上的发电机，考虑到运行中雷电过电压侵袭的可能性较大，为了安全，仍要求用 1.5 倍额定电压来做耐压试验。

电力变压器全部更换绕组后，按出厂试验电压进行试验。在其他情况下，它们的耐压试验电压值取出厂试验电压的 85%。GIS 按出厂试验电压的 80% 做耐压试验，其他高压电器按出厂试验电压的 85% 和 90% 做耐压试验。对纯瓷和充油的套管、支柱绝缘子和隔离开关，因为几乎没有累积效应，所以直接用出厂试验电压进行耐压试验。

交流耐压试验中，加至试验标准的电压后，要求持续一分钟的耐压时间。规定一分钟是为了便于观察被试品的情况，同时也是为了使已经开始击穿的缺陷暴露出来。耐压时间不应太长，以免引起不应有的绝缘损伤，甚至使本来合格的绝缘发生热击穿。

试验电压的波形应接近正弦。一般用高压试验变压器及调压器产生可调电压。调压器应尽量采用自耦式，它不仅体积小，漏抗也小，因而试验变压器激磁电流中的谐波分量在调压器上产生的压降也小，故试验变压器的原边电压波形畸变较小，二次电压的波形也就接近正弦。如果自耦调压器的容量不够，则可以采用移圈式调压器，不过后者的漏抗较大，会使电压波形发生畸变，为改善波形可在试验变压器原边并联由电感、电容串联组成的滤波器，把谐波滤掉。

下面介绍耐压试验的一般线路。

图 4-5-1 中 C_X 为被试品，球隙 G 的放电电压调整到耐压试验电压的 1.1 倍，这是为了防止因误操作或谐振过电压而损坏被试品。为了比较准确地测量高压侧电压，通常用电容分压器或高压静电电压表 V_2 进行测量，原边电压表 V_1 的读数及测量线圈的读数只起参考作用。电源电压最好用线电压，因为线电压的波形较好。调压器 T_1 应从零升压。在 0.5 倍试验电压以下可以迅速升压，这以后要逐渐地均匀升压，一般在 20 s 以内升到试验电压值，这样才便于准确地读数。

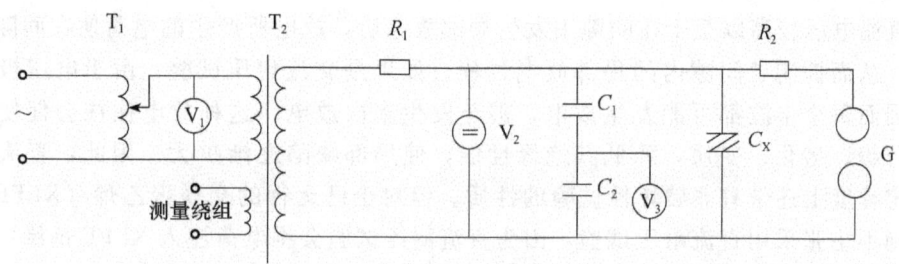

图 4-5-1　工频高压实验线路图

T_1—调压器　T_2—高压试验变压器　V_1—交流电压表　V_2—静电电压表　V_3—交流电压表或示波器
R_1—变压器保护电阻　R_2—球隙保护电阻；C_X—试品　G—过压保护用球隙

试验变压器主要的选择参数为额定电压、额定电流和额定容量。

（1）额定电压

试验变压器高压侧额定输出电压应满足被试品试验电压的要求，其低压侧额定输入电压应与调压器输出电压相匹配。

（2）额定电流

试验变压器的额定电流，应能满足被试品的试验电流并略有裕度。因为被试品多为容性，因此试验电流值按式（4-5-1）估算。

$$I_C = \omega C_X U_S \qquad (4\text{-}5\text{-}1)$$

式中，I_C 为试验时试品的电容电流（mA）；ω 为电源角频率；C_X 为被试品的等效电容（μF）；U_S 为试验电压（kV）。

（3）额定容量

额定容量应不小于

$$P = \omega C_X U_S^2 \times 10^{-3} \text{(kVA)} \qquad (4\text{-}5\text{-}2)$$

注意：任何情况下试验电流均要小于试验变压器的额定电流。

在对电压等级不高的设备进行工频耐压试验时，一般选择单级试验变压器即可。如做更高电压等级的工频耐压试验则常采用串级或多级试验变压器。当被试品容量较大，一般的工频试验变压器的容量满足不了要求时，通常采用串联谐振试验电路或超低频耐压试验。

4.5.2　直流耐压试验

直流耐压试验与交流耐压试验相比主要有以下一些特点：

1. 试验设备轻便

直流耐压试验设备比较轻便，有些场合，对容量很大的设备（如油纸绝缘电缆、电力电容器等）进行工频耐压试验时需要大容量的试验变压器和调压器，而改用直流耐压试验，试验设备则轻便得多，便于现场使用。

2. 可同时测量泄漏电流

可以在进行直流耐压试验的同时，通过测量泄漏电流，更有效地反映绝缘内部的集中性缺陷。

直流耐压试验比交流耐压试验更能发现电机端部的绝缘缺陷。其原因是直流下没有电容电流从线棒流出，因而没有电容电流在半导体防晕层上造成的压降，故端部绝缘上的电压较高，有利于发现绝缘缺陷。

3. 对绝缘损伤较小

当直流电压较高以至于在间隙中发生局部放电后，放电所产生的电荷使在间隙里的场强减弱，从而抑制了间隙内的局部放电过程。如果是交流耐压试验，由于电压极性是交变的，因而每个半波都可能发生放电，甚至发生多次放电。这种放电往往会促使有机绝缘材料分解、劣化、变质，降低其绝缘性能，使局部缺陷逐渐扩大。因此，直流耐压试验在一定程度上还带有非破坏性试验的性质。但对于已运行的交联聚乙烯（XLPE）电力电缆，则不主张采用直流耐压试验，因为直流耐压试验会将电荷注入XLPE绝缘中，由于XLPE绝缘电阻率很高，试验后的短路放电很难将其放逸，以致再次投入运行时，此空间电荷引起电场严重畸变，使XLPE分子降解，造成XLPE绝缘的劣化，从而引起不必要的事故。

与交流耐压试验相比，直流耐压试验的主要缺点是：由于交、直流下绝缘内部的电压分布不同，直流耐压试验对绝缘的考验不如交流下接近运行实际。

直流耐压试验电压值的选择也是一个重要的问题，现在是参考绝缘的工频交流耐压试验电压和交、直流下击穿强度之比，并主要根据运行经验来确定。例如对发电机定子绕组，现在取 2～2.5 倍额定电压；对于电力电缆，3 kV、6 kV、10 kV 的电缆，取 5～6 倍额定电压；20 kV、35 kV 的电缆取 4～5 倍额定电压；35 kV 以上的电缆取 3 倍额定电压。直流耐压试验的时间可以比交流耐压试验长一些，所以发电机试验时是以每级 0.5 倍额定电压分阶段地升高，每阶段停留 1 min，以观察并读取泄漏电流值。电缆试验时，常在试验电压下持续 5 min，以观察并读取泄漏电流值。

直流耐压试验装置一般采用半波整流装置和倍压串级直流高压装置。

图 4-5-2 和图 4-5-3 给出了半波整流回路的电路及半波整流回路有负载时输出电压的波形。

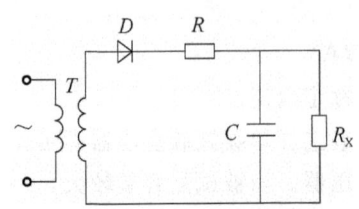

图 4-5-2 半波整流回路
T—高压试验变压器 D—高压整流器
C—滤波电容 R—保护电阻 R_X—负载电阻

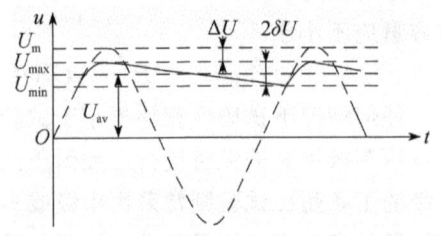

图 4-5-3 半波整流回路有负载时输出电压波形

负载的平均电流 $I_p = U_p / R_X$。

U_p 为平均电压 $U_p \approx \dfrac{U_{max}+U_{min}}{2}$。

输出电压具有脉动性质,其电压脉动 $2\delta U$ 是由电容 C 在 $t_1 \sim t_2$ 期间向负载放掉的电荷 Q 引起的,即

$$2\delta U = \frac{Q}{C} = \frac{I_p(t_1-t_2)}{C}$$

式中,$\delta U = \dfrac{U_{max}-U_{min}}{2}$。

由于 $(t_1-t_2) \approx T = 1/f$,故

$$2\delta U = \frac{I_p}{fC} = \frac{U_p}{fCR_x}$$

则脉动系数

$$S = \frac{\delta U}{U_p} = \frac{1}{2fCR_x}$$

保护电阻 R 的选择,可按下式确定

$$R = \frac{\sqrt{2}U_T}{I_m}$$

负载电阻越小(负荷电流越大),输出的电压的脉动系数越大。而增大电容或提高电源频率,均可减小电压的脉动系数。我国国家标准 GB/T 16927.1—1997 规定直流高压试验设备的脉动系数 S 不大于 3%,试验电压(算术平均值)U_p 在 60 s 内应保持在规定值的 ±1% 以内。

倍压串级直流高压装置如图 4-5-4 所示。

其中脉动电压:

$$2\delta U = \pm \frac{(n^2+n)I_p}{2fC}$$

最大输出电压平均值:

$$U_p = 2nU_m - \frac{I_p(4n^3+3n^2+2n)}{6fC}$$

脉动系数:

$$S = \frac{\delta U}{U_p} = \frac{I_p(n^2+n)}{4fCU_p}$$

最佳级数:

$$n_{最佳} = \sqrt{\frac{fCU_m}{I_p}}$$

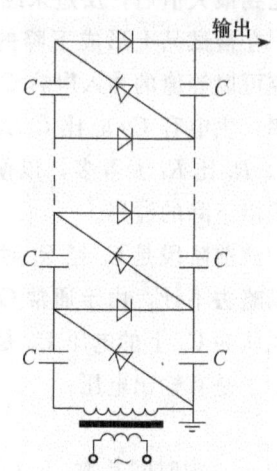

图 4-5-4 倍压串级直流高压装置

串联级数 n 增加时,电压脉动、脉动系数及电压降落都大大增大;提高每级电容工作电压以减小级数、提高电源频率、增大电容量可有效地减小电压脉动。

4.5.3 冲击耐压试验

雷电冲击耐压可考验电力设备承受雷电过电压的能力。对电力变压器类试品,雷电冲击耐压试验不仅考验了主绝缘,也是考验纵绝缘的主要方法。国家标准规定额定电压 ≥220 kV,容量 ≥120 MVA 的变压器出厂时应进行本项试验,对小变压器只作为型式试验进行。因为本

项试验会造成绝缘的积累效应，所以在规定的试验电压下只施加 3 次冲击。电力系统中的绝缘预防性试验，不进行本项试验，对主绝缘的耐受雷电过电压的能力，由交流耐压试验等值地承担。

操作冲击耐压试验，国家标准规定额定电压≥330 kV 电力设备的出厂试验应进行本项试验，且大多采用在高压绕组上直接加压法。对在电力系统现场的各个电压等级的变压器进行耐压试验时，很少用直接加压法，而大多采用感应法。即采用操作冲击感应耐压方式来取代工频耐压试验。由于利用被试变压器自身的电磁感应作用来升高电压，所以冲击电源装置电压较低，整个装备比较简单。操作冲击感应耐压试验在很多方面与倍频感应耐压试验是相似的，两者都要求对纵绝缘和各部位的主绝缘作出试验，两者都能基本上按变比感应出所需的试验电压。所以，倍频感应高压试验的原则和方法也都适用于操作冲击感应耐压试验。

试验电压的选择请参阅相关的标准和规程。

除了耐压试验外，还有对自恢复绝缘的 $X\%$ 冲击击穿电压试验、对非自恢复绝缘的冲击击穿电压试验及伏秒特性曲线试验等。

获得冲击电压的原理电路如图 4-5-5 所示。主电容 C_0 在被间隙 G 隔离的状态下由整流电源充电到稳态电压 U_0。间隙 G 被点火击穿后，电容 C_0 上的电荷经电阻 R_t 放电，同时也经 R_f 对 C_f 充电，在被试品上形成上升的电压波前。C_f 上电压被充到最大值后，反过来经 R_f 与 C_0 一起对 R_t 放电，在被试品上形成下降的电压波尾。被试品的电容可以等值的并入电容 C_0 中。为了得到较高的效率，主电容 C_0 应比 C_f 大得多（通常均超过六倍）。R_t 比 R_f 大得多，以便形成快速上升的波前和缓慢下降的波尾。

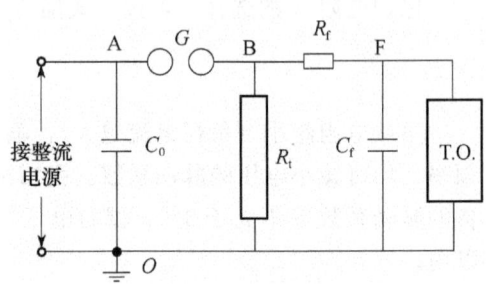

图 4-5-5 冲击电压发生器原理电路图
C_0—主电容 R_f—波前电阻
G—隔离间隙 R_t—波尾电阻
C_f—波前电容 T.O.—被试品

波前阶段是 C_0 经 R_f 对 C_f 充电。因 $R_t \gg R_f$，故此时经 R_t 的放电过程对波前影响很小，可以略去不计。由于通常 $C_0 \gg C_f$，波前时间 $T \ll$ 半峰值时间 T_a，所以，在波前阶段，可近似地认为 C_0 上的电压 U_0 是保持恒定的，输出电压可近似地看作恒压源 U_0 对 C_f 的充电过程，于是有输出电压

$$u_F = U_0(1 - e^{-t/\tau_1}) \tag{4-5-3}$$

式中，τ_1 为时间常数，$\tau_1 = R_f C_f$。

根据标准冲击波形的定义有

$$0.3 U_0 = U_0(1 - e^{-t_1/\tau_1})$$
$$0.9 U_0 = U_0(1 - e^{-t_2/\tau_1})$$

联解以上两式得

$$(t_2 - t_1) = \tau_1 \ln 7$$

于是，波前时间 T_1 即为

$$T_1 = 1.67(t_2 - t_1) = 1.67 \tau_1 \ln 7 = 3.24 \tau_1 = 3.24 R_f C_f \tag{4-5-4}$$

由于对 R_t 放电的存在，实际的波前时间将比式（4-5-4）中所示的稍小一些。

当波前电容 C_f 上的电压被充到峰值后，波前阶段即告结束，接着是 C_0 和 C_f 共同对 R_t

放电，开始波尾阶段。由于 $C_0 \gg C_f$，故对 R_t 放电电流中的主要分量是由 C_0 提供的。对于图 4-5-5 所示的等效电路，C_f 上电压随时间的变化可用下式近似表达：

$$u_F \approx U_0 e^{-t/\tau_2} \approx U_m e^{-t/\tau_2} \tag{4-5-5}$$

式中，$\tau_2 = R_t(C_0 + C_f)$，U_m 为冲击电压峰值。

根据标准冲击波形的定义，有

$$0.5 U_m \approx U_m e^{-T_2/\tau_2}$$

式中，T_2 为半峰值时间。

由此可得半峰值时间

$$T_2 \approx \tau_2 \ln 2 = 0.69 \tau_2 = 0.69 R_t (C_0 + C_f) \approx 0.69 R_t C_0 \tag{4-5-6}$$

多级冲击电压发生器的基本电路如图 4-5-6 所示（以三级为例）。

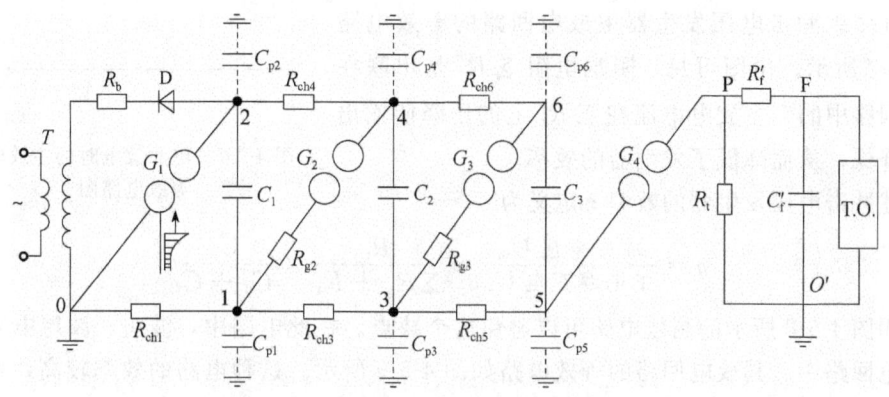

图 4-5-6　多级冲击电压发生器的基本电路

T—变压器　$C_{p1} \sim C_{pn}$—各级对地杂散电容　R_b—保护电阻　C_f'—另加的波前电容
D—整流元件　R_{ch}—充电电阻　G_1—点火球隙　R_g—阻尼电阻　G_4—输出球隙　R_t—波尾电阻
G_2、G_3—中间球隙　R_f'—集中的波前电阻　$C_1 \sim C_n$—各级的主电容　T.O.—被试品

先由变压器 T 经整流元件 D 和充电电阻 R_{ch} 使并联的各级主电容 $C_1 \sim C_3$ 充电，达稳态时，点 1，3，5 的对地电位为零；点 2，4，6 的对地电位为 $-U$。充电电阻 $R_{ch} \gg$ 波尾电阻 $R_t \gg$ 阻尼电阻 R_g。各级球隙 $G_1 \sim G_4$ 的击穿电压调整到略大于 U。当充电完成后，设法使球隙 G_1 点火击穿（触发点火装置见后述），此时点 2 的电位由 U 突然升到零；主电容 C_1 经 G_1 和 R_{ch1} 放电，由于 R_{ch1} 的值很大，故放电进行得很慢，且几乎全部电压都降落在 R_{ch1} 上，使点 1 的对地电位升到 $+U$。当点 2 的电位突然升到零时，经 R_{ch4} 也会对 C_{p4} 充电，但因 R_{ch4} 的值很大，在极短时间内，经 R_{ch4} 对 C_{p4} 的充电效应是很小的，点 4 的电位仍接近 $-U$，于是间隙 G_2 上的电位差就接近 $2U$，促使 G_2 击穿。接着，主电容 C_1 通过串联电路 G_1—C_1—R_{g2}—G_2 对 C_{p4} 充电；同时，又串联 C_2 后对 C_{p3} 充电；由于 C_{p4}、C_{p3} 的值很小，R_{g2} 的值也很小，故可以认为，G_2 击穿后，对 C_{p4}、C_{p3} 的充电几乎是立即完成的，点 4 的电位立即升到 $+U$，而点 3 的电位立即升到 $+2U$；与此同时，点 6 的电位却由 R_{ch6} 和 R_{ch5} 的阻隔，仍接近维持在原电位 U；于是，间隙 G_3 上的电位差就接近 $3U$，促使 G_3 击穿。接着，主电容 C_1、C_2 串联后，经 G_1、G_2、G_3 电路对 C_{p6} 充电；再串联 C_3 后，对 C_{p5} 充电；由于 C_{p6}、C_{p5} 极小，R_{g2}、R_{g3} 也很小，故可以认为 C_{p6} 和 C_{p5} 的充电几乎是立即完成的；也即可以认为 G_3 击穿后，点 6 的电位立即升到 $+2U$，点 5 的立即升到 $+3U$。P 点的电位显然未变，仍为零。于是间隙 G_4 上的电位差接近 $+3U$，促使 G_4 击穿。这样，各级主电容 $C_1 - C_3$ 就被串联起来经各级阻尼

电阻 R_g 向波尾电阻 R_t 放电，形成主放电回路；在被试品上形成冲击电压波前和波尾的过程。

与此同时，也存在各级主电容经充电电阻 R_{ch}、阻尼电阻 R_g 和中间球隙 G 的放电。但由于 R_{ch} 的值足够大，这种局部放电的速度远远慢于主放电的速度，因而可以认为对主放电没有明显的影响。

中间球隙击穿后，主电容对相应各点杂散电容 C_p 充电的回路中总存在某些寄生电感，这些杂散电容的值又极小，这就可能引起一些局部振荡，会叠加到总的输出电压波形上去。欲消除这些局部振荡，就应在各级放电回路中串入一阻尼电阻 R_g。这些阻尼电阻同时也能使主放电回路不产生振荡。

上述多级冲击电压发生器主放电回路的等效电路如图 4-5-7 所示。由图可见，阻尼电阻 ΣR_g 是串联在主放电回路中的。主放电电流在 ΣR_g 上的压降使输出端电压降低，从而降低了发生器的效率。

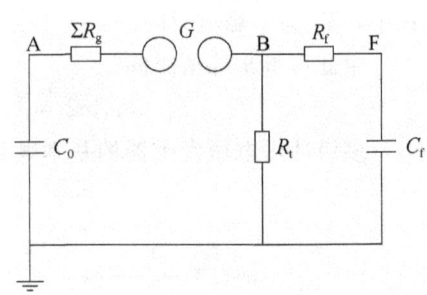

图 4-5-7　电路放电时的主放电回路的等效电路图

上述冲击电压发生器的效率 η 定义为

$$\eta = \frac{\text{冲击电压}\ U_m}{\text{主电容充电}\ U_0} \approx \frac{R_t}{\Sigma R_g + R_t} \times \frac{C_0}{C_0 + C_f}$$

采用图 4-5-8 所示的高效电路可以避免这个缺点。在此电路中，波头、波尾电阻分插到各级放电回路中。其放电回路的等效电路如图 4-5-9 所示。这种电路的效率较高，称为高效率电路。

高效率电路的效率 η 为

$$\eta \approx \frac{C_0}{C_0 + C_f}$$

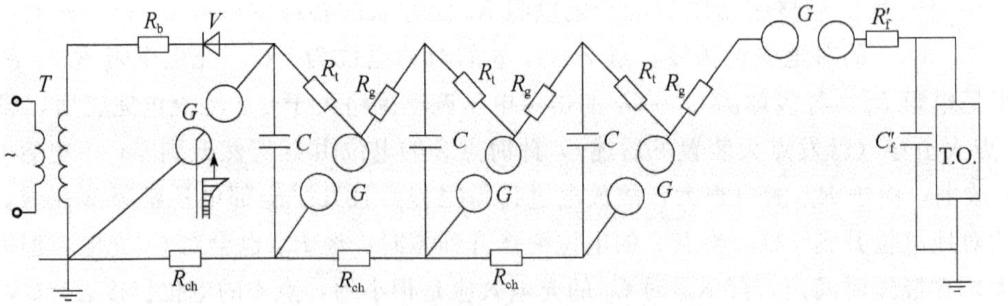

图 4-5-8　高效率冲击电压发生器电路

由图 4-5-9 可见，波尾电阻 R_t 是兼作一侧充电电阻的。R_t 的值通常比 R_{ch} 值小得多，这会使得串级放电时，作用在各中间间隙上的过电压值较小，作用时间也较短，可能导致中间间隙动作的不稳定。

虽然有上述缺点，实践证明，只要适当整定各级间隙的击穿电压，这种电路是能够可靠工作的，它的优点仍是主要的。所以，这种电路得到了广泛的应用。

应用最广的点火启动方法如图 4-5-10 所示。调节间隙的无点火触发时的击穿电压，使之略大于上球的充电电压 U，在针极 2 上施加一点火脉冲，其极性与上球充电电压极性相反。此脉冲不仅增强了主间隙的场强，而且首先使针极 2 与球极 1 之间击穿燃弧，有效地触发主间隙击穿。

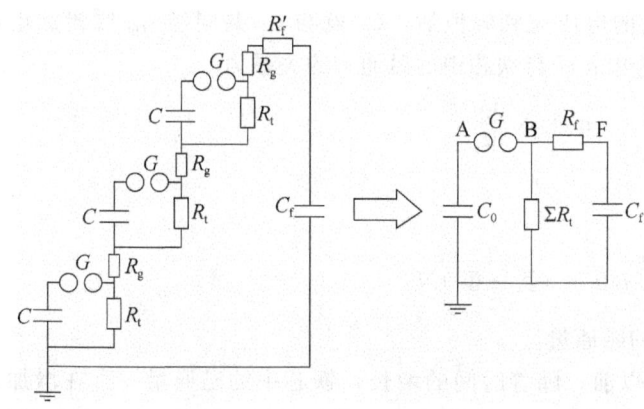
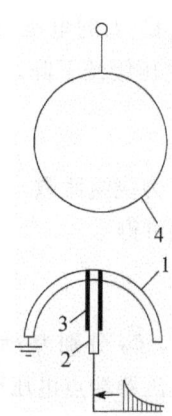

图 4-5-9　高效率冲击电压发生器放电回路等效电路

图 4-5-10　点火间隙
1—接地球极　2—针极
3—绝缘体　4—高压球极

利用雷电冲击电压发生器与变压器的联合也可感应出操作冲击电压，这种方法的基本原理是：用一小型冲击电压发生器产生一峰值较低的冲击电压，施加于变压器低压侧，因为操作试验电压的等值频率并不高（约为千赫级），所以在变压器高压侧能基本上按变比感应出高幅值的操作冲击电压来。这种方法对变压器的现场试验创造了便利条件，因为此时变压器就是被试品，小冲击电压发生器在现场就可组装起来。在高压试验室，也可以利用工频高压试验变压器来产生操作冲击电压。

这个方法的原理电路如图 4-5-11 所示。在求取计算用等效电路时，需考虑以下几点：

1）由于操作冲击试验电压的等值频率不高，所以变压器仍可用通常的 T 型电路来等效。

2）变压器绕组的对地分布电容可用一相应的集中电容来等效。由于高压绕组的对地等效电容归算到低压侧后，远大于低压侧的对地等效电容，故后者可以略去不计。

3）由于所需励磁冲击电压幅值不高，冲击电压发生器通常只需 1~2 级，充电电阻 R_{ch} 可以取得较大，故在放电过程中充电电阻的影响可以略去不计。

这样，就可以得到如图 4-5-12 所示的等效电路。图中 L_1 和 L_2 分别代表变压器低压绕组和高压绕组的漏感；L_m 代表变压器的励磁电感；C_1 代表变压器高压侧对地等效电容。以上各量均归算到低压侧。

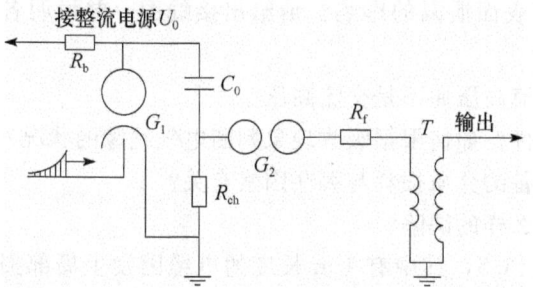
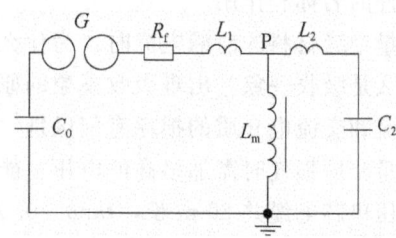

图 4-5-11　操作冲击电压发生器原理电路图
（各符号意义同前）

图 4-5-12　操作冲击电压发生器计算用等效电路图

由图 4-5-12 可见，当球隙 G 击穿后，已充满电的主电容 C_0 通过 R_f 和 L_1，L_2 向 C_2 充电，形成 C_2 上的电压波前；当 C_2 上的电压充到峰值后，C_2 就与 C_0 共同经 L_m 缓慢放电，C_2 上的电压缓慢下降。绕组中的感应电压 U 与铁芯中的磁通 ϕ 的关系为

$$u = N \frac{\mathrm{d}\phi}{\mathrm{d}t}$$

式中，N 为绕组匝数。

由此可得

$$\int_0^t u \mathrm{d}t = (\Phi_t - \Phi_0)N$$

式中，Φ_t、Φ_0 分别为 $t=t$ 和 $t=0$ 时的磁通量。

在变压器端点电压尚未改变符号以前，随着时间的增长，铁芯中的磁通量一直在增加，到某一时刻，磁通达到饱和，L_m 变得很小，电流急剧增大。很快将 C_0 和 C_2 上的电荷泄放完，C_2 上的电压也就急速降落到零，形成操作冲击电压波尾。此时，铁芯中磁通量达最大值。在此以后，L_m 中的磁能对 C_0 和 C_2 反向充电，形成振荡，铁芯中磁通量也随之减少。由于电阻和铁芯中的损耗，振荡电流和电压逐渐衰减到零，如图 4-5-13 所示。

图 4-5-12 中 L_1 和 L_2 的值可以由变压器短路试验测得。L_m 的值可由变压器空载试验测得，它大体上相当于铁芯中磁通未饱和时的激磁电感；当铁芯磁通渐趋饱和时，此值就不适

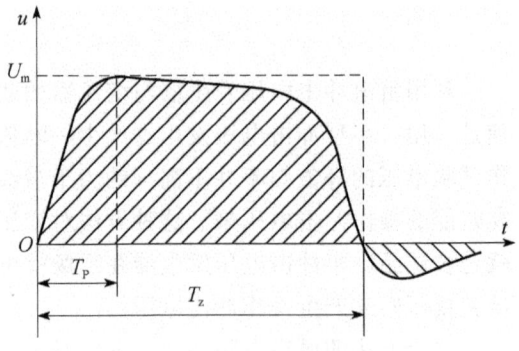

图 4-5-13 操作冲击电压波形

用了，应另行估计。C_2 的值可以用电桥测出绕组的对地及绕组间的电容值后，再由等效电容估算的方法进行估算。利用雷电冲击电压发生器与变压器的联合产生操作冲击电压时，具体参数估算可参阅相关资料。

冲击电压试验的试验方法和测量方法请参阅相应的国家标准。

习 题

1. 绝缘试验的目的是什么？分为哪两大类？各自的特点和应用范围是什么？
2. 说明绝缘电阻、泄漏电流、表面泄漏的含义。实际测量绝缘泄漏电流时，当被试品分别为一端直接接地和不直接接地时，如何屏蔽表面泄漏的影响？请给出接线图，并说明各元件的名称和作用。
3. 测量绝缘材料的泄漏电流时，为什么要用直流高压而不是交流高压？
4. 什么是吸收现象？出现吸收现象的原因和条件？如何根据吸收现象判断电气绝缘的状况？
5. 直流和交流电介质的损耗有何区别？交流设备的介质损耗与哪些因素有关？
6. 测量介质损耗时需加多高的电压？能发现什么样的缺陷？
7. 高压单芯电缆共 20 m 长，$\tan\delta = 0.005$，$\varepsilon_r = 3.8$，其中有 1 m 长度的电缆因发生局部损坏，使得该部位 $\tan\delta$ 增至 0.05，ε_r 基本不变，问这时的 $\tan\delta$ 应为多少？
8. 什么是测量 $\tan\delta$ 的正接线和反接线？请给出接线图，这两种接线各自适用于何种场合？测量 $\tan\delta$ 时应注意什么？

第5章

电气设备绝缘在线监测

以往对电气设备进行绝缘监督的主要手段是采取定期进行预防性试验,即根据电力部所颁发的电力行业标准 DL/T 596—1996《电气设备预防性试验规程》,对不同设备规定了相应的试验项目和试验周期,定期在停电状态下进行绝缘性能的预防性试验。定期地进行绝缘预防性试验固然可以发现一些缺陷,但由于要停电后才能试验,就难以根据设备绝缘状况灵活地来选择试验周期;另外,试验条件不同于设备运行条件,试验电压也很低,故可能发现不了绝缘的某些缺陷和潜在的故障。

随着传感器、光纤、计算机技术等的发展,对运行中电气设备的绝缘状况运行连续的在线监测(也叫状态检测)已成为可能。

5.1 介损的在线监测

目前,容性电气设备的 $\tan\delta$ 在线检测方法基本上采取如图 5-1-1 所示的相位差原理。

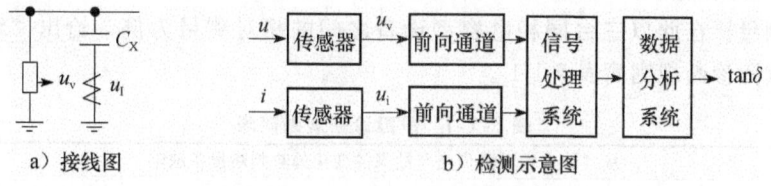

图 5-1-1 相位差法在线监测 $\tan\delta$ 的原理图

反映被试品电压的电压信号 U_v 常可由电压互感器的二次侧再经分压后取得,而将反映被试品电流的电压信号 U_i 则用套在设备接地线上的电磁式电流互感器取得。通过获得 U_v 和 U_i 两个波形间的相位差 φ,可求出 $\delta(\delta = 90° - \varphi)$,$\delta$ 即为介质损耗角,继而可以得到 $\tan\delta$。相位差法分有硬件法和软件法两种,相位差法中的硬件法如图 5-1-2 所示,将 u_v 波形和 u_i 波形分别用过零转换的方法先转变为方波 a、b,然后相"与"得到方波 c,即可反映这两个波形间的相位差 φ,再由计算机(或单片机)内时钟脉冲计数来求得 $\delta(\delta = 90° - \varphi)$,$\delta$ 即为介质损耗角,继而可以得到 $\tan\delta$。这种方波比较法常采用多次测量取平均值、消除谐波的影响、消除回路误差及采取抗干扰等措施,同时要采用相角误差小、稳定性良好的电流传感器,以提高测量 $\tan\delta$ 的精度。软件法是将 U_v 和 U_i 经 A/D 转换后,用快速傅里叶变换求得 $\tan\delta$,效果要较硬件法好一些。

在相位差法中,由于提取电压信号 U_v 用的电压互感器(PT)的角差与很多因素有关,因此从 PT 二次侧获取的电压信号并不能完全真实地反映高压侧电压的相位,这就会导致 $\tan\delta$ 的测量结果通常存在分散性较大、准确性和稳定性较差等问题。

图 5-1-3 所示是不以电压互感器(PT)低压侧电压作为基准电压来测量设备 $\tan\delta$ 的一种方法,称为综合相对法。这种方法选择在相同相别下运行的多台电容型设备进行测量,以它们之间的电流信号互为基准信号进行比较,求出各设备间 $\tan\delta$ 的差值,即相对介质损耗角正切值 $\Delta\tan\delta$。并

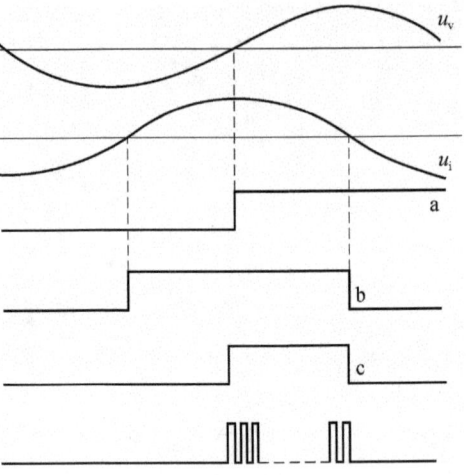

图 5-1-2 相位差法方波比较测量 $\tan\delta$ 示意图

根据此多个相对介质损耗角正切值的变化趋势来综合判断设备的绝缘状况,发现设备中存在的缺陷。

将两台电容型设备的电流信号 I_{x1} 和 I_{x2} 进行相位比较,便可得到两设备介质损耗角 δ 之间的差值 $\Delta\tan\delta$。当 δ_1 和 δ_2 很小时,有

$$\Delta\tan\delta_{12} \approx \Delta\delta_{12} = |\delta_1 - \delta_2| \approx |\tan\delta_1 - \tan\delta_2|$$

当相互比较的两台设备绝缘都良好时,其相对介质损耗角 $\Delta\tan\delta$ 一般非常小。如其中一台设备出现故障缺陷,其 $\tan\delta$ 将明显增大,从而导致两台设备间的 $\Delta\tan\delta$ 也将发生明显变化。

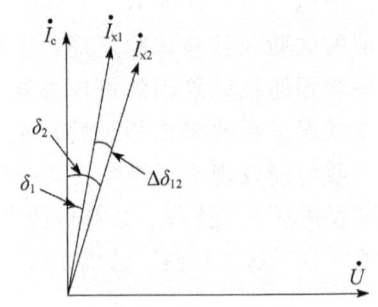

图 5-1-3 综合相对法测量 $\Delta\tan\delta$ 的向量图

若要进一步判断是哪一台设备存在缺陷,则需要在三台以上的同相设备之间进行 $\tan\delta$ 的综合相对测量。在此以三台同相电容型设备之间的相对测量为例,给出"综合相对测量法"相应的故障诊断规则简表 5-1-1。

表 5-1-1 故障诊断规则简表

从"综合相对测量法"结果的变化趋势判断设备缺陷			
$\Delta\tan\delta_{12}$	$\Delta\tan\delta_{13}$	$\Delta\tan\delta_{23}$	结论
不变	不变	不变	三台设备均无缺陷
变化	变化	不变	设备 1 有缺陷
变化	不变	变化	设备 2 有缺陷
不变	变化	变化	设备 3 有缺陷
变化	变化	变化	至少两台有缺陷

同时还应注意到,当三台设备中如有两台以上存在缺陷时,三个相对介质损耗角正切值的数值均会变化,此时根据以上方法,将会判断错误。但在同相母线相邻区域内两台设备同时发生故障的几率是非常小的,如果以年为单位的话,仅为十万分之一。所以基本可以忽略。

综合相对法具有以下优点:
1)不需要从 PT 二次侧提取基准电压,从而避免了从 PT 引入不稳定的角差,消除了

影响 tanδ 测量准确性及稳定性的一个主要误差来源，同时简化了测量系统的硬件线路。

2) 在测试现场，同相设备的运行状态和工作环境相似，特别是同类型、同相别的设备（如同为套管、同为 CT 等）受到的干扰情况更为相似。因此将同相设备互为基准，两个被测设备的电流中的随机噪声干扰、测试过程中的系统干扰及外界环境因素的影响还会有一定的相互抵消作用。

3) 测量同相设备间的相对介质损耗角正切值，重要的是根据其变化趋势及相互间的关系进行故障分析，及时诊断出存在缺陷的设备，也可避免"绝对测量"中存在的结果与停电结果有时无对应关系，以致无法直接判断设备绝缘状况的问题。

由于 tanδ 在线检测是实时地对被测设备的 tanδ 值进行监测，因此现场的各种环境因素，如季节、温度、湿度、降雨等，以及负荷变化将对测量结果产生很大影响，使同一台正常运行的设备的 tanδ 在不同环境下的测量值可能发生较大变化。由此可见，当环境因素有显著变化时，不能单凭设备的 tanδ 增大就认定设备存在缺陷。所以如何正确对待现场环境因素给在线检测带来的影响是值得注意的问题。

5.2 局部放电在线监测

在现场在线监测局部放电时，由于抗干扰问题比实验室里更难以解决，因此在采用脉冲电流法测量局部放电时，检测频带与离线测试局部放电不同，为尽量躲避现场干扰，多数采用比高频略高一点的甚高频 VHF 的检测频带，其频带范围为 $1\ \text{MHz} \leqslant f \leqslant 30\ \text{MHz}$。检测带宽根据监测系统的要求考虑，可选用窄带（几千赫兹）或者宽带（几百千赫兹）谐振型。脉冲电流传感器一般采用罗格夫斯基线圈，在变压器上的安装位置如图 5-2-1d 所示，分别安装在高压套管末屏接地线上、变压器外壳接地线上和铁芯接地线上。其中高压套管末屏接地线上检测效果相对好些。目前已较多地采用电气法（如脉冲电流法）和超声法相结合的联合检测法，因为发生局部放电时，除有电气信号外也有超声信号向四周传播。利用在箱壳上 3~4 个超声探头所测到的信号的先后，如图 5-2-1 中的时间差（$\Delta t_1 - \Delta t_2$）等，便于推断发生局部放电的部位。超声检测的灵敏度一般要比电气法低且不能测得放电量。联合检测法中，可对测到的 VHF 局部放电信号进行放电量的标定。

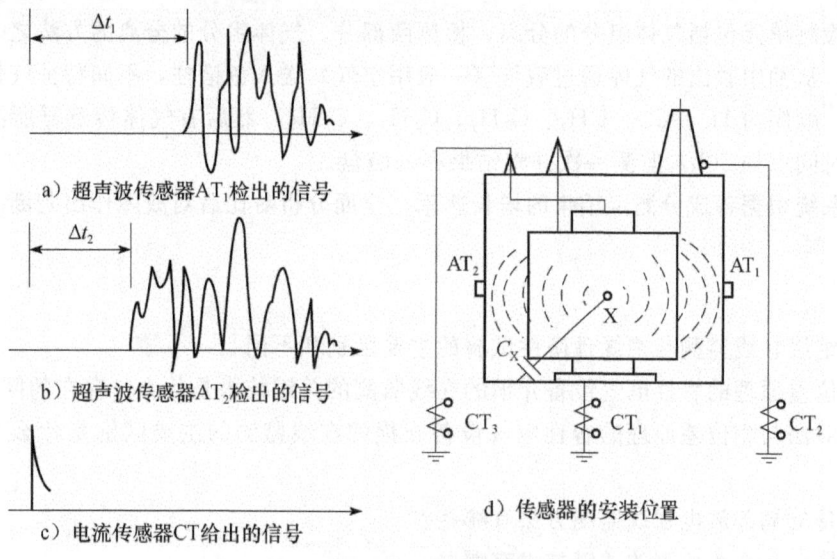

a) 超声波传感器 AT_1 检出的信号
b) 超声波传感器 AT_2 检出的信号
c) 电流传感器 CT 给出的信号
d) 传感器的安装位置

图 5-2-1 电-声联合法进行局部放电定位示意图

为了有效地排除干扰，UHF 技术已在变压器、GIS 的现场在线监测中发挥作用，UHF 的检测频段在 300 MHz 以上，属射频频段，接收的是局部放电发射的电磁波。虽然 UHF 法的灵敏度较高，但不能测得放电量。UHF 传感器可通过变压器的人孔或手孔预先安装到变压器的箱壳内，这时的电磁干扰可明显减小。

5.3 油中气体含量在线监测

经验证明，气象色谱分析是发现油浸电力设备潜伏性故障的一种有效方法。对油中溶解气体进行在线自动监测，免除了取油样后送回试验室分析等过程，能够更及时发现故障缺陷。对油中溶解气体进行在线自动监测的重点在于解决气体的提取（脱气）、气体组分的分离和检测。

现场的脱气的方法之一是采用透析的方法，利用高分子膜（如聚四氟乙烯、聚酰亚胺等）的透气性，直接将油中溶解的气体分离出来。采用高效的透气膜，可加快透气速度，缩短平衡时间。

图 5-3-1 所示为油中溶解气体在线监测装置。

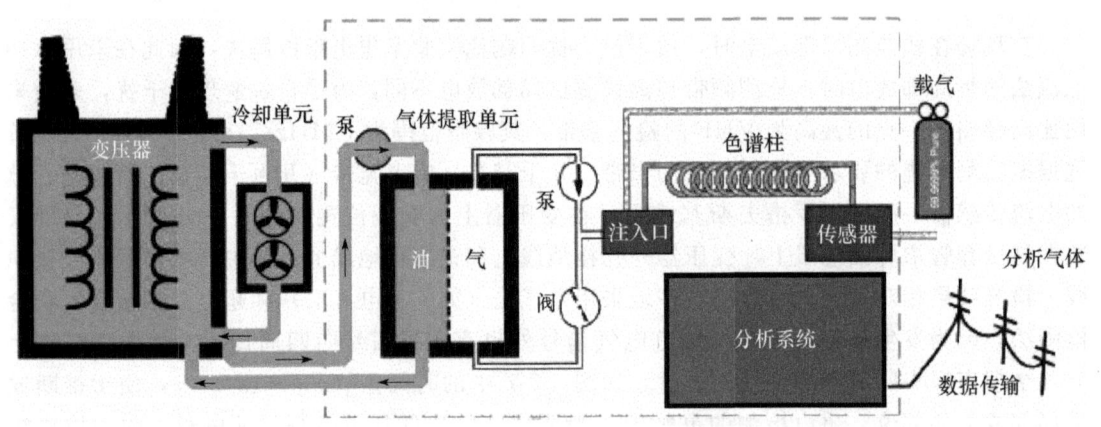

图 5-3-1　油中溶解气体在线监测装置

气体检测单元包括气体组分的分离、检测两部分。气体组分的分离的方法之一是采用复合色谱柱，从油中脱出的气体通过载气（一般用空气）送入色谱柱，不同特征气体按析出的时间分离，顺序为 H_2、CO、CH_4、C_2H_4、C_2H_6、C_2H_2，然后有气体传感器所测定。装置每隔一段时间（如 60h）监测一次并将结果存入磁盘。

分析系统根据各成分测定结果的增长速率，全面分析对比后对故障作出判断。

习　题

1. 试简述绝缘在线监测与绝缘预防性试验的主要区别和不同。
2. 采用相位差原理的容性电气设备介损的在线监测的关键技术是什么？存在的问题是什么？
3. 综合相对法与相位差原理的容性电气设备介损的在线监测的主要区别是什么？具有哪些优点？
4. 电气设备的局部放电在线监测方法有哪些？
5. 油中气体含量在线监测的关键技术有哪些？

第二篇 电力系统过电压及保护

- 第6章 输电线路和绕组中的波过程
- 第7章 雷电及防雷保护装置
- 第8章 输电线路的防雷保护
- 第9章 发电厂和变电所的防雷保护
- 第10章 电力系统内部过电压
- 第11章 电力系统的绝缘配合

第6章

输电线路和绕组中的波过程

6.1 波沿均匀无损单导线的传播

电磁波的传播过程叫做波过程。为什么要研究波过程呢？这是因为在冲击波的作用下，输电线路、电缆、变压器绕组、电机绕组等元件的等效电路都要用分布参数电路来表示。如雷电冲击的频率很高，波头很短（一般为 780 m），因此在研究雷电冲击波对导线的作用时，导线一般应按分布参数考虑。高压远距离交流输电线虽然工作频率低，波长很长（6 000 km），但在输电线长度很大，例如数百公里以上时，不论稳态或暂态也都宜用分布参数来研究。也可以说，波过程就是分布参数电路的过渡过程。分布参数电路最根本的特点在于电压、电流不仅是时间 t 的函数，而且是位置 x 的函数。电力系统中出现的过电压都是以波的形式出现的，掌握波的传播过程及其规律，是研究电力系统过电压的理论基础。

典型的分布参数回路是各种传输线（架空线或电缆），以及导线的电感、电阻、对地电容及电导沿线的分布性，用若干个 π 型链组成的电路来等效，如图 6-1-1 所示，图中 L_0、R_0、C_0、G_0 分别表示导线单位长度上的电感、电阻、对地电容和电导。实际中，它们不是常数，例如冲击电晕对 C_0、G_0 有较大的影响。但在分析波过程基本规律时，可假定这些参数为常数。一般情况下，输电线路对地电导甚小，可以略去 G_0；导线与大地的电阻会使波衰减和变形，其影响随波的传播距离增长而加强，但为了简化分析，可略去 R_0。不计 R_0、G_0 的导线称为均匀无损导线。由于这些分布电感和分布电容的存在，当外加电压作用于导线时，在过渡过程中，在同一瞬间沿线各点的电流可能处处不同，沿线各处的对地电压也可能处处不同。

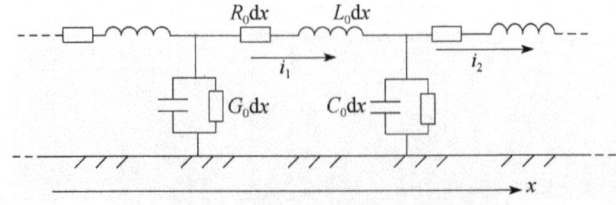

图 6-1-1　单导线线路的等值电路

下面介绍如何用波的概念来研究分布参数回路的过渡过程，从而得出描述分布参数回路过渡过程的波的图形。用这种图形可以比较方便地找出导线上电流电压的变化规律，确定过电压的最大值。

6.1.1 波过程的物理概念

实际的输电线路是多导线的，讨论波在单根均匀无损导线上的传播规律和计算方法，是研究波在平行多导线中传播的前提。

若在 $t=0$ 时在图 6-1-2 所示无损单导线电路的始端作用一直流电压 U_0，线路上便有电荷向 x 方向（正方向）移动，电源即开始向线路始端的对地电容 $C_0 \mathrm{d}x$ 充电，并向相邻的电容放电。因电感 $L_0 \mathrm{d}x$ 的存在，线路上各点电压建立所需时间是不同的，离电源较远的对地电容势必要隔上一段时间才能充到电荷；此外，当电荷向右移动时，有一部分电荷流到了电容中去。故在同一时间导线上各点的电压和电流不同，线路对地电容依次得到充电，沿线逐步建立起电场，形成电压，即有一电压波以一定的速度 v 沿着线路正方向传播，导线上电压和电流是从始端向末端逐渐地建立起来的。

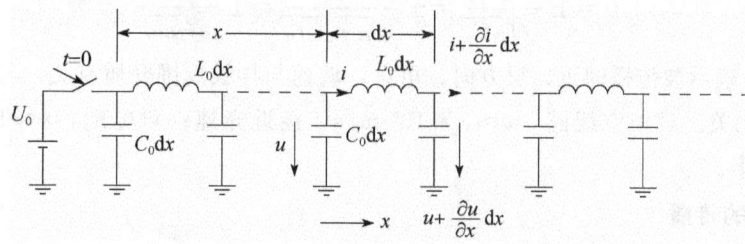

图 6-1-2 波在均匀无损单导线上的传播

1. 波阻抗

假设在时间 $\mathrm{d}t$ 内，波前进了 $\mathrm{d}x$，在这段时间内，长度为 $\mathrm{d}x$ 的导线的电容 $C_0 \mathrm{d}x$ 充电到 u，获得电荷为 $C_0 \mathrm{d}x u$，这些电荷在时间 $\mathrm{d}t$ 内通过电流波 i 送过来，因此

$$C_0 \mathrm{d}x u = i \mathrm{d}t \tag{6-1-1}$$

另一方面，在同样的时间 $\mathrm{d}t$ 内，长度为 $\mathrm{d}x$ 的导线上已建立起电流 i，这段导线的电感为 $L_0 \mathrm{d}x$，则所产生的磁链为 $L_0 \mathrm{d}x i$。这些磁链是在时间 $\mathrm{d}t$ 内建立的，因此导线上的电压为

$$u = L_0 \mathrm{d}x i / \mathrm{d}t \tag{6-1-2}$$

消去式 (6-1-1) 和式 (6-1-2) 中 $\mathrm{d}t$、$\mathrm{d}x$，可以得到反映电压波与电流波的关系为

$$u = \pm \sqrt{\frac{L_0}{C_0}} i = \pm Zi \tag{6-1-3}$$

$\frac{u}{i}$ 的正负号表示波传播的正、反方向。由式 (6-1-3) 可知，当电流波和电压波沿无损均匀导线传播时，线路任一点的电压值与电流值的比值是一个常数，为 $\sqrt{\frac{L_0}{C_0}}$。$\sqrt{\frac{L_0}{C_0}}$ 具有阻抗的量纲——Ω，并用 Z 来表示，称为导线的波阻抗，它是一个非常重要的参数。

波阻抗虽然与电阻具有相同的量纲，而且也是表示导线上电压波与电流波的比值，但两者的物理含义是不同的：波阻抗表示一个方向上的电压波和电流波的比值，其大小只决定于导线单位长度的电感和电容，与线路的长度无关，而导线的电阻与长度成正比；波阻抗有正、负号，表示沿不同方向传播的波，而电阻则没有。

下面来计算波阻抗，对架空线有

$$Z = 60\ln\frac{2h_\mathrm{p}}{r} = 138\lg\frac{2h_\mathrm{p}}{r} \tag{6-1-4}$$

式中，h_p 为导线对地的平均高度（m），架空线的波阻抗一般在 300～500 Ω 范围内。电缆线路的波阻抗约在 10～100 Ω。

2. 波速

$\mathrm{d}x/\mathrm{d}t$ 为波在导线上的传播速度 v，故式（6-1-1）和式（6-1-2）可改写为

$$i = uC_0 v \tag{6-1-5}$$

$$u = iL_0 v \tag{6-1-6}$$

将式（6-1-5）与式（6-1-6）相乘可得

$$ui = iL_0 v u C_0 v$$

从而导出行波的传播速度为

$$v = \pm\frac{1}{\sqrt{L_0 C_0}} = \pm\frac{1}{\sqrt{\mu_\mathrm{r}\mu_0\varepsilon_\mathrm{r}\varepsilon_0}} = \pm\frac{3\times 10^8}{\sqrt{\mu_\mathrm{r}\varepsilon_\mathrm{r}}} \tag{6-1-7}$$

v 的正负号表示波传播的正、反方向。可见，波速与导线周围介质有关，与导线的几何尺寸及悬挂高度无关。对架空线路，$v\approx 3\times 10^8$ m/s，接近光速；对电缆，$v\approx 1.5\times 10^8$ m/s，约为光速的一半。

3. 电磁能的传播

电流波和电压波的传播必然伴随着能量的传播。当电荷在导线上流动对电容 C_0 充电时，在导线与地之间建立起电场；当电荷通过电感 L_0，在导线周围建立起磁场。因此，电压波使导线对地电压升高的过程也就是电场能在导线对地电容上储存的过程，电流波通过导线的过程也就是磁场能在导线电感中储存的过程。线路单位长度获得的电、磁场能量分别为 $\frac{1}{2}C_0 u^2$ 和 $\frac{1}{2}L_0 i^2$，这部分能量实际上是储存在线路单位长度的介质中的。如把式（6-1-3）改写，可以得到

$$\frac{1}{2}L_0 i^2 = \frac{1}{2}C_0 u^2 \tag{6-1-8}$$

可见，储存在导线单位长度介质中的磁能恰好等于其电能。这正是电磁能传播的规律。因此，式（6-1-8）进一步说明了，电压波和电流波互相伴随着沿导线的传播就是电磁波沿导线的传播。

从式（6-1-8）出发还可以求出电压波和电流波沿导线传播时，导线单位长度的总能量为

$$\frac{1}{2}C_0 u^2 + \frac{1}{2}L_0 i^2 = C_0 u^2 = L_0 i^2$$

已知波的传播速度为 $v = \dfrac{1}{\sqrt{L_0 C_0}}$，因此单位长度导线获得 $C_0 u^2$ 或 $L_0 i^2$ 能量所需的时间将为 $\dfrac{1}{v} = \sqrt{L_0 C_0}$。由此可知电压波和电流波伴随着沿导线传播时散布在周围介质中的功率将为

$$vC_0u^2 = vL_0i^2 = \frac{u^2}{Z} = i^2Z$$

从功率的观点来看,波阻抗与数值相等的集中参数电阻相当,但在物理含义上是不同的。波阻抗说明导线周围电介质所获得的电磁能的大小,并以电磁能的形式储存在周围电介质中,并不被消耗,而电阻则吸取电源能量并转变为热能消耗掉。当波的幅值一定时,波阻抗决定了单位时间内导线获得电磁能量的大小。

6.1.2 波过程计算的基本方程

电路的特征(例如自由振荡频率或时间常数等)是由电路本身的参数决定的,与外加电源无关。因此,研究图 6-1-2 所示分布参数回路本身的性质,可以从回路中任一环节的方程出发进行普遍性的研究。

1. 波动方程及其解

取距离首端为 x 的环节,注意到电压 u 和电流 i 都是 x 和 t 的函数,可以得到

$$\mathrm{d}u = -L_0 \mathrm{d}x \frac{\partial i}{\partial t}$$

$$\mathrm{d}i = -C_0 \mathrm{d}x \frac{\partial u}{\partial t}$$

整理后为

$$\frac{\partial u}{\partial x} = -L_0 \frac{\partial i}{\partial t} \tag{6-1-9}$$

$$\frac{\partial i}{\partial x} = -C_0 \frac{\partial u}{\partial t} \tag{6-1-10}$$

式(6-1-9)和式(6-1-10)就是一阶波动方程,从波动方程出发,就可以求出分布参数回路的一般规律。

由式(6-1-9)和式(6-1-10)对 u 联解,可以得到

$$\frac{\partial^2 u}{\partial x^2} = L_0 C_0 \frac{\partial^2 u}{\partial t^2} \tag{6-1-11}$$

由式(6-1-9)和式(6-1-10)对 i 联解,则可得

$$\frac{\partial^2 i}{\partial x^2} = L_0 C_0 \frac{\partial^2 i}{\partial t^2} \tag{6-1-12}$$

式(6-1-11)和式(6-1-12)即为二阶波动方程,从上两式看出其形式完全一样,可见 u 和 i 有形式相同的解。

先来求 u 和 i 的关系,为此可以令

$$u = Zi \tag{6-1-13}$$

式中 Z 为待定系数。将式(6-1-13)代入式(6-1-9)和式(6-1-10),就得到

$$Z\frac{\partial i}{\partial x} = -L_0 \frac{\partial i}{\partial t} \tag{6-1-14}$$

$$\frac{\partial i}{\partial x} = -C_0 Z \frac{\partial i}{\partial t} \tag{6-1-15}$$

上两式互除,得前面所讨论过的波阻抗,即

$$Z = \pm\sqrt{\frac{L_0}{C_0}}$$

再来解式（6-1-11）和式（6-1-12）的波动方程。应用拉氏变换和延迟定理，不难求得它们的解为

$$u = u_1(x-vt) + u_2(x+vt) \tag{6-1-16}$$
$$i = i_1(x-vt) + i_2(x+vt) \tag{6-1-17}$$

式中 $v = \dfrac{1}{\sqrt{L_0 C_0}}$，代回波动方程时显然都能满足要求。

2. 前行波和反行波

由式（6-1-16）和式（6-1-17）可知电压和电流的解都包括两个部分，一部分是 $(x-vt)$ 的函数，另一部分是 $(x+vt)$ 的函数。如何理解这两个函数的性质呢？先来研究函数 $u_1(x-vt)$。$u_1(x-vt)$ 说明，架空线各点的电压是随时间而变的。如图 6-1-3 所示，在 $t=t_1$ 时，u_1 沿架空线的分布为 $u_1(x-vt_1)$；在 $t=t_2$ 时，u_1 沿架空线的分布为 $u_1(x-vt_2)$。设 $t=t_1$ 时，架空线上任意一点 $x=x_1$ 处的电压为 u_a，$u_a = u_1(x_1 - vt_1)$；则在 $t=t_2$ 时，电压为 u_a 的该状态在架空线上的位置可根据 $u_1(x_2 - vt_2) = u_a$ 求得。为满足

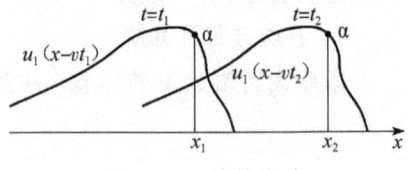

图 6-1-3 波的流动

$$u_1(x_1 - vt_1) = u_1(x_2 - vt_2) = u_a$$

必须有
$$x_1 - vt_1 = x_2 - vt_2$$

而在任意时刻 t 时，电压为 u_a 的该状态在架空线上的位置可根据下式求出

$$u_1(x - vt) = u_a$$

即
$$x - vt = 常数 \tag{6-1-18}$$

将上式对 t 求导，得到

$$\frac{\mathrm{d}x}{\mathrm{d}t} = v$$

即对固定的 u_a 来说，它在空间的坐标 x 将以速度 v 向 x 的正方向移动。因此 $u_1(x-vt)$ 代表一个以速率 v 向 x 的正方向行进的波。以后就把 $u_1(x-vt)$ 称为前行电压波，改用 $u_q(x-vt)$ 表示。同样，可以证明 $u_2(x+vt)$ 代表一个以速率 v 向 x 的负方向行进的波，称之为反行电压波改用 $u_f(x+vt)$ 来表示。把式（6-1-16）和式（6-1-17）改写为

$$u = u_q(x-vt) + u_f(x+vt) \tag{6-1-19}$$
$$i = i_q(x-vt) + i_f(x+vt) \tag{6-1-20}$$

可求出前行电压波和前行电流波之间的关系为

$$u_q(x-vt) = Z i_q(x-vt) \tag{6-1-21}$$

图 6-1-4a 和 b 形象地描绘了这一关系。而反行电压波和反行电流波间的关系则为

$$u_f(x+vt) = -Z i_f(x+vt) \tag{6-1-22}$$

这一关系可用图 6-1-4c 和 d 表示。反行电压波和电流波具有相反符号的物理意义：正的电压前行波相当于一堆正电荷向 x 的正方向移动，使导线各点的对地电容依次充上正电荷，向 x 正方向流动的正电荷将形成正电流波，因此前行波电压和前行波电流间具有相同的符号。对反行波来说，正的反行波电压相当于一堆正电荷向 x 的负方向移动，按照相反的顺序给线路各点的对地电容也充上正电荷，此时虽然电压仍是正的，但因正电荷移动的方向已变为 x

负方向，从而形成了负的电流，因此反行波电压和反行波电流必然具有相反的符号。

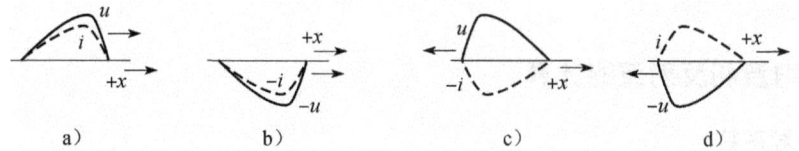

图 6-1-4 电压波和电流波间的关系

从以上分析可知，分布参数电路的过渡过程可以用行波的图案来描述。它的特点是：

1) 把在过渡过程中出现在导线上的电压分解成前行的电压波 u_q 和反行的电压波 u_f，把流过导线的电流分解为前行的电流波 i_q 和反行的电流波 i_f。

2) 前行电压波和前行电流波互相伴随着传播，它们间的关系由波阻 Z 决定；反行电压波和反行电流波互相伴随着传播，它们间的关系也由波阻 Z 决定，但具有相反的符号。应该注意，当导线上有前行波且又有反行波时，导线上的总电压与总电流的比值不再等于波阻抗，即 $\dfrac{u}{i} = \dfrac{u_q + u_f}{i_q + i_f} = \dfrac{u_q + u_f}{u_q - u_f} Z \neq Z$。

3) 电压波和电流波在均匀无损导线上无畸变地传播，其传播速度为 $v = \dfrac{1}{\sqrt{L_0 C_0}} = \dfrac{1}{\sqrt{\mu_0 \varepsilon_0}} = c$（光速）。

4) 前行波和反行波分别在导线上按自己的方向传播，两者互相独立，互不干扰，当两个波在导线上相对而遇时，可以把它们算术地相加起来。

5) 电磁波在无损导线上传播时，在介质中散布的功率将为 $ui = \dfrac{u^2}{Z}$。这一功率以电磁能的形式储存在周围介质中，并不消耗掉。

6) 另外注意到，$v = \dfrac{1}{\sqrt{L_0 C_0}}$ 和 $Z = \sqrt{\dfrac{L_0}{C_0}}$ 两式与电流波陡度的大小无关，而只由导线本身的参数 L_0 和 C_0 决定，所以从这两式得出的上述各结论对任意陡度的波都是对的。所以这些结论又可以推广应用到任意波形的电压波和电流波的传播中。

式 (6-1-19)、式 (6-1-20)、式 (6-1-21) 和式 (6-1-22) 是行波计算的四个基本方程，现把它们重列于下：

$$u = u_q + u_f \tag{6-1-23}$$

$$i = i_q + i_f \tag{6-1-24}$$

$$u_q = Z i_q \tag{6-1-25}$$

$$u_f = -Z i_f \tag{6-1-26}$$

6.2 行波的折射和反射

在实际线路上，常常会遇到线路均匀性遭到破坏的情况，例如一条架空线与一根电缆相连、在两段架空线之间插接某些集中参数电路元件（R、L 或 C），等等。以两段波阻抗不相同的导线串联组成的无穷长线路为例，如图 6-2-1 所示，由于导线 1 中电压波对电流波的比值与导线 2 中电压波对电流波的比值不同，当行波投射到连接点 A（称为节点）

时，必然会出现电压、电流、能量重新调整分配的过程，即在节点处将发生行波的折射和反射现象。

6.2.1 折射波和反射波的计算

1. 折反射系数

在图 6-2-1 中，设有幅值为 U_0 的电压波沿导线 1 入射，在其未到达节点 A 时，导线 1 上将只有前行电压波 $u_{q1}=U_0$ 及相应的前行电流波 i_{q1}。这些前行波到达 A 点后将折射为沿导线 2 前行的电压波 u_{q2} 和电流波 i_{q2}，称为折射波，同时出现沿导线 1 反行的电压波 u_{f1} 和电流波 i_{f1}，称为反射波。为了简明起见，通常分析第二条线路中不存在反行波或反行波尚未抵达节点 A 的情况。由于在节点 A 处只能有一个电压值和电流值，即 A 点左侧及右侧的电压和电流在 A 点必须相等，因此必然有

$$u_{q1} + u_{f1} = u_{q2} \tag{6-2-1}$$

$$i_{q1} + i_{f1} = i_{q2} \tag{6-2-2}$$

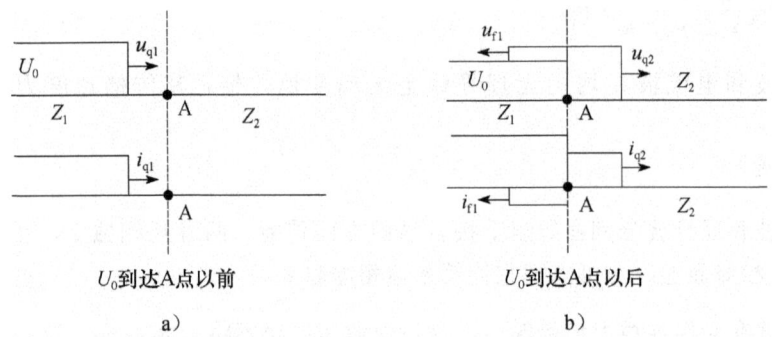

图 6-2-1　$z_2 > z_1$ 时波的折反射

考虑到 $i_{q1}=\dfrac{u_{q1}}{Z_1}$；$i_{q2}=\dfrac{u_{q2}}{Z_2}$；$i_{f1}=-\dfrac{u_{f1}}{Z_1}$；$u_{q1}=U_0$。将其代入上式，即可求得导线节点 A 处折、反射电压与入射电压的关系为

$$u_{q2} = \frac{2Z_2}{Z_1+Z_2}U_0 = \alpha U_0 \tag{6-2-3}$$

$$u_{f1} = \frac{Z_2-Z_1}{Z_1+Z_2}U_0 = \beta U_0 \tag{6-2-4}$$

式中，α 称为折射系数；β 称为反射系数。它们分别为

$$\alpha = \frac{2Z_2}{Z_1+Z_2} \tag{6-2-5}$$

$$\beta = \frac{Z_2-Z_1}{Z_1+Z_2} \tag{6-2-6}$$

由于 A 点左侧及右侧的电压在 A 点处必须连续，根据式（6-2-1），折、反射系数间必然满足下面的关系：

$$1+\beta = \alpha$$

α 和 β 的大小将由波阻抗 Z_1 对 Z_2 的比值决定，且 $0 \leqslant \alpha \leqslant 2$，$-1 \leqslant \beta \leqslant 1$。

当 $Z_2=Z_1$ 时，$\alpha=1$，$\beta=0$，这说明折射电压波等于入射电压波，反射电压波为零，即

不发生任何折、反射。这也就是均匀导线的情况。

当 $Z_2 > Z_1$ 时，例如行波从电缆进入架空线，将有 $\alpha > 1$，$\beta > 0$，此时折射电压波大于入射电压波，反射电压波与入射波同号，叠加后使线路 1 上的总电压增高，相当于图 6-2-1 所示的情况。

当 $Z_2 < Z_1$ 时，例如行波从架空线进入电缆，则由于 $\alpha < 1$，$\beta < 0$，折射电压波将小于入射电压波，反射电压波的极性将与入射波相反，叠加后使线路 1 上的总电压小于入射电压波，如图 6-2-2 所示。

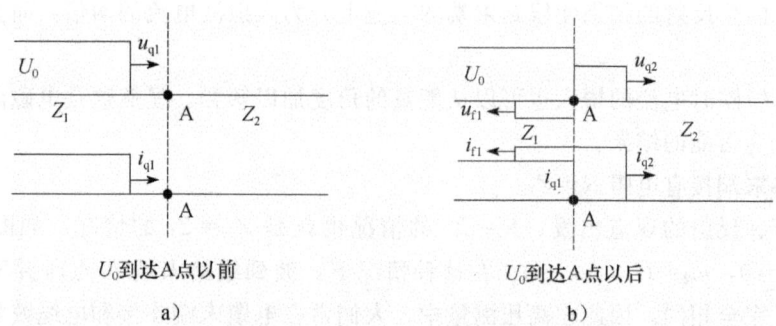

U_0 到达 A 点以前
a)

U_0 到达 A 点以后
b)

图 6-2-2 $z_2 < z_1$ 时波的折反射

2. 几种特殊端接情况下的波过程

应该指出，虽然波的折、反射系数是根据两段波阻抗不同的导线推出的，但它也可以适用于导线末端接有不同负载电阻的情况。下面以线路末端开路、末端短路和末端接有与波阻抗相等的电阻这三种情况来对波的折、反射作进一步讨论。

(1) 线路末端开路

线路末端开路相当于 $Z_2 = \infty$ 的情况，如图 6-2-3 所示。此时 $\alpha = 2$，$\beta = 1$，$u_{q2} = 2U_0$，$u_{f1} = U_0$。这一结果说明入射波 U_0 到达开路的末端后将发生全反射。全反射的结果是使线路末端电压上升到入射波电压的两倍。随着反射电压波的反行，导线上的电压将逐点上升到入射波电压的两倍，未到之处仍为 U_0。由 $i_{f1} = -\dfrac{u_{f1}}{Z_1} = -\dfrac{U_0}{Z_1} = -i_{q1}$ 的关系式还可以看到，在电压全反射的同时，电流则发生了负的全反射，电流负反射的结果使线路末端的电流为零，这显然是由线路末端开路的边界条件决定的。而随着负反射电流波的反行，导线上的电流将逐点下降为零。

线路开路末端处电压加倍、电流变零的现象也可以从能量关系来理解：开路末端处的电流永远为零，电流在此处发生负的全反射，使电流反射波所流过的线段上的总电流变为零，储存的磁场能量变为零，全部转为电场能量。在线路上反射波已到达的一段上，单位长度所吸收的总能量等于入射波能量的两倍，而入射波能量储存在单位长度线路周围空间的磁场能量恒等于电场能量，因而可得实际上电能是原来的四倍，即 $4 \times \dfrac{1}{2} U_0^2 C_0$，可写成 $\dfrac{1}{2} (2U_0)^2 C_0$，这就说明了为什么全反射的结果会使导线上的电压升高到原来的两倍。

波在开路的末端引起的电压升高往往会造成绝缘的破坏，在过

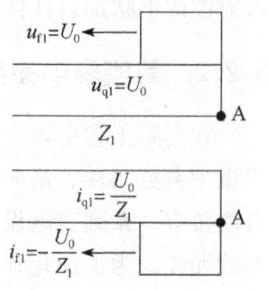

图 6-2-3 线路末端开路时
波的折、反射

电压保护中应予以充分注意。

(2) 线路末端短路

线路末端短路（接地）相当于 $Z_2=0$ 的情况，如图 6-2-4 所示。此时 $\alpha=0$，$\beta=-1$，$u_{q2}=0$，$u_{f1}=-U_0$。这一结果说明入射波 U_0 到达短路的末端后将发生负的全反射。结果使线路末端电压下降为零，而且逐点向首端发展，这是由线路末端短路的边界条件决定的。同样由 $i_{f1}=-\dfrac{u_{f1}}{Z_1}=\dfrac{U_0}{Z_1}=i_{q1}$ 的关系式可以看到，在电压负的全反射的同时，电流将发生正的全反射。电流正的全反射的结果使线路末端的电流上升为入射波电流的两倍，而且逐点向首端发展。

线路末端短路时电流的增大也可以从能量的角度加以解释。显然这是电磁能从末端返回而且全部转化为磁能的结果。

(3) 线路末端接有电阻 $R=Z_1$

从波的折、反射的观点出发，$R=Z_1$ 的情况也就是 $Z_2=Z_1$ 的情况，如图 6-2-5 所示。此时 $\alpha=1$，$\beta=0$，$u_{q2}=U_0$，$u_{f1}=0$。在这种情况下，波到线路末端 A 点时并不反射，和均匀导线的情况完全相同。因此在高压测量中，人们常在电缆末端连接和电缆波阻抗相等（相匹配）的电阻来消除波在电缆末端折、反射所引起的测量误差。但是也应看到，从能量的观点出发，R 和 Z_2 是有所不同的。显然，当 A 点所接为电阻 R 时，由电磁波传输到 A 点的全部能量将消耗在 R 中，而如果当 A 点所接为波阻抗 $Z_2=Z_1$ 的无穷长导线，则经由 A 点传输的全部能量将储存在导线周围的介质中。

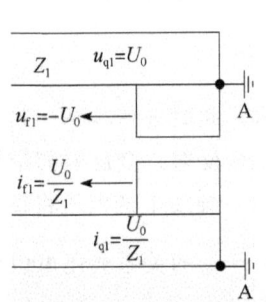

图 6-2-4 线路末端短路时波的折、反射

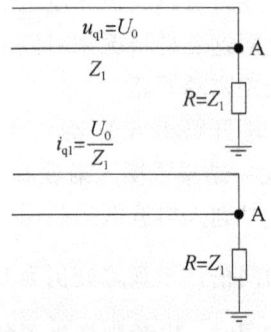

图 6-2-5 线路末端接有 $R=Z_1$ 时波的折、反射

最后还应说明，为了清楚起见，讨论波的折射和反射时采用了幅值恒定的入射波电压 U_0，但这一结论可以推广到任意波形。因为在式 (6-2-3)～式 (6-2-6) 的推导中并没有对入射波的形状加以任何限制。

6.2.2 等值集中参数定理 （彼得逊法则）

在实际工程中，一个节点上往往接有多条分布参数长线（它们的波阻抗可能不同）和若干集中参数元件。最典型的例子就是变电所的母线，它上面可能接有多条架空线和电缆，还可能接有一系列变电设备（诸如电压互感器、电容器、电抗器、避雷器等），它们都是集中参数元件。为了简化计算，最好能利用一个统一的集中参数等值电路来解决行波的折、反射问题。

如图 6-2-6a 所示，任意波形的电压前行波沿无限长线路到达节点 A 时产生折反射，Z_2

可以是任意的集中参数阻抗，也可以是另一条无穷长线路的波阻抗，将 $u_{f1} = -i_{f1}Z_1$ 和 $u_{q1} = i_{q1}Z_1$ 代入式（6-2-1）、式（6-2-2）得出另一个表示入射电压与折射电压和电流间的关系式：

$$2u_{q1} = u_{q2} + i_{q2}Z_1 \qquad (6-2-7)$$

式（6-2-7）是图 6-2-6b 所示的集中参数电路方程。

由此得到一条重要的计算行波的定理——等值集中参数定理（或称彼得逊法则）：在有行波时，可以用集中参数的等值电路来计算节点上的电压和电流，此时等值电路中的电源电动势应取来波电压的两倍，等值电路中的内阻应取来波所流过的通道的波阻抗。等值集中参数定理实际上就是行波计算时的等值电源定理。在这个法则中电源电势为 $2u_{q1}$，这是因为入射波不仅输入电能，同时也输入磁能，遇到节点时就会出现电磁能的相互转换。电压波可以是任意波形，节点上的阻抗也可以是任意阻抗（由电阻、电感、电容等组成的复合阻抗）。

考虑到在实际计算中常常遇到电流源（如雷电流）的情况，这时采用电流源的等值集中参数定理更为方便。把式（6-2-7）中的 u_{q1} 用 $i_{q1}Z_1$ 代替后得

$$2i_{q1}Z_1 = u_{q2} + i_{q2}Z_1 \qquad (6-2-8)$$

根据式（6-2-8）可知，在电流波沿导线传到节点时 [见图 6-2-7a]，节点的电压和电流可用图 6-2-7b 所示的等值电路图进行计算。

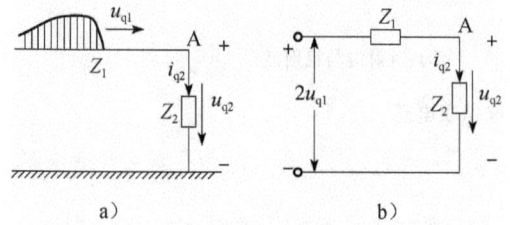

图 6-2-6　电压源的等值集中参数定理

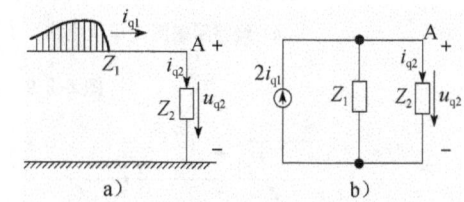

图 6-2-7　电流源的等值集中参数定理

利用等值集中参数定理可以把波过程计算中的许多问题转化为集中参数电路的暂态计算。但应当注意，等值集中参数定理的使用条件是波沿分布参数的线路射入，而且只适用于波在线路末端的反射还没有传播到节点的时间内。

【例 6-1】　某变电所母线上接有 n 条线路，其中某一线路落雷，电压幅值为 U_0 的雷电波自该线路侵入变电所，如图 6-2-8a 所示，求母线上的电压。

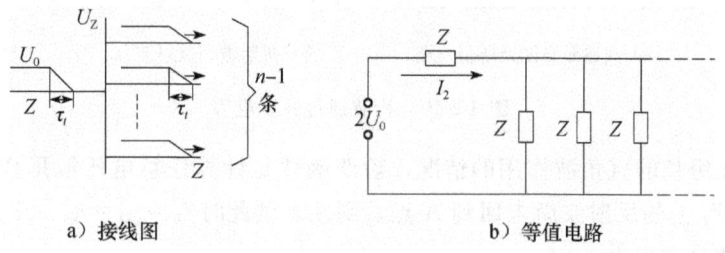

a) 接线图　　　　　　b) 等值电路

图 6-2-8　波入侵变电所的等值电路

变电所的 n 条出线的波阻抗相等，其值为 Z，在非落雷线路上的反行波尚未到达母线时，根据等值集中参数定理（彼得逊法则）可画出等值电路，如图 6-2-8b 所示，其中 I_2 为

$$I_2 = \frac{2U_0}{\left(Z + \dfrac{Z}{n-1}\right)}$$

母线上电压幅值 $U_2 = I_2 \cdot \dfrac{Z}{n-1} = \dfrac{2U_0}{n} = \alpha U_0$,其中 $\alpha = \dfrac{2}{n}$ 为折射系数,从以上分析可知,连在母线上的线路愈多则母线上的电压和其上升速度就愈低。

6.2.3　行波通过串联电感与旁过并联电容

下面以波通过电感和旁过电容为例,来介绍等值集中参数定理在波过程计算中的应用。

在实际系统中,常会遇到电磁波传播时经过与导线相串联的电感器(如限制短路电流用的电抗线圈或者载波通信用的高频扼流线圈)或者连接在导线和大地之间的电容器(如载波通信用的耦合电容器)。图 6-2-9a 和图 6-2-10a 分别给出了波通过电感和旁过电容时的实际线路,及根据等值集中参数定理所画出的这两种情况下的等值接线图。

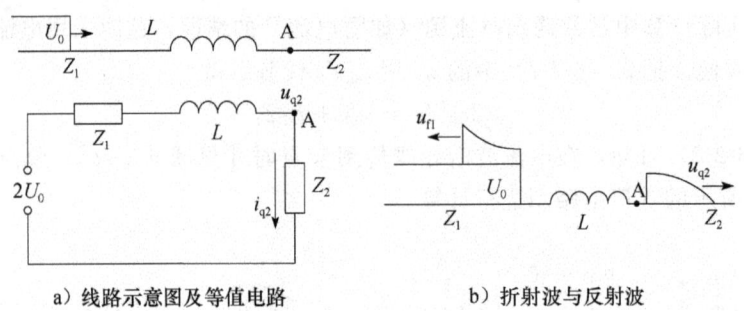

a)线路示意图及等值电路　　　b)折射波与反射波

图 6-2-9　行波通过串联电感

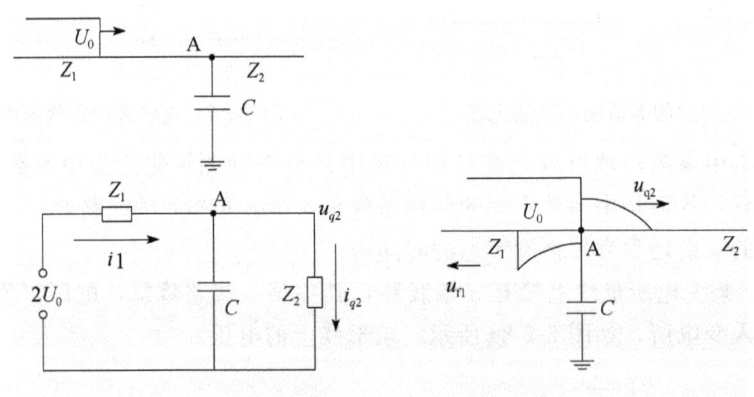

a)线路示意图及等值电路　　　b)折射波与反射波

图 6-2-10　行波通过并联电容

下面研究无穷长的直角波作用的情况,阶跃函数是计算任意电压波形作用的解的基础。根据图 6-2-9,Z_2 上的反射波尚未回到 A 点,则注意到此时 $i_L = i_{Z2} = i_{q2}$,于是可写出波通过电感时回路的微分方程为

$$2U_0 = i_{q2}(Z_1 + Z_2) + L \dfrac{\mathrm{d}i_{q2}}{\mathrm{d}t} \tag{6-2-9}$$

令 $T_L = \dfrac{L}{Z_1 + Z_2}$,则可得波通过电感后折射而成的电压(即 A 点的电压)为

$$u_{q2} = U_0 \dfrac{2Z_2}{Z_1 + Z_2} \left(1 - \mathrm{e}^{-\frac{t}{T_L}}\right) = \alpha U_0 \left(1 - \mathrm{e}^{-\frac{t}{T_L}}\right) \tag{6-2-10}$$

式中 $\alpha = \dfrac{2Z_2}{Z_1+Z_2}$，即为前述的（没有电感时的）折射系数。

从上式可以看出，无穷长直角波通过电感后，在导线 Z_2 上的前行电压波为指数波，波头被拉长，这是因为电感 L 的作用，L 愈大，T_L 愈大，波头就愈平缓，而电压稳态值与未串联电感时一样。这是因为电感中电流是不能突变的，当波到达电感瞬间，电感相当于开路，全部磁场能量转变为电场能量，使电压升高一倍，然后按指数规律变化。而此时电流 i_{q2} 为零值，因而 u_{q2} 也为零，此后 u_{q2} 再随着流过电感电流的逐渐增大而增大。当 $t \rightarrow \infty$ 时，电感相当于短路，已不起作用，就像其折、反射波是由 Z_1 和 Z_2 直接连接的节点产生的。因此，折、反射系数 α、β 的含义与前述一样。波通过电感时的折、反射如图 6-2-9b 所示。

根据图 6-2-10，注意到此时 $u_C = u_{Z2} = u_{q2}$，于是可写出波旁过电容时回路的微分方程为

$$2U_0 = i_{q2}(Z_1 + Z_2) + CZ_1Z_2 \dfrac{di_{q2}}{dt} \tag{6-2-11}$$

令 $T_C = \dfrac{CZ_1Z_2}{Z_1+Z_2}$，即可得波旁过电容时折射而生的电压（即 A 点的电压）为

$$u_{q2} = U_0 \dfrac{2Z_2}{Z_1+Z_2}\left(1 - e^{-\frac{t}{T_C}}\right) = \alpha U_0\left(1 - e^{-\frac{t}{T_C}}\right) \tag{6-2-12}$$

可以看出波旁过电容和通过电感有相同的作用，电容使折射波波头陡度降低的物理概念是，由于电容上的电压不能突然变化，所以当波作用到电容上的第一个瞬间，电容就像电路短路一样，这同样将使 u_{q2} 和 i_{q2} 为零，此后 u_{q2} 将随着电容的逐渐充电而增大。波旁过电容时的折、反射如图 6-2-10b 所示。

比较式（6-2-10）和式（6-2-12）可知，如果令 $T_L = T_C$，即 $L = CZ_1Z_2$，则两式将完全相同，即此时串联电感和并联电容产生相同的折射电压。在 $t = 0$ 时，折射电压为零。以后随着时间的增加，折射电压按指数规律增大，最后到达由 Z_1 导线和 Z_2 导线之间的折射系数所决定的稳定状态 αU_0。也就是说，串联电感和并联电容的存在不会影响到折射波的最后值，但却可使折射波的波头陡度发生变化，从直角波变为按指数曲线缓缓上升的指数波。

指数波的最大陡度发生在 $t = 0$ 时，由式（6-2-10）和式（6-2-12）可以求出，在串联电感的情况下波的最大陡度为

$$\left.\dfrac{du_{q2}}{dt}\right|_{max} = \left.\dfrac{du_{q2}}{dt}\right|_{t=0} = \dfrac{2U_0 Z_2}{L} \tag{6-2-13}$$

在并联电容的情况下则为

$$\left.\dfrac{du_{q2}}{dt}\right|_{max} = \left.\dfrac{du_{q2}}{dt}\right|_{t=0} = \dfrac{2U_0}{Z_1 C} \tag{6-2-14}$$

因此只要增加 L 或 C 的数值，就能把折射波的陡度限制到所要求的数值以下。

比较图 6-2-9b 和图 6-2-10b 可以看出，虽然波通过电感和旁过电容时波头陡度都可降低，但由它们所产生的反射波的符号是不一样的。波通过电感时将在电感前发生电压的正反射使电感前的电压提高一倍，而波旁过电容时则在电容前发生电压的负反射使电容前的电压下降为零。由于电感会使电压升高危及绝缘，所以一般都用并联电容的方法减小来波的陡度。但是在实际工作中也常利用电感线圈可升高来波电压的这种性质来改善接在它前面的避

雷器放电特性（使避雷器在冲击下容易放电）。

【例 6-2】有一幅值为 $U_0=100\text{ kV}$ 的直角波沿波阻抗 $Z_1=50\text{ }\Omega$ 的电缆线路侵入波阻抗为 $Z_2=800\text{ }\Omega$ 的发电机绕组，绕组每匝长度为 3 m，匝间绝缘耐压 600 V，绕组中波的传播速度 $v=6\times 10^7\text{ m/s}$。求用并联电容器或串联电感来保护匝间绝缘时它们的数值。接线如图 6-2-11 所示。

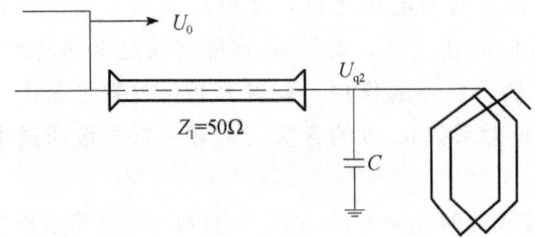

图 6-2-11　波沿电缆线路侵入发电机绕组示意图

解： 发电机允许承受的侵入波的最大陡度为

$$\left(\frac{du_{q2}}{dt}\right)_{max} = \left(\frac{du_{q2}}{dl}\right)_{max}\frac{dl}{dt} = \frac{600}{3}\times 6\times 10^7\text{ V/s} = 12\times 10^9\text{ V/s}$$

根据式（6-2-14），保护匝间绝缘所需电容值为

$$C = \frac{2U_0}{Z_1\left(\dfrac{du_{q2}}{dt}\right)_{max}} = \frac{2\times 10^5}{50\times 12\times 10^9}\mu F = 0.33\text{ }\mu F$$

若用串联电感来保护发电机匝间绝缘，根据式（6-2-13），有

$$L = \frac{2U_0 Z_2}{\left(\dfrac{du_{q2}}{dt}\right)_{max}} = \frac{2\times 10^5\times 800}{12\times 10^9}\text{mH} = 13.3\text{ mH}$$

显然，采用 0.33 μF 电容器或 13.3 mH 电感线圈都可以限制侵入波的陡度，满足保护发电机绕组匝间绝缘的需要。

通过以上分析，可以得出以下结论：

1) 行波通过电感或旁过电容时，波前均被拉平，波前陡度减小，L 或 C 越大，陡度越小。其原因在于电感中的电流和电容上的电压是不能突变的，因而折射波的波前只能随着流过电感的电流逐渐增大或电容逐渐充电而逐渐上升。

2) 在无限长直角波的情况下，串联电感和并联电容对电压的最终稳态值都没有影响。当 $t=\infty$ 时，$u_{q2}=\alpha u_1$，$u_{f1}=\beta u_1$，就像 L、C 都不存在一样。这一点不难理解，因为在直流电压作用下，电感上没有压降，相当于短接，电容充满电以后相当于开路。

3) 从折射波的角度来看，串联电感与并联电容的作用是一样的，但从反射波的角度来看，二者的作用相反：当波刚到达节点时，电感上出现电压的全反射和电流的负全反射，使第一条线路上的电压加倍、电流变零；而电容上则出现电流的正全反射和电压的负全反射，使第一条线路上的电压变零、电流加倍。随着时间的推移，加倍的量按指数规律下降，变零的量按指数规律上升。

4) 串联电感和并联电容都可以用作过电压保护措施，它们能减小过电压波的波前陡度和降低极短过电压波（例如冲击截波）的幅值。但就第一条线路上的电压 u_1 来说，采用 L 会使 u_1 加倍，而采用 C 不会使 u_1 增大，所以从过电压保护的角度出发，采用并联电容更为有利。

6.3 行波的多次折、反射

前面讨论的无限长线路，在分析波的折、反射时不考虑从线路另一端传来的反射波。而实际的线路都是有限长的，且还常会碰到波阻抗各不相同的三种导线相串联的情况，例如两段架空线中间加一段电缆，或用一段电缆将发电机连到架空线上。在这些情况下，波在第一个节点所生成的折、反射波在到达另一个节点时就会再次发生折、反射，依此类推，以后还会出现更多次的折、反射，这种情况常用网格法来研究。

6.3.1 用网格法计算波的多次折、反射

用网格法计算波的多次折、反射的特点，是利用折、反射系数计算每一次折、反射电压，然后将节点不同时刻出现的折、反射波叠加起来，就可以求出该点不同时刻对地电压值。下面以计算三段波阻抗各不相同的导线互相串联时节点上的电压为例，来介绍网格法的具体应用。

在图 6-3-1 中，有一幅值为 U_0 的直角波自波阻抗为 Z_1 的线路向长度为 l 波阻抗为 Z_0 的线路袭来，然后向波阻抗为 Z_2 的线路传播。假设两侧的线路均为无限长，即不考虑从线路 1 的始端和线路 2 的末端反射回来的行波。由于各段波阻抗不同，波将在节点 A 和 B 上发生多次折、反射。设波由线路 1 向中间线路传播时的折射系数 α_1，波由中间线路向线路 1 传播时的反射系数 β_1，以及波由中间线路向线路 2 传播时的折、反射系数 α_2 和 β_2，分别为

$$\left.\begin{aligned}\alpha_1 &= \frac{2Z_0}{Z_1+Z_0}; \beta_1 = \frac{Z_1-Z_0}{Z_1+Z_0} \\ \alpha_2 &= \frac{2Z_2}{Z_0+Z_2}; \beta_2 = \frac{Z_2-Z_0}{Z_2+Z_0}\end{aligned}\right\} \tag{6-3-1}$$

图 6-3-1b 为计算所用网格图。入射波 U_0 在 $t=0$ 时到达 A 点，在 A 点发生折射和反射。折、反射的前行波和反射波各为 $\alpha_1 U_0$ 和 $(\alpha_1-1)U_0$。

由 A 点向 B 点传播的前行波在 $t=\dfrac{l}{v_0}$ 时到达 B 点（v_0 为波速）。在 B 点又发生折射和反射，折、反射的前行波和反射波各为 $\alpha_1\alpha_2 U_0$ 和 $\alpha_1\beta_2 U_0$。

反射波 $\alpha_1\beta_2 U_0$ 由 B 点向 A 点传播，在 $t=\dfrac{2l}{v_0}$ 时到达 A 点，形成新的反射波 $\alpha_1\beta_2\beta_1 U_0$ 和折射波 $\alpha_1\beta_2(1+\beta_1)U_0$。

当反射波 $\alpha_1\beta_2\beta_1 U_0$ 由 A 点到达 B 点后，将在 B 点再一次发生折射和反射，形成 $\alpha_1\beta_2\beta_1\alpha_2 U_0$ 的前行波和 $\alpha_1\beta_2\beta_1\beta_2 U_0$ 的反射波，如此等等。注意到 B 点各个折射波到达时间的先后，每个折射波出现的时间相差 $\dfrac{2l}{v_0}$。

根据网格图可以很容易地写出节点 B 在不同时刻的电压，当发生第 n 次折射后，即当 $\dfrac{(2n-1)l}{v_0} \leqslant t < \dfrac{(2n+1)l}{v_0}$ 时，节点 B 上的电压为

$$u_B = \alpha_1\alpha_2 U_0 [1+\beta_1\beta_2+(\beta_1\beta_2)^2+\cdots+(\beta_1\beta_2)^{n-1}] = U_0\alpha_1\alpha_2\frac{1-(\beta_1\beta_2)^n}{1-\beta_1\beta_2} \tag{6-3-2}$$

在 B 点随时间变化的电压按波速由 B 点向线路 2 传播的结果，就形成了线路 2 上的前行波电压。

由式 (6-3-2) 可得，当 $t \to \infty$ 时，即 $n \to \infty$ 时，则 $(\beta_1\beta_2)^n \to 0$，节点 B 上的电压为

$$u_B = U_0 \alpha_1 \alpha_2 \frac{1}{1-\beta_1\beta_2} \tag{6-3-3}$$

这也就是由 B 点发出的前行波电压的最后值。

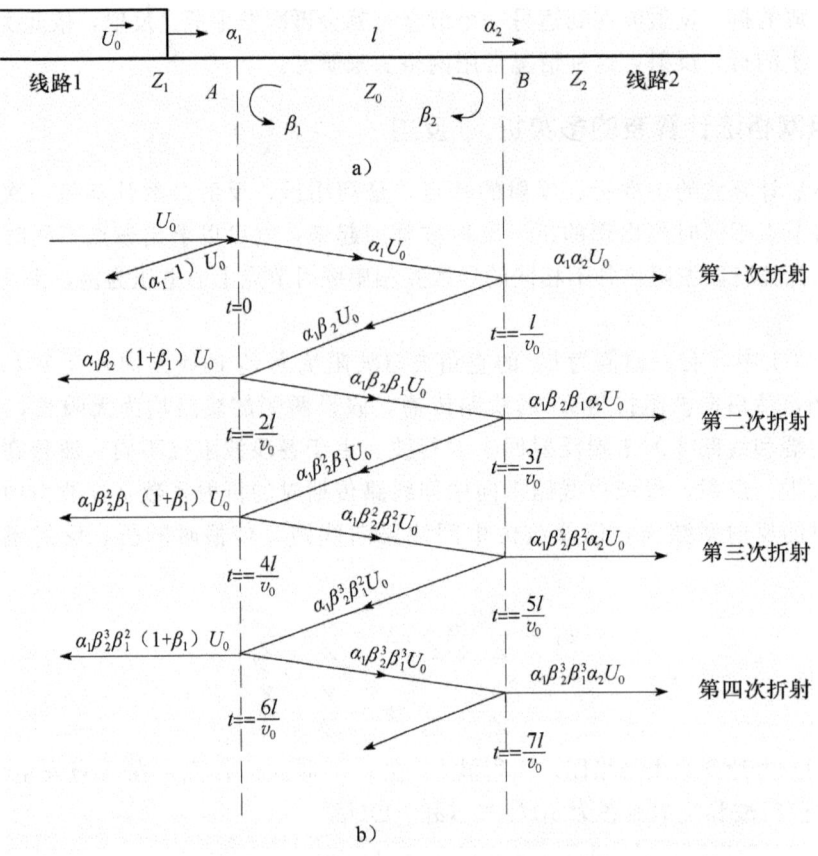

图 6-3-1 计算多次折反射的网格图

6.3.2 多次折、反射波过程的特点

将式 (6-3-1) 代入式 (6-3-3)，得

$$u_B = \frac{2Z_2}{Z_1+Z_2}U_0 = \alpha U_0 \tag{6-3-4}$$

不难看出，式 (6-3-4) 中的 $\alpha = \frac{2Z_2}{Z_1+Z_2}$ 也就是波从线路 1 直接向线路 2 传播时的折射系数。它说明前行波电压的最终值只由线路 1 和线路 2 的波阻抗决定，而与中间线路的波阻抗大小无关。但是中间线路的存在及其波阻抗的大小决定着 u_B 的波形，特别是它的波前。下面具体来分析中间线路对前行波波头的影响。

由图 6-3-1b 的网格图可以看出，当 β_1 与 β_2 同号时，即当 $Z_0 > Z_1$ 和 Z_2 或 $Z_0 < Z_1$ 和 Z_2

时,节点 B 处的各个折射波均为正值,因此前行波的电压将按 $\frac{2l}{v_0}$ 的时间间隔逐级增大,而趋于最后值 $\frac{2Z_2}{Z_1+Z_2}v_B$,如图 6-3-2a 和 b 所示。由于图中所画出的是前行波电压在空间中的分布,所以各级波的空间间隔为 $\frac{2lv_2}{v_0}$,其中 v_2 为波在导线 2 中的传播速度。

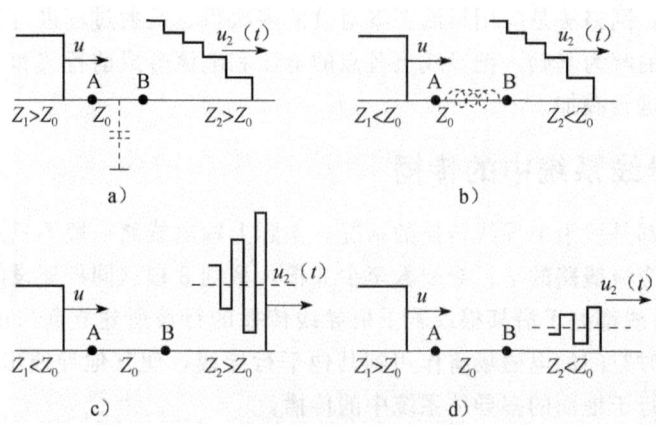

图 6-3-2 各种不同参数下波的多次折反射

当 β_1 与 β_2 异号时,即当 $Z_1<Z_0<Z_2$ 或 $Z_1>Z_0>Z_2$ 时,波在节点 B 处奇数次折射产生正的折射波,而偶数次折射则产生负的折射波,因此前行波电压将为振荡波形,振荡周期为 $\frac{4l}{v_0}$(在空间所占位置为 $\frac{4lv_2}{v_0}$),振荡围绕其最终值 $\frac{2Z_2}{Z_1+Z_2}U_0$ 进行,并逐渐衰减,如图 6-3-2c 和 d 所示。

下面分析几种典型的参数配合的情况:

(1) $Z_1>Z_0$、$Z_2>Z_0$

根据式 (6-3-1),$\beta_1>0$、$\beta_2>0$、$\alpha_1<1$、$\alpha_2>1$,线路 2 上的电压波波形应是逐渐增加的,如图 6-3-2a 所示。在这种情况下,Z_0 比 Z_1、Z_2 都要小,由线路 1 传来的电压前行波将在 A 点发生负反射,限制了由 A 点进入中间线路的电压波,使由 B 点传出的前行波电压降低,从而前行电压波的平均陡度也减小了,同时在 A 点和整个中间线路的电压都是不高的。若略去中间线段的电感,相当于连接了一个电容,使波的陡度减小了。

(2) $Z_1<Z_0$、$Z_2<Z_0$

根据式 (6-3-1),$\beta_1<0$、$\beta_2<0$、$\alpha_1>1$、$\alpha_2<1$,线路 2 上的电压波波形如图 6-3-2b,也是逐渐增加的。这种情况下,Z_0 较大,进入中间线路的前行电压波将增大,但这一前行电压波到达 B 点时将发生负反射,所以由 B 点向前的折射波电压也将降低。在这种情况下,A 点和整个中间线路都具有较高的电压。若略去中间线段的对地电容,相当于串入一个电感,也使波的陡度减小了。

(3) $Z_1<Z_0<Z_2$

根据式 (6-3-1),$\beta_1<0$、$\beta_2>0$、$\alpha_1>1$、$\alpha_2>1$,这种情况下,是振荡波形,表示在图 6-3-2a 中,波的幅值较高,中间线路的存在将使前行波发生振荡,产生过电压。

(4) $Z_1>Z_0>Z_2$

这种情况下 $\beta_1>0$、$\beta_2<0$、$\alpha_1<1$、$\alpha_2<1$,线路 2 上电压波的振荡波形如图 6-3-2d,波

的幅值较低。

在 $Z_0 \ll Z_1$ 及 Z_2 的情况下，在求节点 B 上的电压时，中间导线可以用一个等值电容来取代，电容 C 的值就等于中间线路的总电容，这里中间线路的全部电感都是可以忽略的。在 $Z_0 \gg Z_1$ 及 Z_2 的情况下，则中间导线可以用一个等值电感来取代，电感的值就等于中间线路的总电感，这里中间线路的全部电容都是可以忽略的。

综上所述可知，网格法是应用行波图案对波的多次折、反射过程进行分析的一种有效方法。它以波动方程的解为基础，把导线上各点的电压和电流分成前行波和反行波分别加以计算，再把所得结果进行叠加。

6.4 波在多导线系统中的传播

上面所讨论的都是波沿单导线传播的情况。实际上输电线路一般不只是单根导线，而是多导线系统，例如交流线路的平行导线数至少 3 根，多则 8 根（同杆架设的双避雷线双回路线路）。这时每根导线都处于沿某根或若干根导线传播的行波所建立起来的电磁场中，此时波沿一根导线传播时空间的电磁场将作用到其他平行导线，使其他导线出现相应的耦合波。本节将介绍波在平行于地面的多导体系统中的传播。

6.4.1 波在平行多导线系统中的传播 （大地为理想导体）

如果大地是理想导体，则平行多导线系统中波的传播按同一个速度 v 进行，各导线上的电荷相对而言是互相静止的。考虑到在平面波的情况下导线中的电流可以由单位长度上的电荷 q 的运动求得，所以从 $i=qv$ 的方程出发，直接把麦克斯韦静电方程运用到波过程的计算中。

根据麦克斯韦静电方程，在与地面平行的 n 根导线中，导线 k 的电位可以由下式决定：

$$u_k = a_{k1}q_1 + a_{k2}q_2 + \cdots + a_{kk}q_k + \cdots + a_{kn}q_n \tag{6-4-1}$$

式中，q_1、$q_2 \cdots q_k \cdots q_n$ 是第 1、$2 \cdots k \cdots n$ 根导线每单位长度上的电荷，而 α_{kk} 和 α_{km}（$m=1$，$2 \cdots$，n；$m \neq k$）分别为导线 k 单位长度的自电位系数和单位长度导线间的互电位系数，它们的值决定于导线的几何尺寸和布置。用镜像法可以算出

$$\alpha_{kk} = \frac{1}{2\pi\varepsilon_0} \ln \frac{2h_k}{r_k} \tag{6-4-2}$$

$$\alpha_{km} = \frac{1}{2\pi\varepsilon_0} \ln \frac{D_{km}}{d_{km}} \tag{6-4-3}$$

式中，r_k 为导线 k 的半径，而 h_k、d_{km} 和 D_{km} 的意义如图 6-4-1 所示。

将式 (6-4-1) 的右边各项同乘以 $v\left(v=\frac{1}{\sqrt{\varepsilon u}}\right)$ 并除以 v，电荷乘以波速得到前行的电流，而电位系数除以速度则具有阻抗的量纲，可得平行多导线系统中导线上的前行电压波和前行电流波的关系式为

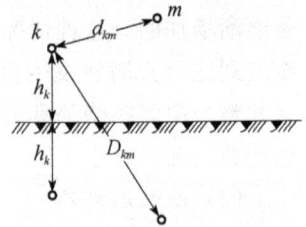

图 6-4-1 平行多导线系统

$$u_{qk} = Z_{k1}i_{q1} + Z_{k2}i_{q2} + \cdots + Z_{kk}i_{qk} + \cdots + Z_{kn}i_{qn} \tag{6-4-4}$$

而

$$Z_{kk} = \frac{\alpha_{kk}}{v} = \frac{1}{2\pi}\sqrt{\frac{\mu_0}{\varepsilon_0}}\ln\frac{2h_k}{r_k} \tag{6-4-5}$$

$$Z_{km} = \frac{\alpha_{km}}{v} = \frac{1}{2\pi}\sqrt{\frac{\mu_0}{\varepsilon_0}}\ln\frac{D_{km}}{d_{km}} \tag{6-4-6}$$

Z_{kk} 表示：除导线 k 外，其余导线中的电流均为零时，单位前行电流波流过导线 k，在导线 k 上形成前行电压波。它就是导线 k 自身的波阻抗，称之为导线 k 的自波阻抗。

Z_{km} 表示：除导线 m 外，其余导线中的电流均为零时，导线 m 流过单位前行电流波，在导线 k 上感应的前行电压波，称之为导线 m 和导线 k 间的互波阻抗。从式（6-4-5）和式（6-4-6）不难看出，导线的互波阻抗将永远小于其自波阻抗，而且有 $Z_{km}=Z_{mk}$。

同理，由于 q_k 向后运动时将形成 $-vq_k$ 的反行电流波，因此平行多导体系统中反行电压波和反行电流波间的关系为

$$u_{fk} = -(Z_{k1}i_{f1} + Z_{k2}i_{f2} + \cdots + Z_{kk}i_{fk} + \cdots + Z_{kn}i_{fn}) \tag{6-4-7}$$

若导线上既有前行波，又有反行波，则对 n 根平行导线系统可以列出下列矩阵方程：

$$\left.\begin{array}{l} \bm{u} = \bm{u}_q + \bm{u}_f \\ \bm{i} = \bm{i}_q + \bm{i}_f \\ \bm{u}_q = \bm{Z}\bm{i}_q \\ \bm{u}_f = -\bm{Z}\bm{i}_f \end{array}\right\} \tag{6-4-8}$$

式中，$\bm{u}=[u_1 \quad u_2 \quad \cdots \quad u_n]^T$；$\bm{i}=[i_1 \quad i_2 \quad \cdots \quad i_n]^T$；$\bm{u}_q=[u_{q1} \quad u_{q2} \quad \cdots \quad u_{qn}]^T$；$\bm{i}_q=[i_{q1} \quad i_{q2} \quad \cdots \quad i_{qn}]^T$；$\bm{u}_f=[u_{f1} \quad u_{f2} \quad \cdots \quad u_{fn}]^T$；$\bm{i}_f=[i_{f1} \quad i_{f2} \quad \cdots \quad i_{fn}]^T$。

应用以上各方程，再加上各种边界条件，就可以解决平行多导线系统中波的传播问题了。

6.4.2　平行多导线的等值波阻抗

用一个例子来说明有互阻抗作用时多导线系统的等值波阻抗问题，图 6-4-2 所示为一对称三相系统，设导线为无穷长，导线的自波阻抗各为 Z_{11}、Z_{22} 和 Z_{33}，互波阻抗为 Z_{12}、Z_{13} 和 Z_{23}。如果导线间不互相平行或导线间的距离很远，在波过程计算中完全可以忽略互波阻抗的作用，而把导线系统直接按其波阻抗并联后用一等值波阻抗取代。当 $Z_{11}=Z_{22}=Z_{33}$ 时，将有 $Z=\frac{Z_{11}}{3}$。但是如果导线互相平行而又离得比较近时（输电线路一般都符合这种条件），就必须考虑互波阻抗的作用，这时需用式（6-4-8）来计算波过程，可写出

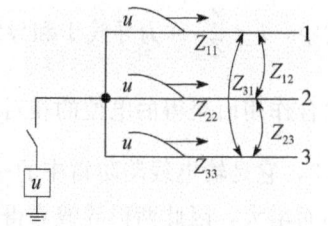

图 6-4-2　对称系统三相同时进波

$$u_1 = Z_{11}i_1 + Z_{12}i_2 + Z_{13}i_3$$
$$u_2 = Z_{21}i_1 + Z_{22}i_2 + Z_{23}i_3$$
$$u_3 = Z_{31}i_1 + Z_{32}i_2 + Z_{33}i_3$$

由于三相同时进波，故可把三根线路并接于一个电源 u 上，即 $u_1=u_2=u_3=u$。若三相导线对称分布，且均匀换位，故有 $Z_{11}=Z_{22}=Z_{33}=Z_s$，$Z_{12}=Z_{23}=Z_{31}=Z_m$，$i_1=i_2=i_3=i$。代入上式，可求得

$$Z = \frac{u}{3i} = \frac{Z_s + 2Z_m}{3} \tag{6-4-9}$$

上式说明，三相同时进波时，每相导线的等效阻抗增大为 Z_s+2Z_m，可见，当考虑导线间的相互作用时，导线的等值波阻抗将增大。从物理意义上讲，这是因为两导线之间有互感作用和互电容作用的缘故，前者将使电流减少，后者将使导线电压升高，因而等值波阻抗变大。

6.4.3 平行多导线的耦合系数

在实际波过程计算中，经常需要考虑波沿一根导线传播时在其他平行导线上所感应生成的耦合波。例如图 6-4-3 中导线 1 合闸到直流电源 U_0 时（或雷击于导线 1 时），求导线 2 上的耦合波及两导线之间绝缘上所承受的电压。

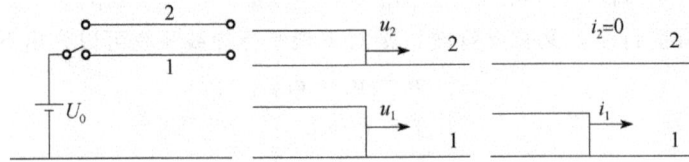

图 6-4-3 多导线系统中的耦合作用

应用波过程计算的麦克斯韦方程式 (6-4-8)，考虑到 $u_1=U_0$，同时对地绝缘导线上没有电流，即 $i_2=0$，可得

$$\left. \begin{array}{l} u_1 = Z_{11}i_1 \\ u_2 = Z_{21}i_1 \end{array} \right\} \tag{6-4-10}$$

消去 i_1 后可得 u_2 为

$$u_2 = \frac{Z_{21}}{Z_{11}}u_1 = ku_1 \tag{6-4-11}$$

式中，$k=\dfrac{Z_{21}}{Z_{11}}$ 称为导线 1 和导线 2 之间的耦合系数。它代表导线 2 由于受导线 1 的电磁场的耦合作用而获得的电位的相对值 $\left(\dfrac{u_2}{u_1}\right)$。由于 $Z_{21}<Z_{11}$，所以 k 永远小于 1，其值约为 0.2～0.3，它是输电线路防雷中的一个重要参数。由式 (6-4-6) 可知，Z_{21} 随两导线间的距离的减小而增大，因此两根导线靠得越近时，导线间的耦合系数就越大。

根据耦合系数可以算出，当导线 1 上有电压波作用时，导线 2 获得了与 u_1 同极性的对地电压 u_2，导线 1 和导线 2 间的电位差为

$$u_1 - u_2 = u_1(1-k) = U_0(1-k) < U_0 \tag{6-4-12}$$

可见，由于耦合作用，导线 1、2 之间的电位差小于 U_0，导线之间的耦合系数越大，其电位差越小，这对线路防雷是有利的。例如，110 kV 及以上高压输电线路常采用架设避雷线保护导线不受或少受雷直击。当雷击于避雷线（相当于图 6-4-3 中导线 1）时，将避雷线的电位升高到 U_0，此时，避雷线和导线间的绝缘是否会击穿，与耦合系数 k 有很大关系。在有些多雷地区，为了减少绝缘上的电压，有时在导线下面架设耦合地线，以增大耦合系数。

【例 6-3】如图 6-4-4 所示，计算当雷击于避雷线 1 或 2（它们通过金属杆塔彼此相连接）使避雷线电位升高到 U_0 时，导线 3 上所感应的电位及 k 值。

解：从式（6-4-8）基本方程出发，因导线对地绝缘 $i_3=0$，可得

$$\left.\begin{array}{l} u_1 = Z_{11}i_1 + Z_{12}i_2 \\ u_2 = Z_{21}i_1 + Z_{22}i_2 \\ u_3 = Z_{31}i_1 + Z_{32}i_2 \end{array}\right\} \quad (6\text{-}4\text{-}13)$$

考虑到 $u_1=u_2=U_0$，$Z_{22}=Z_{11}$，$i_1=i_2$，可得避雷线 1、2 对导线 3 的耦合系数为

$$k_{1,2\text{-}3} = \frac{u_3}{U_0} = \frac{Z_{13}+Z_{23}}{Z_{11}+Z_{12}} = \frac{k_{13}+k_{23}}{1+k_{12}} \quad (6\text{-}4\text{-}14)$$

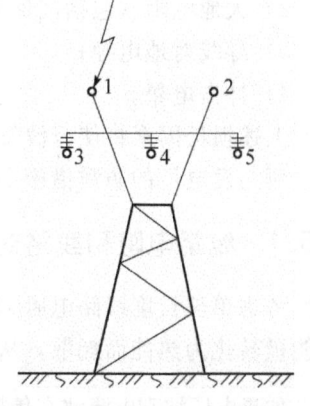

图 6-4-4 雷击有两根避雷线的线路

从上式可以看出 $k_{1,2\text{-}3} \neq k_{13}+k_{23}$。

【例 6-4】试分析电缆芯与电缆皮之间的耦合关系。

解：当行波电压 u 到达电缆的始端时，可能引起接在此处的保护间隙或管式避雷器的动作，这就使缆芯和缆皮在始端连在一起，变成两条并联支路，如图 6-4-5 所示，故 $u_1=u_2$。

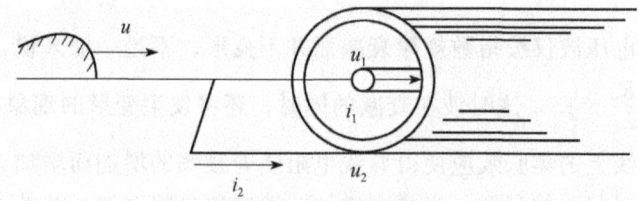

图 6-4-5 行波沿电缆缆芯和缆皮传播

由于 i_2 所产生的磁通全部与缆芯相交链，缆皮的自波阻抗 Z_{22} 等于缆芯与缆皮间的互波阻抗 Z_{12}，即 $Z_{22}=Z_{12}$；而缆芯电流 i_1 所产生的磁通中只有一部分与缆皮相交链，所以缆芯的自波阻抗 Z_{11} 大于缆芯与缆皮间的互波阻抗 Z_{12}，即 $Z_{11}>Z_{12}$。

设 $u_1=u_2=u$，即可得以下方程

$$u = Z_{11}i_1 + Z_{12}i_2 = Z_{21}i_1 + Z_{22}i_2$$

因为 $Z_{22}=Z_{12}$，上式可简化为

$$Z_{11}i_1 = Z_{21}i_1$$

由于 $Z_{11}>Z_{12}$，所以只有在 $i_1=0$ 时，上式才能成立。这意味着，电流不经缆芯流动，全部电流都被挤到缆皮里去了。其物理解释为：当电流在缆皮上流动时，缆芯上会感应出与缆皮电压相等、方向相反的电动势，阻止电流流进缆芯，这与导线中的集肤效应相似。这在有直配线的发电机的防雷保护中获得了应用。

6.5 波在有损线路中的传播

行波在理想的无损线路上传播时，能量是不会散失的（储存于电磁场中）。但实际上，任何一条线路都是有损耗的，引起波在传播过程中能量损耗的因素有：

1) 导线电阻（包括集肤效应和邻近效应的影响）；

2) 大地电阻（包括波形对地中电流分布的影响）；
3) 导线对地电导；
4) 冲击电晕。

上述损耗因素将使行波发生衰减和变形，这对于电力系统过电压防护有重要意义，并在变电所与发电厂的防雷措施中获得实际应用。

6.5.1 线路电阻和线路对地电导的损耗

考虑单位长度线路电阻 R_0 和对地电导 G_0 后，当行波在有损导线上传播时，将有一部分能量转化为热能而耗散，从而导致波的衰减和变形。

如果电压波和电流波在传播过程中能按同一速度衰减，即线路参数满足条件：$\dfrac{R_0}{L_0} = \dfrac{G_0}{C_0} = \delta$，这时行波在传播过程中单位长度上磁能和电能之比恰好等于电流波在导线电阻上的热损耗和电压波在电导上的热损耗之比，行波仅衰减而不变形。从均匀长线方程出发，可求得电压波的衰减规律如下：

$$U_\mathrm{x} = \mathrm{e}^{-\delta t}(u_\mathrm{f} + u_\mathrm{q}) = \mathrm{e}^{-\delta t} U_0 \tag{6-5-1}$$

式中，U_0、U_x 分别为电压波的原始幅值和行进距离 x 后的幅值；t 为波沿线路行进距离 x 所需的时间。

由上式可知，电压波仅按指数规律衰减而并不变形。不过一般来说，无畸变线路参数的条件很难满足，即 $\dfrac{R_0}{L_0} \neq \dfrac{G_0}{C_0}$，这时波在衰减的同时，还将发生变形的现象。

另一方面，导线上的集肤效应使得导线电阻随着频率的增加而增加，任意波形的电磁波的传播速度不同而引起波的变形。当频率增加，地中的电阻增加，波的衰减增加，也使波形变形。

6.5.2 冲击电晕对波过程的影响

一旦过电压波的幅值很大，超过了导线电晕起始电压 U_c，那么波沿线路传播时的衰减和变形将主要由冲击电晕而引起。

形成冲击电晕所需的时间极短，可认为是瞬时完成的，因而在波前范围内，冲击电晕的发展强度只与电压瞬时值有关，而与电压陡度无关。不过电压的极性对冲击电晕的发展强度有明显的影响，正极性时要比负极性时强，亦即在负极性冲击电压时波的衰减和变形的程度较小，考虑到雷电大部分也是负极性的，所以在过电压分析中一般采用负极性冲击电晕作为计算条件。

冲击电晕是局部自持放电，它由一系列导电的流注构成，故在发生冲击电晕后，在导线周围沿导线径向形成导电性能较好的电晕套。电晕区内有大量的空间电荷，且具有径向电位梯度低、电导高的特点，相当于增大了导线的有效半径，从而增大了导线的对地电容。另一方面，虽然导线发生了冲击电晕，轴向电流仍全部集中在导线内，冲击电晕的存在并不增加沿导线轴向空间的导电性，不影响与空气中的那部分磁通相对应的导线电感。所以电晕的出现并不影响导线的电感 L_0。由此可知，冲击电晕会对导线波过程产生多方面的影响。

(1) 波速减小

与无损线的波动方程类似，计及冲击电晕时波的传播速度为

$$v' = \frac{1}{\sqrt{L_0 C'_0}} = \frac{v}{1.15\sqrt{1+\frac{4u}{h}}} < v \tag{6-5-2}$$

式中，v 为空气中的光速；C'_0 为有冲击电晕时导线单位长度的对地电容（μF）；u 为电压瞬时值（MV）；h 为导线对地高度（m）。

式（6-5-2）说明，瞬时电压 u 越大，其相应的传播速度越慢，当冲击电晕强烈时，v' 可减小到等于 $0.75c$（c 为光速）。但是应该注意，这个波速不是整个电磁波的传播速度，而是当产生电晕以后，由于形成空间电荷，能量逐渐消耗，相当于某一定电压值的速度小了，即因冲击电晕使波的衰减和变形可以等值为波速的减缓。

（2）引起波的衰减与变形

如图 6-5-1 所示，在 $x=0$ 处有电压波 $u_0(t)$。在 $0 \leqslant u \leqslant U_c$ 时，由于导线上未发生电晕，波头上各点的移动速度就是空气中的光速 v，因此无论波移动多远，这部分的波形总是不变的。当 $u \geqslant U_c$ 时，导线发生电晕，以波头上 a 点的电压 u_1 为例，在 $x=0$ 处，u_1 这一电压出现的时间为 t_1，则经过距离 l 后，u_1 出现的时间比以光速传播时将延迟一个时间间隔 Δt。Δt 的大小一方面取决于 u 的高低，另一方面也取决于波所传播的距离。对单导线，电力行业标准 DL/T 620—1997 推荐如下经验公式：

$$\Delta t = \left(0.5 + \frac{8u}{h}\right) l \tag{6-5-3}$$

式中，Δt 以 μs 计；l 为行波传播的距离，以 km 计；u 以 V 计。

式（6-5-3）可以计算出冲击电晕对波头变形的影响。当 $u=u_1$ 时，$\Delta t = \Delta t_1$；$u=u_2$ 时，$\Delta t = \Delta t_2$；如 $u_2 > u_1$，则 Δt_2 一定大于 Δt_1。由图 6-5-1 可见，经过距离 l 后的波形为 $u'(t)$，在 $u=U_c$ 处出现一明显的台阶。

实际试验表明，由于电晕的作用使行波的波头拉长了。如果将原始波形 $u_0(t)$ 和变形后的电压波 $u'(t)$ 画在一起，可以近似地认为两条曲线的交点 P 的纵坐标就是变形后电压波的峰值 U'_m。

（3）导线波阻抗减小

电晕所引起的导线半径的增大，将加大导线单位长度的对地电容，此时导线波阻抗为

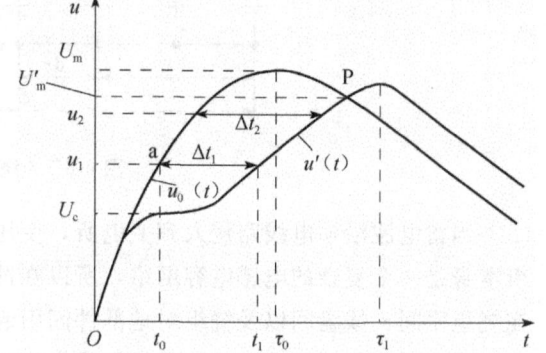

图 6-5-1 由电晕引起的行波衰竭和变形

$$Z' = \sqrt{\frac{L_0}{C'_0}} < Z \quad \left(Z = \sqrt{\frac{L_0}{C_0}}\right)$$

可见，导线的波阻抗将相应降低，一般可减小 20%～30%。有冲击电晕时，避雷线与单导线的波阻抗可取 400 Ω，双避雷线的并联波阻抗可取 250 Ω；

（4）耦合系数增大

出现冲击电晕后，导线的有效半径增大了，导线的自波阻抗减小，而与相邻导线间的互波阻抗略有增大，所以线间的耦合系数变大。考虑冲击电晕的影响时，输电线路避雷线与导线间的耦合系数增大为

$$k = k_1 k_0 \tag{6-5-4}$$

式中，k_0 为几何耦合系数；k_1 为电晕校正系数，其值见表 6-5-1。

综上所述可知，冲击电晕可使行波的陡度减小，幅值降低，导线间的耦合系数加大。这些效应都是防雷保护设计中的有利因素。因此，在进行防雷设计时，必须考虑冲击电晕的影响。

表 6-5-1　电晕校正系数 k_1

标称电压/kV	20～35	66～110	220～330	500
双避雷线	1.1	1.2	1.25	1.28
单避雷线	1.15	1.25	1.3	—

6.6　变压器绕组中的波过程

电力系统中有不少带有绕组的电气设备，如变压器、电抗器、电机等。绕组除了和送电线路一样具有分布的自电感和分布的对地电容外，还有各匝之间的分布电感和匝间电容。在分析波在绕组中的传播过程时，绕组通常采用如图 6-6-1 所示的 $L-C-K$ 分布参数等值电路。其中 C_0 是绕组单位长度（或高度，下同）的对地等值电容；K_0 是绕组单位长度的等值匝间电容，也称为纵电容；L_0 是考虑绕组各匝间的电感后，绕组单位长度的等值电感。

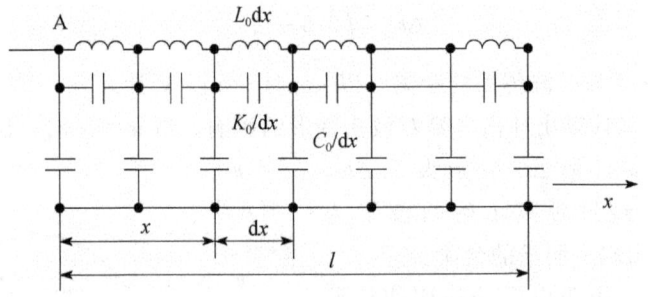

图 6-6-1　绕组的等值电路

当雷电波沿输电线路侵入到变电所，变压器绕组将受到冲击电压的作用。由于变压器绕组本身是一个复杂的电感电容网络，所以在冲击波作用下会引起强烈的电磁振荡过程。同时在绕组匝间、线盘间以及绕组对地部件间引起过电压及很高的电位梯度，危及绕组的主绝缘和纵绝缘，因此在确定变压器绝缘结构和变电所防雷保护接线时，有必要研究在冲击波作用下，变压器绕组中波过程的基本规律。

6.6.1　单绕组中的波过程

在具有 L 和 C 的储能元件回路中，在电容上的起始电压和稳态电压间有差别而回路损耗又较小的情况下，电容上的电压 u_C 将发生振荡。振荡将围绕稳态值进行，其幅值取决于起始电压和稳态电压之差，振荡的频率则由回路参数决定。下面从这一概念出发，先求出直流电压（无穷长的直角波）作用到 L-C-K 分布参数回路时电容电压的起始分布和稳态分布，然后找出其振荡规律。

取长度为 dx 的一段来分析，则这段电感和对地电容分别为 $L_0 dx$ 和 $C_0 dx$，匝间电容为 K_0/dx。若无穷长直角波作用于绕组时，波前部分等效频率很高，故等效电路为只包含 C_0、

K_0 的电容链。而波尾部分等效频率很低，L_0 相当于短路，C_0、K_0 相当于开路，等效电路可视为一个直流电阻。

由于冲击波作用于绕组波首、波尾时的等效电路的变化，与其相对应的波过程变化规律也不同，可将绕组的电位分布按时间区分为 3 个不同阶段：直角波开始作用瞬间，由 C_0、K_0 决定电位的起始分布；无穷长直角波长期作用时 $(t\to\infty)$，仅由绕组直流电阻决定的稳态电压分布；由起始阶段向稳态过渡时，即 $t=0$ 起到时间趋向无穷大阶段。

现研究振荡过程中绕组各点、各个时刻的电压分布。

(1) 起始电压分布与入口电容

当直流电压 U_0 作用到图 6-6-1 所示的 $L-C-K$ 分布参数回路的第一个瞬间，电感可以认为开路，因此等值电路可以简化为图 6-6-2 所示。在图 6-6-2 的电路中，所有的 $C_0\mathrm{d}x$ 和 $K_0/\mathrm{d}x$ 的充电过程都将在瞬间完成。各个 $C_0\mathrm{d}x$ 所获得的电压就决定了绕组的起始电压分布。由于 $C_0\mathrm{d}x$ 的分流作用，流过每个 $K_0/\mathrm{d}x$ 的电流将不同，每个 $K_0/\mathrm{d}x$ 所获得的电荷也将不同，越靠近首端的 $K_0/\mathrm{d}x$ 所获得的电荷就越多，压降也就越大。所以在起始状态，电压沿绕组的分布是不均匀的。

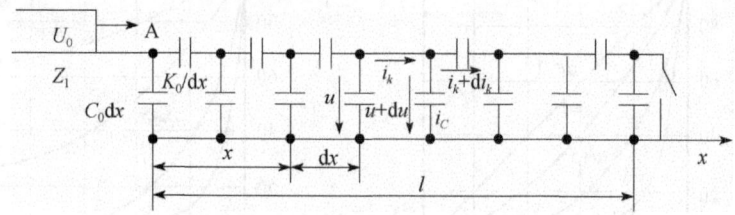

图 6-6-2　直流电压开始作用的瞬间，绕组的等值电路

设绕组的长度为 l，取离首端为 x 的任一环节，可以写出电容 $K_0/\mathrm{d}x$ 上的电压与流过电流的关系为

$$i = -\frac{K_0}{\mathrm{d}x}\frac{\partial(\mathrm{d}u)}{\partial t} \tag{6-6-1}$$

以及电容 $C_0\mathrm{d}x$ 上的电压与流过电流的关系为

$$\mathrm{d}i = -C_0\mathrm{d}x\frac{\partial u}{\partial t} \tag{6-6-2}$$

由以上两式消去 i，即可求得描述绕组上电压起始分布的一般方程为

$$\frac{\mathrm{d}^2 u}{\mathrm{d}x^2} = \frac{C_0}{K_0}u \tag{6-6-3}$$

其解方程为

$$u = Ae^{\alpha x} + Be^{-\alpha x} \tag{6-6-4}$$

式中，$\alpha = \sqrt{\dfrac{C_0}{K_0}}$，常数 A 和 B 则可由边界条件决定。

根据绕组末端（中性点）接地与不接地的边界条件，可相应求得变压器绕组上的电压起始分布。当变压器绕组末端接地时

$$u = U_0\frac{\mathrm{sh}\alpha(l-x)}{\mathrm{sh}\alpha l} \tag{6-6-5}$$

当变压器绕组末端开路时

$$u = U_0 \frac{\mathrm{ch}\alpha(l-x)}{\mathrm{ch}\alpha l} \tag{6-6-6}$$

从式（6-6-5）和式（6-6-6）得知，绕组的起始电压分布和绕组的 αl 值有关。把 αl 改写成

$$\alpha l = \sqrt{\frac{C_0 l}{\frac{K_0}{l}}} \tag{6-6-7}$$

可见，绕组的起始电压分布取决于全部对地电容 $C_0 l$ 与全部纵向电容 $\frac{K_0}{l}$ 的比值的平方根。在图 6-6-3 中画出了在绕组末端接地及不接地情况下，不同的 αl 值时绕组起始电压的分布曲线。由图可知，电压分布的不均匀程度将随 αl 的增大而增大，αl 愈大，大部分压降在绕组首端附近，且绕组首端的电位梯度 $|\mathrm{d}u/\mathrm{d}x|$ 最大。

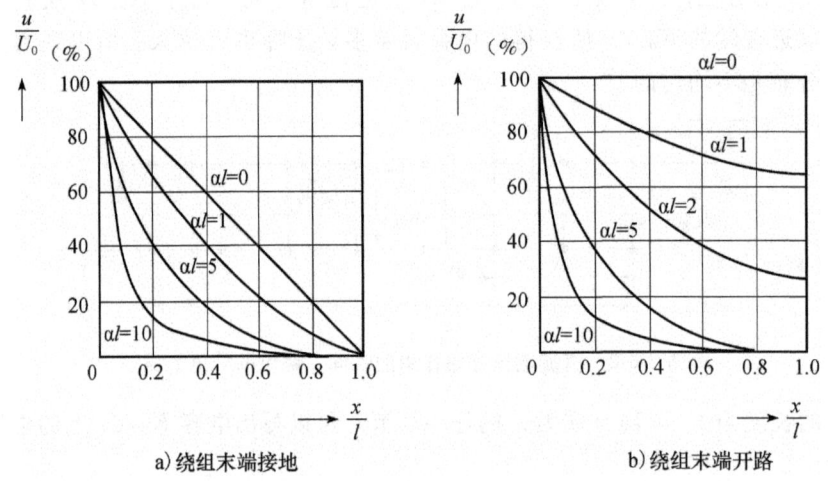

a) 绕组末端接地　　　　　　　　b) 绕组末端开路

图 6-6-3　电压沿绕组的起始分布

根据式（6-6-5）可以求得，在绕组末端接地时，首端的最大电位梯度为

$$\left|\frac{\mathrm{d}u}{\mathrm{d}x}\right|_{x=0} = U_0\alpha \left.\frac{\mathrm{ch}\alpha(l-x)}{\mathrm{sh}\alpha l}\right|_{x=0} = \alpha U_0 \coth\alpha l \tag{6-6-8}$$

根据式（6-6-6）可以求得，在绕组末端开路时，首端的最大电位梯度为

$$\left|\frac{\mathrm{d}u}{\mathrm{d}x}\right|_{x=0} = U_0\alpha \left.\frac{\mathrm{sh}\alpha(l-x)}{\mathrm{ch}\alpha l}\right|_{x=0} = \alpha U_0 \tanh\alpha l \tag{6-6-9}$$

当 αl 足够大时，$\coth\alpha l \approx \tanh\alpha l \approx 1$，从图 6-6-3 也可以看出，当 $\alpha l > 5$ 时，绕组末端接地时的起始电压分布和绕组末端开路时的起始电压分布已非常接近。所以只要 $\alpha l > 5$，则不管绕组末端是接地还是开路，绕组的起始最大电位梯度均可按下式求得

$$\left|\frac{\mathrm{d}u}{\mathrm{d}x}\right|_{x=0} \approx \alpha U_0 = \frac{U_0}{l} \times \alpha l \tag{6-6-10}$$

上式表明，在 $t=0^+$ 时，绕组首端（$x=0$）的电位梯度比平均值 U_0/l 大 αl 倍，因此，对绕组首端的绝缘应采取保护措施。

以变压器绕组为例，如果不采取特殊措施，αl 值通常在 5～15。实际在做变压器冲击试验时所加电压约为其额定相电压（最大值）的 3.5～7 倍，所以当 αl 值取为平均值 10 时，

绕组首端的最大电位梯度，在极端的假定条件下，可达正常运行时的数十倍，这会大大危及绕组首端的匝间绝缘。

以上所述是电压沿绕组的起始分布，此时绕组首端的电位梯度虽高，但绕组各点的对地电压是不高的，它一般不会危及绕组的主绝缘。

当分析变电所防雷保护时，因雷电冲击波作用时间很短，流过变压器电感中的电流很小，可忽略其影响，则变压器可用归算至首端的对地电容来代替，通常叫做入口电容。它的数值为

$$C_\mathrm{T} = \sqrt{CK} \tag{6-6-11}$$

式中，C 为变压器绕组总的对地电容（F）；K 为变压器绕组总的匝间电容（F）。

（2）稳态电压分布

由前分析可知，确定绕组稳态电压分布时，C_0、K_0 均开路，电感相当于短路，故只取决于绕组的电阻。当绕组末端接地时，电压自首端（$x=0$）至中性点（$x=l$）均匀下降；如图 6-6-4a 所示，其方程为

$$u = U_0\left(1 - \frac{x}{l}\right) \tag{6-6-12}$$

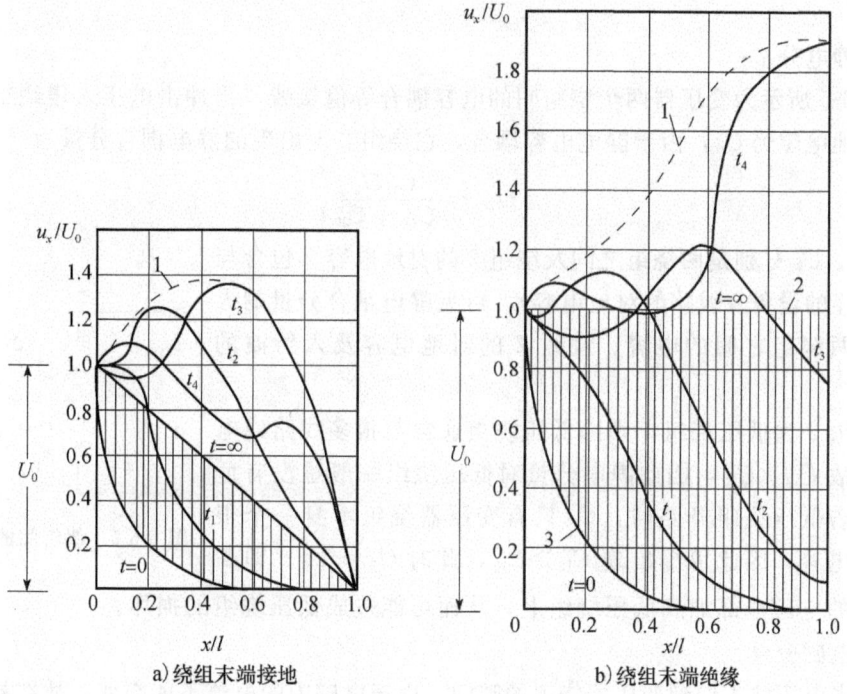

a) 绕组末端接地 b) 绕组末端绝缘

图 6-6-4 各个时刻电压分布

当绕组末端开路时，绕组上各点对地电压均与首端对地电压相同，电压沿绕组的稳态分布将是一条与横轴平行的直线，如图 6-6-4b 所示，其方程为

$$u = U_0 \tag{6-6-13}$$

（3）过渡过程中绕组各点的最大对地电位包络线

从上面分析可知，电压沿绕组的起始分布与稳态分布是不同的，而绕组是分布参数的振荡回路，故由初始状态到达稳态必有一个振荡过程。显然，绕组电压起始分布与稳态分布差值越大，振荡过程越激烈，绕组各点对地电压及其电位梯度将越高，从而危及绕组的主绝

缘。在振荡过程中，绕组各点出现最大电位的时间不同，如图 6-6-4 所示，如果把 t_1、t_2 直至 $t=\infty$ 各个时刻振荡过程中绕组各点出现的最大电位记录下来，可得最大电位包络线（图 6-6-4 中的曲线 1）。作为定性分析，可将稳态电压分布曲线与初始电压分布曲线的差值叠加到稳态电压分布曲线上，近似地描述绕组中各点的最大电位。

由图 6-6-4 可知，末端接地的绕组中，最大电位将出现在绕组首端附近，其值可达 $1.4U_0$ 左右；末端不接地的绕组中，最大电位将出现在末端附近，其值可达 $1.9U_0$ 左右。实际的绕组内总是有损耗的，因此最大值将低于上述值。此外，在振荡过程中绕组各点的电位梯度也有变化，绕组各点将在不同时刻出现最大电位梯度，这对绕组的设计与纵绝缘保护是非常重要的。

三相绕组中波过程的基本规律与单相变压器相同。

6.6.2 绕组间波的传递

当冲击电压波侵入变压器的一相绕组时，由于绕组间的电磁耦合，在未直接受到冲击电压波作用的绕组上也会出现过电压，这就是绕组间的电压传递，包含静电感应与电磁耦合两个分量。

(1) 静电分量

图 6-6-5 所示为变压器两个绕组间的电容耦合等值接线。当冲击电压入侵绕组 1 时，绕组 1 的对地电位为 U_0，由于静电电容耦合，在绕组 2 上出现的静电耦合分量为

$$U_{20} = \frac{C_{12}U_0}{C_{12}+C_{20}} \tag{6-6-14}$$

式中，C_{12}、C_{20} 分别是两绕组之间及绕组 2 的对地电容（包含与绕组 2 相连的设备及线路的对地电容）。可见静电耦合分量的大小决定于两绕组之间的电容、绕组 2 的对地电容及入射波的陡度。

若绕组 2 为低压绕组，则因低压绕组通常与很多线路或电缆相连，故 $C_{12} \ll C_{20}$，因此静电分量对低压绕组一般是没有危险的。但若低压绕组开路时，C_{20} 只有变压器绕组本身一个很小的对地电容，因此可能出现 $C_{12} \gg C_{20}$，此时 $U_{20} \approx U_0$。即高压绕组上的电压全部加到低压绕组上，从而可能造成低压绕组的损坏。

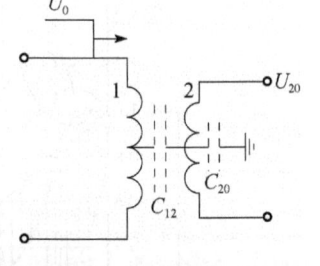

图 6-6-5 绕组间的静电耦合

(2) 电磁分量

在冲击电压波入侵到变压器绕组的瞬间，由于电感中的电流不能突变，故在初始时刻绕组间电压的传递是以静电耦合形式进行的，电流流经绕组产生磁通，将在未受冲击电压入侵的绕组中产生感应电压，此电压由电磁感应所产生，故称为电磁分量。传递电压的电磁分量与变比有关。在三相绕组中电磁分量的数值还与绕组的接线方式、来波相数等有关。

由于低压绕组的相对冲击强度（冲击试验电压与额定相电压之比）较高压绕组大得多，因此凡高压绕组可以耐受的过电压按变比传递至低压侧时，对低压绕组是无危害的。可见，这个感应电压分量只是在低压绕组进波时，才有可能在高压绕组中引起危险，因而它往往成为配电变压器在低压侧线路遭到雷击时发生高压绕组绝缘击穿事故的原因。通常依靠紧贴每相高压绕组出线端安装的三相避雷器组对这种过电压进行保护。

6.6.3 变压器的内部保护

由前面分析可知，起始电压分布与稳态电压分布的不同，是绕组内产生振荡的根本原因，改变起始电压分布使之接近稳态电压分布，可以降低绕组各点在振荡过程中的最大对地电位和最大电位梯度。

改善起始电压分布，从原理上讲有以下两种方法：

1) 采用补偿对地电容 $C_0 \mathrm{d}x$ 影响的方法，因对地电容是引起绕组初始电压分布不均匀的主要原因之一。使用与线端相连的附加电容，即在绕组首端加电容环或采用屏蔽线匝，向对地电容 C_0 提供电荷，以使所有纵向电容 K_0 上的电荷都相等或接近相等，即所谓横补偿，如图 6-6-6 所示。

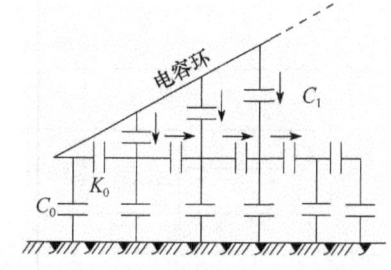

图 6-6-6 电容环补偿对地电容电流示意图

2) 采用增大纵电容的办法使绕组对地电容的影响相对减小。尽量加大纵向电容 K_0 的数值，以削弱对地电容电流的影响，即所谓纵补偿。工程上常采用的措施是纠结式绕组，如 6-6-7b 所示。

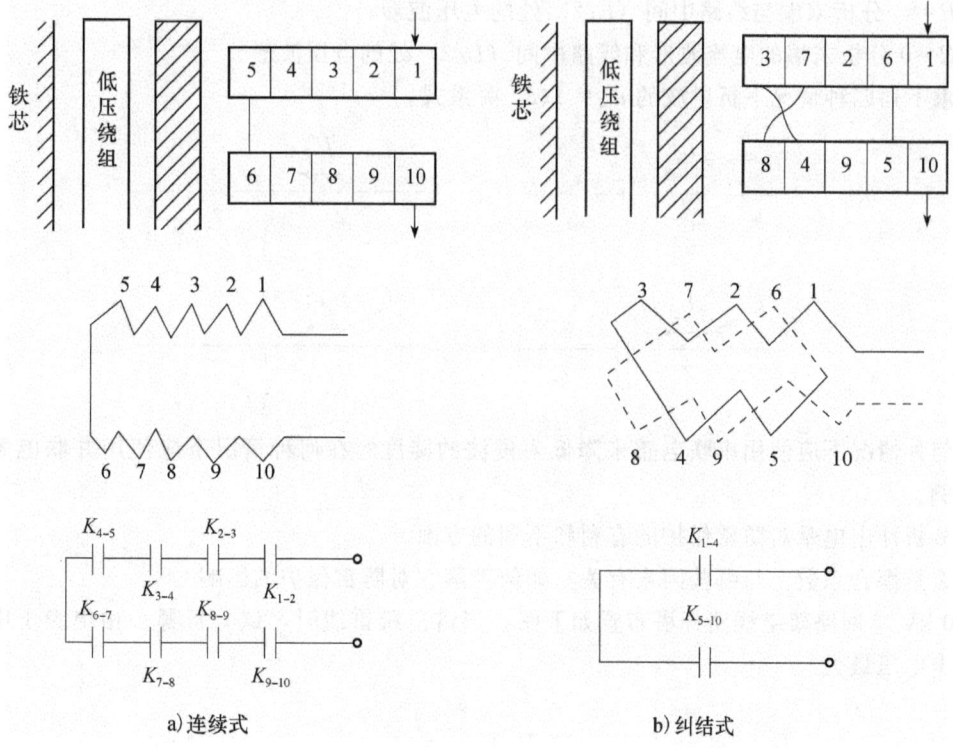

a) 连续式　　　　　　b) 纠结式

图 6-6-7 连续式和纠结式绕组的电气接线及等效匝间电容结构图

习　题

1. 什么是导线的波速、波阻抗？分布参数波阻抗的物理意义与集中参数电阻有何不同？
2. 论述彼得逊法则的使用范围。
3. 试求下图中当一无限长直角波从两条架空线上同步进入变电站时，母线上的电压幅值。

母线上连有五条架空线,波阻抗均为 Z。

4. 试分析下图中直流电源 E 合闸于有限长导线(长度为 L,波阻抗为 Z)的情况,末端对地接有电阻 R,假设直流电源内阻为零。

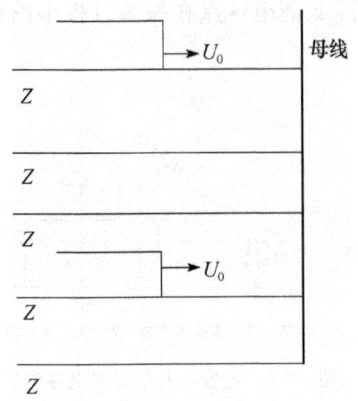
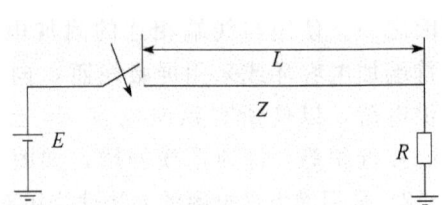

① $R=Z$ 分析末端与线路中间($L/2$)处的电压波形;
② $R=\infty$ 分析末端与线路中间($L/2$)处的电压波形;
③ $R=0$ 分析末端的电流波形和线路中间($L/2$)处的电压波形。

5. 试求下列四种情况下折射波的 $u_{q2}=f(t)$ 关系式。

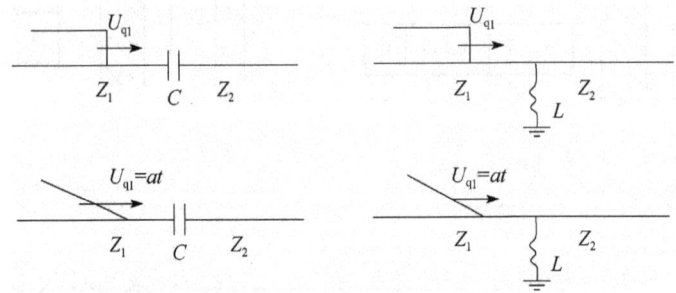

6. 在何种情况下应使用串联电感来降低入侵波的陡度?在何种情况下应使用并联电容?试举例。
7. 试分析冲击电晕对防雷保护的有利和不利的方面。
8. 什么是耦合系数?与哪些因素有关?如何理解它对防雷保护的影响?
9. 110 kV 单回路架空线路杆塔布置如下图,当雷击避雷线时,试分析哪一相绝缘子串上的冲击电压最大。

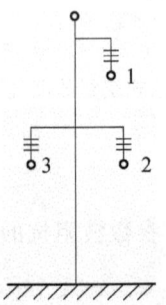

第 7 章

雷电及防雷保护装置

7.1 雷电参数

为了研究雷电过电压及采取合理的防雷措施，必须掌握雷电参数。人们对雷电进行了长期的观测，积累了不少有关雷电参数的资料，并将获得的数据进行了统计分析，供防雷工程应用。随着对雷电研究的逐步深入，雷电参数将逐步得到修正，使之更接近客观实际。

7.1.1 雷电放电过程

雷云对大地的放电通常包括若干次重复的放电过程，而每次放电又分为先导放电、主放电及余光放电三个阶段。

对地放电的雷云绝大多数是负极性的，自雷云向大地发展的先导通道中分布的电荷（净电荷）与雷云的极性相同。随着雷云中的负电荷逐渐积聚，先导通道向大地发展，在附近地面上感应产生的正电荷也在增加。当雷云与大地之间局部电场强度超过大气游离临界场强时，就开始有局部放电通道自雷云边缘向大地发展，这一放电阶段称为先导放电。先导放电通道具有导电性，因此雷云中的负电荷沿通道分布，并且继续向地面延伸，地面上的感应正电荷也逐渐增多，如图 7-1-1a 所示。

当先导通道发展到离地面某一高度时，由于局部空间电场强度增加，常在地面突起处出现正电荷的先导放电向天空发展，如图 7-1-1b 所示，这种先导称为迎面先导。直至先导通道到达地面或与迎面先导相遇以后，在通道端部因大气强烈游离而产生高密度的等离子区，此区域自下而上迅速传播，形成一条高导电率的等离子体通道，使先导通道及雷云中的负电荷与大地的正电荷迅速中和，这就是主放电过程，如图 7-1-1c、d 所示。伴随着主放电过程，出现了强烈的闪光和雷鸣。

主放电到达云端时即告结束，接着雷云中的残余电荷经过主放电通道流下来，称为余光放电阶段。

雷电的主放电过程产生大量正、负电荷，正电荷与先导通道中的负电荷中和，而新产生的负电荷则沿主放电通道流入大地。这些相向运动的正、负电荷形成强大的主放电电流，其极性与雷云的极性相同。

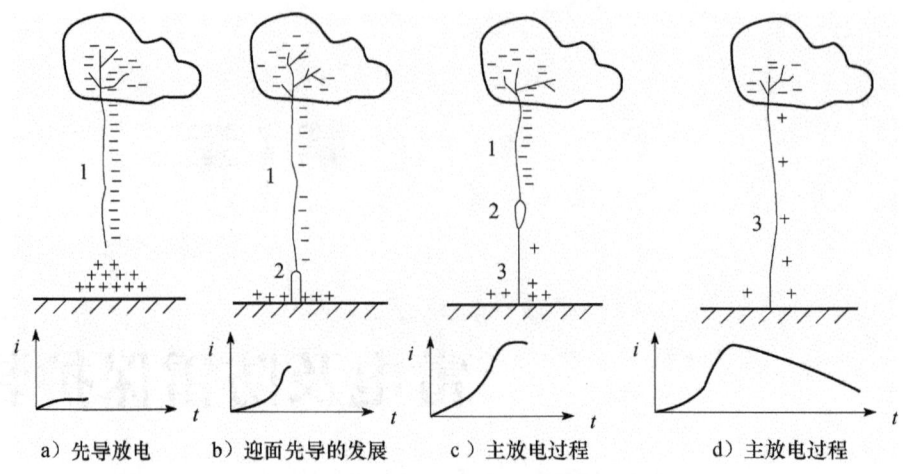

图 7-1-1 雷电放电的基本过程和电流变化
1—先导放电通道 2—强游离区 3—主放电通道

与先导放电和主放电阶段对应的电流变化同时表示在图 7-1-1 中。先导放电发展的平均速度较低,约为 $1\times10^5 \sim 8\times10^5$ m/s,表现出的电流不大,约为数十至数百安。而主放电的发展速度很快,约为 $2\times10^7 \sim 1.5\times10^8$ m/s,出现甚强的脉冲电流,可达几十甚至二、三百千安。

7.1.2 雷电放电的计算模型

研究表明,先导通道具有分布参数的特征。主放电时,雷电通道如同一个导体,对电流波呈现一定的阻抗,定义该阻抗为雷电通道波阻抗(用 Z_0 表示)。目前,我国标准 DL/T 620—1997 建议 Z_0 取值为 300 Ω。

雷击大地的过程可用图 7-1-2 来描述。将先导放电的发展看作是一根电荷均匀分布的长导线自雷云向大地延伸,如图 7-1-2a 所示,将先导头部临近地面时间隙的击穿看作是开关的突然合闸,此后将有大量正、负电荷沿着通道相向运动,如图 7-1-2b 所示。从电源性质看,上述过程相当于一个电流源的作用过程,负极性行波沿波阻抗为 Z_0 的雷电通道传播到 A 点的过程,如图 7-1-2c 所示,A 点电位发生突变。

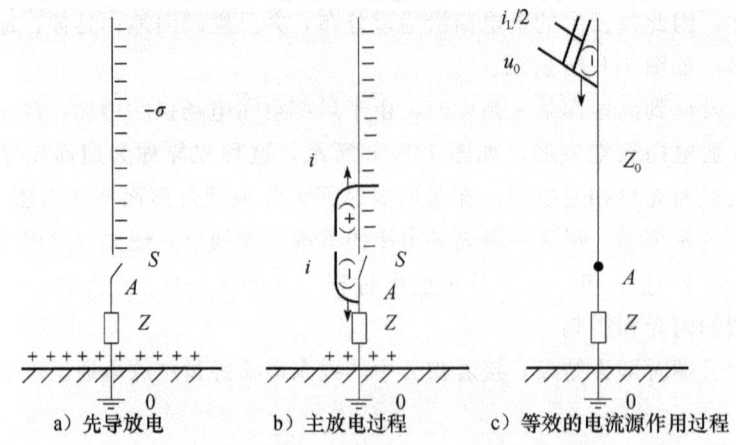

图 7-1-2 下行负雷电主放电计算模型

设沿雷电通道流动的电流波为 $\frac{1}{2}i_L$,则相应的电压波为 $\frac{1}{2}i_L Z_0$,在雷击点实际测得的电流值显然与雷击点阻抗 Z 有关。当 $Z=Z_0$ 时,测得的电流即为 $\frac{1}{2}i_L$;当 $Z \ll Z_0$ 时,测得的电流为 i_L。在实际测量中,一般满足 $Z \ll Z_0$,实测得到的电流恰是沿雷电通道袭来的入射电流波的两倍,称 i_L 为雷电流。上述雷电主放电过程的彼得逊等值电路如图 7-1-3 所示。

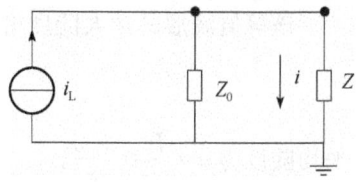

图 7-1-3 彼得逊等值电路

7.1.3 雷电流的等值波形

由上述的放电过程可知雷电流为一非周期冲击波。根据电气设备的雷电冲击试验和防雷设计的要求,需将雷电波的波形等值为可用公式表示的典型波形。常用的雷电流等值波形有双指数波、斜角波和半余弦波等几种。

双指数波形又称为雷电流的标准波形,如图 7-1-4a 所示,这是与实际雷电流波形最接近的等值波形,其表达式为

$$i_L(t) = AI_L(e^{-\alpha t} - e^{-\beta t})$$

式中,常数 A、α 和 β 由雷电流的波形确定。

表 7-1-1 给出了几种常用双指数雷电流波形的常数。雷电流标准波前 τ_f、半峰值时间 τ_t 的规定如图 7-1-4a 所示。

表 7-1-1 几种常用双指数雷电流波形的 α、β 和 A 值

波形	A	$\alpha/\mu s^{-1}$	$\beta/\mu s^{-1}$
0.25/100 μs	1.002	7×10^{-3}	34
2.6/50 μs	1.058	1.5×10^{-2}	1.86
10/350 μs	1.025	2.05×10^{-3}	0.564

DL/T 620—1997 建议在一般线路防雷设计中可采用斜角波,如图 7-1-4 b 所示。其波前陡度 a 由雷电流峰值和波前时间决定,即 $a=I_L/\tau_f$,斜角波的波尾可以是无限长或有限长。

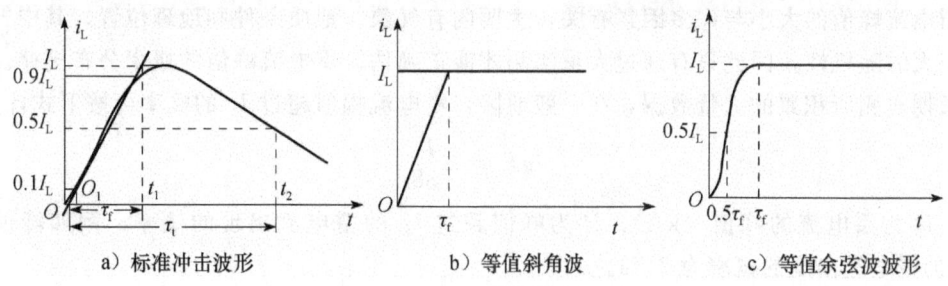

a) 标准冲击波形   b) 等值斜角波   c) 等值余弦波波形

图 7-1-4 雷电流等值波形

在设计大跨越的特殊高塔时,可采用半余弦波(见图 7-1-4c),分析雷电流波头的作用效果更接近实际,因为采用余弦函数的波头计算雷电流通过电感支路所引起的压降比较方便,此时在波头范围内雷电流可表示为

$$i_L(t) = \frac{I_L}{2}(1-\cos\omega t)$$

式中，ω 为等值角频率，由波前时间决定，即 $\omega = \dfrac{\pi}{\tau_f}$；$I_L$ 为雷电流峰值。

该等值波形的最大陡度出现在 $t = \tau_f/2$ 处，其值为

$$a_{\max} = \left(\dfrac{\mathrm{d}i_L}{\mathrm{d}t}\right)_{\max} = \dfrac{I_L \omega}{2}$$

平均陡度为 $a = \dfrac{I_L}{\tau_f} = \dfrac{I_L \omega}{\pi}$。

7.1.4 雷电参数的统计数据

1. 雷暴日和雷暴小时

进行防雷设计应从当地雷电活动的具体情况出发，一个地区雷电活动的频繁程度通常以该地区多年统计得到的年平均雷暴日数或雷暴小时数来表示。雷暴日数是一年中有雷的日数；雷暴小时数是一年中有雷电的小时数。在一天或 1 小时内只要听见一次及以上雷声算一个雷暴日或一个雷暴小时。通常采用雷暴日作为计算单位。我国大部分地区一个雷暴日约折合为 3 个雷暴小时。

各个地区雷电活动的强弱因纬度、气象等情况的不同而有很大的差别。一般把年平均雷暴日数超过 90 的地区称为强雷区，超过 40 的称为多雷区，少于 15 的称为少雷区。

2. 雷电流的极性和参数

负极性雷云对地放电可以有多次雷击，第一次雷击形成的电流称为首次雷击的雷电流，第二次及以后各次雷击形成的电流称为首次以后雷击的雷电流。正极性雷云对地放电，通常是一次闪电只包含一次雷击，这可能与正极性雷云在云层中的位置有关。实测统计表明，对地放电的雷云有 75%～90% 是负极性的，因此电气设备的防雷保护和绝缘配合通常都取负极性的雷电冲击波进行研究分析。

负极性雷电所形成的各次雷击电流和正极性雷电流都具有脉冲波形。描述脉冲波形的主要参数有峰值、波前时间和半峰值时间。雷电流的陡度是指其波前随时间上升的变化率，峰值和陡度都是影响雷电过电压的直接因素。

雷电流峰值的大小与许多因素有关，主要的有气象、地质条件和地理位置。其中气象情况有很大的随机性，因此只有通过大量实测才能正确估算雷电流峰值的概率分布规律。根据我国长期实测所积累的大量数据，在一般地区，雷电流幅值超过 I_L 的概率可按下式计算：

$$\lg P = -\dfrac{I_L}{88}$$

式中，I_L 为雷电流的峰值（kA）；P 为峰值超过 I_L 的雷电流出现的概率，例如峰值大于 50 kA 的雷电流出现的概率为 27%。

对于年平均雷暴日数低于 20 的地区，如陕南以外的西北地区、内蒙古自治区的部分地区，雷电流峰值较小，上式改为

$$\lg P = -\dfrac{I_L}{44}$$

实测表明，雷电流的波前时间在 1～5 μs 范围内，平均为 2～2.5 μs，DL/T 620—1997 推荐值为 2.6 μs。雷电流半峰值时间一般在 20～100 μs 范围内，平均 50 μs，超过 50 μs 的概率只有 18%～30%。我国在防雷保护中采用的雷电流的波前时间为 2.6 μs，半峰值时间为

50 μs，可表示为 2.6/50 μs。

与上述负极性首次雷击电流的波前时间、半峰值时间相比，负极性首次以后雷击雷电流的这两个时间要短得多，而正极性雷电流的则要长得多。

据统计分析，雷电流的陡度与峰值的相关系数为 0.6~0.64，说明两者密切相关。基于这种线性相关关系，按下式计算雷电流的平均陡度：

$$\alpha = \frac{I_L}{2.6} (kA/\mu s)$$

即认为在波前时间范围内有不变的陡度。实测表明，雷电流的陡度超过 50 kA/μs 的概率很小，大约只有 4%。

应该指出，尽管负极性首次以后雷击雷电流的峰值通常约为负极性首次雷击雷电流的一半或更小，但其陡度要比后者的大几倍，因此在某些场合，在其他条件都相同的情况下，负极性首次以后雷击雷电流形成的过电压可能比负极性首次雷击雷电流的要高许多。

3. 地面落雷密度和输电线路落雷次数

地面落雷密度是指每一雷暴日每平方千米地面遭受雷击的次数，可以表示雷云对地放电的频数和强烈程度，以 γ 表示。它与雷暴日有关，可用下式表示：

$$\gamma = 0.023 T_d^{0.3}$$

式中，T_d 为雷暴日数。为了评价不同地区防雷系统的防雷性能，须将它们换算到同样的雷电频度条件下进行比较。DL/T 620—1997 取 40 个雷暴日作为基准。我国取 γ=0.07，国外取值在 0.1~0.2 之间。

对于输电线路，由于其高出地面，有引雷作用，其吸引范围与最容易受雷击的导线高度有关。根据模拟试验和运行经验，一般高度线路的等值受雷面的宽度为 (4h+b) 米。设 N 为每 100 km 线路每年遭受雷击的次数，则 N 可按下式计算：

$$N = \gamma \frac{b+4h}{1\,000} \times 100 \times T_d \quad [次/(100\ km \cdot 年)] \tag{7-1-1}$$

式中，h 为避雷线的平均高度（m），无避雷线时为最上层导线的平均高度；b 为两避雷线之间的距离（m）。若为单根避雷线，则 b=0；若无避雷线，则 b 为边相导线间的距离。

对于 $T_d=40$，得 γ=0.07，式（7-1-1）可简化为

$$N = 0.28(b+4h) \quad [次/(100\ km \cdot 年)]$$

即 100 km 线路每年约受到 0.28(b+4h) 次雷击。

7.2 避雷针、避雷线的保护范围

7.2.1 避雷针（线）的保护原理

对直击雷的防护措施通常是安装避雷针或避雷线。避雷针（线）应高于被保护的物体，其作用是将雷电吸引到自身上来，并安全导入大地，从而使其附近的建筑和设备免遭直接雷击。

在先导放电自雷云向下发展的初始阶段，先导头部离地面较高，放电的发展方向不受地面物体的影响。但因避雷针（线）较高且有良好的接地，在其顶端因静电感应而积聚了与先导通道中电荷极性相反的电荷，使其附近空间电场显著增强。故当先导头部发展到距地面某

一高度时,该电场开始影响先导头部附近电场,使其向避雷针(线)定向发展。随着先导通道的定向延伸,避雷针(线)顶端的电场将大大增强,有可能产生自避雷针(线)向上发展的迎面先导,这更增强了避雷针(线)的引雷作用。雷电向避雷针(线)放电后,再通过接地引线和接地装置将雷电流引入大地,从而使被保护物体免遭雷击。

也就是说,先导放电朝地面发展到某一高度后,才会在一定范围内受到避雷针(线)的影响而对避雷针(线)放电,这一高度称为定向高度 H。根据模拟实验和运行经验,当 $h \leqslant 30$ m 时(h 为避雷针模型的高度),对避雷针取 $H=20h$,对避雷线取 $H=10h$;当 $h>30$ m 时,避雷针(线)的 H 分别等于 600 m 和 300 m。

避雷针(线)的保护范围可以通过模拟试验和运行经验来确定。由于雷电放电受到很多偶然因素的影响,因此要保证被保护物体绝对不遭受直击雷的危害是不现实的。通常,保护范围是指具有 0.1% 左右雷击概率的空间范围。实践证明,此雷击概率是可以接受的。

7.2.2 避雷针(线)的保护范围

根据模拟试验和运行经验,为简化计算,我国有关避雷针(线)保护范围的规定如下。

1. 单支避雷针的保护范围

单支避雷针的保护范围是一个以其本体为轴线的曲线圆锥体,侧面边界线是曲线,近似地以折线来拟合,如图 7-2-1 所示。在高度为 h_x 的水平面上,其保护半径 r_x 可按下式计算:

$$\left. \begin{array}{l} 当\ h_x \geqslant \dfrac{h}{2}\ 时, r_x = (h-h_x)p \\ 当\ h_x < \dfrac{h}{2}\ 时, r_x = (1.5h-2h_x)p \end{array} \right\}$$

式中,h 为避雷针高度(m);h_x 为被保护物体的高度(m);p 为高度影响系数($h \leqslant 30$ m 时,$p=1$;$30<h \leqslant 120$ m 时,$p=\dfrac{5.5}{\sqrt{h}}$),是考虑到避雷针很高时 r_x 不与针高成正比增大而引入的一个修正系数。

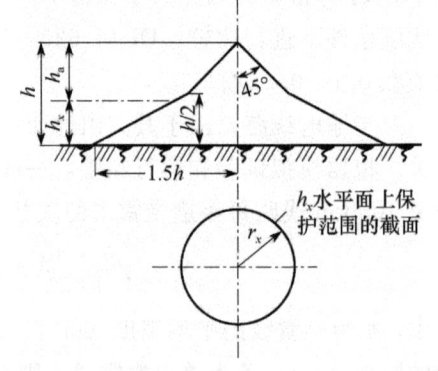

图 7-2-1 单支避雷针的保护范围,$h \leqslant 30$ m

为了扩大保护范围,只提高避雷针的高度并不合适,合理的解决办法是采用多支避雷针联合保护。

2. 两支避雷针的保护范围

(1) 等高情况

两支等高避雷针的保护范围不是两个单支避雷针范围的相加,而是两针之间的保护范围有所扩大,如图 7-2-2a 所示。确定两针外侧保护范围的方法与单支避雷针的相同,两针间的保护范围可通过两针顶点及保护范围上部边缘的最低点 O 的圆弧来确定,O 点的高度 h_0 按下式计算:

$$h_0 = h - \dfrac{D}{7p}$$

式中,D 为两针间的距离(m);p 同前。

两针间高度为 h_x 的水平面上保护范围的截面如图 7-2-2b 所示,在 O—O' 截面上,高度为 h_x 的平面保护范围一侧宽度 b_x,如图 7-2-2c 所示,可按下式计算:

$$b_x = 1.5(h_0 - h_x)$$

求得 b_x 后，即可在 h_x 水平面的中央画出到两针连线的距离为 b_x 的两点，从这两点向两支避雷针在 h_x 层面上的半径为 r_x 的圆形保护范围作切线，便可得到这一水平面上的联合保护范围。一般两针间的距离与针高之比 D/h 不宜大于 5。

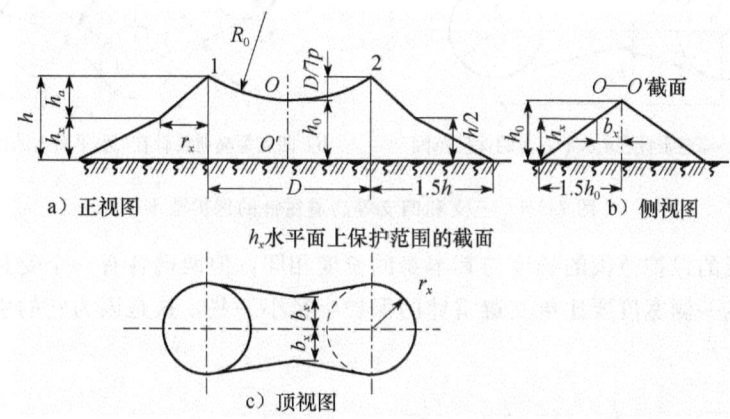

图 7-2-2　高度为 h 的两等高避雷针的保护范围

（2）不等高情况

两针外侧的保护范围仍按单针的方法确定。两针内侧的保护范围（见图 7-2-3）按下述方法确定：先按单针作出高针 1 的保护范围，然后经过较低针 2 的顶点作水平线与之交于点 3，再设点 3 为一假想针的顶点，作出 2 和 3 两等高避雷针的保护范围。图中 $f = \dfrac{D'}{7p}$。

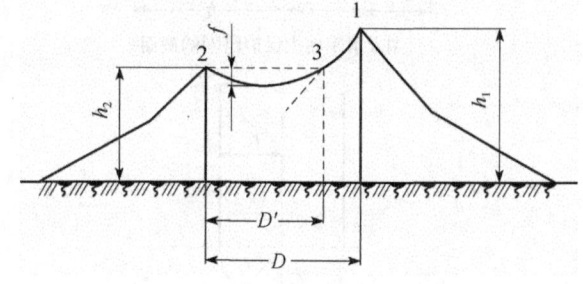

图 7-2-3　两支不等高避雷针的保护范围

（3）三支及以上避雷针的保护范围

三支等高避雷针的保护范围如图 7-2-4a 所示，三支针的安装地点 1、2、3 形成的三角形的外侧保护范围分别按两支等高针的方法确定。如果在三角形内被保护物最大高度 h_x 的水平面上，各相邻避雷针保护范围的外侧宽度为 $b_x \geqslant 0$，则曲线所围的平面全部得到保护。

四支及以上等高避雷针，可先将其分成两个或几个三角形，然后按确定三支等高避雷针保护范围的方法计算，如图 7-2-4b 所示。

（4）避雷线的保护范围

用避雷线保护发电厂、变电所时，单根避雷线的保护范围如图 7-2-5 所示。在 h_x 水平面上保护范围的宽度，可按下式计算：

$$\left. \begin{array}{l} 当\ h_x \geqslant \dfrac{h}{2}\ 时, r_x = 0.47(h - h_x)p \\ 当\ h_x < \dfrac{h}{2}\ 时, r_x = (h - 1.53h_x)p \end{array} \right\}$$

式中，系数 p 同前。

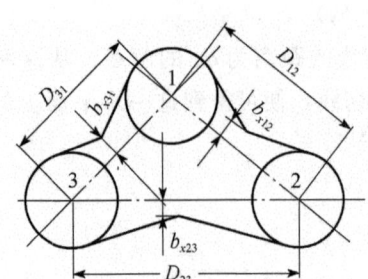
a) 三支等高避雷针在 h_x 水平面上的保护范围

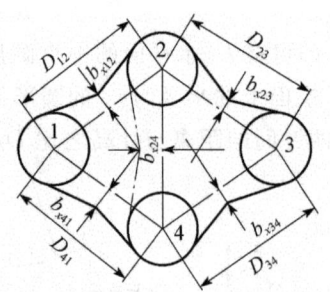
b) 四支等高避雷针在 h_x 水平面上的保护范围

图 7-2-4　三支和四支等高避雷针的保护范围

单根避雷线的保护范围的长度与其本身的长度相同，但两端各有一个受到保护的半个圆锥体空间；沿线一侧宽度要比单支避雷针的保护半径小一些，这是因为它的引雷空间要比同样高度的避雷针小。

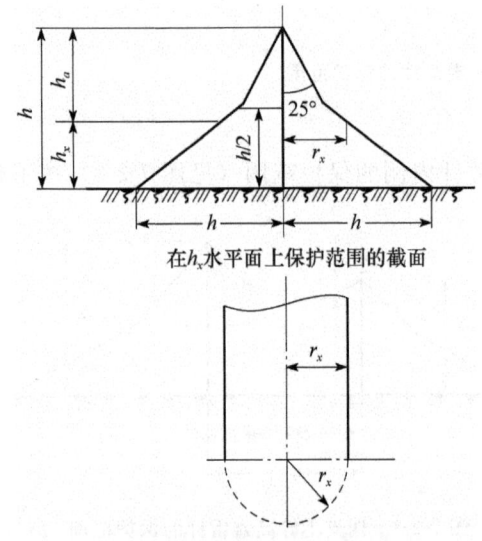

图 7-2-5　单根避雷线的保护范围，$h \leqslant 30$ m

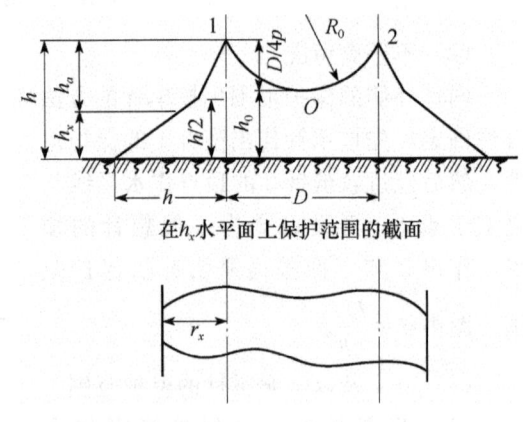

图 7-2-6　两平行避雷线的保护范围

两根等高平行避雷线的联合保护范围如图 7-2-6 所示。两线外侧的保护范围按单根避雷线计算，两线内侧保护范围横截面则通过两线之 1、2 点及保护范围上部边缘最低点 O 的圆弧确定。O 点的高度按下式计算：

$$h_0 = h - \frac{D}{4p}$$

式中，D 为两根避雷线间的距离（m）；h 为避雷线的高度（m）；h_0 为 O 点的高度（m）；p 同前。

用避雷线来保护输电线路时，目前都用保护角的大小来表示其对线路的保护程度。保护角是指避雷线和边相导线的连线与经过避雷线的垂直线之间的夹角，如图 7-2-7 所示，夹角以内的区域就是保护范围。保护角越小，避雷线对导线的屏蔽保护作用越有效。为了减小保护角，必须提高避雷线的悬挂高度，但这将增加杆塔尺寸，增加造价，所以单根避雷线的保护角不能做得太小，按线路的重要程度不同，通常在 15°～30°之间选用不同的保护角。

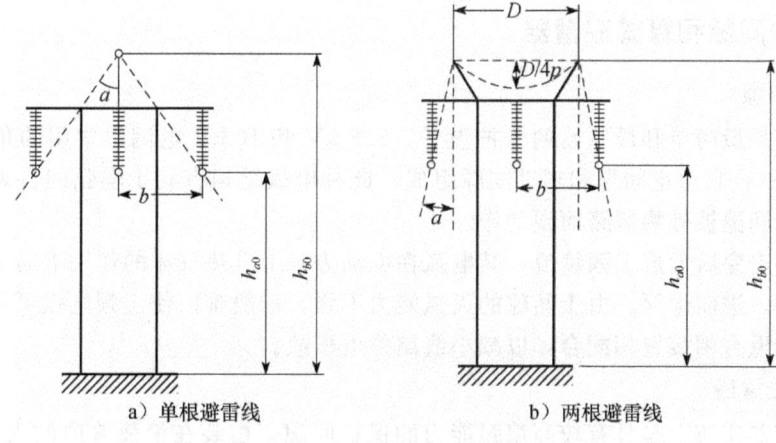

图 7-2-7 避雷线的保护角

7.3 避雷器

7.3.1 避雷器保护原理和基本类型

避雷器是一种普遍采用的入侵波保护装置。如图 7-3-1 所示，避雷器与被保护设备并联，其放电电压低于被保护设备绝缘的冲击耐压，当出现危险的过电压波时，避雷器优先动作，把雷电波直接引入大地，限制了过电压，从而保护了邻近的电气设备，它实质上是一种放电器。

避雷器放电时，强大的冲击电流泄入大地，大电流过后，加在该避雷器上的恢复电压即系统的工频电压，使原冲击电流的通道继续流过工频电流，称为续流。要求避雷器能自动地迅速切断此工频续流，以保证避雷器自身的安全及恢复系统的正常运行。

为使电气设备得到可靠保护，避雷器应满足以下基本要求：

1）避雷器的冲击放电电压应低于被保护设备绝缘的冲击耐压值；
2）应有平坦的伏秒特性曲线和较强的灭弧能力。

从结构和特性来看，避雷器分为两大类型：有间隙的避雷器和无间隙的避雷器。保护间隙、管式避雷器和阀式避雷器属于有间隙避雷器，阀式避雷器又分为普通阀式避雷器和磁吹阀式避雷器两种。氧化锌避雷器可以取消串联放电间隙，因此又称为无间隙避雷器。

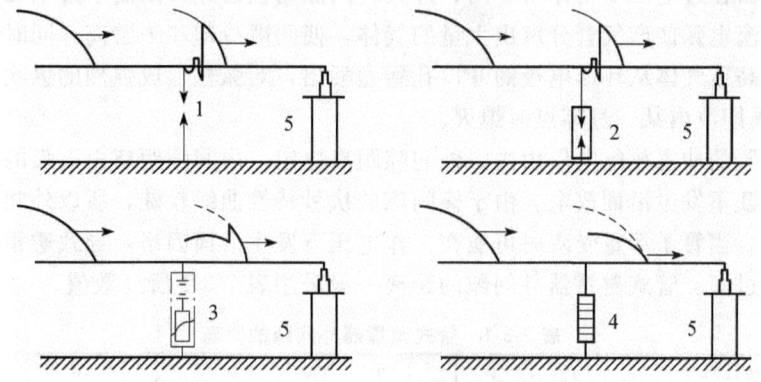

图 7-3-1 避雷器的保护作用原理示意图
1—保护间隙　2—管式避雷器　3—阀式避雷器　4—氧化锌避雷器　5—被保护电气设备

7.3.2 保护间隙和管式避雷器

1. 保护间隙

保护间隙是最简单和最原始的保护设备。3.6 kV 和 10 kV 电网中常用的角型保护间隙如图 7-3-2 所示,它由主间隙和辅助间隙组成,此种电极结构有利于电弧的自熄。辅助间隙是为了防止主间隙被外物短路而误动作。

保护间隙击穿后形成工频续流,其电弧在电动力和上升热气流的作用下向上移动,从而被拉长、冷却,进而熄灭。由于间隙的灭弧能力不强,一般难以使工频电弧可靠熄灭,所以应尽量与自动重合闸装置相配合,以减小线路停电事故。

2. 管式避雷器

管式避雷器实质上是具有较高熄弧能力的保护间隙,由装在消弧管内的火花间隙 F_1 和串接的一只外火花间隙 F_2 组成,如图 7-3-3 所示。内间隙由一棒极和一圆环形电极构成,消弧管的内层为产气管,外层为增大机械强度用的胶木管,产气管所用的材料是在电弧高温下易于产生气体的纤维、塑料或特种橡胶。外间隙的作用是正常运行时使产气管与工频电压隔离,以免加速管子材料老化或在管壁受潮时发生沿面放电。

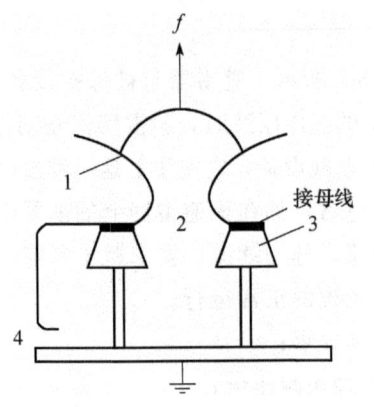

图 7-3-2 保护间隙
1—角型保护间隙的电极 2—主间隙
3—支柱绝缘子 4—辅助间隙
f—电弧的运动方向

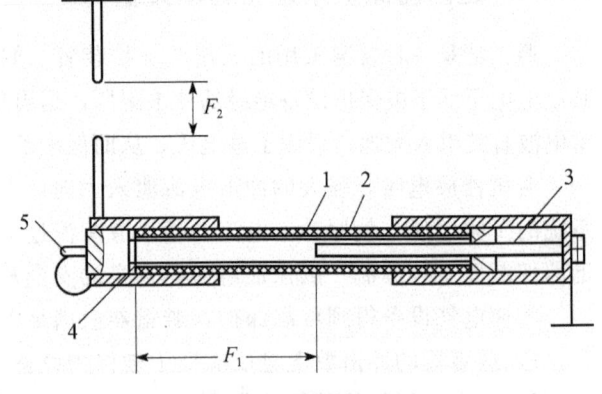

图 7-3-3 管式避雷器
1—产气管 2—胶木管 3—棒电极 4—圆环形电极
5—动作指示器
F_1—内火花间隙 F_2—外火花间隙

管式避雷器在过电压下动作时,内、外火花间隙均被击穿,限制了过电压的幅值。接着出现的工频续流电弧使产气管分解出大量的气体,使间隙冷却和去游离,同时气压增加到几十个大气压,高压气体从环形电极的开口孔猛烈喷出,对弧柱形成强烈的纵吹,使其在工频续流 1~3 个周期波内某一过零点时熄灭。

管式避雷器的冲击放电电压由内、外间隙距离决定,内间隙距离由灭弧的要求决定,管子的长度应保证不发生沿面放电。由于棒间隙的伏秒特性曲线较陡,所以外间隙距离应尽可能缩短。但是,当管子严重受潮时可能在工作电压下发生沿面闪络,导致避雷器误动作,因此外间隙不能过短。管式避雷器外间隙的距离一般采用表 7-3-1 所列数值。

表 7-3-1 管式避雷器外间隙的距离

系统额定电压/kV	3	6	10	20	35
最小距离/mm	8	10	15	60	100

管式避雷器的灭弧能力与工频续流的大小有关，续流太小时产气不足，反而不能熄弧；续流过大时产气过多，管内气压剧增，可能使管子炸裂而损坏。可见管式避雷器所能熄灭的续流有一定的上限和下限，通常在型号中标明，如 GXS$\frac{U_e}{I_{min}-I_{max}}$中，$U_e$ 为额定电压，I_{max}、I_{min} 为熄弧电流上下限（有效值）。

作为过电压保护装置，保护间隙和管式避雷器都有以下几个缺点：

1）保护间隙的电场大多数极不均匀，而管式避雷器所采用的火花间隙亦属极不均匀电场，其伏秒特性曲线太陡，且放电分散性较大，难以与被保护设备实现合理的绝缘配合。

保护间隙的静态击穿电压不能确定的太低，否则会频繁地出现不必要的动作（击穿）和引起断路器的跳闸。但如取其静态击穿电压仅比被保护设备的静态击穿电压略小时，二者的伏秒特性必然会出现交叉现象，如图 7-3-4 中的曲线 1 和曲线 2 所示，它在陡波下（P 点以左）根本不能发挥保护作用。在图中同时绘出后面要介绍的阀式避雷器的伏秒特性（曲线 3）作为比较。

2）避雷器动作后会产生大幅值的截波，如图 7-3-5 所示，对变压器类设备的绝缘（特别是纵绝缘）很不利。

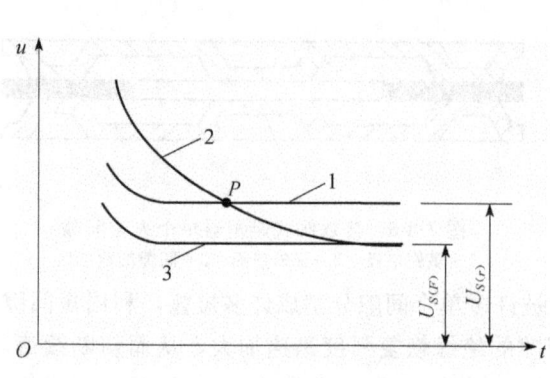

图 7-3-4　保护装置与被保护装置绝缘的伏秒特性配合
1—被保护绝缘　2—保护间隙或管式避雷器
3—阀式避雷器

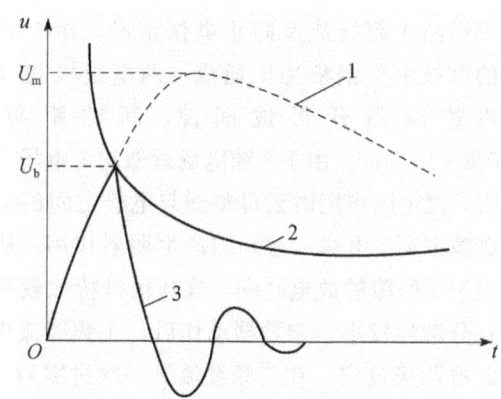

图 7-3-5　保护间隙的保护作用
1—过电压波　2—保护间隙的伏秒特性
3—绝缘所受到的电压

3）保护间隙没有专门的灭弧装置，因而其灭弧能力是很有限的，只能熄灭中性点不接地系统较小的单相接地短路电流。

上述的缺点使得结构简单、价格低廉的保护间隙仅用于 10 kV 以下的配电网中，且往往与自动重合闸装置配合使用。管式避雷器可以作为变电所进线段保护的辅助手段，用来保护容量小的变电所及输电线路上的个别绝缘比较薄弱的路段，如用作大跨距和交叉档的保护；也可与电缆段相配合，在直配电机的防雷保护中起限流作用。

7.3.3　阀式避雷器

1. 阀式避雷器的结构和工作原理

阀式避雷器的基本元件为火花间隙和非线性电阻（阀片），两者串联。火花间隙冲击放电电压低于被保护设备的冲击耐压值。阀片的电阻值与流过的电流有关，具有非线性特性，它在大电流（冲击电流）下呈现为小电阻，以保证其上的电压（残压）足够低，而在电网的工频电压作用下呈现为大电阻，以限制工频续流，有利于间隙灭弧。

阀式避雷器的工作原理如下：在电力系统正常工作时，火花间隙将电阻阀片与工作母线隔离，以避免母线的工作电压在电阻阀片中产生的电流使阀片烧坏。当避雷器上冲击过电压的瞬时值达到火花间隙的冲击放电电压时，间隙击穿，过电压波即被截断。冲击电流通过阀片流入大地，这时阀片呈现为小电阻，它在最大允许冲击电流下的压降称为残压，此电压应比被保护设备绝缘的冲击强度低 25%～40%，设备就得到了保护。当冲击电压消失后，间隙中的工频续流将继续流过避雷器，此时工作电压远低于冲击电压，阀片电阻急剧增大，续流受到限制远小于冲击电流，使间隙能在工频续流第一次经过零值时就将电流切断。此后，间隙的绝缘强度能够耐受电网恢复电压的作用而不会发生重燃。这样，避雷器从间隙击穿到工频续流的切断不超过半个工频周期，继电保护来不及动作系统就已恢复正常运行。

从上述可知，被保护设备的冲击强度（耐压值）必须高于避雷器的冲击放电电压和残压，若避雷器此两参数能够降低，则设备的冲击耐压值也可相应下降。

下面介绍它的基本元件。

(1) 火花间隙

普通阀式避雷器的火花间隙由许多如图 7-3-6 所示的单个间隙串联而成，这样的结构易于切断工频续流及防止电弧重燃。单个间隙的电极由黄铜板冲压而成，两电极极间以云母垫圈隔开形成间隙，间隙距离为 0.5～1.0 mm。由于间隙电场近似均匀电场，同时，过电压作用时云母垫圈与电极之间的空气缝隙中发生电晕，对间隙产生照射作用，从而缩短了间隙的放电时间，故其伏秒特性较平坦

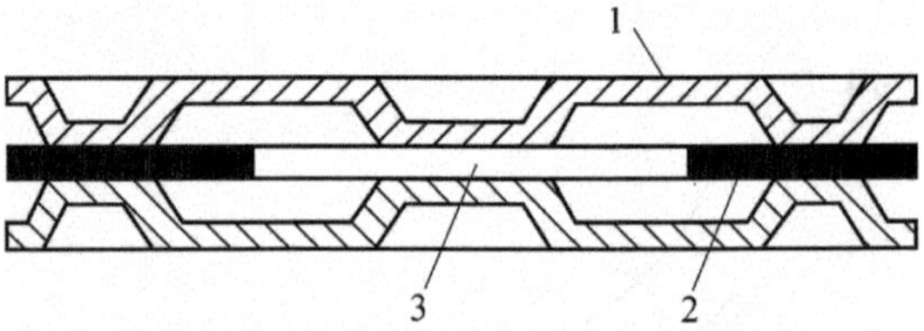

图 7-3-6 普通阀式避雷器单个火花间隙
1—黄铜电极　2—云母垫圈　3—间隙的放电区

且分散性较小。避雷器动作后，工频续流电弧被许多单个间隙分割成许多短弧，利用短间隙的冷阴极效应，在工频续流第一次过零后，间隙的绝缘恢复强度迅速加大，从而切断续流。我国生产的普通阀式避雷器有 FZ 和 FS 系列，当工频续流分别不大于 80 A 和 50 A（峰值）时，能够在续流第一次过零时熄灭电弧。

如前所述，阀式避雷器的间隙由许多单个间隙组成，多间隙串联后间隙电容将形成一等值电容链，由于间隙各电极对地和对高压端有寄生电容存在，故电压在间隙上的分布是不均匀的。这样，避雷器动作后每个间隙上的恢复电压的分布既不均匀也不稳定，从而降低了避雷器的熄弧能力，其工频放电电压也将下降和显得不稳定。

为了解决这个问题，可在每个间隙上并联一个分路电阻，即间隙并联电阻，如图 7-3-7 所示。往往先把几只单元间隙组成一组，配上分路电阻后，组成一个标准单元间隙组。在冲击电压作用下，电压沿间隙不均匀分布，可以降低冲击放电电压，使各个单元间隙迅速地相继击穿。但在工频电压作用下，间隙上的电压分布主要由分路电阻的阻值决定，此时只要分路电阻阻值相等，各个间隙上的电压就基本相等，从而提高了工频放电电压及熄弧能力。

采用分路电阻均压后，在工作电压作用下，分路电阻中将长期有电流流过，因此分路电阻必须有足够的热容量，通常也采用非线性电阻，其非线性系数 α 约为 0.35～0.45。

当续流超过 80 A（峰值），而电弧又不运动时，间隙的电极会发热，可能导致热电子发

射,由于电极的热惯性很大,在电流过零时,电弧难以顺利熄灭。为了提高避雷器的灭弧能力,采用电弧运动的间隙,即磁吹放电间隙,此种避雷器为磁吹阀式避雷器。它利用磁场使电弧运动来加强去游离,以提高间隙的灭弧能力。其工作原理如图 7-3-8 所示,间隙串联回路中增加磁吹线圈 2 后,在等值频率很高的冲击电流作用下,线圈感抗上会出现较大的电压降,进而增大了避雷器的残压。为了避免这种情况,将磁吹线圈与辅助间隙并联。当冲击电流流过时,线圈两端的电压降会使辅助间隙击穿,磁吹线圈被短路。于是放电电流经过辅助间隙、电阻阀片流入大地,使避雷器仍然保持较低的残压。而当工频续流流过时,磁吹线圈的压降较低,不足以维持辅助间隙放电,电流将从线圈中流过并发挥磁吹作用。

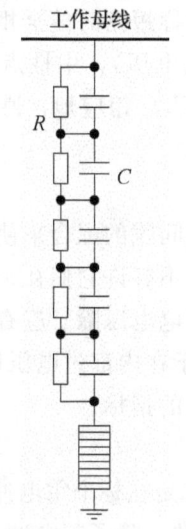

图 7-3-7 在间隙上并联分路电阻原理图

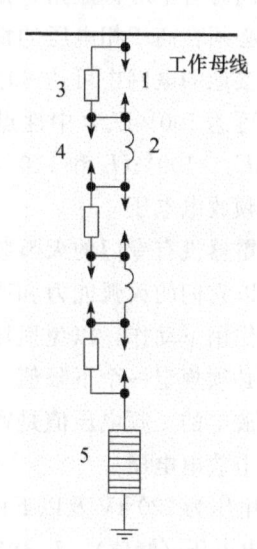

图 7-3-8 磁吹避雷器的原理图
1—主间隙 2—磁吹线圈 3—分路电阻
4—辅助间隙 5—电阻阀片

与普通型避雷器相仿,磁吹避雷器中火花间隙也是由多个单个间隙串联而成的。由于其单个间隙的熄弧能力较强,能在较高恢复电压下切断较大的工频续流,故串联的间隙和阀片的数目都较少,因而其冲击放电电压和残压较低,保护性能较好。

(2) 电阻阀片

电阻阀片的主要作用是限制工频续流,使火花间隙可靠熄弧,同时避免避雷器上电压突然下降而形成截波。阀式避雷器的电阻阀片由金刚砂(SiC)和结合剂高温烧结而成,呈圆盘状。普通阀式避雷器中的阀片是在 300℃~500℃下焙烧成的,称为低温阀片。磁吹阀式避雷器的电阻阀片是在 1 350℃~1 390℃的高温下焙烧成的高温阀片,其通流能力大,可切断较大续流,当波形为 2 000 μs 的方波时,可达 800~1 000 A。

阀片的电阻值随电流的大小而变化,其伏安特性如图 7-3-9 所示,可用下式表示

$$u = C \cdot i^\alpha$$

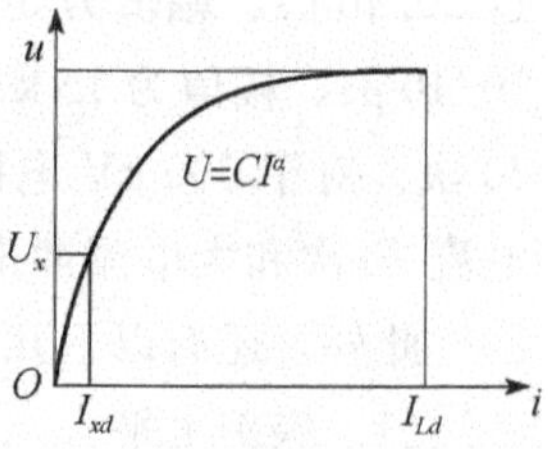

式中,C 为取决于材料的常数(通常在 650~700 范围内);α 称为

图 7-3-9 阀片的伏安特性

非线性系数，α 愈小说明阀片的非线性程度愈高，性能愈好。普通阀式避雷器中的低温阀片的 α 值一般在 0.2 左右，磁吹阀式避雷器的高温阀片的 α 值较高，约为 0.24 左右。

2. 阀式避雷器电气特性的基本参数

(1) 额定电压

额定电压指避雷器能可靠熄灭续流电弧时的最大工频作用电压。由此可见，它应该大于避雷器安装点可能出现的最大工频电压，否则避雷器可能因不能熄弧而爆炸。额定电压是避雷器最重要的设计依据，由此来确定采用多少只单元间隙、多少个阀片。

若避雷器动作时系统处于正常运行状态，则避雷器将在正常相电压下灭弧；若避雷器动作时系统内同时有不对称短路，则加在健全相避雷器上的恢复电压将有可能高于相电压，此时避雷器就必须在高于相电压的情况下灭弧。根据分析，不对称短路时健全相上的电压，在中性点直接接地的电网中可达 80% U_e（U_e 为系统最大工作线电压），中性点经消弧线圈接地的电网中可达 100% U_e，中性点不接地的电网中可达 110% U_e。相应地，避雷器额定电压应大于 80% U_e、100% U_e 和 110% U_e。

(2) 工频放电电压

普通避雷器没有专门的灭弧装置，就靠非线性电阻与火花间隙的配合来使电弧不能维持而自熄，所以它们的灭弧能力和通流容量都是有限的，故一般不容许它们在延续时间较长的内部过电压作用下动作，以免损坏。正由于此，它们的工频放电电压除了应有上限值（不大于）外，还必须规定一个下限值（不小于），以保证它们不至于在内部过电压作用下误动作。避雷器发生放电的工频电压值是衡量避雷器火花间隙绝缘强度的指标。

(3) 冲击放电电压

对额定电压为 220 kV 及以下的避雷器，冲击放电电压指的是在标准雷电冲击波（1.2/50 μs）下的放电电压（峰值）。对于 330 kV 及以上的超高压避雷器，除了雷电冲击放电电压外，还包括在标准操作冲击波（250/2 500 μs）和陡波（1 200 kV/μs）下的放电电压（峰值）。

(4) 残压

残压指冲击电流通过避雷器时，在阀片上产生的电压峰值。由于避雷器所用阀片材料的 $\alpha \neq 0$，所以残压仍会随电流幅值的增大而升高，为此在规定残压的上限（不大于）时，必须同时规定所对应的冲击电流幅值，我国标准对此所作的规定分别为 5 kA（220 kV 及以下的避雷器）和 10 kA（330 kV 及以上的避雷器），电流波形则统一取 8/20 μs。

(5) 通流容量

避雷器的通流容量主要是指在规定的波形情况下，非线性电阻片耐受通过电流的能力，以电流的幅值、持续时间和通过次数表示。我国规定，普通阀式避雷器阀片的通流容量为通过 20/40 μs、幅值为 5~10 kA 的冲击电流 20 次；磁吹阀式避雷器阀片的通流容量为通过 20/40 μs、幅值为 15 kA 的冲击电流 20 次和通过 2 000 μs、幅值为 800~1 000 A 的方波电流 20 次。对于 500 kV 电网中的避雷器，其阀片的通流容量为 18/40 μs、幅值为 10 kA 的冲击电流 20 次和大电流冲击耐受 4/10 μs、幅值为 100 kA 的冲击电流 2 次。

此外，还有以下几个常用的评价阀式避雷器性能的技术指标。

(1) 保护水平

它表示该避雷器上可能出现的最大冲击电压的峰值。我国和国际标准都规定以残压、标准雷电冲击（1.2/50 μs）放电电压及陡波放电电压 U_a 除以 1.15 后所得三个电压值中的最大值作为该避雷器的保护水平。显然,被保护设备的冲击绝缘水平应高于避雷器的保护水平,且需留有一定的安全裕度。不难理解,阀式避雷器的保护水平越低越有利。

(2) 保护比

保护比等于避雷器的残压与灭弧电压之比。保护比越小,表明残压低或灭弧电压高,意味着绝缘上受到的过电压较小,工频续流又能很快被切断,因而该避雷器的保护性能越好。FZ 型的保护比为 2.29,FS 型的为 2.52,FCZ 型的为 1.78。

(3) 切断比

切断比等于避雷器工频放电电压的下限与灭弧电压之比,是表示火花间隙灭弧能力的一个技术指标。切断比越接近于 1,说明该火花间隙的灭弧性能越好、灭弧能力越强。

(4) 冲击系数

冲击系数等于避雷器冲击放电电压与工频放电电压幅值之比。一般希望它接近于 1,这样避雷器的伏秒特性就比较平坦,有利于绝缘配合。

普通阀式避雷器中的 FZ 系列用以保护中等及大容量变电所中的电气设备,其阀片直径大 (100 mm)。

FS 系列的放电间隙没有分路电阻,阀片直径较小 (55 mm),体积小,质量轻,用于保护配电系统的小容量变压器等。

磁吹阀式避雷器中的 FCZ 系列主要用于 35 kV 及以上电压的变电所中,也可兼作某些内过电压的后备防护;FCD 系列的部分间隙带有并联电容,用于保护旋转电机。

表 7-3-2、表 7-3-3、表 7-3-4 中分别列出了普通阀式避雷器 (FS 和 FZ)、电站阀式避雷器 (FCZ) 及旋转电机磁吹阀式避雷器 (FCD) 的电气特性。

表 7-3-2 普通阀式避雷器 (FS 和 FZ 系列) 的电气特性

型号	额定电压(有效值)/kV	灭弧电压(有效值)/kV	工频放电电压(干燥及淋雨状态)(有效值)/kV		冲击放电电压(预放电时间 1.5~2.0 μs)/kV 不大于		冲击残压(波形 8/20 μs)/kV 不大于				备注
							FS 系列		FZ 系列		
			不小于	不大于	FS 系列	FZ 系列	3 kA	5kA	3 kA	5kA	
FS-0.25	0.22	0.25	0.6	1.0	2.0	—	1.3	—	—	—	—
FS-0.50	0.38	0.50	1.1	1.6	2.7	—	2.6	—	—	—	—
FS-3 (FZ-3)	3	3.8	9	11	21	20	(16)	17	14.5	(16)	—
FS-6(FZ-6)	6	7.6	16	19	35	30	(28)	30	27	(30)	—
FS-10(FZ-10)	10	12.7	26	31	50	45	(47)	50	45	(50)	—
FZ-15	15	20.5	42	52	—	78	—	—	67	(74)	组合元件用
FZ-20	20	25	49	60.5	—	85	—	—	80	(88)	组合元件用
FZ-30J	30	25	56	67	—	110	—	—	83	(91)	组合元件用
FZ-35	35	41	84	104	—	134	—	—	134	(148)	
FZ-40	40	50	98	121	—	154	—	—	160	(176)	110 kV 变压器中性点保护专用
FZ-60	60	70.5	140	173	—	220	—	—	227	(250)	
FZ-110J	110	100	224	268	—	310	—	—	332	(364)	
FZ-154J	154	142	304	368	—	420	—	—	466	(512)	
FZ-220J	220	200	448	536	—	630	—	—	664	(728)	

注:残压栏内加括号者为参考值。

表 7-3-3　电站阀式避雷器（FCZ 系列）的电气特性

型号	额定电压（有效值）/kV	灭弧电压（有效值）/kV	工频放电电压（干燥及淋雨状态）（有效值）/kV		冲击放电电压/kV 不大于		冲击残压/kV（波形 8/20 μs）不大于		备注
			不小于	不大于	（预放电时间 1.5～2.0 μs）及波形 1.5/40 μs	（预放电时间 100～100 μs）	5 kA	10 kA	
FCZ-35	35	41	70	85	112		108	122	110 kV 变压器中性点保护专用
FCZ-40	—	51	87	98	134	—	—①		
FCZ-60	60	69	117	133	178	—	178	205	
FCZ-110J	11	100	170	195	260	(285)	260	285	
FCZ-110	11	126	255	290	345	—	332	365	
FCZ-154	154	177	330	377	500		466	512	
FCZ-220J	220	200	340	390	520	(570)	520	570	
FCZ-330J	330	290	510	580	780	820	740	820	
FCZ-500J	500	440	680	790	840	1 030	—	1 100	

① 1.5 kA 冲击残压为 134 kV。

表 7-3-4　旋转电机磁吹阀式避雷器（FCD 系列）的电气特性

型号	额定电压（有效值）/kV	灭弧电压（有效值）/kV	工频放电电压（干燥及淋雨状态）（有效值）/kV		冲击放电电压（预放电时间 1.5～20μs）及波形 1.5/40 μs /kV 不大于	冲击残压（波形 8/20 μs）/kV 不大于		备注
			不小于	不大于		3 kA	5 kA	
FCD-2	—	2.3	4.5	5.7	6	6	6.4	电机中性点保护专用
FCD-3	3.15	3.8	7.5	9.5	9.5	9.5	10	—
FCD-4	—	4.6	9	11.4	12	12	12.8	电机中性点保护专用
FCD-6	6.3	7.6	15	18	19	19	20	
FCD-10	10.5	12.7	25	30	31	31	33	
FCD-13.2	13.8	16.7	33	39	40	40	43	
FCD-15	15.75	19	37	44	45	45	49	

7.3.4　氧化锌避雷器

1. 微观结构及伏安特性

金属氧化物避雷器的阀片是以氧化锌（ZnO）为主要材料，并以少量的氧化铋（Bi_2O_3）、氧化锰（MnO_2）、氧化锑（Sb_2O_3）、氧化钴（Co_2O_3）、氧化铬（Cr_2O_3）等金属氧化物作添加剂，经过粉碎、混合、选粒、成型等加工处理后，在 1 000 ℃ 以上的高温中烧结而成。以此制成的避雷器称为金属氧化物避雷器（MOA）。因其核心元件是 ZnO 阀片，也称之为氧化锌避雷器。

氧化锌阀片的非线性特性与其微观结构密切相关，典型的 ZnO 非线性电阻的微观结构如图 7-3-10 所示，主要由 ZnO 晶粒、晶界层和尖晶石三部分组成。含有微量的钴 Co 和锰 Mn 等元素的 ZnO 晶粒，其平均直径约 10 μm，平均电阻率为 (1～10) Ω·cm。在 ZnO 晶粒的周围是由以氧化铋为主形成的晶界层，厚度约为 $0.1~\mu m$。在晶界层中零散地分布着尖晶石 $Zn_7Sb_2O_{12}$，粒径约为 $3~\mu m$，其作用是在烧结过程中，抑制 ZnO 晶粒的过分长大，以免晶界层减少。

ZnO 阀片的非线性主要取决于晶界层的状态，晶界层的电阻率与所处的电场强度关系极大，在低电场强度作用下，其电阻率大于 $10^8~\Omega \cdot cm$，但当电场强度增加到某一数值时，其电阻率会骤然下降，呈现低阻状态。这种显著的压敏性质使 ZnO 阀片具有非常优异的非线性特性。此外，晶界层还具有电介质的性质，其相对介电系数为 $1\,000 \sim 2\,000$，因此 ZnO 阀片具有较大的固有电容。

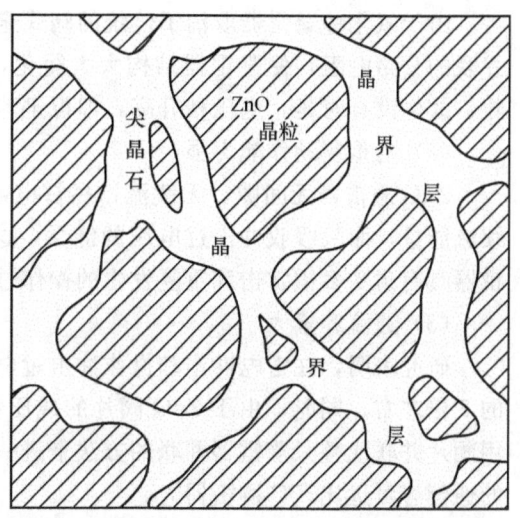

图 7-3-10 ZnO 非线性电阻的微观结构

ZnO 阀片的伏安特性可分为三个区域，即小电流区、非线性区和饱和区，如图 7-3-11 所示。在小电流区，通过阀片的电流在 1 mA 以下，非线性系数 α 值较大，约为 $0.1 \sim 0.2$ 左右。在非线性区，α 值大大下降，约为 $0.015 \sim 0.05$，即使在 10 kV 雷电流下，α 值也仅为 0.1 左右。而且在该区域内阀片具有很小的正温度系数，可忽略温度变化对其保护特性的影响，这有助于改善电阻片并联运行时的电流分布。在饱和区，由于电场较高，ZnO 晶粒的固有电阻将逐渐起主要作用，使非线性变坏。

ZnO 阀片具有很理想的非线性伏安特性，图 7-3-12 所示是 SiC 阀片与 ZnO 阀片伏安特性曲线的比较。两者在 10 kA 电流下的残压基本相同，但在额定电压下，SiC 阀片将流过幅值高达 100 A 左右的电流，因而必须用间隙加以隔离；而 ZnO 阀片流过的电流却小于 10^{-5} A，可以近似认为其续流为零。因此，氧化锌避雷器可以不用串联火花间隙，成为无间隙、无续流的避雷器。

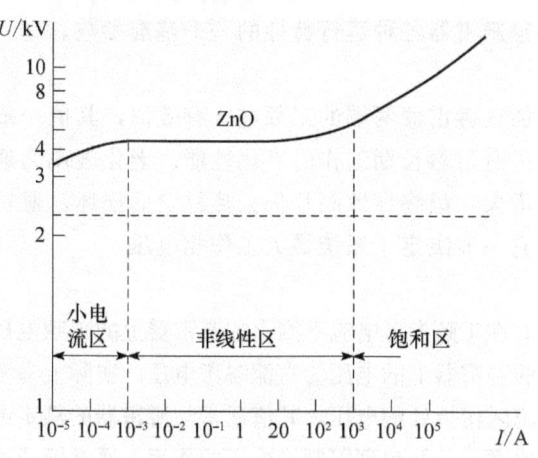

图 7-3-11 ZnO 阀片的伏安特性

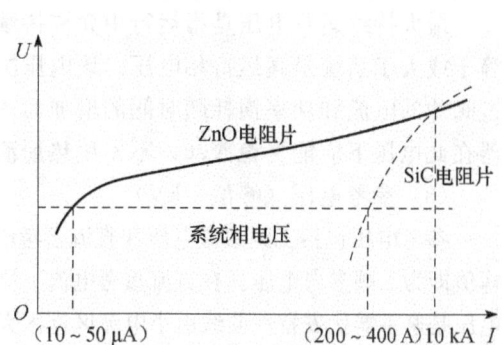

图 7-3-12 SiC 阀片与 ZnO 阀片伏安特性的比较

2. 氧化锌避雷器的优良性能

由于 ZnO 阀片具有优异的非线性伏安特性，使氧化锌避雷器具有以下优点。

(1) 结构简单,并具有优异的保护特性

由于氧化锌避雷器取消了传统的阀式避雷器所必不可少的串联放电间隙及与串联间隙相并联的分路电阻,使避雷器结构大大简化,体积和重量明显减小。由于取消了串联放电间隙,放电没有时延,电压稍升高,即可迅速吸收过电压能量,抑制过电压的发展。

(2) 耐重复动作能力强

ZnO 避雷器无间隙、无续流,在雷电或操作冲击过电压的作用下,避雷器不需要吸收续流能量,而只吸收冲击过电压的能量,这便大大减轻了避雷器的工作负担。因此 ZnO 避雷器具有耐受多重雷击和重复发生的操作过电压的能力。

(3) 通流容量大

研究表明,在雷电冲击和操作冲击过电压作用下,ZnO 阀片单位体积吸收的能量是 SiC 的 5 倍左右。同时,由于 ZnO 阀片的残压特性分散性小,电流分布较为均匀,还可通过采用阀片并联或整只避雷器并联的方法来进一步提高避雷器的通流能力。因而,氧化锌避雷器的通流容量远比 SiC 避雷器大。

此外,利用无续流的特性,还可制成直流避雷器及用于高海拔地区和 SF_6 电气设备的保护等特殊场合。

(4) 造价较低,技术经济效益高

氧化锌避雷器性能稳定,抗老化能力强,适应多种特殊需要。而且元件单一通用,结构简单,体积小、重量轻、造价低,既便于生产,又便于安装和维护,特别适合于大规模自动化生产。

氧化锌避雷器具有一系列的优点,发展潜力很大,是避雷器发展的主要方向,正逐步取代传统的带间隙的 SiC 避雷器,也是未来特高压系统关键的过电压保护装置。

3. 氧化锌避雷器的电气参数

(1) 额定电压(有效值,kV)

额定电压是指避雷器两端允许施加的最大工频电压的有效值,即在系统短时工频过电压直接加在 ZnO 阀片上时,避雷器仍允许吸收规定的雷电及操作过电压能量,特性基本不变,不发生热崩溃。它是与热负载有关的量,是决定避雷器各种运行特性的一个基准参数。

(2) 最大持续运行电压(有效值,kV)

最大持续运行电压是指运行中允许持续施加在避雷器两端的工频电压有效值,其值一般等于或大于系统最高运行相电压。该电压决定了避雷器长期工作的老化性能。老化表现为通过阀片的电流和功率损耗随时间的增加而逐渐增大,最终导致阀片失去热稳定而损坏。避雷器在此电压下应能平稳冷却,不发生热崩溃。它一般决定于系统最大工作相电压。

(3) 参考电压(峰值,kV)

参考电压包括工频参考电压和直流参考电压。在工频参考电流下测出的避雷器上的工频电压峰值即为工频参考电压。在直流参考电流下测出的避雷器上的电压为直流参考电压。实际上参考电压是避雷器伏安特性曲线由小电流区进入大电流区转折处的电压,其值通常与避雷器的额定电压接近或相等。此后,电流将随电压的升高而迅速增大,并起到限制过电压的作用。通常把通过 1 mA 工频电流阻性分量峰值或者 1 mA 直流电流时避雷器端电压的峰值 U_{1mA} 定义为参考电压。

(4) 残压(峰值,kV)

残压指放电电流通过氧化锌避雷器时,其两端之间出现的电压峰值,包括三种放电电流波形下的残压：陡波冲击电流（1/5 μs）、标称冲击电流（8/20 μs）和操作冲击电流（30/60 μs）。残压用以区分避雷器的等级，我国规定的标称冲击电流有 1 kA、1.5 kA、2.5 kA、5 kA、10 kA 和 20 kA（峰值）等等级。

(5) 通流容量

通流容量表示阀片耐受通过电流的能力，通常用短持续时间（4/10 μs）、大冲击电流（10～65 kA）作用 2 次和长持续时间（0.5～3.2 ms）、近似方波电流（150～1 500 A）作用多次来表征。我国目前大多用通过 2 ms 方波电流值作为避雷器的通流容量。

4. 评价氧化锌避雷器性能优劣的指标

(1) 保护水平

氧化锌避雷器的保护水平用陡波冲击电流、标称冲击电流和操作冲击电流三者残压的组合来表征。其雷电过电压保护水平为标称冲击电流下最大残压和陡波冲击电流下的最大残压除以 1.15 中的较大者；操作过电压保护水平由操作冲击电流下的最大残压决定。

(2) 压比

压比是指氧化锌避雷器通过波形为 8/20 μs 的标称冲击放电电流时的残压与其参考电压之比，如在 10 kA 下的压比为 $U_{10 kA}/U_{1 mA}$。压比越小，表明流过冲击大电流时的残压越低，避雷器的保护性能越好。目前，此值约为 1.6～2.0。

(3) 荷电率

荷电率是氧化锌避雷器的最大持续运行电压峰值与直流参考电压的比值，荷电率的大小直接影响到避雷器的老化过程。荷电率较高时，会加速电阻片的老化；降低荷电率，老化性能变好，暂时过电压的耐受能力也会提高，但此时压比增大，避雷器的保护性能变坏，因此，合理确定荷电率是必要的。在中性点非直接接地系统中，由于不对称短路时健全相的电压升高较大，一般采用较低的荷电率；而中性点有效接地系统可选用较高的荷电率。目前采用的荷电率为 45%～75%。

(4) 保护比

保护比指标称放电电流下的残压与最大持续运行电压峰值的比值，即压比与荷电率之比。

可见，降低压比或提高荷电率均可降低氧化锌避雷器的保护比，而保护比越小，保护性能越好。

7.4 接地装置

7.4.1 接地装置及其功能

接地是指将电气设备的某些部位、电力系统的某点与大地相连，提供故障电流及雷电流的泄流通道，以稳定电位、提供零电位参考点及降低绝缘水平，确保电力系统、电气设备的安全运行，同时确保电力系统运行人员及其他人员的人身安全。接地功能是通过接地装置或接地系统来实现的。

接地装置是包括引线在内的埋设在地中的一个或一组金属体，或由金属导体组成的金属网。输电线路杆塔或微波塔采用比较简单的接地装置，包括金属水平埋设或垂直埋设的接地极、金属构件、金属管道、杆塔的钢筋混凝土基础、金属设备等；发、变电站的接地装置是以外缘闭合中间敷设若干均压导体为主的水平接地网。

7.4.2 接地分类

电力系统的接地按其功能可分为基本的三类：保护接地、工作接地和防雷接地。

1. 保护接地

在电气设备发生故障时，电气设备的外壳将带电，如果这时人接触设备外壳，将有危险。因此为了保证人身安全，所有电气设备的外壳必须接地，这种接地称为保护接地。当电气设备的绝缘损坏而使外壳带电时，流过接地装置的故障电流应使相应的继电保护装置动作，切除故障设备，另外也可以通过降低接地电阻保证外壳的电位在人体安全电压值之下，从而避免因电气设备外壳带电而造成的触电事故。

2. 工作接地

交流电力系统根据中性点是否接地可分为中性点接地系统和中性点不接地系统，另外还有中性点通过电阻或消弧线圈接地的中性点非有效接地系统。我国在 110 kV 及以上的电力系统中多采用中性点接地的运行方式，其目的是为了降低电力设备的绝缘水平，这种接地方式称为工作接地。

3. 防雷接地

为了防止雷电对电力系统及人身安全造成危害，一般采用避雷针、避雷线及避雷器等雷电防护设备。这些雷电防护设备都必须与合适的接地装置相连，以将雷电流导入大地，这种接地称为防雷接地。流过防雷接地装置的雷电流幅值很大，可以达到数百千安，但持续的时间很短，一般只有数十微秒。

7.4.3 接地电阻的定义及其特性

表征接地装置电气性能的参数是接地电阻，它是接地装置对地电阻和接地线电阻的总和，包括接地引线的电阻、接地引线与接地装置的接触电阻、接地体本身的电阻、接地体和土壤间的接触电阻及土壤的散流电阻。因为散流电阻比其他四种电阻大得多，因此可以近似地认为接地电阻等于散流电阻，即一般计算公式计算得到的接地电阻只是接地装置周围土壤的散流电阻。

接地电阻在数值上等于接地装置对地电压与通过接地极流入地中电流的比值。如果通过的电流为工频电流，则对应的接地电阻为工频接地电阻；如果通过的电流为冲击电流，则接地电阻为冲击接地电阻。冲击接地电阻是时变暂态电阻，一般用接地装置的冲击电压幅值与通过其流入地中的冲击电流的幅值的比值作为接地装置的冲击接地电阻。接地电阻的大小，反映了接地装置流散电流和稳定电位能力的高低，及保护性能的好坏。接地电阻越小，保护性能就越好。

1. 工频接地电阻

接地体的工频接地电阻可以通过求解电流场得到。以半球接地体为例，如图 7-4-1 所示，球半径为 r_0，经其流入大地的电流为 I，假设大地为均匀土壤，电阻率为 ρ。在离球心距离为 r 的电位可以采用点源电位计算公式，即

$$u = \frac{I\rho}{2\pi r} \tag{7-4-1}$$

接地体的电位 u_0 为式 (7-4-1) 中 $r=r_0$ 时对应的电位值

$$u_0 = \frac{I\rho}{2\pi r_0} \tag{7-4-2}$$

半球接地体的电位分布如图 7-4-1 所示。根据接地电阻的定义，接地电阻为接地体的电位和流过接地体的电流的比值，因此半球接地体的接地电阻为

$$R = \frac{u_0}{I} = \frac{\rho}{2\pi r_0} \tag{7-4-3}$$

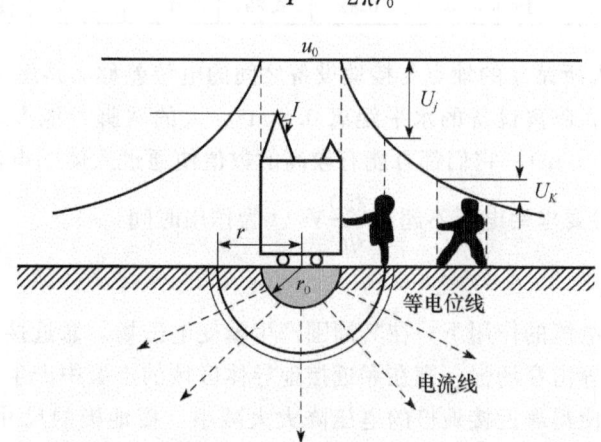

图 7-4-1　均匀土壤中的半球接地体及其电位分布

可见，接地电阻与土壤特性及接地体的几何尺寸有关。表 7-4-1 为常见基本形状接地装置接地电阻的常用计算公式。

表 7-4-1　常见基本形状接地装置接地电阻的常用计算公式

接地体类型	接地体的形状和尺寸	接地电阻计算公式
半球		$R = \dfrac{\rho}{\pi D}$
深埋圆球		$R = \dfrac{\rho}{\pi D}\left(0.5 + \dfrac{D}{8h}\right) (D < h)$
圆板		$R = \dfrac{\rho}{2D}$
深埋圆板		$R = \dfrac{\rho}{2D}\left(0.5 + \dfrac{D}{4\pi h}\right) (D < 2h)$
垂直接地体		Sunde、Dwight 公式： $R = \dfrac{\rho}{2\pi L}\left(\ln \dfrac{8L}{d} - 1\right) (d \ll L)$
深埋圆环		$R = \dfrac{\rho}{2\pi^2 D} \ln \dfrac{16 D^2}{hd}$
水平接地体	接地体总长为 L，埋深为 h	$R = \dfrac{\rho}{2\pi L}\left(\ln \dfrac{L^2}{dh} + A\right)$ （A 为形状系数，见表 7-4-2）

表 7-4-2　不同水平接地体的形状系数 A

接地体形状	—	∟	人	○	＋	□	✳	✲	✺	✹
形状系数 A	−0.6	−0.18	0	0.48	0.89	1	2.19	3.03	4.71	5.65

在图 7-4-1 中，人所站立的地点与接地设备之间的电位差称为接触电压 U_j（取人手摸设备的 1.8 m 高处，而人脚离设备的水平距离 0.8 m），人的两脚着地点之间的电位差称为跨步电压 U_K（取跨距 0.8 m）。它们都可能有较高的数值使通过人体的电流超过危险值（一般规定为 10 mA），通常要求两电压不超过 $\frac{250}{\sqrt{t}}$ V（t 为作用时间，s）。

2. 冲击接地电阻

接地装置在冲击电流的作用下，在其周围产生瞬变电磁场。靠近接地极的土壤的电场强度如果超过土壤的临界击穿场强，则在靠近接地导体区域的土壤中产生火花放电，土壤被击穿，火花放电的形成使得靠近接地极的电压降大大减小，接地极的尺寸好像增加了。因此，同一接地装置在幅值很高的冲击电流作用下，其接地电阻要小于工频电流下的数值，这种效应称为火花效应。

冲击接地电阻与工频接地电阻之比定义为冲击系数

$$\alpha = \frac{R_{\mathrm{eh}}}{R_{\mathrm{g}}}$$

式中，R_{g} 是工频电流下的电阻；R_{eh} 是冲击电流下的电阻。α 值与接地体的几何尺寸、雷电流的幅值和波形及土壤电阻率等因素有关，一般依靠实验确定。

应当注意，在考虑上述现象的同时，必须考虑到电压与电流扩散过程的波动特性。因为在冲击电流作用过程中，接地极的固有电感将阻止电流由接地极的入口流向远端，于是远端就不能像近端那样有效地流散电流，这就使得冲击系数增大，即所谓的电感效应，并且这种效应随着接地极长度的增加而增加，结果使接地体得不到充分利用。

冲击接地电阻是一个人为的定义，本身没有实际的物理意义。但如果知道接地装置的冲击接地电阻，就可以根据雷电流的大小估算出接地装置可能出现的最高暂态电位。

7.4.4　输电线路杆塔接地

高压输电线路在每一基杆塔下设有接地装置，并通过引线与避雷线相连，目的是引导雷电流通过较低的接地电阻进入大地。在我国 SDJ—79 接地技术规程中规定，对于不同土壤电阻率地区，要求杆塔接地电阻值达到相应的标准。对有避雷线的架空输电线路杆塔的工频接地电阻要求见表 7-4-3。

表 7-4-3　对有避雷线的架空输电线路杆塔的工频接地电阻要求

土壤电阻率/Ω·m	工频接地电阻 R/Ω
100 及以下	10
100～500	15
500～1 000	20
1 000～2 000	25
2 000 以上	30Ω；或敷设 6～8 根射形接地体（总长度不超过 500 m）；或连续伸长接地，阻值不作规定

输电线路杆塔基础一般以钢筋混凝土为主，基础本身就构成了有效的接地极，其接地电阻称为自然接地电阻。土壤电阻率低的地区，应充分利用杆塔的自然接地电阻。大多数情况下，单纯依靠自然接地电阻是不能满足要求的，需要装设人工接地装置。有时采用多根放射形接地体，或连续伸长接地体等方法来降低接地电阻。

7.4.5 发电厂和变电所的接地

发电厂和变电所的接地装置需满足工作、安全和防雷保护的接地要求。根据安全和工作接地要求敷设一个外缘闭合中间有若干均压导体的水平接地网，埋深约为 0.6～0.8 m，有时加垂直接地极，接地网面积大体与发电厂和变电所的面积相同。对于防雷接地只需在避雷针、避雷线及避雷器的附近埋设一组垂直接地体，并将它们与水平接地网相连。这种接地网的总接地电阻可按下式估算

$$R = \frac{0.44\rho}{\sqrt{S}} + \frac{\rho}{L} \approx 0.5 \frac{\rho}{\sqrt{S}} (\Omega)$$

式中，L 是接地体（包括水平的与垂直的）总长度（m）；S 是接地网的总面积（m²）。

工频对地短路时，从保证安全出发，要保证流过接地网的电流在地网上造成的电位升高不致太大。在中性点直接接地的系统中，要求接地装置的工频接地电阻 R 值应满足

$$IR \leqslant 2\,000 \text{ V} \tag{7-4-4}$$

式中，I 为短路电流。如 $I > 4\,000$ A 时，可取 $R \leqslant 0.5$ Ω。当土壤电阻率 ρ 值太高时，按 $R \leqslant 0.5$ Ω 的条件在技术经济上极不合理时，允许将 R 值提高到 $R \leqslant 5$ Ω。

接地网构成网孔形的目的主要在于均压，接地网中两水平接地带之间的距离一般可取 3～10 m，保证发电厂和变电所人员的跨步电位 U_K 和接触电位 U_j 不超过 $\frac{250}{\sqrt{t}}$ V（t 为作用时间，s）。

如前所述，发电厂和变电所工频接地电阻的数值一般在 0.5～5 Ω 的范围内，这主要是为了满足工作及安全接地的要求。应当指出，接地网在冲击电流作用下同样具有火花效应和电感影响。这一问题由于涉及的条件复杂，常常需要通过试验来掌握其基本规律。

习 题

1. 试论雷电流幅值的定义。
2. 电力系统中的防雷保护有哪些基本措施？简述其原理。
3. 试分析管型避雷器与保护间隙的相同点与不同点。
4. 试全面分析阀型避雷器与氧化锌避雷器的性能。
5. 在过电压保护中对避雷器有哪些要求？这些要求怎样反映到氧化锌避雷器的电气特性参数上来？从哪些参数上可以比较和判断氧化锌避雷器的性能。
6. 某发电厂的原油罐，直径为 10 m，高出地面 10 m，用独立避雷针保护，针距罐壁至少 5 m，试设计避雷针高度。
7. 某 220 kV 变电所，土壤电阻率为 3×10^2 Ω·m，变电所面积为 100 m×100 m，试估算其接地网工频接地电阻值。

第 8 章

输电线路的防雷保护

雷击架空输电线路造成的事故在电网总事故中约占 30%～50%，同时，雷击线路自线路侵入变电所和发电厂的雷电过电压波是影响电气设备安全运行的一个主要因素，因此，对线路的防雷保护应予充分重视。

输电线路上出现的雷电过电压有两种形式，一种是雷直击于线路引起的过电压，称为直击雷过电压；另一种是雷击线路附近地面，由于电磁感应在导线上引起的过电压，称为感应雷过电压。

衡量输电线路防雷性能优劣的主要指标是耐雷水平和雷击跳闸率。耐雷水平是指雷击线路时线路绝缘不发生闪络的最大雷击电流幅值，以 kA 为单位，低于耐雷水平的雷电流击于线路不会引起闪络，反之，则必然发生闪络。导线上的运行工频电压可能在冲击闪络通道上建立工频电弧，使继电保护装置动作，线路断路器跳闸。我国以 40 雷日、100 km 长线路雷击跳闸次数为线路雷击跳闸率。跳闸率越高，耐雷性能越差，这是衡量线路防雷性能的综合指标。

8.1 输电线路的感应雷过电压

8.1.1 雷击线路附近大地时，线路上的感应雷过电压

当雷击线路附近大地时，放电通道周围的空间电磁场急剧变化，在线路导线上产生感应雷过电压，它包括静电感应和电磁感应两个分量。

感应雷过电压的形成如图 8-1-1 所示。在雷云放电的起始阶段，存在着向大地发展的先导放电过程，线路处于雷云与先导通道的电场中。由于静电感应，沿导线方向的电场强度分量 E_x 将导线两端与雷云异号的正电荷吸引到靠近先导通道的一段导线上来成为束缚电荷，导线上的负电荷则由于 E_x 的排斥作用而使其向两端运动，经线路的泄漏电导和系统的中性点流入大地。因为先导放电发展的平均速度较低，导线束缚电荷的聚集过程也较缓慢，由此在导线中引起的电流很小，可以忽略不计。同时，不计相对很低的线路工作电压，导线仍具有零电位。雷击大地后，主放电开始，先导通道中的负电荷被迅速中和，相应的电场迅速降低，使导线上的束缚正电荷得到释放，沿导线向两侧流动。由于主放电的平均发展速度很

高，导线上束缚电荷释放过程也很快，形成的电压波幅值会很高。这种由于先导通道中电荷所产生的静电场突然消失而引起的感应电压称为感应雷过电压的静电分量。

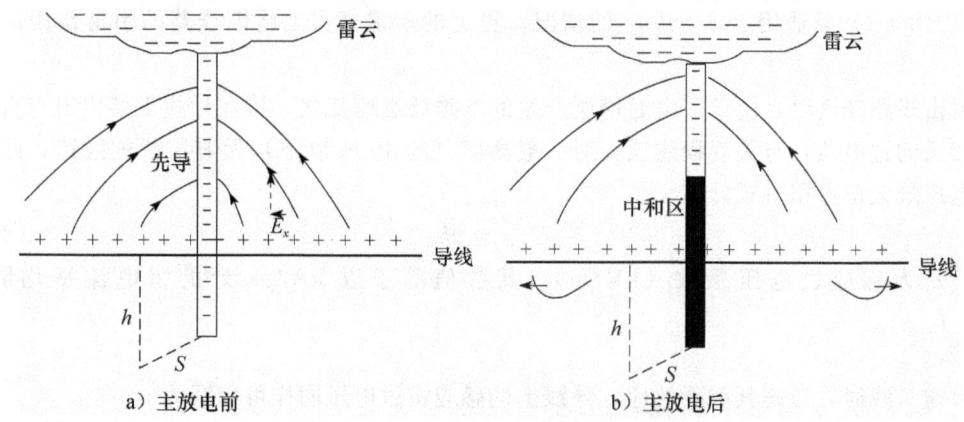

图 8-1-1 感应雷过电压形成示意图
h—导线高度 S—雷击点与导线间的距离

雷电通道中的主放电电流在通道周围空间建立了强大的时变磁场，使导线呈现较高的感应过电压，称为感应雷过电压的电磁分量。由于主放电通道与导线相互垂直，互感不大，电磁感应分量要比静电感应分量小得多，约为后者的 $\frac{1}{5}$。

根据理论分析与实测结果，DL/T 620—1997 规程建议，当雷击点离开线路的距离 $S>65\mathrm{~m}$ 时，无避雷线线路导线上的感应雷过电压最大值 U_g 可按下式计算

$$U_g \approx 25 \frac{I_L \times h_d}{S} (\mathrm{kV}) \tag{8-1-1}$$

式中，I_L 为雷电流幅值 (kA)；h_d 为导线悬挂的平均高度 (m)；S 为雷击点至线路的距离 (m)。

由于雷击地面时雷击点的自然接地电阻较大，雷电流幅值 I_L 一般不超过 100 kA。实测证明，感应过电压一般不超过 500 kV，它对 35 kV 及以下水泥杆线路会引起一定的闪络事故；对 110 kV 及以上的线路，由于绝缘水平较高，因此一般不会引起闪络事故。

当架空线路有避雷线，则需要考虑避雷线的电磁屏蔽作用。设导线和避雷线的对地平均高度分别为 h_d 和 h_b，若避雷线不接地，则根据式 (8-1-1) 可求得避雷线和导线上的感应过电压分别为 $U_{g \cdot b}$ 和 $U_{g \cdot d}$，所以

$$U_{g \cdot b} = U_{g \cdot d} \frac{h_b}{h_d}$$

但是避雷线实际上是通过杆塔接地的，可以设想在不接地避雷线上叠加一个 $(-U_{g \cdot b})$ 的电压，以此来保持避雷线为零电位，此电压在导线上产生耦合电压 $k(-U_{g \cdot b})$，k 为避雷线与导线间的耦合系数。因此，对有避雷线的线路，雷击线路附近大地时，导线上的感应雷过电压下降为 $U'_{g \cdot d}$，即

$$U'_{g \cdot d} = U_{g \cdot d} - kU_{g \cdot d} = U_{g \cdot d}\left(1 - k\frac{h_b}{h_d}\right) \approx U_{g \cdot d}(1-k) \tag{8-1-2}$$

式 (8-1-2) 表明，接地避雷线的存在可使导线上的感应过电压由 $U_{g \cdot d}$ 下降到 $U_{g \cdot d}(1-k)$。耦合系数 k 愈大，导线上的感应过电压愈低。

8.1.2 雷击线路杆塔时，导线上的感应过电压

式 (8-1-1) 只适用于 $S>65\text{ m}$ 的情况，更近的落雷事实上将因线路的引雷作用而击于线路。

雷击线路杆塔时，由于雷电通道所产生的电磁场迅速变化，将在导线上感应出与雷电流极性相反的过电压，有关规程建议，对一般高度（约 40 m 以下）无避雷线的线路，此感应雷过电压最大值可用下式计算

$$U_{\text{g·d}} = ah_{\text{d}} \tag{8-1-3}$$

式中，a 为感应过电压系数（kV/m）。其数值等于以 kA/μs 计的雷电流平均陡度，即 $a = \dfrac{I_{\text{L}}}{2.6}$。

有避雷线时，考虑其屏蔽效应，导线上的感应雷过电压同样可以写为

$$U'_{\text{g·d}} = ah_{\text{d}}(1-k)$$

通过以上分析，可得出感应雷过电压具有以下几个特点：

1) 感应雷过电压的极性与雷电流极性相反，通常为正极性。

2) 感应雷过电压同时存在于三相导线，相间几乎不存在电位差，故只能引起对地闪络，如果二相或三相同时对地闪络也可形成相间闪络事故。

3) 感应雷过电压波形较为平坦，波前由几微秒至几十微秒，波长可达数百微秒。

8.2 输电线路的直击雷过电压和耐雷水平

雷击于无避雷线的线路时有两种情况：雷击杆塔塔顶和雷击导线。而雷击于有避雷线的线路时则有三种情况，即雷击杆塔塔顶、雷击避雷线档距中间和雷绕过避雷线击于导线——称为绕击，如图 8-2-1 所示。下面分别予以讨论。

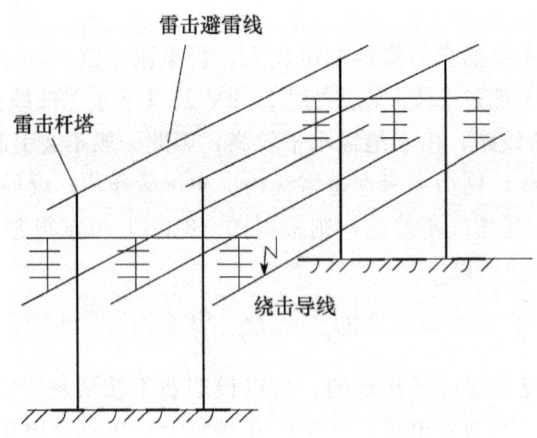

图 8-2-1 有避雷线线路直击雷的三种可能性

8.2.1 雷击杆塔塔顶时的过电压和耐雷水平

1. 雷击于无避雷线的杆塔塔顶

当雷击于无避雷线的杆塔塔顶时，雷电流 i 将流经杆塔及其接地电阻 R_{ch} 流入大地，如

图 8-2-2 所示，L_{gt} 为杆塔的等值电感。考虑到雷击点的阻抗较低，故在计算中可略去雷电通道波阻的影响，则塔顶电位的幅值为

$$U_{td} = I_L \left(R_{ch} + \frac{L_{gt}}{2.6} \right) \tag{8-2-1}$$

式中，I_L 为雷电流幅值。

此外，雷击塔顶时，导线上产生感应雷过电压

$$U_g = ah_d = \frac{I_L}{2.6} h_d$$

由于感应雷过电压的极性与塔顶电位的极性相反，因此，作用于绝缘子串上的电压为

$$U_j = U_{td} - (-U_g) = I_L \left(R_{ch} + \frac{L_{gt}}{2.6} + \frac{h_d}{2.6} \right) \tag{8-2-2}$$

从式（8-2-2）可知，线路绝缘上所加电压的幅值 U_j 随雷电流增大而增大，当 U_j 大于绝缘子串冲击闪络电压时，绝缘子串发生闪络，由于此时杆塔电位较导线电位高，故此类闪络称为反击。此时线路的耐雷水平 I_1 可由 U_j 等于线路绝缘子串的 50% 冲击闪络电压 $U_{50\%}$ 求得

$$I_1 = \frac{U_{50\%}}{\left(R_{ch} + \frac{L_{gt}}{2.6} + \frac{h_d}{2.6} \right)} \tag{8-2-3}$$

雷电大部分是负极性的，故雷击塔顶时，绝缘子串导线端为正极性，因此 $U_{50\%}$ 应为绝缘子串的正极性放电电压，它要比 $U_{50\%}$ 绝缘子串的负极性放电电压低一些。

2. 雷击于有避雷线的杆塔塔顶

当线路有避雷线时，由运行经验可知，在线路落雷总数中雷击杆塔的次数与避雷线的根数和经过地区的地形有关。雷击杆塔次数与雷击线路总次数的比值称为击杆率。

雷击杆塔塔顶时，雷电通道中的负电荷与杆塔、避雷线及大地中的正感应电荷迅速中和，形成雷电流。此时如图 8-2-3a 所示，一方面负极性的雷电冲击波沿着杆塔向下和沿着避雷线向两侧传播，使塔顶电位不断升高，并通过电磁耦合使导线电位发生变化；另一方面由塔顶向雷云迅速发展的正极性雷电波，引起空间电磁场的迅速变化，又使导线上出现正极性的感应雷电波。作用在线路绝缘子串上的电压为塔顶电位与导线电位之差。一旦这一电压超过绝缘子串的冲击放电电压，绝缘子串就发生闪络，形成反击。

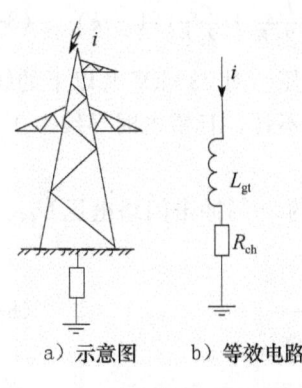

图 8-2-2 雷击塔顶时的示意图
a) 示意图　b) 等效电路

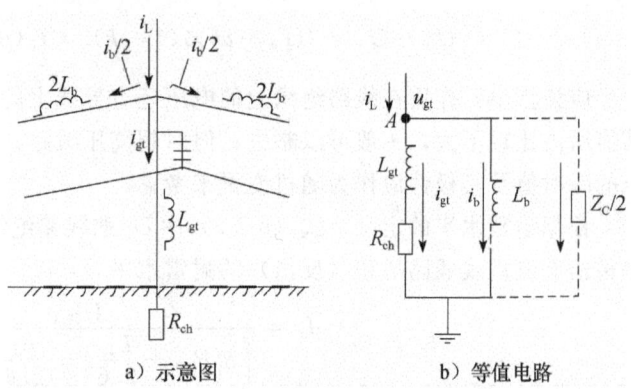

图 8-2-3 雷击于有避雷线的杆塔塔顶
a) 示意图　b) 等值电路

对于一般高度的杆塔，在工程中近似采用图 8-2-3b 所示的集中参数等值电路。图中 L_{gt} 为被击杆塔的等值电感，R_{ch} 为被击杆塔的冲击接地电阻，i_{gt} 为经杆塔流入大地的电流，未考虑相邻杆塔及其接地电阻的影响。L_b 为杆塔两侧一档避雷线的并联电感，i_b 为流过 L_b 的电流。当绝缘子串闪络以后，还要考虑两侧导线的分流作用，如图 8-2-3b 中虚线所示，其中 Z_C 为每侧导线的等值波阻抗。

由于避雷线的分流作用，流经杆塔的电流 i_{gt} 将小于雷电流 i_L，即

$$i_{gt} = \beta i_L$$

式中，β 称为分流系数，其值可由图 8-2-3 的等值电路求出。对于不同电压等级一般长度档距的杆塔，β 值可由表 8-2-1 查得。

表 8-2-1　一般长度档距的线路杆塔分流系数 β

线路额定电压/kV	避雷线根数	β 值
110	1	0.90
	2	0.86
220	1	0.92
	2	0.88
330～500	2	0.88

塔顶电位可由下式计算

$$u_{td} = R_{ch} i_{gt} + L_{gt} \frac{di_{gt}}{dt} = \beta \left(R_{ch} i_L + L_{gt} \frac{di_L}{dt} \right)$$

对斜角波，$a = \dfrac{di_L}{dt} = \dfrac{I_L}{2.6}$，则塔顶电位的幅值 U_{td} 为

$$U_{td} = \beta I_L \left(R_{ch} + \frac{L_{gt}}{2.6} \right) \tag{8-2-4}$$

当塔顶电位为 U_{td} 时，与塔顶相连的避雷线上也有相同的电压 U_{td}。由于避雷线与导线间的电磁耦合作用，在导线上将出现耦合电压 kU_{td}，k 要考虑发生冲击电晕使其增大的影响，其电晕校正系数 k_1 见表 6-5-1，耦合电压的极性与雷电流相同。

此外，雷击避雷线的塔顶时，由于雷电通道电磁场的作用，在导线上还会出现幅值为 $ah_d(1-k)$ 的感应过电压，此电压与雷电流异极性，所以导线电位的幅值 U_d 为

$$U_d = kU_{td} - ah_d(1-k)$$

线路绝缘子串上两端电压为塔顶电位和导线电位之差，其幅值 U_j 为

$$U_j = U_{td} - U_d = (U_{td} + ah_d)(1-k) = I_L \left(\beta R_{ch} + \beta \frac{L_{gt}}{2.6} + \frac{h_d}{2.6} \right)(1-k) \tag{8-2-5}$$

应该指出，作用在线路绝缘上的电压还有导线上的工作电压。对 220 kV 及以下的线路，其值所占比重不大，一般可以略去；但对超高压线路，则不可不计，且雷击时导线上工作电压的瞬时值及其极性应作为随机变量来考虑。

根据耐雷水平的定义，式（8-2-5）中 U_j 取线路绝缘子串的 50% 冲击闪络电压 $U_{50\%}$，可得雷击有避雷线线路塔顶（反击）的耐雷水平

$$I_1 = \frac{U_{50\%}}{\left[\beta \left(R_{ch} + \dfrac{L_{gt}}{2.6} \right) + \dfrac{h_d}{2.6} \right](1-k)} \tag{8-2-6}$$

我国 DL/T 620—1997 规定，不同电压等级输电线路，雷击杆塔时的耐雷水平 I_1

见表 8-2-2。

表 8-2-2 有避雷线线路的耐雷水平

额定电压/kV	35	60	110	220	330	500
耐雷水平/kA	20～30	30～60	40～75	75～110	100～150	125～175

从式（8-2-6）可知，雷击杆塔时的耐雷水平与分流系数 β、杆塔等值电感 L_{gt}、杆塔冲击接地电阻 R_{ch}、导地线间的耦合系数 k 和绝缘子串的 50％冲击闪络电压有关。距避雷线最远的导线，其耦合系数最小，一般较易发生反击。实际上往往以降低杆塔接地电阻 R_{ch} 和提高耦合系数 k 作为提高耐雷水平的主要手段。

8.2.2 雷击导线时的过电压和耐雷水平

当雷击于无避雷线的导线时，雷电流沿着导线向两侧流动，形成过电压波向两侧传播。设 Z_0 为雷电通道的波阻抗，$Z_d/2$ 为雷击点两边导线的并联波阻抗，可建立如图 8-2-4 所示的等效电路，则流经雷击点的雷电流波 i_z 为

$$i_z = \frac{i_L}{1 + \frac{Z_d/2}{Z_0}}$$

则导线上的电压幅值为

$$U_d = I_L \frac{Z_0 Z_d}{2Z_0 + Z_d} \tag{8-2-7}$$

从式（8-2-7）可知，雷击导线时，导线上电压幅值 U_d 随雷电流幅值 I_L 的增加而增加，若超过线路绝缘子串的冲击闪络电压，则绝缘子串将发生闪络。雷击导线时的耐雷水平 I_2 可令 U_d 等于绝缘子串 50％闪络电压来计算，即

$$I_2 = U_{50\%} \frac{2Z_0 + Z_d}{Z_0 Z_d} \tag{8-2-8}$$

将 Z_0 近似地取为 $Z_d/2$（约 200Ω），可得

$$I_2 \approx \frac{U_{50\%}}{100}$$

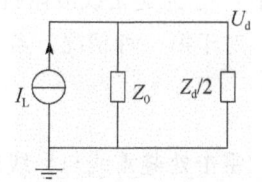

图 8-2-4 绕击导线的等值电路

我国 110 kV 及以上的高压线路一般都装有避雷线保护，以免导线直接遭受雷击。但由于各种随机因素，如避雷线的屏蔽作用失效，还可能发生雷绕过避雷线击中导线的情况，通常称为绕击。一次雷击线路中出现绕击的概率称为绕击率 P_α。可利用下列经验公式分别来计算平原地区和山区的绕击率。

对平原地区有

$$\lg P_\alpha = \frac{\alpha \sqrt{h}}{86} - 3.9$$

对山区有

$$\lg P_\alpha = \frac{\alpha \sqrt{h}}{86} - 3.35$$

式中，α 为保护角；h 为杆塔高度（m）。可见，山区的绕击率为平原的 3 倍，或相当于保护角增大了 8°。

虽然绕击的概率很低，发生绕击时雷电流的幅值较小，但是一旦发生绕击，形成很高的冲击过电压，就有可能使线路绝缘子闪络，或侵入变电站危及电气设备的安全。发生绕击后

线路上的过电压及耐雷水平可分别用式（8-2-7）、式（8-2-8）来计算。35 kV、110 kV、220 kV、330 kV 线路的绕击耐雷水平分别为 3.5 kA、7 kA、12 kA 和 16 kA，可见，线路的绕击耐雷水平较雷击杆塔时的耐雷水平小得多。

8.2.3 雷击避雷线档距中央时的过电压

根据模拟试验和实际运行经验，雷击避雷线档距中央约有 10% 的概率。雷击避雷线档距中央时也会在雷击点产生很高的过电压。不过由于避雷线半径较小，雷击点离杆塔较远，强烈的电晕衰减作用使过电压波传播到杆塔时，已不足以使绝缘子闪络，所以通常只需考虑雷击避雷线对导线的反击问题。

雷击避雷线档距中央如图 8-2-5 所示，雷击点的电压波沿两侧避雷线向相邻杆塔运动，由于杆塔的接地作用，在杆塔处将有一负反射波返回雷击点。此时，有两种情况可能出现，第一种情况是负反射波到达雷击点时雷电流尚未达到幅值，则雷击点的电位自负反射波到达之时开始下降，故雷击点 A 的最高电位将出现在 $t=\dfrac{l}{v_b}$ 时刻（l 为档距长度，v_b 为避雷线中的波速）。

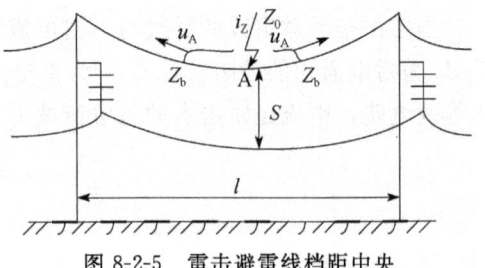

图 8-2-5 雷击避雷线档距中央

第二种情况在大跨越档距时，可能出现的传播时间 $\dfrac{l}{v_b}$ 值大于雷电流波头时间，则在负反射波尚未返回雷击点之前，雷电流已过峰值，故雷击点的最高电位由雷电流峰值决定。

在杆塔接地的反射波返回以前，雷击点电压 u_A 仍可用彼得逊等值电路计算。

$$u_A = i_L \frac{Z_0}{Z_0+\dfrac{Z_b}{2}} \cdot \frac{Z_b}{2} = i_L \frac{Z_0 Z_b}{2Z_0+Z_b}$$

式中，Z_b 为避雷线波阻抗。

对于第一种情况，若雷电流取为斜角波，即 $i_L = at$，雷击点的最高电压为

$$U_A = a \times \frac{l}{v_b} \times \frac{Z_0 Z_b}{2Z_0+Z_b}$$

雷击处避雷线与导线间空气间隙 S 上所承受的最大电压 U_s 为

$$U_s = U_A(1-k) = a \times \frac{l}{v_b} \times \frac{Z_0 Z_b}{2Z_0+Z_b}(1-k) \tag{8-2-9}$$

对大跨越档距，若 $\dfrac{l}{v_b} > \tau_f$，雷击点的最高电位 U_A、空气间隙 S 上所承受的最大电压 U_s 由雷电流幅值决定：

$$U_A = \frac{Z_0 Z_b}{2Z_0+Z_b} I_L$$

$$U_s = (1-k) \frac{Z_0 Z_b}{2Z_0+Z_b} I_L$$

当电压 U_s 超过空气间隙的放电电压时，间隙将被击穿造成短路事故。根据式（8-2-9）和空气间隙的抗电强度，可以计算出不发生击穿的最小空气距离。经过我国多年运行经验的修正，认为对于一般档距的线路，如果档距中央导线、地线间的空气距离 S（单位 m）满足

下述经验公式,则一般不会出现击穿事故。

$$S = 0.012l + 1 \tag{8-2-10}$$

8.3 输电线路的雷击跳闸率

雷电过电压引起线路跳闸停电需要具备双重条件。首先雷击电流必须超过线路耐雷水平,引起线路绝缘发生冲击闪络,但是它的持续时间只有几十微秒,线路开关还来不及跳闸。因此,还要同时满足第二条件:冲击闪络继而转化为稳定的工频电弧,才会导致线路跳闸。这些过程都有随机性。工程设计中采用雷击跳闸率作为一个综合指标,来衡量输电线路防雷性能的优劣。

8.3.1 建弧率

从冲击闪络转为工频电弧的概率与弧道中的平均电场强度有关,也与闪络瞬间工频电压的瞬时值和去游离条件有关。冲击闪络转为稳定工频电弧的概率称为建弧率,以 η 表示。根据实验和运行经验,η 可按下式计算

$$\eta = (4.5E^{0.75} - 14)\% \tag{8-3-1}$$

式中,E 为绝缘子串的平均运行电压梯度,单位为 kV(有效值)/m。

对中性点直接接地系统有

$$E = \frac{U_n}{\sqrt{3}(l_1 + 0.5l_2)}$$

对中性点非直接接地系统有

$$E = \frac{U_n}{2l_1 + l_2}$$

以上两式中 U_n 为系统额定电压(kV);l_1 为绝缘子串长度(m);l_2 为木横担线路的线间距离(m),对铁横担河钢筋混泥土横担线路,$l_2=0$。当 $E \leqslant 6$ kV(有效值)/m 时,建弧率很小,可以近似认为 $\eta = 0$。

8.3.2 有避雷线线路雷击跳闸率的计算

输电线路的雷击跳闸率是指折算为 40 雷暴日的条件下,线路长度都折合为 100 km 时,每年因雷击而引起的线路跳闸次数。显然它是各种可能发生的跳闸率之和。

对于 110 kV 以上的线路,雷击线路附近地面的感应过电压不足以引起线路闪络,雷击避雷线档距中央引起的闪络跳闸也极为罕见,可以忽略不计。因此在求线路雷击跳闸率时,只需分析雷击塔顶和绕击导线两种情况。

1. 雷击杆塔时的跳闸率

每 100 km 有避雷线的线路每年(40 个雷暴日)落雷次数为 $N = 0.28(b + 4h_b)$ 次(b 为两根避雷线之间的距离;h_b 为避雷线对地平均高度)。

若击杆率为 g,则每 100 km 线路每年雷击杆塔次数为 $N = 0.28(b + 4h_b)g$ 次;若雷击杆塔时的耐雷水平为 I_1,雷电流幅值超过 I_1 的概率为 P_1,建弧率为 η,则 100 km 线路每年雷击杆塔的跳闸次数 n_1 为

$$n_1 = 0.28(b + 4h_b)g\eta P_1 \tag{8-3-2}$$

2. 绕击跳闸率

100 km 线路每年绕击次数为 $0.28(b+4h_b)P_a$，P_a 为绕击率。绕击时的耐雷水平为 I_2，雷电流幅值超过 I_2 的概率为 P_2，建弧率为 η，则每 100 km 线路每年的绕击跳闸次数 n_2 为

$$n_2 = 0.28(b+4h_b)\eta P_2 P_a \tag{8-3-3}$$

3. 线路雷击跳闸率

从上面讨论得到线路雷击跳闸率 n 为

$$n = n_1 + n_2 = 0.28(b+4h_b)\eta(gP_1 + P_a P_2) \text{ 次}/(100 \text{ km} \cdot \text{年}) \tag{8-3-4}$$

表 8-3-1 中列出了 110～500 kV 线路各种典型的防雷保护方式，并且列出了相应的耐雷水平和雷击跳闸率的计算值。

表 8-3-1　110～500kV 架空送电线路典型杆塔的耐雷水平和雷击跳闸率

标称电压/kV		500	330	220	110
杆塔型式					
保护角		14°	20°	16.5°	25°
保护方法		双避雷线	双避雷线	双避雷线	单避雷线
杆塔绝缘	绝缘子个数	25×XP2-160	19×XP1-100	13×X-70	7×X-70
	50%冲击放电电压（正极性）/kV	2 138	1 645	1 200	700
档距长度/m		400	400	400	300
冲击接地电阻/Ω		7～15	7～15	7～15	7～15
雷击杆塔时耐雷水平/kA		177～125	155～105	110～76	63～41
建弧率		100%	100%	91.8%	85%
平原线路	绕击率	0.112%	0.238%	0.144%	0.238%
	击杆率	1/6	1/6	1/6	1/4
	跳闸率	0.081	0.12	0.25	0.83
山区线路	绕击率	0.40%	0.84%	0.5%	0.82%
	击杆率	1/4	1/4	1/4	1/3
	跳闸率	0.17～0.42	0.27～0.60	0.43～0.95	1.18～2.01

注：跳闸率栏，平原对应 $R_i=7\Omega$，山区两数据分别对应 R_i 为 7Ω 和 15Ω。

8.4　输电线路的防雷措施

线路防雷的最终目的是降低雷击跳闸率，提高线路的耐雷性能，保证安全供电。可以采用以下措施来实现。

1. 架设避雷线

避雷线是高压和超高压输电线路最基本的防雷措施，其主要目的是对导线起屏蔽作用，防止雷直击导线。此外，避雷线对雷电流还有分流作用和耦合作用，以减小流入杆塔的雷电

流，使塔顶电位下降，以及降低导线上的感应过电压。

有关规程规定，330 kV 及以上线路应全线架设双避雷线，220 kV 应全线架设避雷线，110 kV 线路一般应全线装设避雷线，但在少雷区或运行经验证明雷电活动轻微的地区可不沿全线架设避雷线。保护角一般取 20°～30°，对 330 kV 及 220 kV 双避雷线线路应采用 20°左右，对于 500 kV 及以上双避雷线线路，保护角≤15°，有时甚至采用负保护角（即避雷线位于导线外侧）。

通常，避雷线应在每基杆塔处接地。但在超高压线路上，为了降低正常工作时因避雷线中感应电流引起的附加损耗及将避雷线兼作通信用，可将避雷线经小间隙对地绝缘起来。当线路正常运行时避雷线对地绝缘；雷击时此小间隙击穿，避雷线接地。

2. 降低杆塔接地电阻

对于一般高度的杆塔，冲击接地电阻上的电压降是塔顶电位的主要组成部分，降低杆塔的接地电阻可以有效地减小塔顶电位，提高耐雷水平，有效防止发生反击。

3. 架设耦合地线

在降低杆塔接地电阻有困难时，可以采用在导线下方架设地线的措施，其作用是增加避雷线与导线间的耦合作用以降低绝缘子串上的电压和减小感应过电压。此外，耦合地线还可增加对雷电流的分流作用。运行经验证明，耦合地线对降低雷击跳闸率的作用是很显著的。

4. 采用不平衡绝缘方式

在现代高压及超高压线路中，同杆架设的双回路线路日益增多，对此类线路在采用通常的防雷措施尚不能满足要求时，还可采用不平衡绝缘方式来降低双回路雷击同时跳闸率。不平衡绝缘的原则是使两回路的绝缘子串片数有差异，这样，雷击时绝缘子串片数少的回路先闪络，闪络后的导线相当于地线，增加了对另一回路导线的耦合作用，提高了另一回路的耐雷水平使之不发生闪络以保证继续供电。一般认为，两回路绝缘水平的差异宜为 $\sqrt{3}$ 倍相电压（峰值），差异过大将使线路总故障率增加。

5. 装设自动重合闸

由于雷击造成的闪络大多能在跳闸后自行恢复绝缘性能，所以重合闸成功率较高，据统计，我国 110 kV 及以上高压线路重合成功率为 75%～95%，35 kV 及以下的线路约为 50%～80%，因此各级电压的线路应尽量装设自动重合闸。

6. 采用消弧线圈接地方式

对于雷电活动强烈、接地电阻又难以降低的地区，可考虑采用中性点不接地或经消弧线圈接地的方式，绝大多数的单相着雷闪络接地故障能被消弧线圈所消除。而在两相或三相着雷时，雷击引起的第一相导线闪络并不会造成跳闸，闪络后的导线相当于地线，增加了耦合作用，使未闪络相绝缘子串上的电压下降，从而提高了耐雷水平。

7. 装设管式避雷器

用作线路上雷电过电压特别大或绝缘薄弱点的防雷保护，能消除线路绝缘的冲击闪络并降低建弧率。故一般在线路交叉处和在高杆塔上装设管式避雷器以限制过电压。

8. 加强绝缘

在冲击电压作用下木材是较良好的绝缘，因此可以采用木横担来提高耐雷水平和降低建弧率，我国受客观条件限制一般不采用木绝缘。

对于高杆塔,可以采取增加绝缘子串片数的办法来提高其防雷性能。高杆塔等值电感大,落雷时塔顶电位高,感应过电压大,绕击率也随高度而增加,可在杆塔上增加绝缘子串片数以加强线路绝缘。

以上简要介绍了线路防雷的几种主要措施,在确定线路的防雷方式时,应全面考虑线路的电压等级、供电的重要程度、当地的雷电活动强弱、地形地貌的特点、土壤电阻率等条件,采取合理的保护措施。

习　题

1. 在过电压保护中对避雷器有哪些要求?这些要求怎样反映到氧化锌避雷器的电气特性参数?从哪些参数上可以比较和判断氧化锌避雷器的性能。
2. 试述雷击地面时,被击点电位的计算模型。设雷电流 $I=100\ \text{kA}$,被击点对地的电阻 $R=30\ \Omega$。求被击点的电位(雷电通道波阻抗 $Z_0=300\ \Omega$)。
3. 输电线路防雷的基本措施是什么?
4. 试从物理概念上解释避雷线对降低导线上感应过电压的作用。
5. 35 kV 及以下的输电线路为什么一般不采取全线架设避雷线的措施?
6. 试全面分析雷击杆塔时影响耐雷水平的各种因素的作用,工程实际中往往采用哪些措施来提高耐雷水平,试述其理由。
7. 山区 220 kV 双避雷线如下图所示,绝缘子串由 13X X—7 组成,其正极性 $U_{50\%}$ 为 1 200 kV,避雷线半径 $r=5.5\ \text{mm}$,导线弧垂 12 m,避雷线弧垂 7 m,杆塔冲击接地电阻 $R_{ch}=15\ \Omega$,试求该线路的耐雷水平及雷击跳闸率。

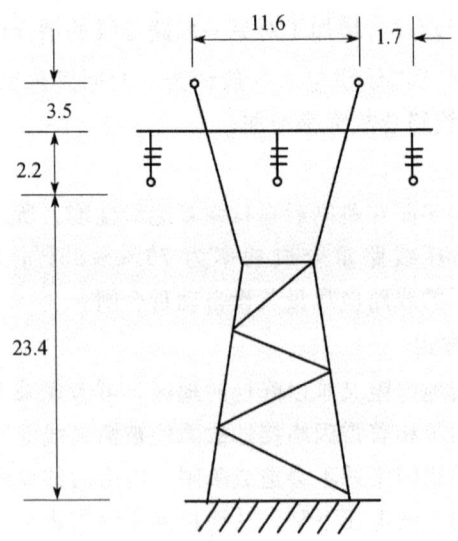

第9章

发电厂和变电所的防雷保护

发电厂、变电所是电力系统的中心环节,如果发生雷击事故,将造成大面积停电,严重影响国民经济和人民生活,因此发电厂、变电所的防雷保护必须是十分可靠的。

发电厂、变电所遭受的雷害可能来自两个方面:一是雷直击于发电厂、变电所;二是雷击输电线路产生的雷电过电压沿线路侵入发电厂、变电所。

对直击雷的保护,一般采用避雷针或避雷线。我国运行经验表明,凡装设符合规程要求的避雷针的发电厂和变电所,绕击和反击事故率是非常低的。

由于线路落雷频繁,所以雷电入侵波是造成发电厂、变电所雷害事故的主要原因。由线路入侵的雷电波电压,虽受到线路绝缘的限制,但是因为线路绝缘水平高于发电厂、变电所电气设备的绝缘水平,所以必须采用防护措施,削弱来自线路的雷电入侵波幅值和陡度。主要防护措施是在发电厂、变电所内合理装设避雷器以限制入侵雷电波的幅值,同时在发电厂、变电所的进线上设置进线段保护,以限制流经避雷器的雷电流和降低入侵波的陡度。

对直接与架空线相连的旋转电机(称为直配电机)除了在电机母线上装设避雷器外,还应装设并联电容器以降低电机绕组入侵波的陡度,以保护电机匝间和中性点绝缘。

据统计,我国35 kV和110~220 kV变电所由入侵雷电波引起的事故率分别约为0.67次/(百所×年)和0.5次/(百所×年),直配电机的雷击损坏率约为1.25次/(百台×年)。

9.1 发电厂、变电所的直击雷保护

为了防止发电厂、变电所的电气设备及其他构筑物遭受直接雷击,需要装设避雷针或避雷线,使所有被保护物体都处于避雷针或避雷线的保护范围之内;同时还应采取措施,防止雷击避雷针时对被保护物体的反击。

避雷针的装设可分为独立避雷针和装设在配电装置构架上的避雷针(简称构架避雷针)。有关规程规定:

1) 35 kV及以下的配电装置应采用独立避雷针来保护。

2) 60 kV的配电装置,在土壤电阻率 $\rho > 500\ \Omega \cdot m$ 的地区宜采用独立避雷针,在 $\rho < 500\ \Omega \cdot m$ 的地区容许采用构架避雷针。

3) 110 kV 及以上的配电装置，一般允许将避雷针装设在构架上。但在土壤电阻率 $\rho > 1\,000\,\Omega \cdot m$ 的地区，仍宜装设独立避雷针，以免发生反击。

9.1.1 独立避雷针

对于 35 kV 及以下的变电所，因其绝缘水平较低，故不允许装设构架避雷针，以免出现反击事故，需要架设独立避雷针，并应满足不发生反击的要求。

独立避雷针受雷击时，雷电流流经避雷针及其接地装置，如图 9-1-1 所示，在避雷针 h 高度处（配电构架的高度，图 9-1-1 中点 A）和避雷针的接地装置上，将出现高电位 u_k 和 u_d。此时有

$$u_k = L_0 h \frac{di_L}{dt} + i_L R_{ch}$$

$$u_d = i_L R_{ch}$$

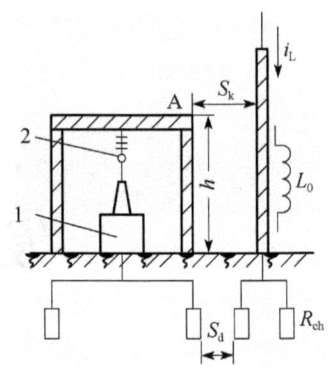

图 9-1-1 独立避雷针离配电架构的距离
1—变压器　2—母线

式中，L_0 为避雷针单位高度的等值电感，单位为 $\mu H/m$；h 为高度，单位为 m；R_{ch} 为接地装置的冲击接地电阻，单位为 Ω；i_L 和 $\frac{di_L}{dt}$ 分别为流经避雷针的雷电流和雷电流平均上升速度，单位分别为 kA、kA/μs；计算所得的 u_k 和 u_d 的单位为 kV。

取雷电流 i_L 的幅值为 100 kA，雷电流的平均上升速度 $\frac{di_L}{dt}$ 为 38.5 kA/μs，避雷针电感为 1.55 μH/m，则可得

$$U_k = 100 R_{ch} + 60 h \text{(kV)} \tag{9-1-1}$$

$$U_d = 100 R_{ch} \text{(kV)} \tag{9-1-2}$$

上两式表明，避雷针和其接地装置上的电位 u_k 和 u_d 与冲击接地电阻 R_{ch} 有关，R_{ch} 愈小则 u_k 和 u_d 愈低。工程上为便于现场检查，以避雷针接地装置的工频接地电阻值来要求，一般不宜大于 10 Ω。

为了防止避雷针与被保护设备或构架之间的空气间隙 S_k，避雷针接地装置和被保护设备接地装置之间在土壤中的间隙 S_d 被击穿造成反击，必须要求 S_k 和 S_d 大于一定距离。若取空气的绝缘强度为 500 kV/m，土壤的平均耐压强度为 300 kV/m，则 S_k 和 S_d 应满足下式要求

$$S_k > 0.2 R_{ch} + 0.1 h \text{(m)} \tag{9-1-3}$$

$$S_d > 0.3 R_{ch} \text{(m)} \tag{9-1-4}$$

在一般的情况下，S_k 不应小于 5 m，S_d 不应小于 3 m。

9.1.2 构架避雷针

构架避雷针有造价低廉、便于布置的优点，但必须满足不发生反击的要求。对于 110 kV 及以上的变电所，配电装置的绝缘水平较高，雷击避雷线时在配电构架上出现的高电位不会造成反击事故，故可装设构架避雷针。

装设构架避雷针还应装设辅助接地装置，此接地装置与变电所接地网的连接点离主变压

器接地装置与变电所接地网的连接点之间的距离应不小于 15 m，目的是使雷击避雷针时在避雷针接地装置上产生的高电位，在沿接地网向变压器接地点传播的过程中有所衰减，以便到达变压器接地点时不会造成变压器的反击事故。由于变压器的绝缘较弱又是变电所中最重要的设备，故在变压器门型构架上不应装设避雷针。

近年来国内外兴建的 500 kV 变电所有采用避雷线保护的趋势。DL/T 620—1997 标准也规定了可采用避雷线保护。避雷线保护有两种布置形式。一种是避雷线一端经配电装置构架接地，另一端经绝缘子串与厂房建筑物绝缘；当有两根及以上一端绝缘的避雷线并行架设时，可将所有避雷线的绝缘端连接起来，形成一个封闭的架空接地网，以此降低雷击时的过电压。另一种形式是避雷线两端都接地，例如将变电所进线的架空避雷线延伸至变电所内，通过构架接地并形成一个架空地网。和避雷针保护类似，标准对避雷线与被保护设备之间的空气间隙距离、避雷线接地装置与被保护设备接地装置之间在土壤中的距离提出了要求。

9.2 变电所内避雷器的保护作用

变电所限制雷电入侵波过电压的主要措施是装设避雷器，包括正确选择避雷器的型式、参数，合理确定保护接线方式如避雷器台数、装设位置等，为此，必须分析避雷器保护动作过程及其对被保护设备过电压的影响。

9.2.1 避雷器安装在设备旁

如图 9-2-1a 所示，避雷器直接接在变压器端。雷电入侵波 $u(t)$ 沿波阻抗为 Z_1 的线路袭来，为简化分析，暂不计变压器的对地入口电容，避雷器动作前后的电压 u_b（即变压器上电压）可分别用图 9-2-1b、c 的等值电路来分析。

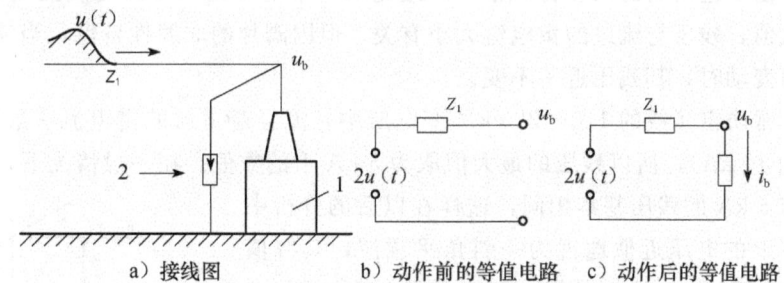

a) 接线图　　b) 动作前的等值电路　　c) 动作后的等值电路

图 9-2-1　避雷器直接装在变压器旁边
1—变压器　2—避雷器

入侵波 $u(t)$ 到达变压器处，在避雷器动作前，相当于末端开路，如图 9-2-1b 所示，电压上升一倍成为 $2u(t)$，避雷器上电压 u_b 也等于 $2u(t)$。当 $u(t)$ 上升到某一电压值时，与避雷器的伏秒特性 $u_f=f(t)$ 相交，避雷器动作，工作在非线性区域，相当于接入一非线性电阻，如图 9-2-1c 所示。非线性电阻的伏安特性为 $u_b=f(i_b)$，电压 u_b 可由下列联立方程求出：

$$\left.\begin{array}{r}2u(t)=u_b+i_bZ_1\\u_b=f(i_b)\end{array}\right\} \qquad (9\text{-}2\text{-}1)$$

式中，i_b 为流过避雷器的电流。

式（9-2-1）是一个非线性方程组。当避雷器的伏安特性和伏秒特性给定时，u_b 可按

图 9-2-2 所示的作图法求取。

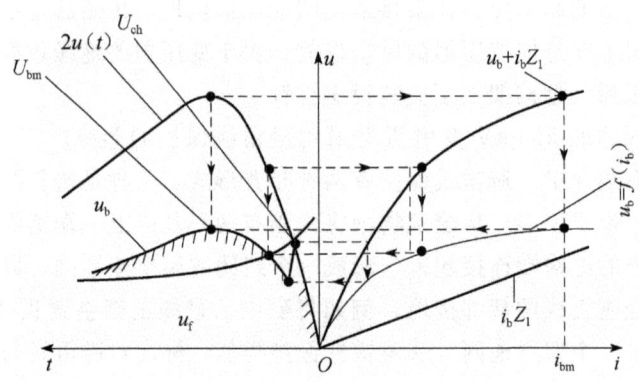

图 9-2-2　避雷器电压 U_b 图解法
$u(t)$ —来波　u_f—避雷器伏秒特性　u_b—避雷器上电压
$u_b = f(i_b)$ —避雷器伏安特性

在 $u-t$ 坐标平面内，当两倍入侵波 $2u(t)$ 与伏秒特性 u_f 相交于 U_{ch} 时，避雷器开始放电。在 $u-i$ 坐标平面上，画出曲线 $u_b + i_b Z_1$，由式（9-2-1）可知，它与 $2u(t)$ 相等。按照图 9-2-2 虚线表示的步骤，逐点求出避雷器上的电压 u_b。图中 i_{bm} 为流过避雷器的最大雷电流（$2u(t)$ 的幅值水平线与曲线 $u_b + i_b Z_1$ 交点的横坐标），由 i_{bm} 在伏安特性上所决定的电压 U_{bm} 就是避雷器上的最大残压值。

从图 9-2-2 可知，避雷器上的电压波形 u_b 在放电前取决于入侵波，在放电时刻有一个负的电压跃变，然后再随着 $u(t)$ 的上升而增长。u_b 具有两个峰值 U_{ch} 和 U_{bm}，U_{ch} 是避雷器冲击放电电压，由于避雷器的伏秒特性很平，故此值基本上不随入侵波陡度而变；U_{bm} 为避雷器残压的最大值，残压与流过的雷电流大小有关，但因阀片的非线性特性，当流过的雷电流在很大范围内变动时，其残压近乎不变。

在具有正常防雷接线的 110～220 kV 变电所中，流经避雷器的雷电流一般不超过 5 kA（对 330 kV 为 10 kA），所以残压的最大值取为 5 kA 下的数值。在一般情况下，避雷器的冲击放电电压与 5 kA 的残压基本相同，这样在以后的分析中可以将避雷器上的电压近似地视为一斜角平顶波，其幅值为 5 kA 时的残压 $U_{b.5}$，波头时间（即避雷器放电时间 t_p）则取决于入侵波陡度 a。避雷器的作用相当于在避雷器放电时刻 t_p，避雷器的安装处产生一负电压波 $-a(t-t_p)$，如图 9-2-3 所示。

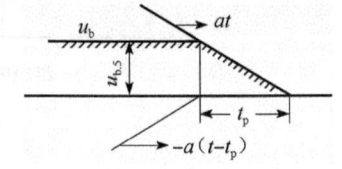

图 9-2-3　分析用避雷器上电压波形

由于避雷器直接接在变压器旁，故变压器上的过电压波形与避雷器上电压相同，若变压器的冲击耐压大于避雷器的冲击放电电压和 5 kV 下的残压，则变压器将得到可靠的保护。

9.2.2　避雷器安装在距设备一定距离处

实际情况是电气设备分散布置在变电所内，要求一组避雷器能够保护多种设备，则避雷器与被保护设备间都有一定距离。当雷电波入侵且避雷器动作后，在避雷器与被保护设备之间线路上有波的多次折、反射,被保护设备上的电压将不等于避雷器上的电压,两者相差多少,与哪些因素有关,设备怎样才能得到有效保护,是下面要讨论的问题。

典型接线图如图 9-2-4 所示,先暂不考虑变压器入口电容的影响,设入侵波为斜角波 $u(t)=at$,避雷器与隔离开关、变压器的距离分别为 l_1、l_2。根据计算波的多次折反射的网格法,以各点开始出现电压的时刻为时间零点,得到隔离开关处 L、避雷器处 B、变压器处 T 上的电压 $u_L(t)$、$u_B(t)$、$u_T(t)$。

首先分析避雷器上的电压 $u_B(t)$。由图 9-2-4 的网格图可见:

1) T 点反射电压未返回 B 点时,$u_B(t)=at$;

2) $t<t_p$,t_p 为避雷器动作时间,假设 $t_p>\dfrac{2l_2}{v}$(v 为雷电波的传播速度),在 T 点反射电压到达 B 点以后至避雷器动作之前,电压 $u_B(t)$ 为

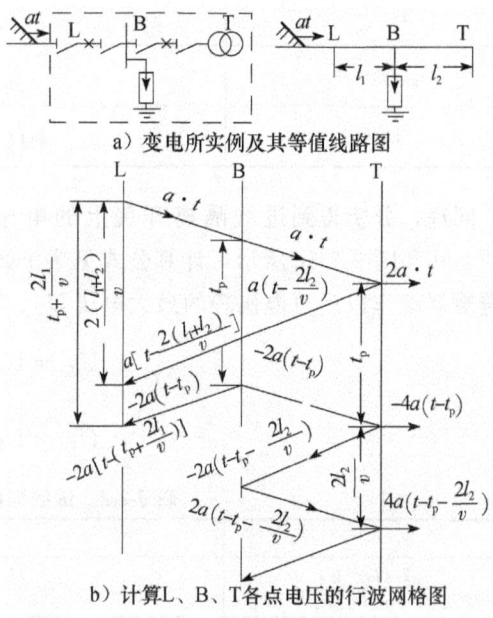

a) 变电所实例及其等值线路图

b) 计算 L、B、T 各点电压的行波网格图

图 9-2-4 雷电波 at 入侵时变电所各点电压的分析

$$u_B(t) = at + a\left(t - \dfrac{2l_2}{v}\right) = 2a\left(t - \dfrac{l_2}{v}\right)$$

3) $t=t_p$ 时,$u_B(t)$ 与伏秒特性相交,避雷器动作,$u_B(t)=U_{b\cdot5}$。根据前面的分析,$t>t_p$ 以后可以看作在 B 点叠加上一个负电压波 $-2a(t-t_p)$,即

$$u_B(t) = 2a\left(t - \dfrac{l_2}{v}\right) - 2a(t - t_p) = 2a\left(t_p - \dfrac{l_2}{v}\right) = U_{b\cdot5}$$

电压 $u_B(t)$ 的波形如图 9-2-5a 所示,计算公式列于表 9-2-1。

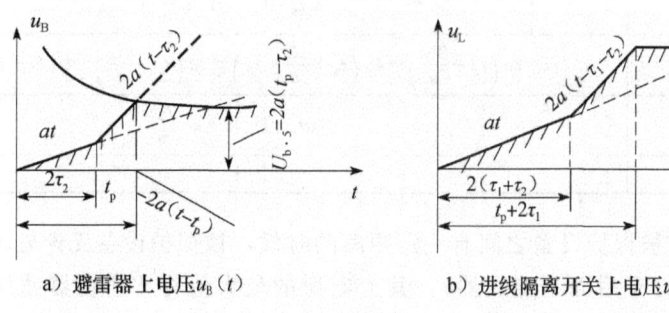

a) 避雷器上电压 $u_B(t)$　　　　　　b) 进线隔离开关上电压 $u_L(t)$

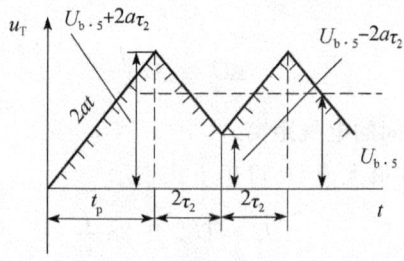

c) 变压器上电压 $u_T(t)$

图 9-2-5 变电所内各点电压波形 $\left(\tau_1 = \dfrac{l_1}{v},\ \tau_2 = \dfrac{l_2}{v}\right)$

表 9-2-1　避雷器上电压 $u_B(t)$

t	u_B
$t < \dfrac{2l_2}{v}$	at
$t_p > t > \dfrac{2l_2}{v}$	$at + a\left(t - \dfrac{2l_2}{v}\right) = 2a\left(t - \dfrac{l_2}{v}\right)$
$t > t_p$	$2a\left(t - \dfrac{l_2}{v}\right) - 2a(t - t_p) = 2a\left(t_p - \dfrac{l_2}{v}\right) = U_{b \cdot 5}$

同理，分析得到进线隔离开关上的电压 $u_L(t)$ 和变压器上的电压 $u_T(t)$ 的曲线如图 9-2-5b 和图 9-2-5c 所示，计算公式见表 9-2-2、表 9-2-3。设备上的电压波形出现了振荡。在避雷器动作以后可能出现的最大电压 U_T、U_L 分别为

$$U_T = U_{b \cdot 5} + 2a \frac{l_2}{v} \tag{9-2-2}$$

$$U_L = U_{b \cdot 5} + 2a \frac{l_1}{v} \tag{9-2-3}$$

表 9-2-2　进线隔离开关上电压 $u_L(t)$

t	u_L
$t < \dfrac{2(l_1 + l_2)}{v}$	at
$t_p + \dfrac{2l_1}{v} > t > \dfrac{2(l_1 + l_2)}{v}$	$at + a\left[t - \dfrac{2(l_1 + l_2)}{v}\right] = 2a\left(t - \dfrac{l_1 + l_2}{v}\right)$
$t > t_p + \dfrac{2l_1}{v}$	$2a\left(t - \dfrac{l_1 + l_2}{v}\right) - 2a\left[t - \left(t_p + \dfrac{2l_1}{v}\right)\right] = 2a\left(t_p + \dfrac{l_1 - l_2}{v}\right) = U_{b \cdot 5} + 2a\dfrac{l_1}{v}$

表 9-2-3　变压器上电压 $u_T(t)$

t	u_T
$t < t_p$	$2at$
$t = t_p$	$2at_p = U_{b \cdot 5} + 2a\dfrac{l_2}{v}$
$t = t_p + \dfrac{2l_2}{v}$	$2a\left(t_p + \dfrac{2l_2}{v}\right) - 4a\left(t_p + \dfrac{2l_2}{v} - t_p\right) = 2a\left(t_p - \dfrac{2l_2}{v}\right) = U_{b \cdot 5} - 2a\dfrac{l_2}{v}$
$t = t_p + \dfrac{4l_2}{v}$	$2at_p = U_{b \cdot 5} + 2a\dfrac{l_2}{v}$
⋮	⋮

可见，当避雷器与被保护设备之间有一定距离的时候，被保护设备无论处于避雷器的前面（隔离开关），还是处于后面（变压器），其上电压的最大值将比避雷器残压高，其差值 ΔU 为

$$\Delta U = 2a\frac{l}{v}$$

式中，l 为设备与避雷器之间的电气距离。

设备上所受冲击电压的最大值 U_s 可用下式表示

$$U_s = U_{b \cdot 5} + 2a\frac{l}{v} \tag{9-2-4}$$

综上所述，变压器等被保护设备上的过电压，与避雷器的保护特性（放电电压、残压）、入侵波的陡度、离避雷器的距离等因素有关。避雷器的放电电压、残压越高，入侵波陡度愈

陡,与避雷器之间的电气距离愈长,被保护设备上的电压就愈高。

以上分析忽略了各设备对地电容的存在,如变压器的入口电容,若计及其影响,式(9-2-4)可修改为

$$U_s = U_{b \cdot 5} + 2a \frac{l}{v} K \tag{9-2-5}$$

式中,K 为考虑设备入口电容而引入的系数。

实际上,由于避雷器动作后产生的负电压波在点 B 与点 T 之间发生多次反射及冲击电晕和避雷器电阻的衰减作用,同时由于避雷器上残压并非恒定值而是随着雷电流的衰减而衰减,所以变压器上所受冲击电压的波形是衰减振荡的,其振荡轴为避雷器的残压。

图 9-2-6 为雷电波入侵变电所时变压器上电压的实际典型波形,这种波形与冲击全波相差较大,而更接近于冲击截波。因此常以变压器绝缘承受截波的能力来说明在运行中该变压器承受雷电波的能力。变压器承受截波的能力称为多次截波耐压值 U_j,此值为变压器三次冲击截波冲击试验电压 $U_{j \cdot 3}$ 的 1/1.15 倍。同理,其他电气设备在运行中承受雷电波的能力也可用多次截波耐压值 U_j 来表示。

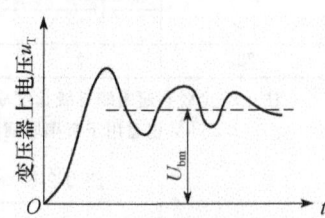

图 9-2-6 雷电波入侵变电所时,变压器上电压的实际典型波形

因此,为了保证设备安全运行必须满足下式

$$U_j \geqslant U_s = U_{b \cdot 5} + 2a \frac{l}{v} K$$

不同电压等级变压器的多次截波耐压值和避雷器 5 kA 下的残压见表 9-2-4。

表 9-2-4 变压器多次截波耐压值 U_j 与避雷器残压 $U_{b \cdot 5}$ 的比较

额定电压 /kV	变压器三次截波耐压 $U_{j \cdot 3}$/kV	变压器多次截波耐压 U_j/kV	FZ 避雷器 5 kA 残压/kV	FCZ 避雷器 5 kA 残压 $U_{b \cdot 5}$/kV	变压器多次截波耐压与避雷器残压的比 FZ	变压器多次截波耐压与避雷器残压的比 FCZ
35	225	196	134	108	1.46	1.81
110	550	478	332	260	1.44	1.83
220	1 090	949	664	515	1.43	1.85
330	1 300	1 130	—	820	—	1.38

对于一定的入侵波陡度,由式(9-2-5)可以导出设备与避雷器之间的最大允许电气距离 l_m:

$$l_m = \frac{U_j - U_{b \cdot 5}}{2 \frac{a}{v} K} = \frac{U_j - U_{b \cdot 5}}{2 a' K} \tag{9-2-6}$$

$$a' = \frac{a}{v}$$

式中,a' 为来波的空间陡度,单位为 kV/m。或者,对于已安装好的距离,可求出最大容许来波陡度为

$$a'_m = \frac{U_j - U_{b \cdot 5}}{2l \cdot K}$$

根据上述方法计算出来的结果,我国标准推荐的最大允许电气距离见表 9-2-5 和表 9-2-6。

表 9-2-5　普通阀式避雷器至主变压器间的最大电气距离（m）

系统标称电压/kV	进线长度/km	进线路数			
		1	2	3	≥4
35	1	25	40	50	55
	1.5	40	55	65	75
	2	50	75	90	105
66	1	45	65	80	90
	1.5	60	85	105	115
	2	80	105	130	145
110	1	45	70	80	90
	1.5	70	95	115	130
	2	100	135	160	180
220	2	105	135	195	220

注：1. 全线有避雷线进线长度取 2 km，进线长度在 1～2 km 时的距离按补插法确定，表 9-2-6 同此。
　　2. 35 kV 也适用于有串联间隙金属氧化物避雷器的情况。

表 9-2-6　金属氧化物避雷器至主变压器间的最大电气距离（m）

系统标称电压/kV	进线长度/km	进线路数			
		1	2	3	≥4
110	1	55	85	105	115
	1.5	90	120	145	165
	2	125	170	205	230
220	2	125 (90)	195 (140)	235 (170)	265 (190)

注：1. 本表也适用于电站碳化硅磁吹避雷器（FM）的情况。
　　2. 本表括号内距离对应的雷电冲击全波耐受电压为 850 kV。

在接线复杂的变电所内，波的折、反射过程是很复杂的，所以在设计中所采用的最大允许电气距离 l_m 是按典型变电所的接线，利用防雷分析仪进行模拟试验决定的。图 9-2-7 是一路进线的变电所中 $l_m=f(a')$ 的模拟结果。

实际上，35 kV 及以上变电所往往有多路出线，当一路来波时，可以从另外几路分流出一部分，因此，避雷器到变压器的最大允许电气距离比一路进线时大。图 9-2-8 是两路进线的变电所中避雷器到变压器的最大允许电气距离曲线。三路进线时，比图 9-2-8 中的值增大 20%；四路以上进线可增大 35%。对于同杆架设的双回线路，因为有同时遭受雷击的可能，所以在决定 l_m 值时，双回线只按一回考虑。

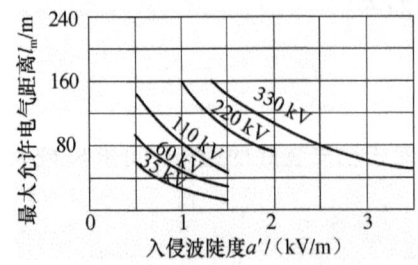

图 9-2-7　一路进线的变电所中，避雷器与变压器的最大电气距离与入侵波陡度 a' 的关系曲线

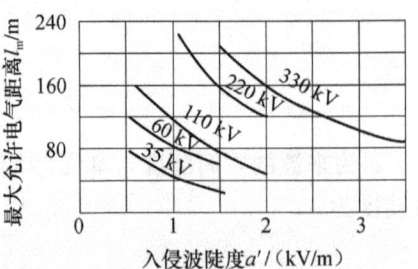

图 9-2-8　二路进线的变电所中，避雷器与变压器的最大电气距离与入侵波陡度 a' 的关系曲线

9.3 变电所的进线段保护

由上一节分析可知,当雷电波侵入变电所时,要使变电所电气设备得到可靠保护必须限制通过避雷器的雷电流以降低残压,并且限制入侵波的陡度。为了实现这一要求,变电所还需要有进线段保护。

进线段保护是指在临近变电所 1～2 km 的一段线路上加强防雷保护措施。对 35～110 kV 无避雷线的线路此段必须架设避雷线,且保护角应为 20°左右,对于全线有避雷线的线路,通过减小保护角和降低杆塔接地电阻等防雷措施,使此段线路具有较高的耐雷水平,以减小进线段内绕击和反击形成入侵波的概率,DL/T 620—1997 规定不同电压等级进线段的耐雷水平见表 9-3-1。这样就可以使侵入变电站的雷电波主要来自进线段以外,由于受到 1～2 km 线路冲击电晕的影响,削弱了入侵波的陡度和幅值,同时,由于进线段波阻抗的作用,限制了通过避雷器的雷电流幅值。

表 9-3-1 进线段的耐雷水平

额定电压/kV	35	66	110	220	330	500
耐雷水平/kA	20～30	30～60	40～75	75～110	100～150	125～175

9.3.1 35 kV 及以上变电所的进线段保护

图 9-3-1 为 35 kV 及以上变电所的进线段保护接线图。变电所内设备距避雷器的最大允许电气距离是根据进线段以外落雷的条件求得的,这样就可以保证进线段以外落雷时变电所不会发生入侵波事故。下面来计算分析进线段限制通过避雷器的雷电流最大值和陡度。

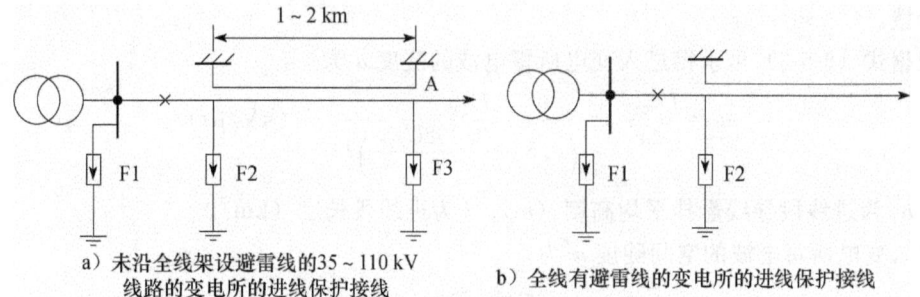

a) 未沿全线架设避雷线的35～110 kV 线路的变电所的进线保护接线

b) 全线有避雷线的变电所的进线保护接线

图 9-3-1 35 kV 及以上变电所的进线保护接线

1. 进线段首端落雷时流经避雷器雷电流的计算

最危险的雷击发生在进线段的首端,线路终端接有一台避雷器,如图 9-3-2 所示。由于受到线路绝缘放电电压的限制,雷电入侵波的幅值为进线段绝缘的 50%冲击闪络电压 $U_{50\%}$。行波在 1～2 km 的进线段来回一次的时间需要 $\frac{2l}{v}$ = (6.7～13.3) μs,而入侵波的波头又较短,故避雷器动作后产生的负电压反射波折回雷击点,经过该点再反射到达避雷器时,避雷器的雷电流已过峰值,因此可不计反射波及其以后过程的影响。

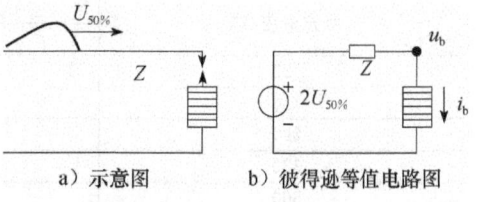

a) 示意图   b) 彼得逊等值电路图

图 9-3-2 进线段限制通过避雷器电流的计算

根据彼得逊法则画出等值电路图 9-3-2b，列出电路方程：

$$2U_{50\%} = i_b Z + u_b \\ u_b = f(i_b)$$

式中，Z 为进线段导线波阻；$u_b = f(i_b)$ 为避雷器阀片的伏安特性。

仍可用图解法求出流经避雷器雷电流的最大值 I_b。不同电压等级的 I_b 见表 9-3-2。

表 9-3-2　进线段外落雷流经单路进线变电所避雷器雷电流最大值的计算值

额定电压/kV	避雷器型号	线路绝缘的 $U_{50\%}$/kV	I_b/kA
35	FZ—35	350	1.41
110	FZ—110J	700	2.67
220	FZ—220J	1 200～1 400	4.35～5.38
330	FCZ—330J	1 645	7.06
500	FCZ—500J	2 060～2 310	8.63～10

从表 9-3-2 可知，1～2 km 长的进线段已能够满足限制避雷器中雷电流不超过 5 kA（220 kV 及以下系统）或 10 kA（330 kV 及以上系统）的要求。

2. 进入变电所的雷电波陡度 a 的计算

变电所进线段保护能降低入侵波陡度是因为在雷电波作用下，导线上发生强烈冲击电晕而使波变形的缘故。如 6.5 节所述，冲击电晕的影响，一方面是增加了电晕能量损耗而使冲击波幅值衰减，另一方面是加大了导线对地电容而使相速度降低，因而引起波的变形和衰减。

在最不利的情况下，出现在进线段首端的入侵雷电波的最大幅值为线路绝缘的 $U_{50\%}$ 且具有直角波头。$U_{50\%}$ 已大大超过导线的临界电晕电压，导线在入侵雷电波的作用下将发生冲击电晕，直角波头的雷电波自进线段首端向变电所传播的过程中，波形将发生衰减和变形，波头变缓。

根据式（6-5-3）可求得进入变电所雷电波的陡度 a 为

$$a = \frac{U_{50\%}}{\Delta \tau} = \frac{U_{50\%}}{\left(0.5 + \dfrac{0.008 U_{50\%}}{h_d}\right) l} \quad (\text{kV}/\mu\text{s})$$

式中，h_d 为进线段导线悬挂平均高度（m）；l 为进线段长度（km）。

进入变电所雷电波的空间陡度 a' 为

$$a' = \frac{a}{v} = \frac{a}{300} \quad (\text{kV/m}) \qquad (9\text{-}3\text{-}1)$$

表 9-3-3 列出了用式（9-3-1）计算出的不同电压等级变电所入侵波陡度 a' 值。由该表按已知的进线段长度求出 a' 后，就可由图 9-2-7 和图 9-2-8 求得变压器或其他设备到避雷器的最大允许电气距离 l_m。

表 9-3-3　变电所入侵波陡度 a'

额定电压/kV	入侵波陡度 a'/（kV/m）	
	1 km 进线段	2.0 km 进线段全线有避雷线
35	1.0	0.5
110	1.5	0.75
220	1	1.5
330	1	2.2
500	—	2.5

在线路绝缘水平很高的情况下，其入侵波幅值较高，流过避雷器的电流可能超过规定值，为了限制入侵雷电波的幅值，可在进线段首端处装设一组管式避雷器 F3，如图 9-3-1a 所示，且应使所在的杆塔接地电阻降到 10 Ω 以下，以减少反击。在雷季中，变电所 35～110 kV 进线的隔离开关或断路器可能经常处于断路状态，而此时线路侧又带有工频电压，当沿线路有雷电波入侵时，在此断开点将发生全反射使电压提高一倍，有可能使开路状态的断路器或隔离开关对地产生闪络。由于线路侧带电，这将导致工频短路，烧毁断路器或隔离开关的绝缘部件。因此，必须在靠近隔离开关或断路器处装设一组管式避雷器 F2，如图 9-3-1a 所示。在断路器闭合运行时，入侵雷电波不应使 F2 动作，即此时 F2 应在变电所避雷器保护范围之内，否则，在断路器闭合运行时入侵波使 F2 放电，将造成截波，可能危及变压器纵绝缘。

9.3.2 35 kV 小容量变电所的简化进线保护

对 35 kV 的小容量变电所，可根据变电所的重要性和雷电活动强度等情况采取简化的进线保护。由于 35 kV 小容量变电所范围小，避雷器距变压器的距离一般在 10 m 以内，允许入侵波有较高的陡度，进线段长度可以缩短到 500～600 m。为限制流入变电所避雷器的雷电流，在进线段首端可装设一组管式避雷器或保护间隙，如图 9-3-3 所示。

对 35～110 kV 变电所，如进线段装设避雷线有困难或进线段杆塔接地电阻难以降低，不能达到要求的耐雷水平时，可在进线的终端杆上安装一组 1 000 μH 左右的电抗线圈来代替进线段，如图 9-3-4 所示，此电抗线圈既能限制流过避雷器的雷电流又能限制入侵波陡度。

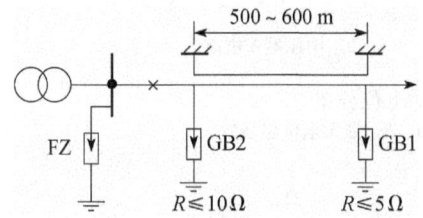

图 9-3-3　3 150～5 000 kVA、35 kV 变电所的简化保护接线

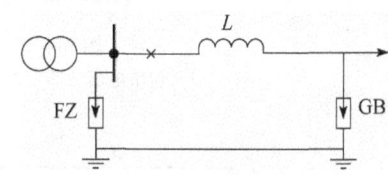

图 9-3-4　用电抗线圈代替进线段的保护接线

9.4　三绕组变压器和自耦变压器的防雷保护

9.4.1　三绕组变压器的防雷保护

当三绕组变压器的高压侧或中压侧有雷电过电压波袭来时，通过绕组间的静电耦合和电磁耦合，其低压绕组上也会出现一定的过电压。最不利的情况是低压绕组处于开路状态，而在高压侧或中压侧有雷电波作用，由于低压绕组对地电容较小，开路的低压绕组上静电感应分量可达很高的数值，将危及绝缘。考虑静电感应分量将使低压绕组的三相电位同时升高，故只要在任一相低压绕组出线端加装一只避雷器即可。中压绕组虽也有开路运行的可能，但因其绝缘水平较高，一般不需加装避雷器来保护。

9.4.2 自耦变压器的防雷保护

自耦变压器一般除了高、中压自耦绕组外，还有三角形接线的低压非自耦绕组，以减小零序电抗和改善电压波形。为限制静电感应电压，在非自耦绕组上需加装一只避雷器。

在运行中，可能出现高、低压绕组运行，中压绕组开路；中、低压绕组运行，高压绕组开路的情况。

在高压侧进波时（幅值为 U_0），由于高、中压自耦绕组的中性点均直接接地，因而自耦绕组各点的电压初始分布、稳态分布和各点最大电压包络线均与中性点接地的单绕组相同，如图 9-4-1a 所示。在开路的中压侧端子 A' 上可能出现的最大电压约为高压侧电压 U_0 的 $\frac{2}{k}$ 倍（k 为高、中压绕组的变比），这样可能使处于开路的中压侧套管闪络，为此在中压侧与断路器之间应装设一组阀式避雷器进行保护，如图 9-4-2a 中 FZ2。

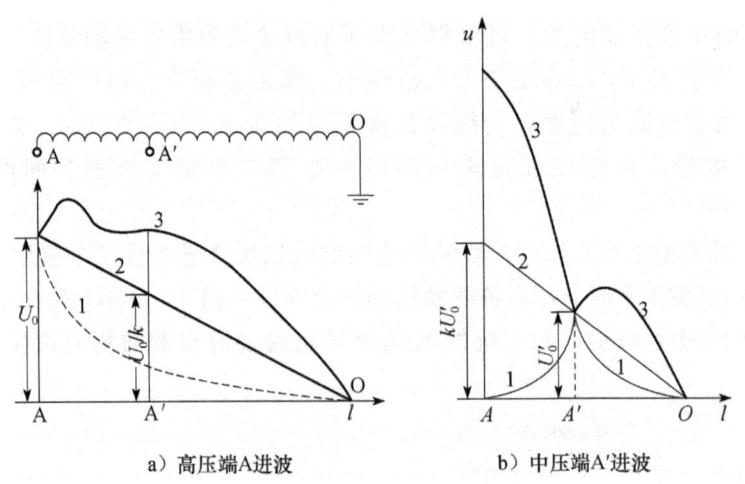

a）高压端 A 进波　　　　　b）中压端 A' 进波

图 9-4-1　自耦变压器的电位分布
1—初始电压分布　2—稳态电压分布　3—最大电位包络线

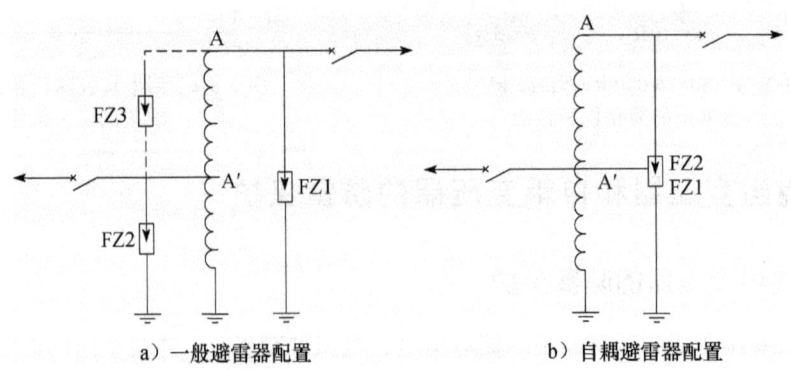

a）一般避雷器配置　　　　　b）自耦避雷器配置

图 9-4-2　保护自耦变压器的避雷器配置

当高压侧开路，中压侧进波时（幅值为 U'_0），自耦绕组各点的电压分布如图 9-4-1b 所示。由中压端 A' 到开路的高压端 A 之间的稳态电压分布是由中压端 A' 到中性点的稳态电压分布的电磁感应形成的。高压端 A 的稳态电压为 kU'_0，在振荡过程中，A 点的最大电压可

高达 $2kU_0'$，这将危及开路的高压侧绝缘，因此在高压与断路器之间也应装设一组避雷器进行保护，如图 9-4-2a 中 FZ1。

此外，尚须注意下述情况：当中压侧接有出线（相当于 A' 点经线路波阻抗接地）而高压侧有雷电波入侵时，A' 点相当于接地，大部分过电压将作用在 AA' 绕组上，可能使其损坏；同理，当高压侧接有出线，而中压侧进波时也有类似的情况。而且，AA' 绕组越短（变比 k 越小），越危险。一般在 $k<1.25$ 时，还应在 AA' 之间再跨接一组避雷器，如图 9-4-2a 中 FZ3。

也可采用图 9-4-2b 所示的自耦避雷器保护方式，与图 9-4-2a 相比，它可以节省避雷器元件，但引线较麻烦，还需验算自耦绕组任一侧接地短路条件下，避雷器所承受的最高工频电压不超过其灭弧电压。

9.5 变压器中性点保护

在变压器绕组波过程中，当三相进波时，变压器中性点电位理论上会达到绕组首端电压的两倍，因此需要考虑变压器中性点的保护问题。

对于中性点不接地或经消弧线圈接地的系统，变压器是全绝缘的，即变压器中性点的绝缘水平与相线端是一样的。由于三相进波的概率不大，大多数进波自线路较远处而来，其陡度很小，且变电所进线不止一条，非雷击进线起了分流作用及变压器绝缘有一定裕度等原因，因此规程规定，35~60 kV 变压器中性点一般不需保护。但对单台装有消弧线圈变压器且为单进线的 110 kV 变电所，则宜在中性点上加装一台与首端有同等电压等级的避雷器。

对于中性点直接接地系统，为限制单相接地的短路电流和满足继电保护的要求，其中一部分变压器的中性点改为不接地运行。这些系统中的变压器往往是分级绝缘的，即变压器中性点绝缘水平要低于相线端（如我国 110 kV 和 220 kV 变压器中性点的绝缘分别为 35 kV 和 110 kV 等级），则需在中性点上加装与中性点绝缘等级相同的避雷器或间隙进行保护，且应该满足以下条件：

1）其冲击放电电压应低于变压器中性点的冲击耐压。

2）避雷器的灭弧电压应大于电网单相接地而引起的中性点电位升高的稳态值 U_0：

$$U_0 = \frac{x_0/x_1}{2+x_0/x_1}U_{xg}$$

式中，U_{xg} 为相电压。在中性点直接接地电网中 x_0/x_1 一般不超过 3，因此 U_0 的极限值为 $0.6U_{xg}$。

3）间隙的放电电压应大于电网单相接地而引起的中性点电位升高的暂态最大值，以免继电保护不能正确动作。

对 110 kV 分级绝缘变压器中性点来说，考虑选用 FZ-40 型避雷器。对 220 kV 和 330 kV 分级绝缘变压器来说，则分别选用 FZ-110 和 FZ-154J 型避雷器即可。

在断路器非全相合闸时，由于发生铁磁谐振，在变压器中性点上将产生很高的过电压，上述避雷器没有足够的通流能力来限制这种内部过电压而将发生爆炸事故。为此，一般可在中性点采用间隙保护，其间隙距离应保证只在内部过电压下动作，而在雷电过电压下不动作。根据实践经验，220 kV 变压器中性点可采用 340 mm 的棒间隙保护，其运行情况良好。

500 kV 变压器的中性点直接接地或经小电抗接地（用以限制单相接地电流），其绝缘水平为 35 kV 级，并用相应等级的避雷器保护。

9.6 旋转电机的防雷保护

旋转电机包括发电机、同步调相机、变频机和电动机等，它们与输电线路的连接有两种形式：经过变压器后再与架空线相连的称为非直配电机；直接与架空线相连的旋转电机称为直配电机，在此情况下因线路上的雷电波可以直接传入电机，可靠性比非直配电机差。故我国规定，单机容量为 60 MW 以上的电机不宜与架空线直接相连。

旋转电机防雷保护具有下列特点：

1) 电机的冲击绝缘强度低。由于结构和工艺上的特点，在相同电压等级的电气设备中旋转电机的绝缘水平是最低的。试验证明，电机主绝缘的冲击系数接近于 1（变压器的冲击系数为 2～3），而且在运行过程中，由于受到机械、电、热和化学的联合作用，电机的绝缘将会老化，因此，运行中电机主绝缘的实际冲击耐压较低。

2) 保护电机用避雷器的冲击放电电压及残压不够低。例如磁吹避雷器（FCD 型）的保护性能与电机绝缘水平的配合裕度很小，电机出厂冲击耐压值只比避雷器残压高 8%～10%。

3) 要求限制来波陡度。电机绕组的杂间电容很小，为保护匝间绝缘，要求入侵波陡度限制在 5 kV/μs 以下；同时，当入侵波陡度降低时，中性点过电压也随之减小。当入侵波陡度降低至 2 kV/μs 以下时，中性点过电压将不超过相端的过电压。

综上所述，直配旋转电机的防雷要比变压器防雷困难得多。应当综合利用避雷器、电容器、电抗器和电缆段等元件联合保护。

9.6.1 直配电机防雷

直配电机防雷保护包括电机主绝缘、匝间绝缘和中性点绝缘的保护。主要措施如下：

1) 在发电机出线母线处装设一组 FCD 型避雷器，以限制入侵波幅值，取其 3 kA 下的残压与电机的绝缘水平相配合。

2) 在发电机电压母线上装设电容器，以限制入侵波陡度 a 和降低感应过电压。

限制 a 的主要目的是保护匝间绝缘和中性点绝缘。如图 9-6-1 所示，若入侵波为幅值 U_0 的直角波，则发电机母线上电压（电容 C 上电压 U_C）可按图 9-6-1b 的等值电路计算。计算结果表明，当每相电容为 0.25～0.5 μF 时，能够满足 $a<2$ kV/μs 的要求，同时也能满足限制感应过电压使之低于电机冲击耐压强度的要求。

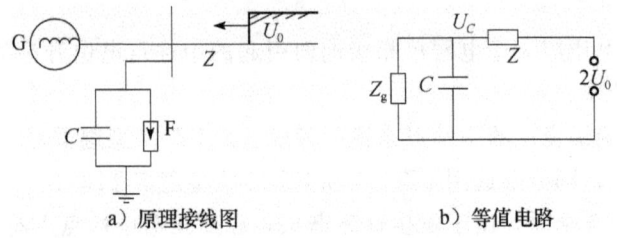

图 9-6-1　电机母线上装设电容 C 以限制来波陡度
Z_g—发电机波阻抗

3) 发电机中性点有引出线时，中性点加装避雷器保护，否则需加大母线并联电容以进一步降低入侵波的陡度。

为了保护中性点绝缘，除了限制入侵波陡度不超过 2 kV/μs 外，需在中性点加装避雷器，考虑到电机在雷击同时可能存在单相接地，中性点将出现相电压，故中性点避雷器的灭弧电压应大于相电压。若电机中性点不能引出，则需将每相电容增大至 1.5~2 μF，以进一步降低入侵波陡度确保中性点绝缘。

4) 采用进线段保护，限制流经 FCD 的雷电流，使之小于 3 kA。电缆与管式避雷器配合是典型的进线保护方式。

图 9-6-2 为电缆与管式避雷器联合作用的典型进线保护段。雷电波入侵时，管式避雷器 GB2 动作，电缆芯线与外皮经 GB2 短接在一起，雷电流流过 GB2 和接地电阻 R 所形成的电压 iR 同时作用在外皮与芯线上，沿着外皮将有电流 i_2 流向电机侧，于是在电缆外皮本身的电感 L_2 上将出现压降 $L_2\dfrac{\mathrm{d}i_2}{\mathrm{d}t}$，此压降是由环绕外皮的磁力线变化所造成的，这些磁力线也必然全部环绕芯线，结果在芯线上也感应出一个大小相等其值为 $L_2\dfrac{\mathrm{d}i_2}{\mathrm{d}t}$ 的反电动势来，此反电动势阻止雷电流从 A 点沿芯线向电机侧流动，也即限制了流经 FCD1 的雷电流。若 $L_2\dfrac{\mathrm{d}i_2}{\mathrm{d}t}=iR$，则在芯线中就不会有电流流过，但因电缆外皮末端的接地引下线总有电感 L_3 存在，则 iR 与 $L_2\dfrac{\mathrm{d}i_2}{\mathrm{d}t}$ 之间就有差值，差值愈大则流经芯线的电流就愈大。

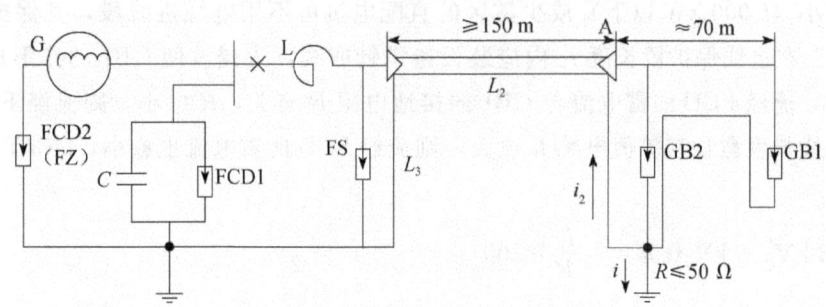

a) 使用管式避雷器GB

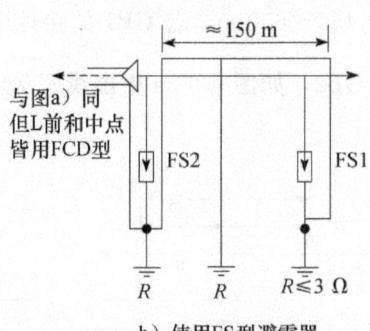

b) 使用FS型避雷器

图 9-6-2　25 000~60 000 kW 直配电机的保护接线图

计算表明，当电缆长度为 100 m，且电缆末端外皮接地引下线到接地网的距离为 12 m、$R=5\ \Omega$ 时，电缆段首端落雷且雷电流幅值为 50 kA 时，流经每相 FCD 的雷电流不会超过 3 kA，即此保护接地的耐雷水平为 50 kA。

由以上分析可知,这种进线保护段的限流作用完全依靠 GB2 动作,但因为电缆的波阻远比架空线小,入侵波到达 A 点时将发生负反射,使 A 点电压降低以致 GB2 可能不动作,因而失去电缆段的限流作用。为了避免上述情况的发生,可在电缆首端 A 点与 GB2 间加装一组 (100~300)μH 的电感,利用电感对入侵波的正反射使 GB2 动作,或将 GB2 前移 70 m 如图中的 GB1,参考图 9-6-2 所示。当雷电波入侵时,电缆首端 A 点的负反射波尚未到达 GB1 处,GB1 已动作。GB1 的接地端应与电缆首端外皮的接地装置用架空导线相连接,此连接线悬挂在杆塔导线下面 2~3 m 处,目的是为了增加两线间的耦合,增加导线上感应电动势以限制流经导线中的电流。但这种耦合作用有限,遇到强雷时可能超过每相 3 kA,为了防止这一情况,应在电缆首端 A 点保留管式避雷器 GB2,遇强雷时,此避雷器也动作,就可以充分发挥电缆段的限流作用。

规程建议的大容量 (25 000~60 000 kW) 直配电机的典型防雷保护接线即如图 9-6-2a 所示 (此时要求电缆的长度 $L_2 \geqslant 150$ m)。图中 L 为限制工频短路电流用电抗器,非为防雷专设,L 前加设一组 FS 型避雷器,以保护电抗器和电缆终端。由于 L 的存在,入侵波到达 L 处将发生反射使电压提高,FS 动作使流经 FCD 的电流得到进一步限制。

若无合适的管式避雷器,则 GB1 和 GB2 可用 FS1 和 FS2 代替,如图 9-6-2b 所示。但此时最好将电抗器前面的和中性点的避雷器均改为 FCD 型磁吹避雷器。

容量较小 (6 000 kW 以下) 或少雷区的直配电机可不用电缆进线段,其保护接线如图 9-6-3a 所示。在进线保护段长度 l_b 内应装设避雷针或线,入侵波使 GB1 动作形成图 9-6-3b 的等值电路,流经 FCD 的雷电流与 GB1 的接地电阻 R 有关,R 愈小,则流经 FCD 的雷电流愈小,进线长度愈长其等值电感 L 愈大,则流经 FCD 的雷电流也愈小,DL/T 620—1997 建议:

- 对 3 kV、6 kV 线路, $\dfrac{l_b}{R} \geqslant 200$

- 对 10 kV 线路, $\dfrac{l_b}{R} \geqslant 150$

一般进线段长度 l_b 可取为 450~600 m,若 GB1 的接地电阻达不到以上两式中的要求,可在 $\dfrac{l_b}{2}$ 处再装一组管式避雷器 GB2,如图 9-6-3a 中虚线所示。图中 FS 是用来保护开路状态的断路器或隔离开关的。

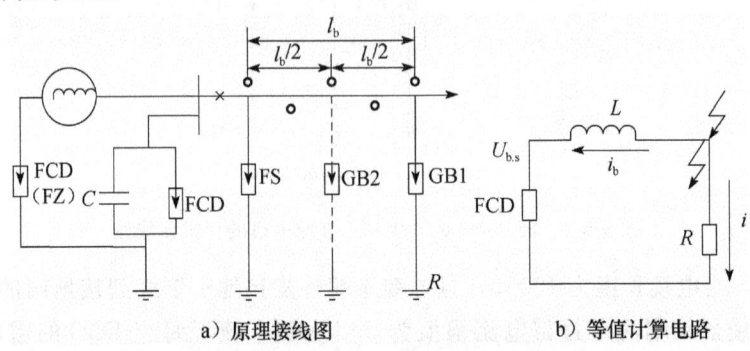

a) 原理接线图　　　b) 等值计算电路

图 9-6-3　1 500~6 000 kW 以下直配电机和少雷区 60 000 kW 以下直配电机的保护接线图

9.6.2 非直配电机防雷

大部分发电机（其中包括 60 MW 以上的电机）都经变压器升压后接至架空输电线路。国内外的运行经验表明，这种非直配电机在防雷上比直配电机可靠得多，但也有被雷击损坏的情况。因为，当高压侧线路传来幅值很高的冲击电压波时，会由高、低压绕组间的静电感应和电磁感应传递到低压绕组，使电机母线绝缘损坏。

研究及运行经验表明：在多雷区的非直配电机，宜在电机出线上装设一组旋转电机阀式避雷器。如电机与升压变压器之间的母线桥或组合导线无金属屏蔽部分的长度大于 50 m 时，除应有直击雷保护外，还应采取防止感应过电压的措施，即在电机母线上装设不小于 $0.15\ \mu F$ 的电容器或磁吹避雷器；此外，在电机的中性点上还宜装设灭弧电压为相电压的阀式避雷器。

习 题

1. 为什么要限制入侵波陡度？一般采取什么措施？
2. 一般采取什么措施来限制流经避雷器的雷电流使之不超过 5 kA，若超过则可能出现什么后果？
3. 试述变电站进线段保护标准接线中各元件的作用。
4. 试述直配电机的防雷保护特点和防雷保护措施和原理。在保护措施中为什么不采取与变电所相同的降低来波陡度的措施？限制来波陡度的目的与变电所有何不同？
5. 试述直配电机防雷接线耐雷水平的含义。
6. 220 kV 变电所一路出线，其允许入侵波的陡度为 $300\ kV/\mu s$，试决定保护变压器的避雷器与变压器之间的最大电气距离，若变电所为多路出线，最大电气距离又如何确定？

第10章

电力系统内部过电压

在电力系统中,由于断路器操作、故障发生及消失或其他原因,使系统参数发生变化,引起电网内部电磁能量转化或传递所造成的电压升高,称为电力系统内部过电压。

内部过电压分两大类,即因操作或故障引起的暂态电压升高,称操作过电压;在暂态电压后出现的稳态性质的工频电压升高或谐振现象,称暂时过电压。暂时过电压虽具有稳态性质,但只是短时存在或不允许其持久存在。

电力系统中常见的操作过电压有:中性点绝缘电网中的间歇电弧接地过电压;开断电感性负载(空载变压器、电抗器、电动机等)过电压;开断电容性负载(空载线路、电容器组等)过电压;空载线路合闸(包括重合闸)过电压及解列过电压等。

暂时过电压包括工频过电压和谐振过电压。电力系统中的空载长线路电容效应、不对称接地和突然甩负荷均能引起工频过电压;由于操作或故障使系统中电感元件与电容元件参数匹配时,会出现谐振,产生谐振过电压,因谐振回路中电感元件的性质不同,谐振过电压分为线性谐振、非线性谐振和参数谐振过电压。

内部过电压的能量来源于系统本身,所以其幅值与系统标称电压成正比。一般将内部过电压幅值与系统最高运行相电压幅值之比,称为内部过电压倍数 K_n,以表征过电压的高低。K_n 值与系统结构、中性点运行方式、各组成元件的性能参数、故障性质及操作过程等因素有关,并具有明显的统计性。

10.1 工频过电压

电力系统中在正常或故障时可能出现幅值超过最大工作相电压、频率为工频或接近工频的电压升高,统称工频电压升高或工频过电压。这种过电压对系统正常绝缘的电气设备一般没有危险,但在超高压远距离输电确定绝缘水平时,起着重要作用,原因如下:

1) 工频电压升高将直接影响操作过电压的幅值。

2) 工频电压升高将影响保护电器的工作条件和效果。例如,避雷器的额定电压必须大于连接点的工频电压升高值,在同样的保护比下,一般是避雷器额定电压愈高,残压值也愈高,要求电气设备的绝缘水平也愈高。

3) 工频电压升高持续时间长，对设备绝缘及其运行性能有重大的影响，如油纸绝缘内部游离、污秽绝缘子闪络、铁芯过热、电晕及其干扰等。

在我国超高压系统中，要求线路侧工频过电压不大于最高运行相电压的1.4倍，母线侧不大于1.3倍，并对其持续时间也做出了相应规定。

10.1.1 空载长线路电容效应引起的工频过电压

由于工频容抗 X_C 大于工频感抗 X_L，因此在电源电势 E 的作用下，线路中的电容电流在感抗上的压降 U_L 将使容抗上的电压 U_C 高于电源电势，$U_C = E + U_L$，即空载输电线路上的电压高于电源电压，这就是空载线路的电感-电容效应（简称电容效应）引起的工频电压升高。

系统接线如图 10-1-1 所示。系统电源可用电势 $\dot{E}$ 和一个集中参数的等值电源阻抗 Z_s 的串联来等值。线路长度为 l，$\dot{U}_1$、$\dot{I}_1$、$\dot{U}_2$、$\dot{I}_2$ 分别为线路首、末端电压和电流。对于超高压、长距离输电线路，需要考虑它的分布参数特性，设 L_0、C_0、R_0、G_0 分别为单位长度单相电感、电容、导线电阻、导线对地泄漏电导。线路末端接一个集中参数负载 Z_2（当线路为空载时，$Z_2 = \infty$）。

将图中的电源阻抗 Z_s、线路、负载 Z_2 分别用无源二端口网络代替，组成串联的复合二端口网络，如图 10-1-2 所示。

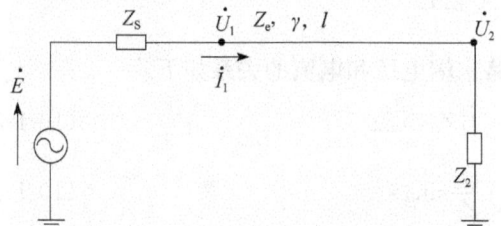 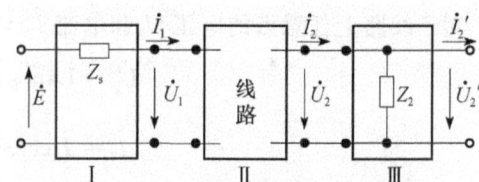

图 10-1-1 线路末端接有负载时的等值电路   图 10-1-2 长线路的复合二端口网络

二端口网络的一般矩阵表达式

$$\begin{bmatrix} \dot{U}_1 \\ \dot{I}_1 \end{bmatrix} = \begin{bmatrix} A_{11} & A_{12} \\ A_{21} & A_{22} \end{bmatrix} \begin{bmatrix} \dot{U}_2 \\ \dot{I}_2 \end{bmatrix} = [A] \begin{bmatrix} \dot{U}_2 \\ \dot{I}_2 \end{bmatrix}$$

图 10-1-2 中三个对称的二端口网络的 A 参数罗列如下：

			$A_{11} = A_{22}$	A_{12}	A_{21}
Ⅰ	网络	串联集中阻抗	1	Z_s	0
Ⅱ	网络	分布参数长线	$\mathrm{ch}\gamma l$	$Z_C \mathrm{sh}\gamma l$	$\dfrac{\mathrm{sh}\gamma l}{Z_C}$
Ⅲ	网络	并联集中阻抗	1	0	$\dfrac{1}{Z_2}$

其中 $\gamma = \beta + \mathrm{j}\alpha = \sqrt{(R_0 + \mathrm{j}\omega L_0)(G_0 + \mathrm{j}\omega C_0)}$ 称为线路的传播系数，β 为衰减系数，α 为相位系数；$Z_C = \sqrt{\dfrac{R_0 + \mathrm{j}\omega L_0}{G_0 + \mathrm{j}\omega C_0}}$ 称为线路的特征阻抗（或称稳态波阻抗）。

图 10-1-2 的复合二端口网络方程的矩阵形式是

$$\begin{bmatrix} \dot{E} \\ \dot{I} \end{bmatrix} = \begin{bmatrix} 1 & Z_S \\ 0 & 1 \end{bmatrix} \begin{bmatrix} \mathrm{ch}\gamma l & Z_C \mathrm{sh}\gamma l \\ \dfrac{\mathrm{sh}\gamma l}{Z_C} & \mathrm{ch}\gamma l \end{bmatrix} \begin{bmatrix} 1 & 0 \\ \dfrac{1}{Z_2} & 1 \end{bmatrix} \begin{bmatrix} \dot{U}'_2 \\ \dot{I}'_2 \end{bmatrix}$$

下面利用上式就一些特定情况讨论长线的电容效应使工频电压升高的问题。

(1) 无限大电源与空载长线相连

此时, $Z_S=0$, $Z_2=\infty$, $\dot{U}_1=\dot{E}$, $\dot{I}_1=\dot{I}$, $\dot{U}'_2=\dot{U}_2$, $\dot{I}'_2=\dot{I}_2$。线路为无损时,$\mathrm{ch}\gamma l=\cos\alpha l$,$\mathrm{sh}\gamma l=\mathrm{j}\sin\alpha l$,上式可改写为

$$\begin{bmatrix} \dot{E} \\ \dot{I} \end{bmatrix} = \begin{bmatrix} \dot{U}_1 \\ \dot{I}_1 \end{bmatrix} = \begin{bmatrix} \cos\alpha l & \mathrm{j}Z_C\sin\alpha l \\ \mathrm{j}\dfrac{\sin\alpha l}{Z_C} & \cos\alpha l \end{bmatrix} \begin{bmatrix} \dot{U}_2 \\ \dot{I}_2 \end{bmatrix} \tag{10-1-1}$$

因空载长线末端开路,所以 $\dot{I}_2=0$,由上式可得

$$\dot{U}_2 = \frac{\dot{U}_1}{\cos\alpha l}$$

$$K_{12} = \frac{\dot{U}_2}{\dot{U}_1} = \frac{1}{\cos\alpha l}$$

式中,K_{12} 为线路末端对首端的电压传递系数。当 $\alpha l=\dfrac{\pi}{2}$ 时,线路末端电压将上升为无穷大,此时,相应的架空线路长度 $l=\dfrac{\pi}{2\alpha}=\dfrac{\pi}{2}\cdot\dfrac{v}{\omega}=1\,500\,\mathrm{km}$。

对于线路上任意点的电压 $\dot{U}_x$ 和电流 $\dot{I}_x$ 与线路末端电压和电流的关系如下

$$\dot{U}_x = \dot{U}_2\cos\alpha x + \mathrm{j}\dot{I}_2 Z_C\sin\alpha x \tag{10-1-2}$$

$$\dot{I}_x = \dot{I}_2\cos\alpha x + \mathrm{j}\frac{\dot{U}_2}{Z_C}\sin\alpha x \tag{10-1-3}$$

末端开路,$\dot{I}_2=0$,式 (10-1-2) 可改写成

$$\dot{U}_x = \dot{U}_2\cos\alpha x = \frac{\dot{U}_1}{\cos\alpha l}\cos\alpha x \tag{10-1-4}$$

式 (10-1-4) 表明均匀无损空载线路沿线电压分布呈余弦规律,线路各段导线中的电容电流值不同,沿线电压升高不均匀,线路末端电压最高,如图 10-1-3 所示。

线路上某点电压 $\dot{U}_x$ 也可用电压传递系数 K_{1x} 表示

$$K_{1x} = \frac{\dot{U}_x}{\dot{U}_1} = \frac{\cos\alpha x}{\cos\alpha l} \tag{10-1-5}$$

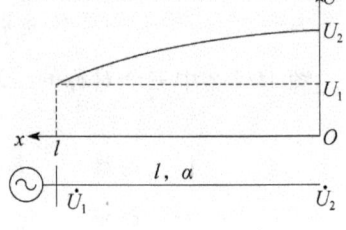

图 10-1-3 空载线路的电压分布

(2) 有限大电源与空载长线相连

此时,$Z_S\neq 0$,若 Z_S 只考虑电源的电抗 $\mathrm{j}X_S=\mathrm{j}\omega L_S$,$Z_2=\infty$。所以有 $\dot{U}_1\neq\dot{E}$,$\dot{U}'_2=\dot{U}_2$,$\dot{I}'_2=\dot{I}_2$。线路末端开路,$\dot{I}_2=0$,则可得

$$\frac{\dot{U}_2}{\dot{E}} = \frac{1}{\cos\alpha l - \dfrac{X_S}{Z_C}\sin\alpha l} \tag{10-1-6}$$

可见 X_S 的存在加剧了线路末端电压的升高,因为线路电容电流流过电源电抗 X_S 所产生的压升,使线路首端电压 U_1 高于电源电势 E,相对来说,线路的电容电流增大了,长线的电容效应更趋于严重。即 X_S 的存在,相当于增加了线路长度。

在单电源供电的系统中,估算最严重的工频电压升高时,应取最小运行方式时的 X_S 为依据。对于两端供电的长线路,线路两端的断路器必须遵循一定的操作程序:线路合闸时,先合电源容量较大的一侧,后合电源容量较小的一侧;线路切除时,先切容量较小的一侧,后切容量较大的一侧。这样的操作能减弱电容效应引起的工频电压升高。

(3) 有限大电源与带有并联电抗器的长线相连

此时,$X_S \neq 0$,$Z_2 \neq \infty$,Z_2 为末端并联电抗器的电抗 $jX_L = j\omega L$。$\dot{U}_1 \neq \dot{E}$,$\dot{U}_2' = \dot{U}_2$,$\dot{I}_2' \neq \dot{I}_2$,系统如图 10-1-4 所示。

因 $\dot{I}_2' = 0$,可得

$$\frac{\dot{U}_2}{\dot{E}} = \frac{1}{\left(1 + \frac{X_S}{X_L}\right)\cos\alpha l + \left(\frac{Z_C}{X_L} - \frac{X_S}{Z_C}\right)\sin\alpha l} \tag{10-1-7}$$

可见,当线路末端接有并联电抗器时,末端电压 U_2 将随电抗器的容量增大(X_L 减小)而下降,因而可通过选择电抗器容量来控制工频电压升高在允许范围内。

线路末端接有并联电抗器时沿线电压分布规律为

$$\dot{U}_x = \frac{\cos\alpha x + \frac{Z_C}{X_L}\sin\alpha x}{\cos\alpha l + \frac{Z_C}{X_L}\sin\alpha l} \dot{U}_1$$

设 $\tan\beta = \frac{Z_C}{X_L}$,代入上式化简后得

$$\dot{U}_x = \frac{\cos(\alpha x - \beta)}{\cos(\alpha l - \beta)} \dot{U}_1 \tag{10-1-8}$$

据式(10-1-8)可作出沿线电压分布曲线,如图 10-1-5 所示。

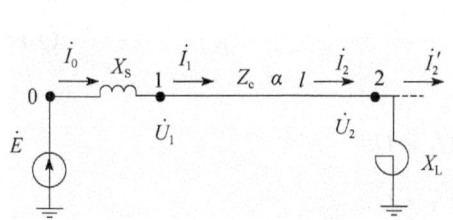

图 10-1-4 有限大电源与带有并联电抗器的长线相连

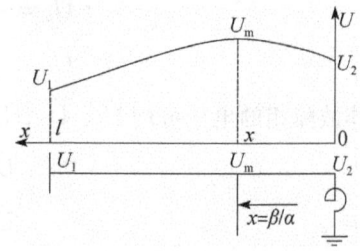

图 10-1-5 线末接有 X_L 时,沿线电压分布

当 $\alpha x - \beta = 0$ 时,即离线路末端距离 $x = \frac{\beta}{\alpha}$ 处,出现最大电压 U_m,其值为

$$U_m = \frac{U_1}{\cos(\alpha l - \beta)} \tag{10-1-9}$$

比较式(10-1-9)与式(10-1-4)可知,线路末端装有电抗器时,线路上出现的最高电压也比无电抗器时的线路末端电压要低。

由于并联电抗器的电感能补偿线路的对地电容,减小流经线路的电容电流,削弱了电容

效应，所以在超高压输电线路上，常用并联电抗器限制工频过电压。并联电抗器的容量 Q_L 与空载长线电容无功功率 Q_C 的比值 Q_L/Q_C 称为补偿度。

并联电抗器的作用不仅是限制工频电压升高，还涉及系统稳定、无功平衡、潜供电流、调相调压、自励磁及非全相状态下的谐振等方面。因而，并联电抗器的容量及安装位置的选择需综合考虑，可按需要设置在线路末端、线路两侧或线路中间。随着安装地点不同，沿线电压分布也不同，总的趋势是使线路上电压分布趋于均匀和低于允许值。

10.1.2 不对称接地引起的工频过电压

不对称短路是输电线路中最常见的故障形式，在单相或两相不对称对地短路时，非故障相的电压一般将会升高，其中以单相接地时非故障相的电压升高更为严重。

单相接地故障时，故障点三相电流和电压是不对称的，计算非故障相电压升高可采用对称分量法，通过复合序网络进行分析。分析中不考虑长线特性，即忽略沿线的工频电压升高。

设线路 A 相发生接地故障，根据故障点的 A 相电压 $\dot{U}_A=0$，非故障相的故障电流 $\dot{I}_B=0$，$\dot{I}_C=0$ 的条件，按对称分量关系可得出图 10-1-6 所示的复合序网络。

其中，$\dot{E}_1$ 为故障点在故障前的对地正序电压，Z_{R1}、Z_{R2}、Z_{R0} 分别为从故障点看入（电源电势短接）的正序、负序、零序入口阻抗，$\dot{U}_1$ 和 $\dot{I}_1$、$\dot{U}_2$ 和 $\dot{I}_2$、$\dot{U}_0$ 和 $\dot{I}_0$ 分别为故障点的正序、负序、零序电压和电流。由图 10-1-6 得

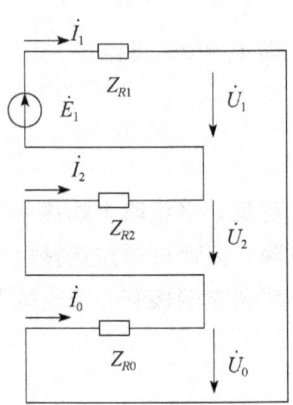

图 10-1-6 单相接地的复合序网络

$$\dot{I}_1 = \dot{I}_2 = \dot{I}_0 = \frac{\dot{E}_1}{Z_{R1} + Z_{R2} + Z_{R0}} \tag{10-1-10}$$

$$\dot{U}_1 = \dot{E}_1 - \dot{I}_1 Z_{R1} \tag{10-1-11}$$

$$\dot{U}_2 = -\dot{I}_2 Z_{R2} \tag{10-1-12}$$

$$\dot{U}_0 = -\dot{I}_0 Z_{R0} \tag{10-1-13}$$

于是非故障相的电压可用 $\dot{U}_1$、$\dot{U}_2$、$\dot{U}_0$ 表示为

$$\dot{U}_B = a^2 \dot{U}_1 + a \dot{U}_2 + \dot{U}_0$$

$$\dot{U}_C = a \dot{U}_1 + a^2 \dot{U}_2 + \dot{U}_0$$

式中，算子 $a = e^{j120°}$。

故障处的入口阻抗为线路感抗和电源感抗之和，设 X_1、X_2 和 X_0 为从故障点看进去网络正序、负序和零序电抗，并近似地取 $X_1 \approx X_2$，故障点在故障前的相对地电压为 $\dot{U}_{A0}$，并考虑 $\dot{U}_{B0} = a^2 \dot{U}_{A0}$，则有

$$\dot{U}_B = \dot{U}_{B0} - \frac{K-1}{K+2} \dot{U}_{A0} = \dot{U}_{B0} + \Delta \dot{U} \tag{10-1-14}$$

式中，$K = \dfrac{X_0}{X_1}$，$\Delta \dot{U} = -\dfrac{K-1}{K+2} \dot{U}_{A0}$。

同理，$\dot{U}_\mathrm{C} = \dot{U}_{\mathrm{C}0} + \Delta \dot{U}$。

当 $K > 1$ 时，相量 $\Delta \dot{U}$ 与 $\dot{U}_{\mathrm{A}0}$ 反相，单相接地时故障点电压向量如图 10-1-7 所示。非故障相电压的数值可利用余弦定理求得

$$U_\mathrm{B} = U_\mathrm{C} = U_{\mathrm{A}0} \sqrt{1 + \left(\frac{\Delta U}{U_{\mathrm{A}0}}\right)^2 - 2\frac{\Delta U}{U_{\mathrm{A}0}}\cos 120°} \\ = U_{\mathrm{A}0} \sqrt{1 + \left(\frac{K-1}{K+2}\right)^2 + \frac{K-1}{K+2}} = \alpha U_{\mathrm{A}0} \tag{10-1-15}$$

式中，$\alpha = \sqrt{3}\dfrac{\sqrt{1+K+K^2}}{K+2}$ 称为接地系数，是单相接地时故障点非故障相对地电压与故障前故障相对地电压之比。

在中性点不接地系统中，X_0 是线路对地容抗，其值很大，而 X_1 是感抗，故 K 值必为负值。单相接地故障时，工频电压升高，可达 1.1 倍额定电压。

对中性点经消弧线圈接地的系统，消弧线圈用以补偿零序电容。无论是欠补偿或是过补偿，总有 $K \to \infty$ 或 $K \to -\infty$。由此可知，非故障相电压将升至线电压。通常 35～60 kV 系统采用这种接地方式。

中性点直接接地时，零序电抗是感抗，因此，K 值是正的。单相接地故障时，非故障相的电压随着 K 值的增大而上升，工频电压升高不大于 1.4 倍相电压，即 0.8 倍额定电压。一般 110 kV 及以上系统均采用这种运行方式。

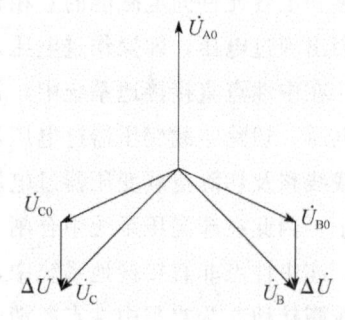

图 10-1-7 单项接地时故障点电压向量

10.1.3 甩负荷引起的工频过电压

当输电线路重负荷运行时，由于某种故障突然甩掉负荷也会造成工频电压升高。这种情况下，影响工频电压升高的因素较多，如断路器跳闸前输送负荷的大小、空载长线路的电容效应、发电机励磁系统及电压调整器的特性及原动机调速器及制动设备的惰性等。

如图 10-1-8 所示，突然甩负荷瞬间，发电机的磁链不能突变，将维持甩负荷前正常运行时的暂态电动势 E'_d 不变。已知正常运行的首端电压为最高运行相电压 U_ph，首端电流为 I_ph，功率因数角为 $\cos\theta$，传输视在功率为 $S = 3U_\mathrm{ph}I_\mathrm{ph}$，发电机暂态电抗与变压器漏抗之和为 X_S。由图 10-1-8 所示相量关系可得

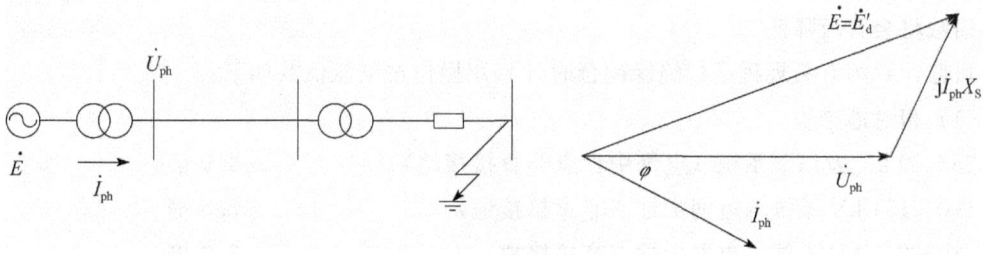

图 10-1-8 运行系统及向量图

$$E'_d = \sqrt{(U_{ph} + I_{ph}X_S\sin\theta)^2 + (I_{ph}X_S\cos\theta)^2}$$

可见，甩负荷前传输的功率越大，E'_d 值越高。计及甩负荷后的电容效应影响，则工频过电压将会更高。

与此同时，由于原动机的调速器和制动设备的惰性，不能立即达到应有的调速效果，导致发电机加速旋转（飞逸现象），造成电动势和频率都上升的结果，从而更增强了长线电容效应。

上述工频电压随着转速增加将在 1~2 s 后达到最大值，然后随调速器和电压调节器起作用而逐渐下降，总的持续时间可达几秒钟之久。

10.2 操作过电压

在电力系统运行中由于运行状态的突然变化，例如正常操作或故障操作，会导致系统内电感和电容元件间电磁能的互相转换，引起振荡性的过渡过程，因而在某些设备或局部电网上会出现过电压，即操作过电压。

在中性点直接接地系统中，常见的操作过电压有：合闸空载线路过电压、切除空载线路过电压、切除空载变压器过电压及解列过电压等。由于断路器及其他设备性能的改善，切除空载线路及切除空载变压器过电压已变得不严重了。产生高幅值的解列过电压的概率实际上很小，因此在超高压系统中合闸（包括重合闸）过电压最严重。

在中性点非直接接地系统中，主要是弧光接地过电压，其防护措施是使系统中性点经消弧线圈接地。为克服中性点经消弧线圈接地的种种弊端，近年来在我国许多地区 6~10 kV 甚至 35 kV 系统的中性点采用了低电阻、中电阻或高电阻的接地方式。

由于操作过电压是电网本身振荡引起的，所以其过电压幅值和电网本身电压大致有一定的倍数关系，通常以发生过电压处设备的最高运行相电压（峰值）的倍数来表示操作过电压的大小，操作过电压的数值随着系统额定电压的提高迅速增加。对于 220 kV 及以下系统，通常设备的绝缘结构允许承受可能出现的 3~4 倍的操作过电压，因此不必采取专门的限压措施。而对于 330 kV 及以上超高压系统，若仍按 3~4 倍的操作过电压考虑，将导致设备绝缘费用的迅速增加；此外，外绝缘及空气间隙的操作冲击强度对绝缘距离的"饱和"效应会使设备的绝缘结构复杂、体积庞大，从而进一步影响到设备的造价、工程的投资等经济指标。

因此，在超高压系统中必须采取措施将操作过电压限制在一定水平以下。目前采取的有效措施主要有：线路上装设并联电抗器，采用带有并联电阻的断路器及磁吹阀式避雷器或金属氧化物避雷器等。随着这些限制措施的采用以及其本身性能的改善，超高压系统中操作过电压倍数将会有所降低。

目前，我国有关规程进行绝缘配合时计算用操作过电压倍数如下：

(1) 相对地绝缘

35~60 kV 及以下系统（电网中性点非直接接地）	4.0 倍
110~154 kV 系统（电网中性点非直接接地）	3.5 倍
110~220 kV 系统（电网中性点直接接地）	3.0 倍
330 kV 系统（电网中性点直接接地）	2.75 倍

500 kV 系统（电网中性点直接接地）　　　　　　　　　　　　　2 倍
(2) 相间绝缘
30～220 kV　　　　　　　　　相对地过电压的 1.3～1.4 倍
330 kV　　　　　　　　　　　相对地过电压的 1.4～1.45 倍
500 kV　　　　　　　　　　　相对地过电压的 1.5 倍

10.2.1 空载线路合闸过电压

合闸空载线路是电力系统中常见的一种操作，通常分为两种情况，即正常合闸和自动重合闸。由于初始条件的差别，其中以重合闸过电压的情况最为严重。

1. 正常空载线路合闸过电压

由于正常的运行需要而进行的合闸操作叫正常合闸，也称计划性合闸。比如线路检修后投入运行，根据调度需要对送电线路进行合闸操作等。在这种情况下，合闸前线路上不存在任何异常，合闸后，线路各点电压由零值过渡到考虑电容效应后的工频稳态电压值，在此过渡过程中会出现合闸过电压。

若设三相接线完全对称，且三相断路器同期合闸，则可按照单相线路进行分析。利用分布参数电路分析空载线路合闸过电压是比较复杂的，这里仅对集中参数电路作简单分析。

在图 10-2-1a 电路中，线路用 T 型等值回路代替；L_T，C_T 分别为线路等值电感、电容；L_s 为电源等值电感；$e(t)=E_m\sin(\omega t+\phi)$ 为单相电源，以最大工作相电压计。在图 10-2-1b 简化后的等效电路中，$L=L_s+L_T/2$，E_m 为电源电势最大值。因为在电压峰值处合闸时过电压最大，且过渡过程的振荡频率比电源频率高，所以在电源电压峰值附近合闸。电源电压变化是比较缓慢的，近似认为 E_m 不变。对图 10-2-1b 的电路列出回路微分方程

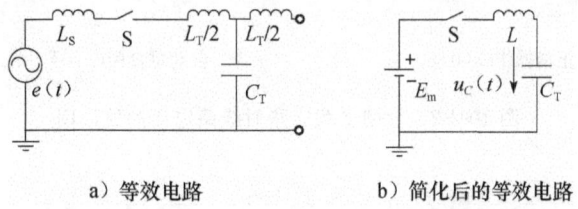

a) 等效电路　　　　　b) 简化后的等效电路

图 10-2-1　合闸空载线路时的集中参数等效电路

$$E_m = L\frac{di}{dt} + u_C$$

因 $i=C_T\dfrac{du_C}{dt}$，可得出

$$LC_T\frac{d^2 u_C}{dt^2} + u_C = E_m$$

初始条件，在 $t=0$ 时，$u_C=0$，$i=C_T\dfrac{du_C}{dt}=0$，可解得

$$u_C(t) = E_m(1-\cos\omega_0 t) \tag{10-2-1}$$

式中，$\omega_0=\dfrac{1}{\sqrt{LC_T}}$ 为过渡过程的振荡角频率。对于超高压线路，ω_0 较低，约为电源角频率的 1.5～4 倍，对于低压线路，ω_0 较高。

从式（10-2-1）可见，当 $t=\pi/\omega_0$ 时，$u_C(t)$ 达最大值，$U_{C\max}=2E_m$。也可以将式（10-2-1）改写为

$$u_C(t) = E_m - E_m\cos\omega_0 t \tag{10-2-2}$$

式中，E_m 为稳态分量；$-E_m\cos\omega_0 t$ 为自由振荡分量，当仅关心过电压幅值时，有

$$\text{过电压幅值} = \text{稳态值} + \text{振荡幅值} = \text{稳态值} + (\text{稳态值} - \text{起始值})$$
$$= 2\times\text{稳态值} - \text{起始值} \tag{10-2-3}$$

对空载线路，线路上不存在残余电压，起始值为零，故从式（10-2-3）也可得 $U_{C\max}=2E_m$。

实际线路中总有阻尼，有衰减，因而 $u_C(t)$ 是衰减振荡的波形，$U_{C\max}<2E_m$。考虑电源电压变化时线路电压 $u_C(t)$ 的波形如图 10-2-2a 所示。若合闸能在 $e(t)=0$ 时进行，则似乎无此衰减振荡过程。但实际上很难在 $e(t)=0$ 时合闸，因为开关触头相向运动时，动静触头尚未接触前，触头两端的电压就可能击穿触头间隙。而在这种情况下往往会导致触头间电压达最大，即在最严重的条件下合闸。油断路器合闸时，合闸相位多处于电压最大值附近 ±30°之内。若采用三相同期合闸，则至少有两相线路不可能在 $e(t)=0$ 时合闸。

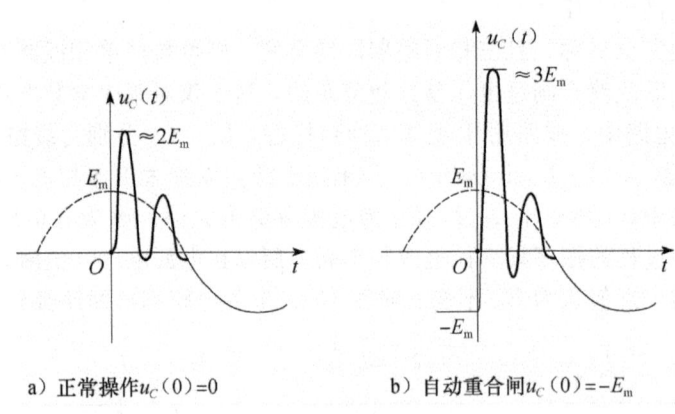

a）正常操作 $u_C(0)=0$　　　　b）自动重合闸 $u_C(0)=-E_m$

图 10-2-2　合闸空载线路时线路电压的波形图

2. 重合闸过电压

自动重合闸是运行线路发生故障，由继电保护系统控制跳闸后，经一时延再合闸，这也是系统中常见的一种操作。图 10-2-3 为系统中常见的单相接地故障的示意图，A 相发生对地短路，断路器 S_2 先跳闸，线路成为带接地故障的空载线路。当断路器 S_1 动作时，在触头流过容性电流过零时电弧断开，非故障 B，C 相线路上的残余电压正好达到峰值，数值为 $(-E_m)$。约 0.5 s 以后，断路器 S_2 自动重合，若线路上 $(-E_m)$ 没有泄漏衰减，并在 B，C 其中一相的电源正极性最大值时重合，于是非故障相线路各点电压要从 $(-E_m)$ 过渡到考虑电容效应后的工频稳态值。过电压的幅值根据式（10-2-3）可得

$$\text{起始值} = -E_m$$
$$\text{过电压幅值} = 2\text{稳态值} - \text{起始值} = 2E_m - (-E_m) = 3E_m$$

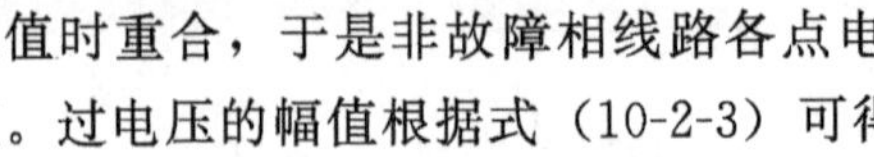

图 10-2-3　线路单相接地故障示意图

所以，重合闸时在线路上可能出现的最大过电压幅值为 $3E_m$，其波形图如图 10-2-2b

所示。

3. 空载线路合闸过电压的影响因素及限制措施

(1) 合闸相位

前面已经分析过，合闸相位的不同将直接影响过电压幅值。若在较有利的情况下合闸，一方面改进高压断路器的机械特性，提高触头运动速度，防止触头间预击穿的发生；另一方面通过专门的控制装置选择合闸相位，使断路器在触头间电位极性相同或电位差接近于零时完成合闸。

(2) 线路损耗

线路损耗引起自由分量的衰减，使过电压降低。主要来自两个方面：一是线路存在电阻，包括电源内阻及线路电阻；二是电晕损耗，过电压越高，冲击电晕现象越强烈，反过来限制过电压的作用也越显著。

(3) 线路上残压的变化

在自动重合闸过程中（约 0.5 s），由于绝缘子存在一定的泄漏电阻，在 0.3~0.5 s 的时间内，线路残压可下降 10%~30%。另外电磁式电压互感器与线路电容组成的阻尼振荡回路，可将线路上残余电荷泄放入地，降低线路上的残压，从而降低过电压幅值。实测表明，在几个工频周期内，残余电荷甚至可以全部泄放。

(4) 三相断路器不同期合闸

通常，断路器合闸时，总存在一定程度的三相不同期，因而形成三相电路瞬时的不对称，这种不对称的程度在中性点非直接接地系统中更为严重。此外，由于三相之间存在互感及互电容的耦合作用，在未合闸相上感应出与已合闸相极性相同的电压，待该相合闸时可能出现反极性合闸的情况，以致产生高幅值的过电压。模拟试验表明，断路器的不同期合闸会使过电压幅值增高 10%~30%。

(5) 单相自动重合闸

超高压系统中多采用单相自动重合闸。在这种操作方式中，由于故障相被切除后，线路上没有残余电荷，加之系统零序回路的阻尼作用大于正序回路，甚至会使单相重合闸过电压低于正常合闸过电压。

(6) 断路器并联电阻

并联电阻的限制作用在本节操作过电压的限制措施中详细介绍。

(7) 后备保护措施

超高压系统中为降低线路电气设备绝缘水平，采用带并联合闸电阻的断路器及用磁吹阀式避雷器或氧化锌避雷器作后备保护，它们的工作原理及保护作用将在下面阐述。

10.2.2 切除空载线路过电压

切除空载线路也是常见的系统操作，在此过程中，虽然断路器切断的是几十到几百安培的容性电流，比短路电流小得多，但在分闸初期，由于断路器触头间恢复电压的上升速度超过绝缘介质恢复强度的上升速度，造成触头间电弧重燃，因而引起电磁振荡，造成过电压。

仍用单相集中参数的简化等效电路来进行分析，如图 10-2-4 所示，在 S 断开之前，线路电压 $u_C(t)=e(t)$。设触头开始分离后，当 t_1 时刻流过断路器的工频电容电流 $i_C(t)$ 过零时熄弧,如图 10-2-5 所示,若线路上电荷无泄漏衰减,$u_C(t)$ 保持为 $-E_m$,而电源电压作余弦变化。经过半个工频周期,在 $t=t_2=t_1+T/2$ (T 为一个工频周期)时,断路器触头间恢复电压 u_r 达到最大,为 $2E_m$。若在 t_2 时触头间隙击穿重燃,相当于一次反极性重合闸,U_{Cmax} 将达 $3E_m$。重燃后,伴随高频振荡电压的出现,回路中将流过容性的高频电流,在 $t=t_3$ 时,高频容性电流恰好过零,电弧可能再次熄灭,此后,电容 C 上将留有数值为 $3E_m$ 的残压。又经过 $T/2$ 后,$e(t)$ 又达最大值,触头间恢复电压 u_r 为 $4E_m$。若此时触头再度重燃,则会导致更高幅值的振荡,U_{Cmax} 将达 $-5E_m$。依此类推,每隔半个工频周期就重燃一次和熄弧一次,过电压将按 $+7E_m$,$-9E_m$,…,逐次增加,直到触头间已有足够的绝缘强度,电弧不再重燃为止。

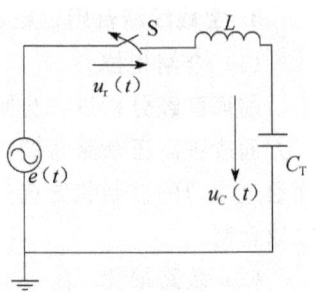

图 10-2-4 切除空载线路时的等值计算电路图

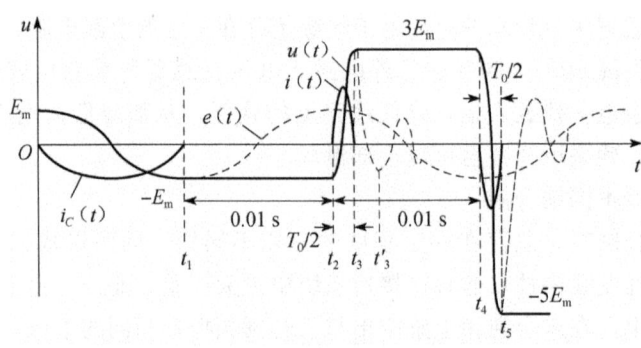

图 10-2-5 切空载线路过电压的形成过程

切电容负载时产生过电压的根本原因是断路器的重燃,改进断路器结构,提高触头间介质强度的恢复速度,可避免重燃,从根本上消除这种过电压。近年来,广泛应用的 SF_6 断路器、压缩空气断路器、带压油活塞的少油断路器,采用外能式方法灭弧,切除空载线时可做到不重燃。另外线路上的泄漏将降低过电压幅值,高频电容电流若不在第一次过零时熄弧,而是在后几次过零时熄弧,也将降低切空线过电压幅值。

超高压输电线路一般接有并联电抗器进行无功功率补偿,切除空载线路时可能与线路电容形成振荡(其自振频率一般略低于工频),断路器触头间的恢复电压呈拍频振荡,上升速度大为降低,可避免电弧重燃。

10.2.3 切除空载变压器过电压

在电力系统中常有开断电感性负载的操作,例如切除空载变压器、并联电抗器及电动机等,它们都属于切断感性小电流的情况。产生的过电压是由断路器切断感性小电流时发生截流现象造成的。

假设三相完全对称,切除空载变压器的单相等效电路如图 10-2-6 所示。图中,K 为断路器,L_S 为电源等值电感,C_S 为母线对地杂散电容,L_K 为母线至变压器连线的电感,L 为空载变压器的励磁电感,C 为变压器等值对

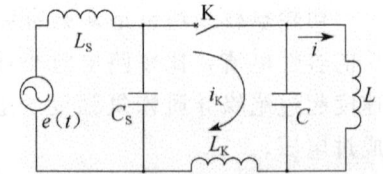

图 10-2-6 切除空载变压器的单相等效电路

地电容与空载变压器侧全部连线及电气设备对地电容的并联值。

在开断空载变压器操作之前，工频电压作用下，由于 $\frac{1}{\omega C} \gg \omega L$，通过 C 的电流远小于通过 L 的电流，可略去 C 的存在。流过断路器 K 的电流就是激磁电流，通常很小，不超过几十安培，是变压器额定电流的 2%～4%，当采用优质铁磁材料时，激磁电流甚至在额定电流的 1% 以下。

断路器切断电流的过程与断路器的灭弧能力有关。若断路器采用自能式灭弧（一般油断路器），其灭弧能力与被分断电流大小有关，分断小的电流时熄弧能力较弱，不会产生在电流过零前熄弧的现象。目前超高压系统中的断路器采用外能式方法灭弧，且灭弧能力是按切断短路电流来设计的，分断较小的激磁电流时，电弧被迅速拉长，弧阻剧增，发生不稳定现象，在工频电流过零前发生强制熄弧，如果激磁电流很小时，甚至可在电流接近最大值时突然截断，这就是断路器的截流现象。

设电流截流时激磁电流为 I_0，在绕组中储有磁场能量 $\frac{1}{2}LI_0^2$；电容 C 上的电压为 U_0，储有电场能量 $\frac{1}{2}CU_0^2$。这些储存的能量在 L-C 回路中振荡，当全部储能都转化为电场能时，由于 C 很小，在电容 C 上出现很高的过电压

$$\frac{1}{2}CU_{Cm}^2 = \frac{1}{2}CU_0^2 + \frac{1}{2}LI_0^2$$

$$U_{Cm} = \sqrt{U_0^2 + \frac{L}{C}I_0^2} = \sqrt{U_0^2 + (Z_T I_0)^2} \tag{10-2-4}$$

式中，$Z_T = \sqrt{\frac{L}{C}}$ 为变压器特征阻抗。考虑到铁芯的磁滞、涡流损耗及导线的铜耗等，磁场能转化为电场能的高频振荡中必然有损失，引入转化系数 η_m（一般在 0.5 以下），式（10-2-4）可改写为

$$U_{Cm} = \sqrt{U_0^2 + \eta_m (Z_T I_0)^2}$$

若在激磁电流最大值时截流，即 $I_0 = I_m = \frac{E_m}{\omega L}$（$U_0 = 0$）时，则 U_{cm} 为最大

$$U_{Cm,max} = \sqrt{\eta_m} Z_T I_m$$

$$K_{max} = \frac{U_{Cm,max}}{E_m} = \frac{\sqrt{\eta_m} Z_T I_m}{U_m} = \frac{\sqrt{\eta_m} \cdot \sqrt{\frac{L}{C}}}{\omega L}$$

$$= \sqrt{\eta_m} \cdot \frac{\omega_0 \cdot L}{\omega \cdot L} = \sqrt{\eta_m} \frac{f_0}{f}$$

其中，$\omega_0 = \frac{1}{\sqrt{LC}}$ 为回路的自振角频率，在几百到几千赫兹范围内。在截流的初始时刻，触头间的抗电强度是有限的，而恢复电压上升速度很快（ω_0 较大），触头间容易发生重燃，电容 C 上电荷通过 C-L_K-C_S 回路高频振荡释放，其储能迅速消耗。实际上，在大多数情况下，空载变压器的切除伴随着产生多次复杂的电弧重燃过程。显然在多次重燃过程中，能量的减少限制了过电压的幅值。与切除空载线路的情况正相反，重燃对降低过电压是有利因素。

目前切空变过电压的主要限制措施是采用避雷器（阀式避雷器或氧化锌避雷器）。切空

变过电压倍数虽较高，但能量不大，避雷器允许通过的能量比变压器绕组所储磁能要大一个数量级以上，因此，用避雷器保护是不成问题的。

10.2.4 间歇电弧接地过电压

在中性点不接地系统中，单相接地并不改变电源变压器三相绕组电压的对称性，且接地电流一般也不大，不必立即切除线路，运行人员可借助接地指示装置来发现故障并及时处理，这可大大提高供电的可靠性。但是，当发生单相接地故障且接地电弧不稳定，处于时燃时灭的状态时，会产生间歇电弧接地过电压，也称弧光接地过电压。

中性点不接地系统发生单相接地时，通过接地点的电流 I_{jd} 是非故障相对地电容电流的总和。接地电流每一次通过零点时，电弧都要有一个暂时性熄灭，当恢复电压超过其恢复强度时又将再次发生对地击穿。当 I_{jd} 太大时，这一暂时性熄灭时间微不足道，可认为电弧是稳定燃烧。当 I_{jd} 太小时，由于绝缘强度恢复很快，难以再次击穿，电弧转为永久性熄灭。而当 I_{jd} 为数安至数百安时，电弧暂时性熄灭约为半个工频周期，伴随着每次的再击穿，都会引起系统中电磁能量的强烈振荡，使非故障相、中性点甚至故障相产生暂态过电压。

在分析间歇性电弧接地过电压时，电弧的熄灭与重燃时间是必须考虑的因素。系统单相接地时通过弧道的电流有两个分量：工频电流（强制）分量和高频电流（自由）分量。以高频电流第一次过零时电弧熄灭为前提进行分析，称为高频熄弧理论；以工频电流过零时电弧熄灭为条件进行分析，称为工频熄弧（Peters 和 Slepian）理论。两种理论的分析方法和考虑的影响因素是相同的，但与电网的实际测量值相比较，高频理论分析所得过电压偏高，工频理论分析所得过电压值较接近实际值。下面采用工频熄弧理论解释间歇电弧接地过电压的发展过程。

设三相电源相电压为 e_A、e_B、e_C，线电压为 e_{AB}、e_{BC}、e_{CA}，各相对地电压 u_A、u_B、u_C，如图 10-2-7 所示。若 A 相电压为幅值（$-U_m$）时对地闪络，令 $U_m=1$，则 B、C 相对地电容 C_0 上初始电压为 0.5，将过渡到新的稳态瞬时值 1.5，过渡过程中可能出现的最大电压为 2.5。之后，快速振荡衰减，B、C 相电压稳定在线电压 e_{AB} 和 e_{CA}，同时，接地点通过工频接地电流 I_{jd}，其相位角比 e_A 滞后 90°。

经过半个工频周期（t_1 时），B、C 相电压等于 -1.5，A 相为零，I_{jd} 通过零点，电弧暂时熄灭，即发生了第一次工频熄弧。在熄弧瞬间，系统三相储有电荷 $q=2C_0(-1.5)=-3C_0$，假设电荷无泄漏，平均分配在三相对地电容中，形成电压的直流分量 $q/3C_0=-3C_0/3C_0=-1$，所以，熄弧后导线对地电压由各相电源电压和直流电压（-1）叠加而成。B、C 相电源电压为 -0.5，叠加后为 -1.5，A 相电源电压为 1，叠加后为零。因而，熄弧前后各相对地电压不变，不会引起过渡过程。

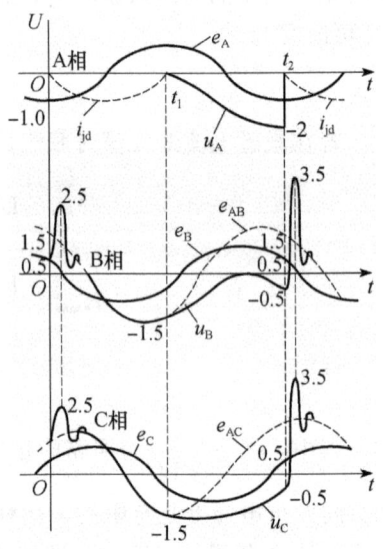

图 10-2-7 间歇性电弧接地过电压的发展过程

熄弧后，再经过半个工频周期（t_2 时），A 相对地电压高达 -2，设此时发生重燃，则使 B、C 相电压从初始值（-0.5）趋于线电压瞬时值 1.5，过渡过程最高电压为 $2\times 1.5-(-0.5)=3.5$。振荡衰减后，B、C 相仍稳定在线电压运行。往后，每隔半个工频周期，将依次发生熄弧和重燃，其过渡过程与上述过渡过程完全相同，非故障相最大过电压 $U_{Bm}=U_{Cm}=3.5$，故障相最大过电压 $U_{Am}=2$。

在实际电网中发生间歇电弧接地时，熄弧和重燃是随机的，并不总在最严重的情况时发生，另外考虑线路相间电容的影响、绝缘子串泄漏残留电荷的影响以及电网损耗电阻对过渡过程振荡的衰减作用等。实际电网中间歇电弧接地过电压倍数比理论分析要小。

从以上分析来看，间歇电弧接地过电压的幅值并不高，对于中性点不接地电网的正常设备，因其具有较大的绝缘裕度，是能承受的。但是过电压持续时间长，过电压遍及全网，对网内绝缘较差的老设备、线路上存在的绝缘弱点，尤其是直配电网中绝缘强度很低的旋转电机等将存在较大威胁，因此必须对间歇电弧接地过电压予以重视。

防止产生间歇电弧接地过电压的根本途径是消除间歇电弧，可采取的措施有：一是中性点直接接地（或经小阻抗接地），使系统在单相接地时引起较大的短路电流，继电保护切除故障线路，使对地电容储存的剩余电荷直接经中性点入地。二是中性点经消弧线圈接地，补偿单相接地电流和减弱弧道恢复电压上升速度，促使电弧存在时间大为缩短，使得高幅值过电压出现的概率减小。三是在中性点不接地的系统中，若线路过长，当运行条件许可，可采用分网运行的方式，减小接地电流，有利于接地电弧的自熄。另外人为增大相间电容也是抑制间歇电弧过电压的有效措施。

10.2.5 操作过电压的限制措施

从前述可知，电力系统操作过电压种类不同，其特性各异，所采用的限制措施也各不相同。将系统中性点经消弧线圈接地可以防护间歇电弧接地过电压所带来的危害；切空变过电压可用一般的避雷器保护；切空线过电压可用提高断路器灭弧能力避免重燃的办法来解决；合空线过电压通常将断路器装设并联电阻作为主要措施。另外，也可以采用性能良好的避雷器限制操作过电压，由于操作过电压持续时间比雷电过电压长，虽然幅值较低，但能量很大，必须满足相应的技术要求，一般作为后备的保护措施。

1. 利用断路器并联电阻限制合闸过电压

为了限制合闸过程中的过电压，在断路器主触头 S_1 上并联一个大容量电阻，并在主触头外串联一个辅助触头 S_2，如图 10-2-8 所示。合闸过程是：辅助触头 S_2 先合闸，将并联电阻 R 串入 LC 回路中，经过 1.5～2 个工频周期后，主触头 S_1 再合闸，将 R 短接，完成整个合闸操作。整个合闸过程分成两个阶段，减小每一个阶段过渡过程的起始值与稳态值的差值，即减小了振荡分量的幅值。又由于电阻的阻尼作用，振荡过程的衰减加快，从而使过电压幅值受限。

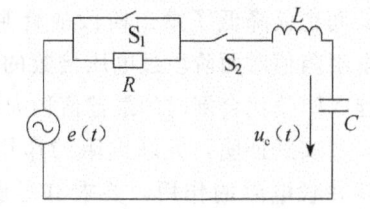

图 10-2-8 带有并联电阻的断路器合闸空载线路

下面讨论合空线断路器并联电阻的选择。

第一阶段，设电源电动势 $e(t)=E_m\sin(\omega t+\phi_0)$，考虑最严重的情况，合闸时（$\phi_0=$

90°），若无并联电阻（$R=0$），则合闸后线路电压的稳态值为

$$u_C(t) = U_{Cm}\cos\omega t$$

式中，$U_{Cm}=\dfrac{\dfrac{1}{\omega C}}{\dfrac{1}{\omega C}-\omega L}E_m$，最大可能的过电压幅值将为 $2U_{Cm}$。

若断路器有并联电阻，辅助触头 S_2 先合，R 串入回路，分析此时的 RLC 回路，线路电压的稳态值

$$u'_C(t) = U'_{Cm}\cos(\omega t - 90° + \phi)$$

式中，$\phi = \tan^{-1}\dfrac{\dfrac{1}{\omega C}-\omega L}{R}$；$U'_{Cm}=\dfrac{\dfrac{1}{\omega C}}{\dfrac{1}{\omega C}-\omega L}E_m\sin\phi$。

可见 $U'_{Cm} < U_{Cm}$，而且电阻 R 对自由分量的阻尼作用，R 值越大，U'_{Cm} 越低。这个阶段中过电压幅值 $U_{C,\max} < 2U'_{Cm}$。

第二阶段，1.5~2 工频周期后（t_0 时刻），主触头 S_1 闭合，将 R 短接，过渡过程的起始值是 u'_{Cm}，$t=t_0$，线路电压由 $u'_C(t_0)$ 变到 $u_C(t_0)$，在振荡过程中，自由分量的振幅

$$u_C(t_0) - u'_C(t_0) = U_{Cm}[\cos\omega t_0 - \sin\phi\cos(\omega t_0 - 90° + \phi)]$$
$$= U_{Cm}\cos\phi\cos(\omega t_0 + \phi)$$

在 $\omega t_0 = -\phi$ 时达到最大值，为 $U_{Cm}\cos\phi$。可见 R 值越小，自由分量的振幅越小；反之，振幅越大。当 $R=\infty$（相当于无并联电阻），振幅即为 U_{Cm}。

过电压最大值为

$$U_{Cm,\max} = U_{Cm} + U_{Cm}\cos\phi = U_{Cm}(1+\cos\phi)$$

从限制过电压的角度出发，两个阶段所要求的并联电阻阻值是不同的，如图 10-2-9 所示。第一阶段过电压的幅值随 R 的增大而迅速下降；但第二阶段中，若 R 增大，则第二阶段的过电压幅值也逐渐加大。显然两曲线交点为最佳的电阻值，这时两阶段的过电压大小一样。研究表明，此时 $R \approx (0.5 \sim 2.0)Z$，$Z$ 为线路波阻抗，$Z \approx 400\ \Omega$，因而并联电阻应取 200~800 Ω。考虑到制造低阻电阻时通流容量方面的困难，实际选用的电阻值均大于最佳电阻值，但图 10-2-9 中的曲线 2 比较平缓，R 的增加不会使过电压上升太多。

在重合闸情况下，由于在 S_2 闭合的第一阶段，线路上残余电荷经并联电阻泄放，削弱了残余电压的影响，从而也就降低了第二阶段的合闸过电压。重合闸时并联电阻阻值对两阶段过电压倍数的影响亦见图10-2-9，其最佳电阻值比合闸时的最佳值稍大。

实践证明，并联电阻的作用是明显的，为了充分发挥并联电阻的作用，要求有足够的并联电阻接入时间，使 S_1 合闸时前一阶段的过渡过程基本结束，不再对第二阶段产生不利的影响。我国 500 kV 断路器并联电阻的接入时间一般为 10~15 ms。

由切空线时断路器触头间的重燃引起的过电压也可

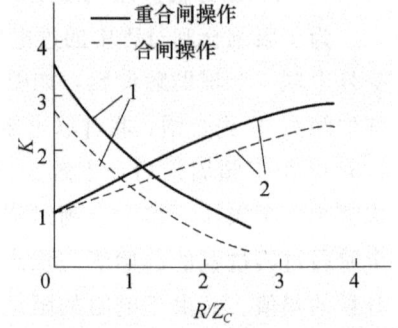

图 10-2-9 合闸电阻值与过电压倍数 K 的关系

以用断路器并联电阻来限制。并联电阻限制切空线过电压的作用有两种：首先是降低了触头间的恢复电压，减小了重燃的机会；其次是本身即可降低重燃后的过电压。从降低触头间恢复电压的角度，希望 R 小些，这样触头 S_1 间的恢复电压低；而断开 S_2 时希望 R 大些，以阻尼重燃过电压。可见切空线与合空线要求的断路器的并联电阻是不同的。

对于切空变过电压，要想用并联电阻进行限制，需更高的阻值，为几万欧姆，无法统一，不予考虑，而是用避雷器来限制切空变过电压。切空线过电压可用提高断路器灭弧能力避免重燃的办法来解决。在实际的断路器制造中，通常将断路器装设并联电阻作为限制合空线过电压的主要措施。

2. 利用避雷器限制操作过电压

长期以来，避雷器一直是限制电力系统雷电过电压的主要措施，随着阀式避雷器性能的改进，以及新型无间隙金属氧化物避雷器的发展和广泛应用，使得利用避雷器限制操作过电压成为可能。在我国的超高压系统中，设备的操作冲击绝缘水平是由避雷器的操作冲击残压决定的，由于采用了带并联电阻的断路器，因而只有在并联电阻失灵或其他意外情况下，才会出现幅值较高的操作过电压，避雷器才动作。

避雷器在限制操作过电压时应注意以下几个问题：

1) 磁吹阀式避雷器间隙的操作波放电电压可能与工频放电电压数值不同，而且分散性大；

2) 操作过电压下流过避雷器的电流一般小于雷电流，但持续时间长得多，对避雷器的通流容量要求更严格；

3) 操作过电压下避雷器可能动作多次，对阀片的通流容量和间隙的灭弧性能要求苛刻。

在几种常见的操作过电压中，以合空线或重合闸过电压下，避雷器动作时受到的考验最为严峻。此时线路与电源相连，过电压能量可以从电源中得到补充。由于避雷器电流中包含高频及工频分量，这就要求避雷器间隙在较高的恢复电压下能切断工频续流，否则在下一工频半波就会重燃，甚至会连续动作 2~3 次。为使避雷器能可靠地动作，必须要求避雷器放电间隙具有足够强的熄弧能力，阀片具有足够大的通流容量。

在切空线过电压作用下，通过避雷器的电流有如下特点：

1) 通过避雷器的电流波形近于矩形，其持续时间 τ 与线路长度 l 成正比，$\tau = \dfrac{2l}{v}$。

2) 避雷器电流的幅值与电压等级及系统的过电压水平有关，而与线路长度关系不大。如我国 500 kV 线路避雷器电流约为 1~1.5 kA，330 kV 约为 1 kA。

可见，通过避雷器的电流使避雷器工作在恶劣的环境，考虑通过避雷器电流的这两个特点则要求避雷器有较大的通流容量。

利用避雷器限制操作过电压是有一定保护范围的。自线路首端发出的过电压波使线路末端避雷器动作，而后者发出的反极性过电压波需要一段时间后才能到达首端，此时首端过电压可能已经越过最大值。即一般情况下，末端避雷器不能限制首端过电压幅值，只是缩短其持续时间而已。同样，首端避雷器一般也不能限制末端过电压。模拟计算表明，通常磁吹避雷器限制操作过电压的保护范围只有百公里左右，而氧化锌避雷器由于动作电压低，放电早，它的保护范围可达 200~300 km。在超高压系统中，线路较长，都是双端供电，因此都在线路首、末端同时装设避雷器，同时要注意到长线路的电容效应，合理选择避雷器的参数。

10.3 谐振过电压

电力系统中存在着大量的电感和电容元件，如电力变压器、互感器、发电机、消弧线圈、电抗器及线路导线电感等均可视为电感元件，导线对地和相间电容、串联和并联补偿电容器组、高压设备的杂散电容等均可视为电容元件。当系统中出现扰动时（如进行操作或发生故障），这些电感、电容元件可能形成各种不同的振荡回路，在一定的电源作用下，会发生谐振现象，导致系统中某些部分或设备上出现严重的过电压，这就是谐振过电压。

谐振过电压不仅会在进行操作或发生故障的过程中产生，而且可能在过渡过程结束后的较长时间内稳定存在，直到发生新的操作，谐振条件受到破坏为止。因此，谐振过电压持续时间长，性质上属于暂时过电压。

谐振过电压的危害不仅决定于其幅值的大小，也决定于持续时间的长短。高幅值的过电压能危及电气设备的绝缘，持续的过电流可将小容量的电感元件设备（如电压互感器）烧毁，而且还可能影响过电压保护装置的工作条件，如影响阀式避雷器的灭弧条件。

10.3.1 谐振的类型

通常认为系统中的电阻和电容元件为线性参数，电感元件则一般有三类不同的特性参数，即在特定条件下，有些电感元件是线性的，有些是非线性的，有的电感元件参数大小呈周期性变化。它们在一定的电容参数和其他条件配合下，可以产生三种不同类型的谐振现象。

1. 线性谐振

电路中电感参数为常数。这类电感元件主要有不带铁芯的电感元件（如输电线路的电感、变压器的漏电感）及激磁特性接近线性的带铁芯的电感元件（如消弧线圈，其铁芯常带有间隙）。在交流电源的作用下，当系统回路的自振频率等于或接近电源频率时，可能产生线性谐振，在电感、电容元件上产生很高的过电压。

在电力系统运行中，空载线路达到一定长度时（1/4 电源波长，1 500 km），就会发生工频谐振，不对称接地故障或非全相操作则使谐振时的导线长度更加缩短。此外，还有两种补偿电网中的线性谐振，一是消弧线圈补偿电网中的线性谐振，二是超高压补偿线路（并联电抗器）中不对称切合引起的工频谐振。

线性谐振要求比较严格的参数配合。实际电力系统往往可以在设计或运行中避开谐振范围来避免线性谐振过电压。

2. 铁磁谐振（非线性谐振）

电路中的电感元件因带有铁芯产生饱和现象，电感参数随电流或磁通的变化而变化。这种含有非线性电感元件的电路，在满足一定条件下，会发生铁磁谐振，并具有一系列特有的性质，可在电力系统中引发某些严重事故。

在电力系统运行中，因导线的折断、断路器非全相动作或严重的不同期操作、熔断器的一相或两相熔断等造成系统非全相运行状态时可能发生铁磁谐振，由此产生的过电压称为断线谐振过电压。这种过电压的出现将导致系统中性点位移、负载变压器的相序反顷、绕组电流剧增等，严重情况时，将使绝缘闪络、避雷器爆炸、电气设备损坏，某些情况下，过电压会传递至绕组的另一侧，造成危害。

在中性点不接地系统中出现某些扰动（例如断路器不同期操作、接地故障消失），使电磁式电压互感器三相电感有不同程度的饱和，此时，与系统的对地电容形成铁磁谐振回路，可能激发起工频位移过电压或谐波谐振过电压。

在超高压电网中往往有串联、并联补偿装置，这些集中的电容、电感元件使网络增加了谐振的可能性，主要有串、并联补偿网络的分频谐振和发电机变压器单元接线带空载长线的高频铁磁谐振。

3. 参数谐振

系统中某些元件的电感参数做周期性的变化，例如凸极发电机的同步电抗在 $X_d \sim X_q$ 间做周期性变化。当发电机带有电容性负载（如空载线路），由于容性电流的助磁作用，在参数配合不当时，可能产生参数谐振现象。此时，即使激磁电流很小，甚至为零，也会使发电机的端电压和电流急剧上升，最终产生很高的参数谐振过电压和过电流。这种现象又称为电机的自励磁，所产生的过电压又称为自激过电压。

谐振所需能量是由改变电感参数的原动机供给的。由于回路中有损耗，只有参数变化时所引入的能量足以补偿回路中的损耗，才能保证谐振的发展。谐振发生后，理论上振幅趋向无穷大，而不像线性谐振那样受到回路电阻的限制。但实际上电感的饱和会使回路自动偏离谐振条件，从而限制了谐振过电压和过电流的幅值。发电机投入电网运行前，设计部门要进行自激的校核，避开谐振点。另外还可以采用快速自动调节励磁装置、增大振荡回路的阻尼电阻等措施来消除参数谐振现象。

10.3.2 铁磁谐振过电压

图 10-3-1 所示的简单 L-C 串联谐振电路，图中电感为非线性电感，特性如图 10-3-1b 中的 $U_L(I)$。略去损耗，由于电感值不是常数，回路没有固定的谐振频率，同样的回路中，既可能发生谐振频率等于电源频率的基频谐振，也可能发生电源频率整数倍的高次谐振和分数倍的分次谐振。具有各种谐波谐振的可能性是铁磁谐振的一个重要特点。

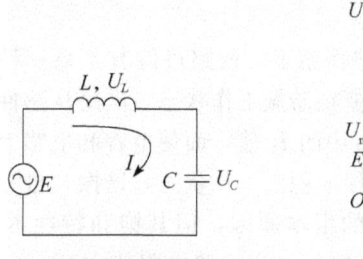
a）串联铁磁谐振电路

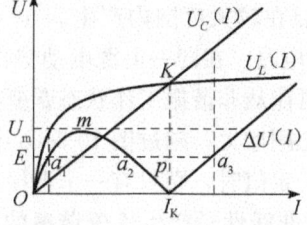
b）串联铁磁谐振电路的特征曲线

图 10-3-1 铁磁谐振

但这些高次谐波和分次谐波分量在基频谐振下不起主要作用，在分析中可以忽略。这样谐振下的电压和电流仍可看作正弦波，就可以应用交流符号法求解。下面以基波谐振为例，分析铁磁谐振产生的条件和特点。

图 10-3-1b 所示为电感及电容上电压随电流变化的伏安特性 $U_L(I)$、$U_C(I)$。$U_C(I) = I/\omega C$ 是一条直线，$U_L(I)$ 在起始阶段为一直线，其斜率称为起始感抗 X_{L0}（即在额定电压下的励磁感抗）。随着电流的增加，铁芯逐渐饱和，电感值下降，$U_L(I)$ 不再是直线。

在满足条件 $\omega L > \dfrac{1}{\omega C}$ 时，在 $I = I_K$ 处 $U_L(I)$ 与 $U_C(I)$ 有交点 K，此时有 $U_L = U_C$，如同线性回路的谐振点。在电流逐渐增大的过程中电路由感性经 K 点后变为容性。若忽略回路电阻，电路元件上的压降与电源电动势的平衡关系有

$$\dot{E} = \dot{U}_L + \dot{U}_C \tag{10-3-1}$$

上面平衡式可用电压降总和的绝对值 ΔU 来表示，即

$$E = \Delta U = |U_L - U_C| \tag{10-3-2}$$

ΔU 与 I 的关系曲线表示于图 10-3-1b。

根据电动势平衡条件，在一定的电动势 E 作用下，回路可能有 3 个平衡状态，如图 10-3-1 中的 a_1、a_2、a_3 三点，但是要成为实际工作点，还必须满足稳定条件。通常用"小扰动"来判断平衡点的稳定性。例如 a_1 点，若回路中电流稍有增加，$\Delta U > E$，即电压降大于电动势，使回路电流减小，回到 a_1 点。反之，若回路中电流稍有减小，$\Delta U < E$，电压降小于电动势，使回路电流增大，同样回到 a_1 点。因此 a_1 点是稳定点。用同样的方法分析 a_2、a_3 点，即可发现 a_3 点是稳定点，而 a_2 点是不稳定点。

从图 10-3-1b 中可以看到，当电动势较小时，回路存在着两个可能的工作点 a_1、a_3，而当 E 超过一定值以后，可能只存在一个工作点。当有两个工作点时，若电源电动势是逐渐上升的，则能处在非谐振工作点 a_1。为了建立起稳定的谐振点 a_3，回路必须经过强烈的扰动过程，例如发生故障、断路器跳闸、切除故障等，这种需要经过过渡过程建立的谐振现象称之为铁磁谐振的"激发"。而且一旦"激发"起来以后，谐振状态就可以"保持"，维持很长时间不会衰减。

若外加电动势大于图 10-3-1b 中工作点 m 所对应的值时，回路只有一个稳定的谐振工作点，不需要外激发就处于谐振状态，这种情况称为自激现象。

根据以上分析，基波的铁磁谐振有下列特点：

1）产生串联铁磁谐振必要条件是：电感和电容的伏安特性必须相交，即

$$\omega L > \frac{1}{\omega C}$$

因而，铁磁谐振可以在较大范围内产生。

2）对铁磁谐振电路，在同一电源电动势作用下，回路可能有不只一种稳定工作状态。在外界激发下，回路可能从非谐振工作状态跃变到谐振工作状态，电路从感性变为容性，发生相位反倾。回路电流急剧增大，越过图 10-3-1b 中的 I_k 值，而使电容和电感上都出现较高的过电压。若电动势超过一定值时，则只有一个谐振的稳定工作状态，谐振"自激"产生。

3）铁磁元件的非线性是产生铁磁谐振的根本原因，但其饱和特性本身又限制了过电压的幅值。此外，回路中的损耗也能使过电压降低，当回路电阻值大到一定数值时，就不会出现强烈的谐振现象。

电力系统中的铁磁谐振过电压常发生在非全相运行状态中，其中电感可以是空载变压器或轻载变压器的励磁电感、消弧线圈的电感、电磁式电压互感器的电感等。电容是导线的对地电容、相间电容及电感线圈对地的杂散电容等。

由于涉及三相系统的不对称开断、断线、非线性元件特性，分析铁磁谐振过电压有一定的

困难，一般常采用戴维南法则，将三相电路简化为图 10-3-1a 所示的简单串联谐振电路，然后用图解法求出各点电压及分析谐振条件。

为了限制和消除铁磁谐振过电压，已找到了许多有效的措施：

1) 改善电磁式电压互感器的励磁特性，或改用电容式电压互感器。

2) 在电压互感器开口三角绕组中接入阻尼电阻，或在电压互感器一次绕组的中性点对地接入电阻。

3) 在有些情况下，可在 10 kV 及以下的母线上装设一组三相对地电容器，或用电缆段代替架空线段，以增大对地电容，从参数搭配上避免谐振。

4) 特殊情况下，可将系统中性点临时经电阻接地或直接接地，或投入消弧线圈，也可以按事先规定，投入某些线路或设备以改变电路参数，消除谐振过电压。

目前用来限制谐振过电压的装置基本原理都是设法改变回路参数，破坏铁磁谐振条件，接入阻尼电阻，使谐振过电压得到有效限制。

习 题

1. 为什么在超高压网络中很重视工频电压升高？引起工频电压升高的主要原因有哪些？
2. 解释空载长线路的电容效应现象。线路首端有串联电感和末端有并联电感对线路电容效应将产生什么影响？
3. 某 550 kV 线路，长度为 250 km，电源电动势为 E，电源漏抗 $X_S = 263\ \Omega$，线路每单位长度正序电感和电容分别为 $L_0 = 0.9\ \mu H/m$、$C_0 = 0.0127\ nF/m$。求线路末端开路时的线末电压。若线末接有并联电抗器 $X_L = 1\,837\ \Omega$，求线末电压对电源电动势的比值及沿线电压分布中的最高电压值。
4. 某 330 kV 线路全长，线路正序波阻 $Z_1 = 310\ \Omega$，零序波阻 $Z_0 = 660\ \Omega$，正序波速 $v_1 = 3 \times 10^5$ km/s，零序波速为 $\frac{2}{3} v_1$，电源电势为 E，设空载线路末端单相接地，求线末非故障相的电压升高。
5. 分别列出在中低压、高压、超高压系统中，具有代表性、幅值较高的操作过电压。
6. 影响合空线过电压的主要因素有哪些？
7. 若用避雷器限制切空载线路过电压，则对避雷器提出什么要求？
8. 开断一台 220 kV、120 MVA 的三相电力变压器，其空载励磁电流 I_0 等于额定电流的 2%，高压绕组每相对地电容 $C = 5\,000$ pF，求在 I_0 为幅值时截流可能引起的过电压倍数。
9. 说明断路器灭弧能力的强弱对切空载变压器过电压和切空载线路过电压的影响。
10. 说明断路器并联电阻在切、合空载线路中限制过电压的作用。
11. 试述消除间歇性电弧接地过电压的途径。
12. 试系统地列出超高压网络中限制操作过电压的措施。
13. 为什么含有非线性电感的 L-C 串联电路会出现多个工作点？比较线性谐振与非线性谐振的差异。
14. 某 10 kV 系统，中性点不接地，有一条 10 km 长线路末端接有容量为 180 MVA、$I_0 = 6.5\%$ 的空载变压器，线路对地电容 $C_0 = 0.005\ \mu F/km$。试分析线路末端单相断线并在负载侧接地时，会否产生基波谐振？

第 11 章

电力系统的绝缘配合

11.1 绝缘配合的原则

电力系统绝缘配合是指综合考虑电气设备在系统中可能承受的各种作用电压（工作电压及过电压）、保护装置的特性和设备绝缘对作用电压的耐受特性之间的关系，合理地确定设备的绝缘水平，以使设备造价、维护费用和设备绝缘故障引起的事故损失最小，达到在经济和安全运行上最高的总体效益。电力系统绝缘配合是一个复杂的、综合性很强的技术经济问题。

电气设备的绝缘水平是指设备绝缘能耐受的试验电压值（耐受电压），在此电压作用下，绝缘不发生闪络、击穿或其他损坏现象。对应设备绝缘可能承受的各种作用电压，绝缘水平分为全波基本冲击绝缘水平（BIL）、基本操作冲击绝缘水平（BSL）以及工频绝缘水平。在进行绝缘试验时，BIL 对应于考核绝缘承受雷电过电压作用能力的雷电冲击试验；BSL 对应于考核绝缘承受操作过电压作用能力的操作冲击试验；工频绝缘水平对应于考核绝缘承受运行电压、工频过电压及等价承受操作过电压和雷电过电压能力的短时（1 min）工频试验及考核绝缘承受运行电压和工频过电压作用下内绝缘老化和外绝缘耐污秽性能的长时间（1~2 h）工频试验。

绝缘配合的核心问题是确定各种电气设备的绝缘水平。在不同电压等级系统中绝缘配合的具体原则不同，同时还要按照不同的系统结构、不同的地区及电力系统不同发展阶段来进行具体的分析。

在 220 kV 及以下系统中，电气设备的绝缘水平由雷电过电压决定。限制雷电过电压的措施主要是采用避雷器，避雷器的雷电冲击保护水平是确定设备绝缘水平的基础。由这样确定的绝缘水平在正常情况下能耐受操作过电压的作用，故 220 kV 及以下系统一般不采用专门的限制内部过电压的措施。

在 330 kV 及以上的超高压系统中，操作过电压的幅值较高，一般需采用专门的限制内部过电压的措施，如并联电抗器、带有并联电阻的断路器及金属氧化物避雷器等。由于限制过电压的措施和要求不同，绝缘配合的做法也不同。例如，俄罗斯等国主要用复合型磁吹避雷器及过电压限制器限制操作过电压，所以是按避雷器的操作过电压保护特性确定设备绝缘水平；美国、日本、法国等主要通过改进断路器的性能，将操作过电压限制到预定的水平，避雷器是作为操作过电压的后备保护，实际上，设备绝缘水平是以雷电过电压下避雷器的保护特性为基础确定的。我国采用后一种做法。无论哪种做法，均以避雷器保护特性为基础。对于输电线路绝缘水平的选择，仍以保证一定的耐雷水平为目标。

随着限制过电压措施的不断完善，当过电压被限制到1.7～1.8倍或更低时，长时间工作电压就可能成为决定系统绝缘水平的主要因素。

在污秽地区，外绝缘强度受污秽影响而大大降低，污闪事故常在恶劣气象条件和工作电压下发生。所以，严重污秽地区电力系统外绝缘水平主要由系统最大运行电压所决定。

由于不同时期的电网结构不同，过电压水平不同，以及发生事故造成后果不同，对绝缘水平的确定也存在一定的差异。在电网发展初期，系统联系薄弱，一旦发生故障，经济损失大。到了发展中、后期，系统联系加强，保护性能改善，出现故障的经济损失降低。因此，对同一电压等级，不同地点、不同类型的设备，允许选择不同的绝缘水平。一般在电网建设初期选用较高的绝缘水平，发展到中、后期，可选用较低的绝缘水平。为了适应这种需要，国际电工委员会（IEC）和我国国家标准对同一电压等级的设备，对应有几个绝缘水平以供选择。

从运行的可靠性出发，在各种电压作用下，所选择的绝缘水平其等效安全系数应大致相同。

我国国家标准 GB 311.1—1997 规定的 3～500 kV 电气设备雷电冲击、操作冲击、工频试验电压值见表11-1-1、表11-1-2 和表11-1-3。

表 11-1-1　国家标准规定的各类设备的雷电冲击耐受电压　　　　　（单位：kV）

系统标称电压（有效值）	设备最高电压（有效值）	额定雷电冲击（内、外绝缘）耐受电压（峰值）						截断雷电冲击耐受电压（峰值）
		变压器	并联电抗器	耦合电容器、电压互感器	高压电力电缆②	高压电器	母线支柱绝缘子、穿墙套管	变压器类设备的内绝缘
3	3.5	40	40	40		40	40	45
6	6.9	60	60	60		60	60	65
10	11.5	75	75	75		75	75	85
15	17.5	105	105	105	105	105	105	115
20	23.0	125	125	125	125	125	125	140
35	40.5	185/200①	185/200①	185/200①	200	185	185	220
66	72.5	325	325	325	325	325	325	360
		350	350	350	350	350	350	385
110	126	450/480①	450/480①	450/480①	450	450	450	530
		550	550	550	550			

(续)

系统标称电压（有效值）	设备最高电压（有效值）	额定雷电冲击（内、外绝缘）耐受电压（峰值）						截断雷电冲击耐受电压（峰值）
		变压器	并联电抗器	耦合电容器、电压互感器	高压电力电缆②	高压电器	母线支柱绝缘子、穿墙套管	变压器类设备的内绝缘
220	252	850	850	850	850	850	935	950
		950	950	950	950 / 1 050	950	950	1 050
330	363	1 050				1 050	1 050	1 175
		1 175	1 175	1 175	1 175 / 1 300	1 175	1 175	1 300
500	550	1 425			1 425	1 425	1 425	1 550
		1 550	1 550	1 550	1 550	1 550	1 550	1 675
			1 675	1 675	1 675	1 675	1 675	

① 斜线下的数值仅用于该类设备的内绝缘。
② 对高压电力电缆耐受电压是指在热状态下的耐受电压值。

表 11-1-2　国家标准规定的各类设备的短时（1 min）工频耐受电压（有效值）　　（单位：kV）

系统标称电压（有效值）	设备最高电压（有效值）	内、外绝缘（干试与湿试）				母线支柱绝缘子	
		变压器①	并联电抗器①	耦合电容器、高压电器、电压互感器和穿墙套管②	高压电力电缆②	湿试	干试
3	3.5	18	18	18/25		18	25
6	6.9	25	25	23/30		23	32
10	11.5	30/35	30/35	30/42		30	42
15	17.5	40/45	40/45	40/45	40/45	40	57
20	23.0	50/55	50/55	50/65	50/55	50	68
35	40.5	80/85	80/85	80/95	80/85	80	100
66	72.5	140	140	140	140	140	165
		160	160	160	160	160	185
110	126	185/200	185/200	185/200	185/200	185	265
220	252	360	360	360	360	360	450
		395	395	395	395	395	495
					460		
330	363	460	460	460	460		
		510	510	510	510		
					570		
500	550	630	630	630	630		
		680	680	680	680		
				740	740		

注：表中给出的 330～500 kV 设备的短时工频耐受电压仅供参考。
① 该栏中斜线下的数据为该类设备的内绝缘和外绝缘干状态的耐受电压。
② 该栏中斜线下的数据为该类设备的外绝缘干耐受电压。

表 11-1-3　国家标准规定的 330～500 kV 输变电设备的操作冲击耐受电压　（单位：kV）

系统标称电压（有效值）	设备最高电压（有效值）	额定操作冲击耐受电压（峰值)		
		相对地	相间	相间与相对地之比
330	363	850	1 300	1.50
		950	1 425	1.50
500	550	1 050	1 675	1.60
		1 175	1 800	1.50

11.2 绝缘配合的方法

1. 惯用法

惯用法是按作用于绝缘上的最大过电压和最小的绝缘强度的概念来配合的，是电力系统绝缘配合长期以来被广泛采用的方法。

应用惯用法时，先要确定设备安装点用作绝缘配合的过电压值，再根据运行经验乘以考虑各种影响因素以及有一定裕度的配合系数，确定绝缘应能耐受的电压水平。再要求设备绝缘的最低抗电强度不低于此耐受电压。即惯用法要求设备绝缘的最低抗电强度高于可能作用于设备的最高过电压，并留有一定的裕度。

由于实际的过电压值和绝缘强度都是随机变量，很难准确确定其上下限，为安全运行，采取留有较大裕度的办法解决。而它确定的绝缘水平是偏严格的，也无法定量地估算绝缘的故障率。

目前，惯用法中所采用的计算用雷电过电压是以避雷器残压为基础决定的。计算用最大操作过电压则按实测和模拟实验的结果统计归纳得出，我国相对地的计算用最大操作过电压的倍数 K。（以电网最高运行相电压幅值为基数）为

66 kV 及以下（低电阻接地系统除外）　　　　4.0；

110 kV 及 220 kV　　　　　　　　　　　　3.0；

330 kV 和 500 kV　　　　　　　　　　　　分别为 2.2 和 2.0。

惯用法对绝缘放电后能恢复其绝缘性能的自恢复型绝缘和一旦绝缘被击穿或损坏就不能自动恢复原有的绝缘性能的非自恢复型绝缘均适用。

2. 统计法

在超高压系统中降低绝缘水平有显著的经济效益，而操作过电压在绝缘配合中起主要作用。绝缘在操作过电压作用下抗电强度分散性很大，若采用惯用法，对绝缘要求偏严。此时采用统计的方法对自恢复绝缘进行绝缘配合。

统计法是根据过电压幅值和绝缘的耐受强度都是随机变量的实际情况，在已知过电压幅值和绝缘放电电压的概率分布后，用计算的方法求出绝缘放电的概率和线路故障率，在技术经济比较的基础上，正确地确定绝缘水平。

设过电压幅值的概率密度函数为 $f(U)$，绝缘放电概率分布函数为 $p(U)$，且 $f(U)$ 与 $P(U)$ 互不相关，如图 11-2-1 所示。$f(U_0)\mathrm{d}U$ 为过电压在 U_0 附近 $\mathrm{d}U$ 范围内出现的概率，$p(U_0)$ 为在过电压 U_0 作用下绝缘放电的概率，这二者是相互独立的。因此，出现这样高的过电压并损坏绝缘的概率为 $p(U_0)f(U_0)\mathrm{d}U=\mathrm{d}R$，称 $\mathrm{d}R$ 为微分故障率，即图 11-2-1 中阴影

部分 dU 区内的面积。

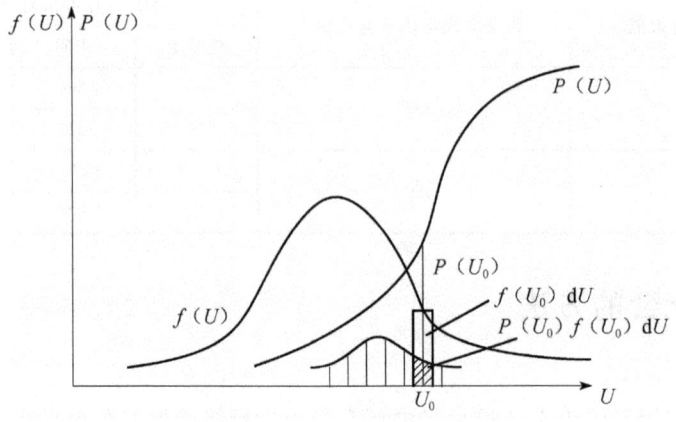

图 11-2-1　绝缘故障率的估算

过电压是按绝对值统计的（不分正、负极性，约各占一半），并根据过电压的含义，应有 $U > U_{xg}$（最大运行相电压幅值），所以过电压 U 的范围是 $U_{xg} \sim \infty$（或到某一最大值），故绝缘故障率 R 为

$$R = \int_{U_{xg}}^{\infty} p(U) f(U) \mathrm{d}U$$

R 值是图中阴影部分的总面积，即为绝缘在过电压作用下遭到损坏的可能性，也就是用以表示由某一种过电压造成事故的概率——故障率。

在一定的过电压条件下，即 $f(U)$ 不变，若增加绝缘强度，$p(U)$ 曲线向右移动，阴影面积减小，即故障率减小，其代价是设备投资增大；若降低绝缘强度，$p(U)$ 曲线向左移动，阴影面积增大，即故障率增大，设备维护及事故损失费增大，相当地设备投资费减小。因此，可用统计法按需要对敏感因素作调整，进行一系列试验设计与故障率的估算，根据技术经济比较，在绝缘投资和故障率之间协调，在满足预定故障率的前提下，选择合理的绝缘水平。

采用统计法进行绝缘配合时，安全裕度不是某选定的固定值，而是与绝缘故障率相联系的变化数值。

在实际工程中严格采用统计法是相当繁复和困难的。如对非自恢复绝缘做放电概率的测定，耗资太大，无法接受；对一些随机因素（气象条件、过电压波形影响等）的概率分布有时并非已知，所以统计法此时不适用，从而产生了简化统计法。

3. 简化统计法

简化统计法是设定实际过电压和绝缘放电概率为正态分布规律，并已知其标准偏差。在此设定基础上，上述两条概率分布曲线就可分别用与某一参考概率相对应的点来表示，分别称为统计过电压和统计耐受电压。绝缘故障率就与这两个值有关，通过计算可得故障率 R，再根据技术经济比较，定出能接受的 R 值，选择相应的绝缘水平。

国际电工委员会绝缘配合标准推荐采用出现概率为 2% 的过电压（等于和大于此过电压的出现概率为 2%）作为统计过电压 U_s，推荐采用闪络概率为 10%，即耐受概率为 90% 的电压作为绝缘统计耐受电压 U_w，如图 11-2-2a 所示。绝缘故障率 R 只取决于 U_w 与 U_s 之间的裕度，因此称它们的比值 $K_s = \dfrac{U_w}{U_s}$ 为统计安全系数。

设过电压和绝缘放电概率为正态分布规律,且已知它们的标准偏差分别为 σ_o 和 σ_i,则过电压均值 U_{ao} 及绝缘 50% 放电电压 U_{ai} 可表示为

$$U_{ao} = U_s - 2.05\sigma_o$$
$$U_{ai} = U_w - 2.05\sigma_i$$

因此,只要已知 U_{ao} 及 U_{ai},即可根据下式计算出故障率 R(图 11-2-2b 中的阴影面积 A_1、A_2、A_3)。

$$R = \frac{1}{2} \frac{2}{\sqrt{2\pi}} \int_{\infty}^{\lambda} e^{-\frac{1}{2}t^2} dt$$

其中,$\lambda = \dfrac{U_{ao} - U_{ai}}{\sqrt{\sigma_o^2 + \sigma_i^2}}$,从而可以得到在不同的统计安全系数下绝缘的闪络概率,统计安全系数 K_s 与故障率 R 的关系如图 11-2-2c 所示。

由图 11-2-2b 可见,在过电压保持不变的条件下,提高绝缘水平,$P(U)$ 曲线向右移动时,其 U_w 值增大,K_s 值也增大,故障率 R 会相应减小。

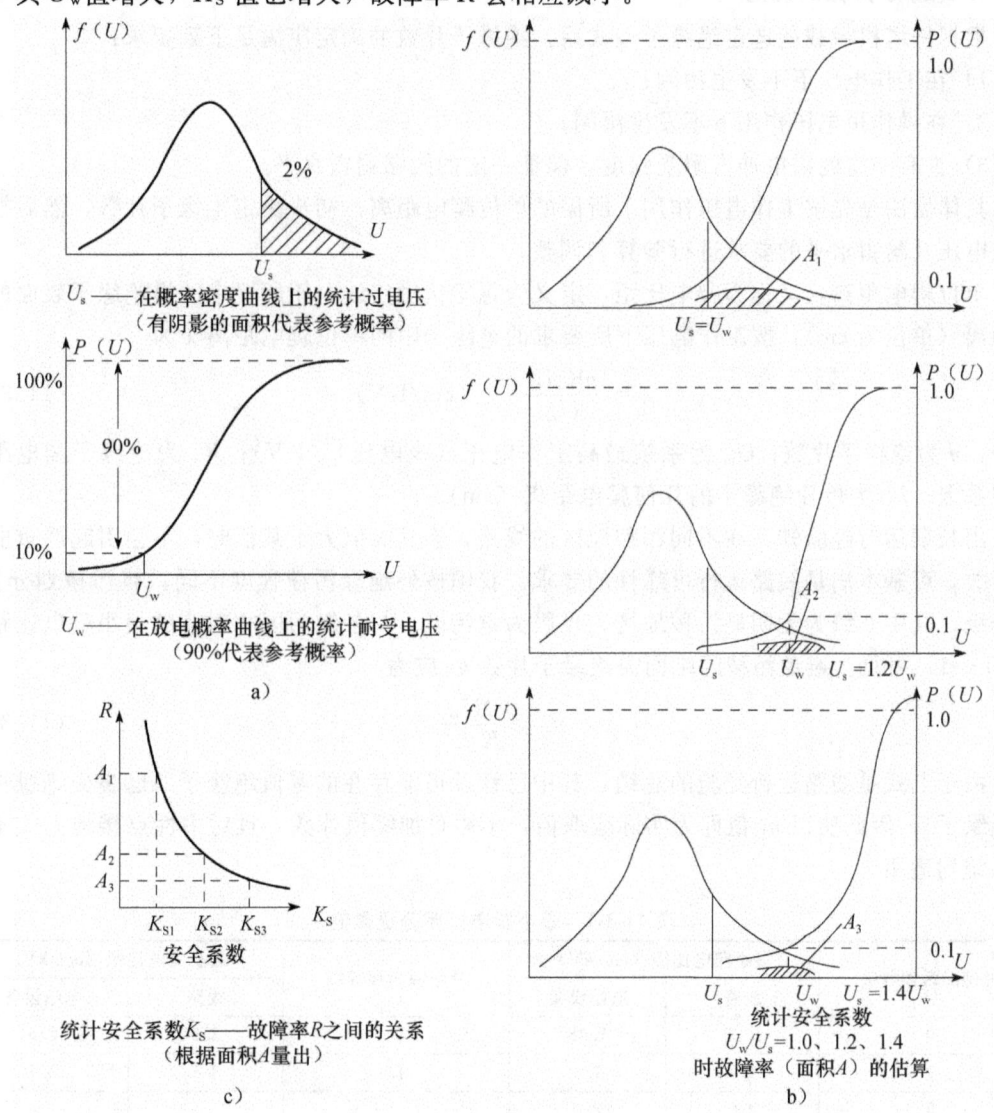

图 11-2-2 简化统计法示意图

应用简化统计法计算绝缘故障率，其值只取决于统计安全系数。从形式上看，简化统计法中统计安全系数的表达类似于惯用法中最低绝缘强度与最大过电压之间的配合。但惯用法没有引入参数的统计概念，不估算绝缘故障率。或者说，惯用法要求绝缘故障率很小，这与统计法不同。

目前，对各电压等级的非自恢复绝缘和降低绝缘的经济效益不显著的 220 kV 及以下自恢复绝缘，仍一直沿用惯用法进行绝缘配合。只在某些超高压线路，有采用简化统计法进行绝缘配合的工程实例。

11.3 架空线路绝缘水平的确定

架空输电线路上发生的事故主要是绝缘子串的沿面放电和导线对杆塔或导线间空气间隙的击穿。确定线路绝缘水平就是要确定线路绝缘子串的绝缘子片数及导线对杆塔、构架的空气距离，它们均属自恢复型绝缘，但目前大多仍采用惯用法来进行绝缘配合。

1. 绝缘子片数的确定

根据杆塔机械载荷选定绝缘子型式后，绝缘子片数的确定应满足下列要求：

1) 在工作电压下不发生污闪；
2) 在操作过电压作用下不发生湿闪；
3) 具有一定的雷电冲击耐受强度，保证一定的线路耐雷水平。

具体做法是先按工作电压作用下所需的单位爬电距离，初步决定绝缘子片数，然后按操作过电压及耐雷水平的要求进行验算和调整。

单位爬电距离，又称为爬电比距，定义为每千伏额定线电压所要求的沿绝缘子表面的泄漏距离（单位为 cm），按工作电压下所要求的绝缘子串的单位爬电距离 λ 为

$$\lambda = \frac{nK_e L_0}{U_m} \quad \text{(cm/KV)} \tag{11-3-1}$$

式中，n 为绝缘子片数；U_m 为系统最高工作电压（线电压）(KV)；K_e 为绝缘子爬电距离有效系数；L_0 为单片绝缘子的几何爬电距离（cm）。

由长期运行经验知，在不同污秽地区的线路，当其 λ 值大于某值时，不会引起严重的污闪事故，可基本满足线路运行可靠性的要求。我国按外绝缘污秽程度不同，将污秽划分为 5 个等级，其中 0 级为无明显污秽地区，Ⅳ 级为重污区，与各级污区相对应的最小爬电比距见表 11-3-1。可见为避免污秽闪络而需绝缘子片数 n_1 应为

$$n_1 \geqslant \frac{\lambda U_m}{K_e L_0} \tag{11-3-2}$$

由于上式是线路运行经验的总结，其中已计及可能存在的零值绝缘子（已丧失绝缘性能的绝缘子），因此所得 n_1 值即为实际应取值，不需再加零值片数。且对中性点接地方式不同的系统均适用。

表 11-3-1 最小爬电比距分级数值

外绝缘污秽等级	最小爬电比距 (cm/kV)		外绝缘污秽等级	最小爬电比距 (cm/kV)	
	线路	电站设备		线路	电站设备
0	1.39	1.48	Ⅲ	2.5	2.5
Ⅰ	1.6	1.6	Ⅳ	3.1	3.1
Ⅱ	2.0	2.0			

绝缘子串的片数要满足耐受操作过电压的要求，即绝缘子串的湿闪电压要大于可能出现的操作过电压，并综合考虑各种影响因数留有10%的裕度。于是有

$$U_{sh} = 1.1 K_0 U_{xg} \tag{11-3-3}$$

式中，U_{sh} 为绝缘子串操作（或工频）湿闪电压；K_0 为操作过电压计算倍数；U_{xg} 为系统最高运行相电压幅值。

在没有完整的绝缘子串操作湿闪电压数据时，可以近似地用绝缘子串工频湿闪电压代替，并利用经验公式修正。在实际运行中，不能排除零值绝缘子存在的可能性。因此，按操作过电压确定每串绝缘子片数时，应增加 1～3 个零值绝缘子的 n_2 值。

最后，绝缘子片数还要按线路雷电过电压进行复核。一般情况下，按爬电比距及操作过电压选定的绝缘子片数能满足线路耐雷水平的要求。在特殊高杆塔或高海拔地区，按雷电过电压要求的绝缘子片数 n_3 会大于 n_1 和 n_2，成为确定绝缘子串绝缘子片数的决定因素。

当线路所在地因海拔高度引起气象条件变化而异于标准状态时，应查相关规定进行校正。发电厂、变电所内的绝缘子串，因其重要性较大，每串绝缘子的绝缘子片数可按线路耐张杆选取。线路耐张杆绝缘子的绝缘子片数要比直线杆多一片。

2. 导线对杆塔空气间隙的确定

为使绝缘子串和空气间隙的绝缘能力都能充分发挥，应选择空气间隙的放电电压与绝缘子串的闪络电压大致相等。确定空气间隙距离同样要根据工作电压、操作过电压和雷电过电压分别计算，并需考虑导线受风力（与风速相关）作用使绝缘子串偏斜的不利因素。

导线对杆塔空气间隙承受的电压，以雷电过电压最高，操作过电压次之，工作电压最低，但从作用持续时间来说，则相反。由于工作电压长时间作用在导线上，应按 20 年一遇的最大风速（约 25～35 m/s）考虑风力，相应的绝缘子串风偏角 θ_1 最大；操作过电压持续时间较短，按最大风速的 50% 计算，相应的风偏角 θ_2 较小；雷电过电压持续时间最短，通常取风速为 10～15 m/s 计算风偏角 θ_3 是最小的。图 11-3-1 中画出 l 长度绝缘子串考虑风偏角后导线对杆塔的空气间隙距离 S_1、S_2、S_3。

与风偏角 θ_1 所对应的间隙距离 S_1，应保证其在工作电压作用下不放电，即 S_1 的 50% 工频放电电压 $U_{50\%(g)}$ 应满足

$$U_{50\%(g)} \geqslant K_1 U_{xg} \tag{11-3-4}$$

式中，K_1 为综合考虑工频电压升高、气象条件、安全裕度等因素的线路气隙工频电压统计配合系数。

与风偏角 θ_2 对应的间距 S_2，应保证其在操作过电压下不发生闪络，其正极性操作冲击电压波 50% 放电电压 $U_{50\%(S)}$ 应满足

$$U_{50\%(S)} \geqslant K_2 U_x = K_2 K_0 U_{xg}$$

式中，K_2 为线路空气间隙操作过电压统计配合系数。

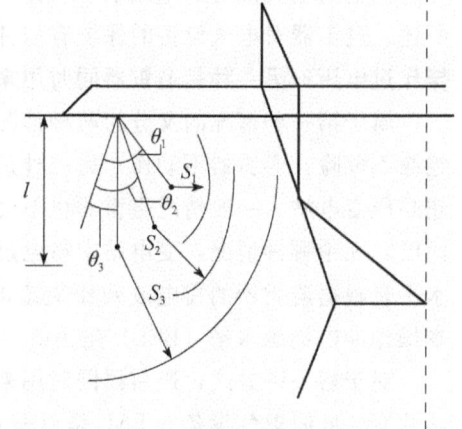

图 11-3-1 绝缘子串风偏角及导线对杆塔的距离

与风偏角 θ_3 对应的间距 S_3，应使其雷电冲击强度与非污秽地区绝缘子串的雷电冲击闪络电压相适应。其雷电冲击电波作用下的 50% 放电电压 $U_{50\%(l)}$ 通常取为绝缘子串的雷电冲击 50% 放电电压值的 85%。这是为了减小绝缘子串的闪络概率，以免损坏绝缘子沿面绝缘。

按上述原则确定了 S_1、S_2、S_3 后，就可得到绝缘子串处于垂直位置时对杆塔的水平距离，即在 $(S_1+l\sin\theta_1)$、$(S_2+l\sin\theta_2)$ 和 $(S_3+l\sin\theta_3)$ 之中选取最大的一个，作为导线对杆塔的最小空气间隙距离。

在实际中，需考虑杆塔尺寸误差、横担变形和拉线施工误差等不利因素，杆塔与导线间的空气间隙在最小间距的基础上应增加一定的裕度。

各级电压线路的 S_1、S_2、S_3 值见表 11-3-2。一般情况下，220 kV 及以下线路中对空气间隙选择起决定作用的是雷电过电压，但随着电压等级的提高，以及输电线路防雷措施的改善，决定空气间隙的过电压可能是操作过电压，而不是雷电过电压。

表 11-3-2　线路绝缘子串最小片数和最小空气间隙距离（cm）

系统额定电压（kV）	35	66	110	220	330	500
XP 型绝缘子片数	3	5	7	13	19（17）	28（25）
工作电压要求的 S1 值	10	20	25	55	90	130
操作过电压要求的 S2 值	25	50	70	145	195	270
雷电过电压要求的 S3 值	45	65	100	190	260（230）	370（330）

注：1. 表内数值适用于海拔 1 000 m 及以下地区的线路直线杆悬垂绝缘子串。
　　2. 330 kV、500 kV 括号内为 XP3 型绝缘子所对应的值。

必须指出，上述空气间隙的选择原则是针对海拔 1 000 m 以下地区的，当海拔超过 1 000 m，每增高 100 m，S_1、S_2 值应增大 10％。如因高海拔或高杆塔而增加绝缘子个数时，S_3 值也相应成比例增加。

11.4　变电站电气设备绝缘水平的确定

变电站内的所有电气设备均受到避雷器的保护，故避雷器在 5 kA（220 kV 及以下）或 10 kA（330～500 kV）下的残压是确定电气设备绝缘水平的基础。

变电站电气设备的绝缘水平与保护设备的性能、接线方式和保护配合原则等有关。如前所述，避雷器对电气设备的保护有两种方式：一种是避雷器只用来保护雷电过电压而不保护操作过电压；另一种是避雷器同时用来保护雷电过电压和操作过电压。

属于第一种情况的又分为两种情况，一是 220 kV 及以下的变电站，操作过电压对正常绝缘不危险，避雷器不动作；另一种是通过改进断路器性能把操作过电压限制到一定水平的超高压变电站，一般情况避雷器也不会在操作过电压作用下动作，避雷器只是作为后备保护而已。无论哪种情况，变电站中雷电过电压水平比操作过电压水平高，因此电气设备的绝缘水平是根据避雷器的雷电波残压决定的，即全波基本冲击绝缘水平（BIL）。电气设备的基本操作冲击绝缘水平（BSL）是由既定的内部过电压计算倍数所决定的。

对于后一种方式，避雷器同时用来保护雷电过电压和操作过电压，这只有在超高压变电站才有。此时电气设备的 BSL 是以避雷器的操作波放电电压为基础来决定的，设备的 BIL 则以避雷器的雷电波残压为基础来确定。这里的操作过电压被控制在避雷器操作波放电电压的水平。

就绝缘配合而论，绝缘水平是指能耐受的试验电压。试验电压是模仿实际中各种作用电压的，因此包括雷电冲击电压波和操作冲击电压波或工频试验电压。雷电冲击电压波又包括全波和截波。

在 220 kV 及以下的系统中，除了型式试验需要进行雷电冲击和操作冲击试验外，一般只做短时（1 min）工频试验。这种工频试验电压实际上是由电气设备的 BIL 和 BSL 共同决定的绝缘水平。图 11-4-1 表明了其确定过程。

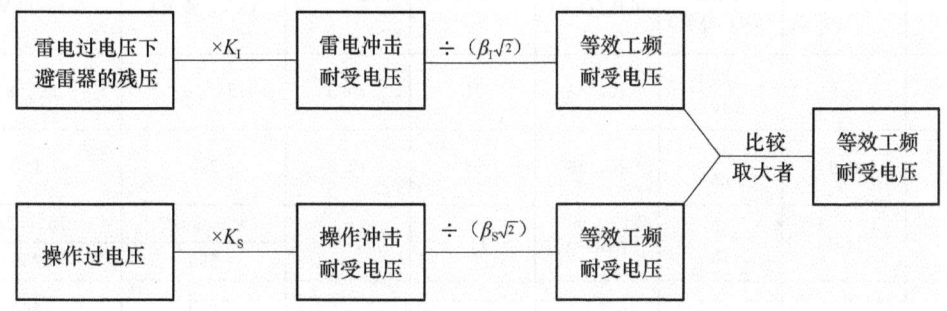

图 11-4-1 短时工频耐受电压的确定

图中 K_I、K_S 分别为雷电与操作冲击配合系数。配合系数是一个综合系数，主要考虑避雷器与被保护设备之间的距离、避雷器内部电感、避雷器运行中参数的变化、设备绝缘的老化（累积效应）、变压器工频励磁因素的影响；β_I、β_S 分别为雷电和操作冲击耐受电压换算为等效工频耐受电压的冲击系数，雷电冲击系数 β_I 通常可取为 1.48，操作冲击系数 β_S 为 1.3～1.35（66 kV 及以下取 1.3，110 kV 及以上取 1.35）。

这样，短时工频耐受电压就可以代表绝缘对操作过电压、雷电过电压总的耐受水平。凡能通过工频耐受电压试验的设备，可以认为能够保证足够的运行可靠性。

全波基本冲击绝缘水平（BIL）可由下式求得：

$$BIL = K_I U_{PI}$$

式中，U_{PI} 为避雷器的雷电冲击保护水平；国际电工委员会（IEC）规定 $K_I \geqslant 1.2$，我国规定在电气设备与避雷器相距很近时 K_I 取 1.25，相距较远时 K_I 取 1.4。避雷器分变电所型、线路型两种，前者接在母线上，其额定电压和相应的残压较低，用以确定变压器的耐受电压；后者接在线路侧，其额定电压和残压较高，用以确定并联电抗器、高压电器、电流互感器等设备的耐受电压。

基本操作冲击绝缘水平（BSL）可由下式求得：

$$BSL = K_S K_0 U_{xg}$$

式中，U_{xg} 为系统最高相电压幅值；K_0 为计算用操作过电压倍数；K_S＝1.15～1.25。

对于 330～500 kV 的电力系统，避雷器同时用来限制雷电过电压与操作过电压。由于操作冲击波对绝缘作用的特殊性，以及不能肯定操作冲击电压与工频电压之间的等价程度，故特别规定有其操作冲击耐受电压，而不能用工频耐受电压替代。电气设备除进行工频和雷电冲击试验外，还要进行操作冲击试验。这时计算最大操作过电压幅值取决于统计操作过电压水平或避雷器的操作冲击保护水平 U_{PS} 值。于是有

$$BSL = K_S U_{PS}$$

以上是用惯用法确定电气设备绝缘水平的过程。根据我国近阶段的电网结构及制造水平等情况，参照 IEC 推荐的绝缘配合标准，各电压等级电气设备的试验电压已由国家标准 GB 311—83 作出规定，见表 11-4-1 和表 11-4-2。

表 11-4-1　3～220 kV 设备的基准绝缘水平

额定电压 (kV)	设备最高电压 (kV)	额定雷电冲击耐受电压 (kV，峰值)	额定短时工频耐受电压 (kV)	额定电压 (kV)	设备最高电压 (kV)	额定雷电冲击耐受电压 (kV，峰值)	额定短时工频耐受电压 (kV)
3	3.5	20 40	10, 18	35	40.5	185/220*	80, 85
6	6.9	40 60	20, 25	66	72.5	325	140
10	11.5	60 75	30, 35	110	126	450/550* 550	185, 230 230
15	17.5	75 95 105	38, 45			850 950	360 395
20	23.0	95 125	50, 55			1 050	460

注：带 * 者用于变压器类设备的内绝缘。

表 11-4-2　330～500 kV 设备的基准绝缘水平

额定电压 (kV)	设备最高电压 (kV)	额定操作冲击耐受电压 (kV，峰值)			额定雷电冲击耐受电压 (kV，峰值)	额定短时工频耐受电压 (kV)
		相对地	相间	相间与对地之比	相对地	相对地
330	363	850 950	1300 1425	1.50 1.50	1050 1175	(460) (510)
500	550	950 1050 1175	1615 1675 1800	1.70 1.60 1.50	1300 1425 1550 1675	(570) (630) (680) (740)

随着电网结构的变化，过电压保护装置性能的改进以及绝缘特性的改善，电气设备的绝缘水平可有所下降，以上两表中对同一电压等级列出了两个及以上的耐受试验电压，以供具体选择使用。

习　题

1. 什么是电力系统的绝缘配合？什么是电力设备的绝缘水平？电力系统绝缘配合的原则是什么？
2. 试述绝缘配合的惯用法、简化统计法和统计法的优缺点及其实际应用范围。
3. 试确定非污秽区 220 kV 线路直线杆悬垂绝缘子串的绝缘子片数。
   (有两个参数书上没有：绝缘子爬电距离有效系数、单片绝缘子的几何爬电距离)
4. 变电站电气设备的绝缘水平是否应高于输电线路的绝缘水平？为什么？
5. 选定某 220 kV 变电站避雷器限制过电压后，试确定变电站 220 kV 电气设备所需的绝缘水平。

附　　录

1. 测量用球隙的击穿电压

1）一球接地的球隙，标准大气条件下，球隙的击穿电压（kV，峰值）见附表1。适用于交流电压、负极性的雷电冲击电压和长波尾冲击电压、两种极性的直流电压。

附表1　球隙的击穿电压（峰值）　　　　　　　　　　　　　　　　　（kV）

球隙距离 S (cm)	球直径 D (cm)												球隙距离 S (cm)
	2	5	6.25	10	12.5	15	25	50	75	100	150	200	
					(195)	(209)	244	263	265	266	266	266	10
						(219)	261	286	290	292	292	292	11
						(229)	275	309	315	318	318	318	12
							(289)	331	339	342	342	342	13
							(302)	353	363	366	366	366	14
							(314)	373	387	390	390	390	15
							(326)	392	410	414	414	414	16
0.05	2.8						(337)	411	432	438	438	438	17
0.10	4.7						(347)	429	453	462	462	462	18
0.15	6.4						(357)	445	473	486	486	486	19
0.20	8.0	8.0											
0.25	9.6	9.6					(366)	460	492	510	510	510	20
								489	530	555	560	560	22
0.30	11.2	11.2						515	565	595	610	610	24
0.40	14.4	14.3	14.2				(540)	600	635	655	660		26
0.50	17.4	17.4	17.2	16.8	16.8	16.8	(565)	635	675	700	705		28
0.60	20.4	20.4	20.2	19.9	19.9	19.9							
0.70	23.2	23.4	23.2	23.0	23.0	23.0	(585)	665	710	745	750		30
							(605)	695	745	790	795		32
0.80	25.8	26.3	26.2	26.0	26.0	26.0	(625)	725	780	835	840		34
0.90	28.3	29.2	29.1	28.9	28.9	28.9	(640)	750	815	875	885		36
1.0	30.7	32.0	31.9	31.7	31.7	31.7	(665)	(775)	845	915	930		38
1.2	(35.1)	37.6	37.5	37.4	37.4	37.4							
1.4	(38.5)	42.9	42.9	42.9	42.9	42.9	(670)	(800)	875	955	975		40
								(850)	945	1 050	1 080		45
1.5	(40.0)	45.5	45.5	45.5	45.5	45.5		(895)	1 010	1 130	1 180		50
1.6		48.1	48.1	48.1	48.1	48.1		(935)	(1 060)	1 210	1 260		55
1.8		53.0	53.5	53.5	53.5	53.5		(970)	(1 110)	1 280	1 340		60

(续)

球隙距离 S (cm)	球直径 D (cm)											球隙距离 S (cm)
	2	5	6.25	10	12.5	15	25	50	75	100	150	200	
2.0		57.5	58.5	59.0	59.0	59.0	59.0	59.0	59.0				
2.2		61.5	63.0	64.5	64.5	64.5	64.5	64.5	64.5	(1 160)	1 340	1 410	65
										(1 200)	1 390	1 480	70
2.4		65.5	67.5	69.5	70.0	70.0	70.0	70.0	70.0	(1 230)	1 440	1 540	75
2.6		(69.0)	72.0	74.5	75.0	75.5	75.5	75.5	75.5		(1 490)	1 660	80
2.8		(72.5)	76.0	79.5	80.0	80.5	81.0	81.0	81.0		(1 540)	1 660	85
3.0		(75.5)	79.5	84.0	85.0	85.5	86.0	86.0	86.0	86.0			
3.5		(82.5)	(87.5)	95.0	97.0	98.0	99.0	99.0	99.0	99.0	(1 580)	1 720	90
											(1 660)	1 840	100
4.0		(88.5)	(95.0)	105	108	110	112	112	112	112	(1 730)	(1 940)	110
4.5			(101)	115	119	122	125	125	125	125	(1 800)	(2 020)	120
5.0			(107)	123	129	133	137	138	138	138	138	(2 100)	130
5.5				(131)	138	143	149	151	151	151	151		
6.0				(138)	146	152	161	164	164	164	164	(2 180)	140
												(2 250)	150
6.5					(144)	(154)	161	173	177	177	177	177	
7.0					(150)	(161)	169	184	189	190	190	190	
7.5					(155)	(168)	177	195	202	203	203	203	
8.0						(174)	(185)	206	214	215	215	215	
9.0						(185)	(198)	226	239	240	241	241	

注：1. 本表不适用于测量 10 kV 以下的冲击电压。
  2. 当 $S/D > 0.5$ 时，括号内数字的准确度较低。

2) 一球接地的球隙，标准大气条件下，球隙的击穿电压（kV，峰值）见附表2。适用于正极性的雷电冲击电压和长波尾冲击电压。

附表2 球隙的击穿电压（峰值）

球隙距离 S (cm)	球直径 D (cm)											球隙距离 S (cm)
	2	5	6.25	10	12.5	15	25	50	75	100	150	200	
					(215)	(226)	254	263	265	266	266	266	10
						(238)	273	287	290	292	292	292	11
						(249)	291	311	315	318	318	318	12
						(308)	334	339	342	342	342		13
						(323)	357	363	366	366	366		14
							(337)	380	387	390	390	390	15
							(350)	402	411	414	414	414	16
0.05							(362)	422	435	438	438	438	17
0.10							(374)	442	458	462	462	462	18
0.15							(385)	461	482	486	486	486	19
0.20													
0.25							(395)	480	505	510	510	510	20

(续)

球隙距离 S (cm)	球直径 D (cm)											球隙距离 S (cm)
	2	5	6.25	10	12.5	15	25	50	75	100	150	200	
								510	545	555	560	560	22
0.30	11.2	11.2						540	585	600	610	610	24
0.40	14.4	14.3	14.2					(570)	620	645	655	660	26
0.50	17.4	17.4	17.2	16.8	16.8	16.8		(595)	660	685	700	705	28
0.60	20.4	20.4	20.2	19.9	19.9	19.9							
0.70	23.2	23.4	23.2	23.0	23.0	23.0		(620)	695	725	745	750	30
								(640)	725	760	790	795	32
0.80	25.8	26.3	26.2	26.0	26.0	26.0		(660)	755	795	835	840	34
0.90	28.3	29.2	29.1	28.9	28.9	28.9		(680)	785	830	880	885	36
1.0	30.7	32.0	31.9	31.7	31.7	31.7	31.7	(700)	(810)	865	925	935	38
1.2	(35.1)	37.8	37.6	37.4	37.4	37.4	37.4						
1.4	(38.5)	43.3	43.2	42.9	42.9	42.9	42.9	(715)	(835)	900	965	980	40
									(890)	980	1 060	1 090	45
1.5	(40.0)	46.2	45.9	45.5	45.5	45.5	45.5		(940)	1 040	1 150	1 190	50
1.6		49.0	48.6	48.1	48.1	48.1	48.1		(985)	(1 100)	1 240	1 290	55
1.8		54.5	54.0	53.5	53.5	53.5	53.5		(1 020)	(1 150)	1 310	1 380	60
2.0		59.5	59.0	59.0	59.0	59.0	59.0	59.0	59.0				
2.2		64.0	64.0	64.5	64.5	64.5	64.5	64.5	64.5	(1 200)	1 380	1 470	65
										(1 240)	1 430	1 550	70
2.4		69.0	69.0	70.0	70.0	70.0	70.0	70.0	70.0	(1 280)	1 480	1 620	75
2.6		(73.0)	73.5	75.5	75.0	75.5	75.5	75.5	75.5		(1 530)	1 690	80
2.8		(77.0)	78.0	80.5	80.5	80.5	81.0	81.0	81.0		(1 580)	1 760	85
3.0		(81.0)	82.0	85.5	85.0	85.5	86.0	86.0	86.0	86.0			
3.5		(90.0)	(91.5)	97.5	98.0	98.5	99.0	99.0	99.0	99.0	(1 630)	1 820	90
											(1 720)	1 930	100
4.0		(97.5)	(101.0)	109	110	111	112	112	112	112	(1 790)	(2 030)	110
4.5			(108)	120	122	124	125	125	125	125	(1 860)	(2 120)	120
5.0			(115)	130	134	136	138	138	138	138		(2 200)	130
5.5				(139)	145	147	151	151	151	151			
6.0				(148)	155	158	163	164	164	164		(2 280)	140
												(2 350)	150
6.5				(156)	(164)	168	175	177	177	177			
7.0				(163)	(173)	178	187	189	190	190			
7.5				(170)	(181)	187	199	202	203	203			
8.0					(189)	(196)	211	214	215	215			
9.0					(203)	(212)	233	239	240	241			

注：当 $S/D > 0.5$ 时，括号内数字的准确度较低。

2. 我国行标 DL/T 620—1997 规定的耐雷水平和雷击跳闸率数值（见附表3）

附表3 110～500 kV 架空送电线路典型杆塔的耐雷水平和雷击跳闸率

标称电压/kV		500	330	220	110
杆塔型式					
保护角		14°	20°	16.5°	25°
保护方法		双避雷线	双避雷线	双避雷线	单避雷线
杆塔绝缘	绝缘子个数	25×XP—160	19×CP—10	13×X—4.5	7×X—4.5
	50%冲击放电电压（正极性）kV	2 138	1 645	1 200	700
档距长度 m		400	400	400	300
冲击接地电阻 Ω		7～15	7～15	7～15	7～15
雷击杆塔时耐雷水平 kA		177～125	155～105	110～76	63～41
建弧率		100%	100%	91.8%	85%
平原线路	绕击率	0.112%	0.238%	0.144%	0.238%
	击杆率	1/6	1/6	1/6	1/4
	跳闸率	0.081	0.12	0.25	0.83
山区线路	绕击率	0.40%	0.84%	0.5%	0.82%
	击杆率	1/4	1/4	1/4	1/3
	跳闸率	0.17～0.42	0.27～0.60	0.43～0.95	1.18～2.01

注：跳闸率栏，平原对应 $R_i=7\ \Omega$，山区两数据分别对应 R_i 为 $7\ \Omega$ 和 $15\ \Omega$。

参 考 文 献

[1] 严璋，朱德恒. 高电压绝缘技术 [M]. 北京：中国电力出版社，2002.
[2] 周泽存，沈其工，方瑜，等. 高电压技术 [M]. 北京：中国电力出版社，2007.
[3] 赵智大. 高电压技术 [M]. 北京：中国电力出版社，1999.
[4] 王昌长，李福祺，高胜友. 电气设备的在线监测与故障诊断 [M]. 北京：清华大学出版社，2006.
[5] 解广润. 电力系统过电压 [M]. 北京：水利电力出版社，1985.
[6] 梁曦东，陈昌渔，周远翔. 高电压工程 [M]. 北京：清华大学出版社，2003.
[7] 陈维贤. 电网过电压教程 [M]. 北京：中国电力出版社，1996.
[8] 施围，邱毓昌，张乔根. 高电压工程基础 [M]. 北京：机械工业出版社，2006.
[9] 张纬钹，何金良，高玉明. 过电压防护及绝缘配合 [M]. 北京：清华大学出版社，2002.
[10] 中华人民共和国电力工业部. 中华人民共和国电力行业标准 DL/T 620—1997 交流电气装置的过电压保护和绝缘配合 [S]. 北京：中国电力出版社，1998.